Intervención grupal en violencia sexista

Experiencia, investigación y evaluación

Neus Roca Cortés
y Júlia Masip Serra (editoras)

Intervención grupal en violencia sexista

Experiencia, investigación y evaluación

Per a tu Olga,
companya i amiga,
compartint tantes xerrades
i caminant juntes, en aquest
llarg trajecte, hem aconseguit
passar-ho molt bé i disfrutar
l'una de l'altra: t'estimo!
Júlia

Herder

Diseño de la cubierta: Gabriel Nunes

ISBN: 978-84-254-2832-6

Imprenta: Liberdúplex
Depósito legal: B-33223-2011

Printed in Spain – Impreso en España

Herder
www.herdereditorial.com

Los anexos de este libro pueden descargarse de forma gratuita desde la ficha del libro en nuestra página web: www.herdereditorial.com

Prólogo

Es una satisfacción prologar un libro que considero imprescindible para todos los profesionales que defendemos un modelo de servicios de bienestar que busca el «empoderamiento» [1] de las personas. Parto de la premisa de que las problemáticas sobre las que se incide tienen una causalidad, más allá de los factores personales, originada en las características y dinámicas de una sociedad y un entorno determinados. En este contexto, la intervención grupal es una herramienta especialmente útil para promover cambios, consolidar procesos de recuperación y definir proyectos de vida exentos de violencia. El valor de la intervención grupal es de orden cualitativo ya que se obtienen resultados y beneficios para las personas participantes que difícilmente se podrían obtener a través de una intervención exclusivamente individualizada.

Pero este libro no trata de la intervención grupal sin más, sino que lo hace en el contexto de la violencia sexista. Cuando se interviene en situaciones de violencia contra la mujer hay un elemento fundamental que, sin embargo, no siempre tenemos presente los profesionales: la mirada de género. Este libro —y las experiencias que incluye— parte de la constatación de que vivimos en una sociedad que, a pesar de los importantes avances de los últimos tiempos hacia una mayor igualdad de oportunidades entre hombres y mujeres, continúa siendo sexista. El sexismo define lo que significa masculinidad y feminidad; lo que corresponde ser y hacer a un hombre para ser masculino y a una mujer para ser femenina. Y vincula esta diferenciación a la naturaleza y esencia misma de las cosas cuando, por el contrario, es producto de una construcción cultural que justifica y legitima una relación desigual de poder entre hombres y mujeres.

1 Del inglés *empowerment*. *Empower* significa «facultar, capacitar, dar poder». El termino *empowerment* se utiliza en inglés especialmente en trabajo social de comunidad y, últimamente, también en la intervención social con personas/familias en el sentido de «proceso para dar poder real para decidir o actuar». En resumen, el término *empowerment* tiene un sentido de dar poder de decisión y control sobre aquello que nos afecta.

Esta relación desigual no es solamente de carácter simbólico, puesto que establece una distinción natural en la estructura de la organización social entre el espacio productivo y reproductivo que comporta una división sexual del trabajo. El sexismo establece una desigualdad de valor entre el espacio productivo y de administración de la riqueza, y el espacio reproductivo y de cuidado de las personas. Autores como Luis Bonino constatan que ya existe un consenso internacional en definir la violencia masculina hacia las mujeres como «toda forma de coacción, control o imposición ilegítima por la cual se intenta mantener la jerarquía impuesta por la cultura sexista, forzándolas a hacer aquello que no quieren, que no hagan lo que quieren o se convenzan de que lo que les dice el hombre es lo que se ha de hacer» [2].

Esta violencia, ejercida mayoritariamente por hombres, tiene una causalidad compleja y multidimensional, pero sus causas primeras son las pautas culturales sexistas que legitiman la desigualdad de poder que sitúa en posición social dominante al hombre respecto de la mujer, y también respecto de aquellos hombres que no se comportan como tales. Éste es el germen del cual se alimenta la violencia contra las mujeres. De aquí la importancia de incorporar la mirada de género cuando se interviene en situaciones de violencia machista.

No es casual el título de este libro: *Intervención grupal en violencia sexista*. De hecho, es toda una declaración de intenciones que Neus Roca Cortés se encarga de explicar ya en el primer apartado, «Violencia contra las mujeres: una perspectiva de género» que impregna la mirada de todos y cada uno de los seis capítulos en que se estructura el libro y de las trece experiencias recogidas.

En consecuencia, esta obra aborda la violencia sexista como un fenómeno social sobre el que se debe incidir desde una perspectiva ecológica, tal y como plantea la Organización Mundial de la Salud [3]. Desde esta perspectiva, es necesario actuar en varios frentes: con quien o quienes reciben la violencia, es decir las mu-

2 Bonino, L., *La violencia masculina en la pareja, 2005*. Texto publicado en «Cárcel de amor». http://www.carceldeamor.net/vsc/textos/textolb.html

3 OMS, *Prevención de la violencia: Guía para aplicar las recomendaciones del Informe mundial sobre la violencia y la salud,* Ginebra, 2006.

jeres y sus hijos (directamente o como testigos de la violencia ejercida contra las madres); y con quien la ejerce, mayoritariamente el hombre, pareja o expareja. Pero también es necesario actuar en el contexto social en el que se produce: por un lado, incidiendo en aquellas actitudes y creencias dominantes que mantienen vivo un sexismo que justifica la desigualdad entre las personas en función del género; y por el otro, buscando la complicidad y la suma de esfuerzos con las iniciativas personales, sociales e institucionales de lucha por la erradicación de la violencia basada en el género y la desigualdad consecuencia del sexismo.

La perspectiva ecológica plantea también la necesidad de abordar estos tres frentes (víctimas, agresores y contexto social) desde dos vertientes: la preventiva, que actúa sobre las creencias y los valores sociales que justifican la violencia con el objetivo de evitar que aparezca (prevención primaria), facilita la detección precoz (prevención secundaria) e incide en los procesos de recuperación impidiendo futuras repeticiones una vez la violencia ya ha sucedido (prevención terciaria); y la asistencial, que garantiza atención integral y protección, cuando sea necesaria, a las personas que viven situaciones de violencia, y ofrece atención a aquellos que la ejercen y quieren modificar su comportamiento violento. Las experiencias recogidas en este libro ofrecen ejemplos de buenas prácticas asistenciales y preventivas.

Otro elemento que considero fundamental en esta obra es la constatación, a partir de la experiencia, de que la mujer víctima de violencia es una persona superviviente con habilidades y capacidades preservadas que le permiten actuar como sujeto y dirigir las riendas de su propia vida en un contexto no violento. La mujer que vive la violencia ha podido sobrevivir en un entorno absolutamente hostil y agresivo gracias a sus capacidades de adaptación; capacidades y habilidades que, si son reconocidas por ella misma, le serán especialmente útiles cuando consiga vivir en un entorno exento de violencia. Desde esta perspectiva, la intervención profesional contribuye al «empoderamiento» de la mujer identificando y estimulando aquellas capacidades, habilidades, aptitudes y actitudes que le pueden ayudar a ganar progresivamente mayores cuotas de autonomía y control de su vida.

Pero este libro va más allá y reúne una serie de méritos que, en mi opinión, lo hacen imprescindible para los profesionales, tanto de servicios generalistas como de atención ambulatoria específica, en situaciones de violencia y de atención especializada en centros de acogida para mujeres maltratadas y sus hijos. En primer lugar, porque sitúa la dinámica grupal como un instrumento clave para los profesionales de servicios de bienestar en la intervención con individuos y familias[4]. En segundo lugar, porque demuestra que los servicios generalistas son también un contexto adecuado desde el cual intervenir eficazmente en situaciones de violencia de género, tanto en la atención individualizada y grupal como a nivel comunitario.

La mayoría de las experiencias que se muestran se han realizado desde servicios ambulatorios, unos de carácter generalista y otros de carácter específico en temas de violencia. Tanto estas experiencias como el marco teórico en el que se sustentan rompen el mito de la necesidad de una alta especialización técnica para poder intervenir en violencia de género, sobre todo si se utilizan dinámicas grupales. La necesaria formación en el tema no tiene nada que ver con la exigencia de una especialización que reduce la intervención a unos pocos servicios especializados. Este mito alimenta miedos y resistencias de profesionales de servicios generalistas que, con la formación básica adecuada y las herramientas habituales de la intervención social utilizadas desde un paradigma ecológico, pueden y deben intervenir en situaciones de violencia de género con eficacia y calidad, tal y como demuestran las diversas experiencias aquí recogidas. Por otro lado, aunque éstas han sido llevadas a cabo por profesionales de servicios sociales del Sistema de Bienestar Social, definido como tal en el Estado español, lo cierto es que pueden ser aplicadas también en otros contextos institucionales en función del modo en que cada país

4 Tradicionalmente, se ha confundido atención a personas y familias con atención exclusivamente individualizada. Un modelo de servicios de bienestar basado casi exclusivamente en la atención individualizada es un modelo que deposita la responsabilidad del cambio o la mejora de la situación únicamente en la persona, desvinculando aquello que le pasa de su entorno social y de las causas que alimentan o facilitan las condiciones para que existan determinados problemas sociales que afectan a las personas de manera individual y familiar.

haya definido y estructurado los sistemas de servicios de atención a las personas.

Esta obra ofrece un marco teórico riguroso basado en la experiencia y contrastado por las numerosas investigaciones a las que se hace referencia, y que suponen un avance metodológico importante en cuanto contribuyen a crear un cuerpo de doctrina metodológica para la intervención a partir del análisis y la reflexión sobre la experiencia acumulada a lo largo de los años por los y las profesionales de los servicios de bienestar. Asimismo se aportan herramientas de investigación, evaluación e intervención.

En mi opinión, los servicios de bienestar, en general, acumulan un gran bagaje práctico, pero adolecen de una insuficiente sistematización y divulgación escrita. La experiencia acumulada pocas veces se traduce en publicaciones y, sin socialización de la experiencia y de las reflexiones que la hacen avanzar hacia mayores cuotas de eficacia y eficiencia, es muy difícil llegar a crear un cuerpo de doctrina metodológica que permita dar pasos de gigante al conjunto del sistema de bienestar.

Es precisamente la dirección y coordinación conjunta de Júlia Masip y Neus Roca, dos personas con perfiles y trayectorias profesionales diferentes, lo que consigue hacer de este libro una obra pionera en su género. Júlia Masip, experta conductora de grupos de mujeres que viven situaciones de violencia machista, aporta la mirada de la intervención y la acción social, mientras que Neus Roca, experta docente e investigadora en estos temas, aporta el marco teórico sobre grupos aplicados y el conocimiento de las investigaciones que avalan los contenidos y algunas de las propuestas que contiene esta obra.

Teoría, intervención e investigación; pocas veces se consigue la confluencia y el diálogo de miradas que, siendo complementarias, suelen estar separadas. Este libro demuestra que la conjunción y el diálogo desde perspectivas tan diferentes permite conseguir objetivos que van mucho más allá de la mera suma de teoría y práctica: aporta una mayor riqueza de contenidos y facilita la construcción de un cuerpo metodológico sólido, sin dejar por eso de ser una obra práctica y útil para la intervención y para la investigación. En ella el lector encontrará ejemplos de buenas prácticas de grupo, de cuatro tipos: de apoyo social, psicoeducativos, socioeducativos y psicoterapéuticos.

Desde contextos diferentes, y elaboradas por perfiles profesionales diversos, se muestran un total de trece experiencias grupales, algunas avaladas por más de catorce ediciones realizadas desde mediados de la década de los noventa. Trece experiencias heterogéneas, escogidas desde una mirada abierta y plural que aborda tanto la violencia de género ejercida por la pareja o expareja como por los hijos, de grupos centrados en el proceso global de recuperación y de toma de decisiones, o focalizados en objetivos determinados como la inserción laboral: grupos con mujeres, con hijos e hijas, con hombres que maltratan, preventivos con jóvenes o grupos para una intervención comunitaria.

En resumen, se trata de un libro rico en experiencias encuadradas en un marco teórico bien construido, que plantea una propuesta metodológica seria y rigurosa al alcance de profesionales de servicios de bienestar, tanto generalistas como de atención ambulatoria específica en situaciones de violencia, o de contextos residenciales de casas de acogida para mujeres maltratadas. Un compendio con aportaciones también para el ámbito de la investigación aplicada de grupos. Por todo ello, considero esta obra un estímulo para incorporar el trabajo grupal en situaciones de violencia de género, y una herramienta especialmente útil para promover cambios y consolidar procesos de recuperación. Invito al lector de este prólogo a adentrarse en las páginas que siguen, con la promesa de que tendrán un efecto estimulante en su trabajo cotidiano, bien sea para incorporar nuevas perspectivas y herramientas de intervención en situaciones de violencia de género, o para reafirmar y contrastar lo que ya se está haciendo.

Bienvenido sea, pues, este libro.

Margarita Saiz[5]

5 Técnica de Gestión y Planificación de la Direcció dels Programes de Dones del Ajuntament de Barcelona. Responsable del dispositivo municipal de atención específica a las mujeres en situaciones de violencia machista. Trabajadora social de profesión que lleva treinta y un años en los servicios sociales del Ajuntament de Barcelona.

Introducción

A través de estas páginas queremos transmitir cómo entendemos y relacionamos los dos ejes claves del libro —la intervención grupal y la violencia sexista—, dónde nos posicionamos y los desafíos a los que les invitamos a ustedes.

Corregir a la esposa, poner a la mujer en su verdadero sitio, responder a sus provocaciones, exigirle el cumplimiento del deber conyugal, guardar el debido respeto al novio, al marido y, en definitiva, seguirlos, obedecerlos. ¿Cómo nos suenan estas ideas? ¿Antiguas? ¿Vigentes? Y expresiones como: «no nos podemos meter en asuntos de pareja», «vete a saber qué ha hecho, con quién habrá estado», «ella sabrá por qué ha aguantado». Estas y otras ideas, por ley o por costumbre, grosera o sutilmente, legitiman, justifican, niegan u ocultan conductas de opresión que solo recientemente nos hemos atrevido a llamar por su justo nombre: violencia y, más concretamente, violencia hacia las mujeres. ¿Nos atrevíamos antes a decir en alta voz: esto no es mal carácter, esto no es incapacidad de controlarse, a esto se lo llama violencia? Y ahora ¿nos atrevemos, aunque sea un desconocido, nuestro amigo, nuestro hermano, nuestro padre?

La violencia sexista contra las mujeres en la pareja se ha hecho visible en el espacio público en los últimos decenios: la sociedad la ha deslegitimado y ahora constituye un problema social, una conducta reprobable e incluso un delito. Algunos, de forma banal o desdeñosamente, la atribuyen a la moda. En realidad, la violencia contra las mujeres ha sido colocada en la palestra social por los movimientos feministas, que persistentemente la han denunciado a lo largo de estos últimos treinta años, recogiendo el sentir de muchísimas mujeres, encontrando su solidaridad y también la de muchos hombres, y consiguiendo algunas respuestas por parte de los representantes públicos.

¿Por qué esta violencia contra las mujeres? La violencia es una de las formas más efectivas de conseguir y mantener la dominación, sea de mujeres, niñas, niños o pueblos enteros. Es una constante en la historia de la humanidad. Pero no nos engañemos, también es un poder soberbio y denigrante que lleva a la miseria, a la destrucción y a la muerte, no solo a quien la soporta sino también a quien la ejerce. La persistente violencia hacia las mujeres no es un fenómeno aislado ni particular, sino que se inscribe en un sistema social patriarcal que coloca a hombres y mujeres en una jerarquía de dominación y sumisión en vez de en un sistema de cooperación para la vida. Deslegitimar esta violencia de género, sexista, machista, es una larga tarea y un gran desafío. Pero, ¡atención!, la no violencia también es una constante en la historia de la humanidad. Nosotras formamos parte de este temple y deseamos que nos acompañen.

No nos posicionamos desde la perspectiva de las mujeres como víctimas pasivas a las que hay que volver a enseñar y proteger desde la sabiduría profesional. De la misma manera que la Historia denuncia una violencia constante hacia las mujeres, también nos habla de mujeres activas y libres, de resistencias lúcidas, de sus contribuciones al sostenimiento de la vida individual y colectiva; pero no lo busquen en la Historia oficial. Los grupos que creamos reconocen a las mujeres como supervivientes, agentes activas en la construcción positiva de sus vidas, incluso en situaciones de opresión. Tampoco hablamos de guerra de sexos. Estamos en otro camino. Viajamos, desde nuestra actividad profesional, con la apasionada y perseverante vocación de construir un sistema social justo para las mujeres y también para los hombres. Promovemos unas relaciones interpersonales, cotidianas y afectivas cimentadas en la libertad, la autorrealización de hombres y mujeres y el mutuo reconocimiento como socialmente iguales.

¿Qué entendemos por recuperación de una situación de violencia? La violencia hacia las mujeres atenta directamente contra el ejercicio de su libertad de acción, pensamiento y elección, contra el uso libre de su cuerpo y su sexualidad, quebranta la posibilidad real y libre de llevar a cabo su propio proyecto de vida y, en definitiva, vulnera sus derechos fundamentales. Así pues, ¿qué es la no violencia? ¡La libertad! Éste es el sendero escogido en nuestras experiencias profesionales de trabajo grupal. La violencia no depende de la propia mujer que la sufre sino de quien la ejerce, y de la impunidad que la sociedad otorgue a éste. Pero serán las propias mujeres quienes buscarán y encontrarán, desde su iniciativa y con el apoyo social, las formas de liberarse de tan cruel opresión. En los grupos que formamos, la mujer descubrirá cómo llegó hasta esta situación mediante el análisis de su trayectoria individual y social, conjuntamente con la de muchas otras mujeres.

¿Por qué los grupos como estrategia de transformación son necesarios? Si esta violencia es social, su deslegitimación solo puede ser social, como también social debe ser el espacio de liberación. Aun cuando la elaboración individual es imprescindible para el cambio, los grupos propios o instrumentales también lo son, en tanto que su condición relacional genera dos procesos: resquebraja la situación actual y construye la nueva. El grupo contrasta aspectos psicológicos de indudable naturaleza social como son las prácticas de relación, las posiciones sistémicas, los estereotipos, identidades, roles, expectativas, valores y significados colectivos. Y, a su vez, también construye los nuevos contenidos de esos mismos elementos. La participación en grupos acelera los procesos de cambio individual. Los grupos son irreemplazables en los cambios socioculturales y políticos. Y liberarse de la violencia sexista, además de un hecho cultural, es un fenómeno político.

En nuestro caso, los grupos instrumentales son espacios y tiempos activados por profesionales, en los que la técnica no está reñida con las emociones. Las [1] profesionales convocan, engendran y mantienen esos espacios de relación para que allí se garanticen las cualidades, contenidos y valores imprescindibles para un cambio positivo. El grupo instrumental, cuidadosamente levantado por profesionales, constituye un espacio para ser, compartir, sentir, concienciar, prepararse para actuar y cambiar. Es

1 En consonancia con la perspectiva de género de las editoras, los autores y las autoras, y en orden a la legibilidad del texto, usaremos un único género en la gran mayoría de ocasiones. Utilizaremos indistintamente el femenino y el masculino para referirnos de forma general a ambos géneros, con la intención de reflejar la realidad, enfrentar el conflicto de género actual de la lengua castellana y, a su vez, evitar la invisibilización de las mujeres. A veces, a lo largo del texto, se usa la denominación con un solo género, «las profesionales», «los técnicos», etcétera, porque mayoritariamente se trata de personas de uno u otro sexo. En contadas ocasiones ha sido necesario repetir el concepto en ambos géneros por ser imprescindible su diferencia.

un lugar de apoyo, cuidado, respeto y amor, de circulación de la palabra, de confrontación y mediación, donde las mujeres destejen las telarañas de relaciones de pareja enraizadas en el patriarcado; unas relaciones afectivas que, bajo las exigencias de identidades estereotipadas, posesiones inequívocas, reinados inapelables, y bajo las promesas de familias felices, entregados amores que dotan del único sentido importante para la vida, o quizás defendiendo sus logros, se han ido a la deriva hacia los límites del miedo, el terror y, en algunos casos, de la muerte misma.

Los grupos de mujeres se convierten, pues, en espacios privilegiados de cambio positivo, en viajes desde y hacia la libertad. En estos grupos las mujeres exploran la expresión de sus puntos de vista y malestares desde la comprensión específica de su grupo social. Sus vivencias, teñidas del hecho de ser mujer, serán rápidamente validadas por otras mujeres. Se reconocen mutuamente como iguales aunque no idénticas, con libertad y autoridad recíproca. Su individualidad se torna así en un vivir colectivo que refleja las prácticas y discursos sociales pero que también los critica. Sus miradas van cambiando con la escucha y el reconocimiento de su propio deseo, con su reconocimiento de la situación, su reflexión independiente y con el contraste de pareceres y sentires. Así, en el grupo, el cambio tiene legitimidad, puede ser reforzado e interiorizado en el bagaje de la propia identidad y vida cotidiana. Las mujeres se encuentran frente a la recuperación, a su «empoderamiento», y a la validación de alternativas de ser y actuar en libertad.

La intervención psicológica y social está siendo desarrollada en nuestro país desde hace varias décadas, pero las intervenciones grupales aún son escasas si consideramos sus más que demostradas y estimables contribuciones. Estos primeros años de iniciativas de atención e investigación sobre la violencia de género han acumulado valiosos saberes técnicos que contribuyen al objetivo común de erradicar la violencia machista. Difundirlos es la intención de esta publicación.

Desde nuestra responsabilidad profesional cabe preguntarse: ¿cómo alumbrar y cultivar una intervención grupal productiva? ¿A quién convoco y a quién no? ¿Qué objetivos y contenidos priorizo? ¿Qué elementos personales o íntimos se movilizan en los grupos? Desde una visión institucional surgen otros interrogantes: ¿cuáles son las posibilidades y límites de los grupos? ¿Qué argumentos convencen a las instituciones para hacer trabajo grupal? ¿Grupos sociales solo para atención social y grupos terapéuticos solo para la clínica, o hablamos de tipos de grupos y sus objetivos? Y cuando ya estructuramos los grupos: ante las resistencias y los temores, ¿hay pautas y normas para su conducción? ¿Hacen falta técnicas en las intervenciones grupales? ¿Qué resultados puedo esperar? ¿Cómo se evalúan? Otras preguntas sobre la preocupación por otros actores, los hombres, los hijos, son las siguientes: ¿qué se hace con los hombres considerados como parejas violentas? ¿Los niños expuestos a esta violencia expresan su dolor en los grupos? ¿Son eficaces? Aportamos también la experiencia grupal de profesionales expertos.

Con el próximo texto se pretende responder a éstas y otras preguntas. Nuestra intención es dar a conocer la teoría y práctica de las aplicaciones profesionales, cada cual con su estilo y sistema. Algunas de las intervenciones tienen más historia pero otras son aún minoritarias y novedosas. Deseamos suscitar acción y reflexión, dotar las intervenciones de recursos para planificar y montar grupos instrumentales, evaluarlas, investigarlas y mejorarlas. Y todo ello desde los diferentes niveles de actuación: sensibilización, prevención, detección y atención. En este libro encontrarán razones y acciones para una intervención con perspectiva de género, tanto en momentos propicios como en momentos adversos, en los que intencionadamente se desvanece o se desacredita aquélla. Queremos hacerles cómplices del reto de la evaluación e investigación de las intervenciones grupales como paso necesario para consolidar la calidad de la atención y de los servicios públicos, pese a los malos vientos que corren contra los derechos sociales de la mayor parte de la ciudadanía. Los autores de los diferentes capítulos hemos intentado explicar lo mejor de nuestros saberes profesionales en cuanto a la intervención e investigación.

Este libro es una obra colectiva. Los profesionales que aquí participamos hemos vivido durante varios años un ambiente profesional alentador que ha favorecido complicidades, lazos de relación creativa y espacios compartidos de saberes en torno a los dos ejes mencionados anteriormente: grupos aplicados y atención a las supervivientes de la violencia machista. Por ello, cuando las editoras presentamos el proyecto de esta obra a sus autoras y autores, la confianza y el entusiasmo fueron inmediatos. Habíamos compartido mucho y teníamos mucho que decir. Nos hemos impacientado y a veces acobardado, nos hemos peleado con las ideas y las palabras, pero jamás dudamos de que valía la pena transmitir nuestros conocimientos.

Con esta publicación pretendemos contribuir, desde la responsabilidad y el saber profesional, a la libertad de las mujeres y, en parte, a la liberación de los hombres respecto a las ataduras de la violencia. Esperamos contribuir con nuestro grano de arena a esta lenta pero incansable lucha por la erradicación de la violencia machista, que abordamos desde las tóxicas raíces que la reproducen, y desde el quebrantamiento de esos valores y costumbres patriarcales tan dañinos para una sociedad justa que busca la paz y la igualdad para todos.

Queremos expresar, por último, nuestro más profundo agradecimiento, en primer lugar, a todas aquellas mujeres que a través de los grupos confían en la intervención profesional, se dejan guiar y aprovechan la experiencia. A toda la infancia que, por la situación de sus padres, participa, aprende y crece a partir de tan nocivas vivencias. Y también expresar nuestro reconocimiento hacia aquellos hombres que eliminan el ejercicio de su violencia.

Agradecemos a la Direcció de Programes de Dones del Ajuntament de Barcelona, sobre todo a sus responsables técnicas y políticas, que durante muchos años nos hayan dado facilidades, hayan confiado en nuestras tareas y emprendido nuevos retos, especialmente a Margarita Saiz, por su empeño en dar valor a los saberes profesionales expertos y su gran destreza al crear y coordinar espacios para compartir, reflexionar y seguir mejorando. También a Rosa Alemany, por su apoyo y reconocimiento de nuestro saber y esfuerzo; y a Carmina Català, por su implicación con el trabajo grupal, reconociéndolo e impulsándolo como una estrategia imprescindible. Nuestro agradecimiento a Maribel Cárdenas, Sara Berbel, Isabel Sánchez y Meritxell Benedí por apoyar la investigación aplicada y de género; y a Silvia Navarro, directora de la Direcció Tècnica de Acció Social del Ajuntament de Barcelona, por su favorable disposición a traducir en esta obra los protocolos del seminario interno de intervención grupal.

También agradecemos a las asociaciones de mujeres que iniciaron la denuncia de la violencia sexista, el apoyo mutuo y la atención a las mujeres supervivientes por empezar a abrirnos los ojos y las mentes a las y los profesionales del trabajo social, la psicología, la abogacía, la jurisprudencia, la administración, etcétera.

Finalmente, nuestro agradecimiento a Aharón Fernández Cuadrado, Paula Alcaide Barbero y Marta Portet Cassany, por sus ayudas en traducciones, revisiones y bibliografías. En especial, gracias a la Editorial Herder, a Raimund Herder y Claudia Berdeja que, desde el primer momento, nos mostraron su interés. Sus expertos comentarios nos han orientado para llevar este proyecto a buen puerto.

Neus Roca Cortés y *Júlia Masip Serra*
Barcelona, junio de 2011

1. Intervención grupal y violencia sexista: marco conceptual

Neus Roca Cortés

En este primer capítulo enmarcamos los dos pilares de todo el trabajo. Presentamos el fenómeno social de la violencia hacia las mujeres, distinguimos entre agresión, conflicto y violencia de pareja, sustentamos el carácter socialmente construido de la violencia sexista, sus consecuencias para la intervención con perspectiva de género y aportamos un modelo conceptual de recuperación de las mujeres en situación de violencia sexista de pareja.

Del trabajo grupal nos ocupamos ampliamente. Estamos acostumbrados a abordajes que reducen la intervención grupal a las técnicas de dinamización de grupos. Bajo el convencimiento de que la práctica es acción y, a su vez, pensamiento, desarrollamos teoría sobre la intervención grupal, argumentos empíricos para su fundamentación, referentes genealógicos y modelos y técnicas de evaluación tanto para la investigación como para la intervención.

1.1 VIOLENCIA CONTRA LAS MUJERES: UNA PERSPECTIVA DE GÉNERO

VULNERACIÓN DE DERECHOS, ATENTADO A LA LIBERTAD

La violencia contra las mujeres es un problema social reconocido por ser una de las principales causas de muerte de mujeres en el mundo, según organismos internacionales gubernamentales y no gubernamentales (Organización de las Naciones Unidas, Organización Mundial de la Salud, Unión Europea y Amnistía Internacional, entre otras). La declaración de la ONU de 1993 sobre la «Eliminación de la violencia contra las mujeres» define ésta como «todo acto de violencia basado en la pertenencia al sexo femenino que tenga o pueda tener como resultado un daño o sufrimiento físico, sexual o psicológico para la mujer, así como también las amenazas de estos actos, la coacción o privación arbitraria de la libertad, tanto en la vida pública como en la privada». Estos organismos la han reconocido y promovido en el marco ético del paradigma de los derechos humanos.

Los documentos en que se fundamenta este paradigma de análisis y actuación contra la violencia hacia las mujeres son la Convención para la eliminación de todas las formas de discriminación contra las mujeres (CEDAW) de 1979, la Declaración de Viena de 1993, anteriormente mencionada, y la Convención de la Plataforma Mundial de Mujeres de Beijing de 1995, que sitúa la violencia de género entre las doce esferas principales de preocupación. Tales convenciones instan a llevar a cabo planes de acción que comprometen o empujan a los Estados, a los responsables públicos y a la sociedad en general a erradicar este tipo de violencia, atender a las víctimas y reparar sus daños.

La violencia machista hacia las mujeres atenta directamente contra su libertad de acción y de ser, contra el ejercicio de sus derechos y de dirigir su propia vida. Las violencias contra las mujeres toman formas diferentes en espacios y tiempos diferentes, siendo siempre un mecanismo de dominación y esclavitud. El artículo 2 de la Declaración de Viena de 1993 reconoce como violencia hacia las mujeres, por el hecho de ser mujeres: la violencia interpersonal de pareja, el abuso sexual infantil, el maltrato infantil, la agresión y violación sexual en entornos abiertos, en conflictos bélicos e inclusive la de la pareja y marido, el acoso e intimidación sexual en el lugar de trabajo y en las instituciones educativas, la violencia relacionada con la dote y la herencia, la mutilación genital femenina, los casamientos forzados, los actos de violencia perpetrados por otros miembros de la familia, el tráfico de mujeres para la explotación sexual y económica y la lapidación.

Dos años después, la Plataforma de Acción de Beijing la amplía: esclavitud sexual y embarazo forzado, la esterilización y aborto forzados, el uso coaccionado de anticonceptivos, las niñas desaparecidas por desnutrición o selección prenatal (UNFPA,

2005) y la especial vulnerabilidad de mujeres pertenecientes a minorías (ancianas y desplazadas, mujeres indígenas o miembros de comunidades de refugiados y migrantes, mujeres que viven en zonas rurales pobres, remotas, o en instituciones correccionales). Debe añadírsele la violencia simbólica en la cultura: cuentos, cine, televisión, publicidad, literatura, música y también en los nuevos formatos de videojuegos (AI, 2004).

En cuanto a la violencia ejercida por las mujeres, el informe mundial (2006) del Secretario general de la ONU a la Asamblea señala que la mayoría de los casos de violencia contra la mujer se refiere a una víctima/sobreviviente de sexo femenino y un infractor de sexo masculino, y que las mujeres también cometen actos de violencia. Si bien las mujeres cometen una pequeña proporción de los actos de violencia dentro de la pareja, participan en mayor grado en la ejecución de prácticas tradicionales nocivas y en la trata. También cometen actos de violencia contra mujeres y niños en el contexto de los conflictos armados.

En nuestro país, las leyes han abordado este problema social de forma progresiva en los últimos diez años, como respuesta a la presión e iniciativa de las mujeres y siguiendo los pasos de los organismos internacionales. Tímidamente, en 1999, se modificó el Código penal disminuyendo la impunidad del marido agresor al reconsiderar el maltrato a la mujer no como una falta sino como un delito e incluyendo la figura del maltrato psicológico. No fue un regalo. Numerosos colectivos feministas, también mujeres profesionales juristas, de la atención social y de salud, denunciaron y lucharon para visibilizar especialmente la violencia hacia la mujer dentro de la familia. Este fenómeno, no nuevo pero sí silenciado (Patrizia Romito, 2007) pasa de ser un asunto privado a reconocerse como un problema del que legítimamente debe ocuparse la sociedad, sus representantes públicos y, por tanto, el Estado. Cuatro años más tarde, en 2003, ante la presión del incremento de denuncias judiciales, demandas de atención por parte de las víctimas, requerimientos de colectivos de mujeres que denunciaban la indefensión de las víctimas ante las contradicciones de las medidas judiciales del momento y el incremento de la violencia después de la separación a pesar de la denuncia, se crean las figuras de la «orden de protección» y las «medidas cautelares coordinadas», que permitirán a la mujer e hijos agredidos no tener que huir de su propio territorio cuando la violencia recibida así lo aconseje.

Pero será en 2004, con un cambio de color político en el Congreso de los Diputados, cuando llegue la vigente y actual Ley Orgánica 1/2004 del 20 de diciembre sobre Medidas de protección integral contra la violencia de género, que reconoce este problema social en todas sus dimensiones: su inserción en la desigualdad social existente, sus repercusiones en todos los ámbitos de la vida y su predominante dirección hacia las mujeres —que, por ser mujeres, son consideradas por sus agresores como carentes de derechos mínimos, libertad y poder de decisión. Aun con sus carencias, es una de las leyes más completas y progresistas de Europa. Representa una medida de acción positiva que pretende asegurar mecanismos judiciales para abordarla y crea los juzgados especiales sobre violencia de género. Las mujeres respondieron a esta iniciativa de protección, atención, reparación y prevención, y las denuncias aumentaron espectacularmente.

Cuatro años más tarde, el Parlamento catalán aprueba la *Llei 5/2008 del 24 d'abril del Dret de les dones a eradicar la violència masclista*, consagrando y garantizando un conjunto de derechos para restituir el proyecto de vida de las mujeres en situación de violencia machista y erradicarla. Se incardina también en su reconocimiento como un fenómeno estructural patriarcal por razones de sexo, de ahí el epíteto «machista». Reconoce a las mujeres que la sufren sus derechos a la atención, la asistencia, la protección, la recuperación y la reparación integral; y se compromete a este derecho aun sin mediar denuncia. Establece medidas integrales de prevención, detección y sensibilización, con el fin de erradicarla de la sociedad. Incluye también el concepto de violencia estructural como la explotación sexual de mujeres y niñas, casamientos forzados y mutilación genital femenina, entre otras violencias.

Violencia en las relaciones afectivas de pareja

Hemos centrado este trabajo en la violencia de género que ocurre en las relaciones interpersonales afectivas y, especialmente, la que sufren las mujeres en la relación de pareja heterosexual, mayoritariamente ejercida por hombres. La concepción de violencia de pareja, que se da entre dos personas adultas, tiene algunos puntos clave: la intención, la persistencia y la vulnerabilidad. Se entiende por violencia, abuso y coacción todo «comportamiento hostil, consciente e intencional, que por acción u omisión, causa en la persona maltratada daño físico, psíquico, jurídico, económico, social, moral o sexual atentando así contra su libertad y su derecho a desarrollarse como tal persona» (Leonor Cantera, 2005).

Si son dos personas adultas, entonces: ¿por qué ocurre? ¿Qué pasa? Una de sus principales claves de comprensión es la asimetría de poder. Esta violencia se ejerce en una relación de desequilibrio de poder en el que la víctima, aunque adulta, se encuentra en situación de vulnerabilidad, temporal o perenne, circunstancial o forzada, sea social, física, económica, psicológica, u otras. La lista de vulnerabilidades humanas es interminable. Veamos algunos ejemplos cotidianos: el aislamiento social de una enfermedad, de un desplazamiento, de una migración; la carencia de ingresos propios; la tristeza por la muerte de alguna persona afectivamente significativa; la plena dedicación de una madre a la nueva vida en el caso de un recién nacido y a cubrir sus necesidades físicas y psicológicas posteriores al parto; las carencias afectivas por circunstancias personales o sociales traumáticas; no tener personalidad jurídica ni económica por ser mujer, por una ley de migración que no reconoce el derecho al trabajo y a la ciudadanía de los reagrupados, entre muchas otras. Y en una sociedad machista, sea con leyes igualitarias o explícitamente discriminatorias, el solo hecho de ser mujer, en todas sus clases sociales, aumenta las vulnerabilidades. Éstas y otras son aprovechadas por el violento para mantener a la víctima en posición sumisa.

Aunque agresión, violencia y conflicto pueden usarse como sinónimos, en nuestro caso es imprescindible distinguirlos. La agresión es una acción dañosa que surge como reacción defensiva y resulta proporcional al ataque recibido. La violencia, en cambio, es una agresión consciente, intencional, continuada y, habitualmente, selectiva contra la víctima, que toma las formas necesarias, sutiles o evidentes, para conseguir su objetivo: el mantenimiento de la satisfacción de las necesidades de quien la ejerce. En el caso del maltratador, con la violencia machista se quiere controlar y mantener la integridad identitaria basada en la dominación sobre la pareja mujer, a través de acciones como debilitarla, anularla o incluso hacerla desaparecer causándole la muerte (Miguel Lorente, 2004; Luis Bonino, 2005; Esperanza Bosch y Victoria Ferrer, 2002). La agresión que es violenta es arbitraria y desproporcionada respecto al hecho que supuestamente la habría originado.

La agresión puede ser mutua, pero la violencia no siempre lo es. Algunas mujeres narran episodios esporádicos en los que frenaron la violencia física directa en el momento que se iniciaba porque agredieron físicamente a la pareja violenta, normalmente con objetos domésticos. En otras ocasiones, ante una violencia débil física (empujones, intimidaciones, pellizcos, cabezazos, etcétera) o psicológica (burlas, denigraciones, insultos) la mujer agredida responde con un comportamiento semejante. Esto puede frenar la violencia solamente en ese instante, aunque habitualmente la aumenta. En cambio, la violencia como agresión continuada puede, pero no suele, ser mutua en la pareja ya que, de conseguir el objetivo pretendido, la víctima debilitada tiene menos oportunidades para su defensa, especialmente cuando opta por respuestas no agresivas. Esta distinción es necesaria para valorar aquellas escalas de medición del conflicto de pareja que no preguntan por el motivo ni por el contexto de la agresión, o no tienen en cuenta las provocaciones constantes del violento para desatar agresión en la víctima, llegando a camuflar la agresión defensiva como violencia mutua. Una de las más cuestionadas ha sido la escala de tácticas de conflicto de Murray Straus, conocida como CTS, utilizada para encuestas poblacionales (Murray Straus *et al.*,1996).

El conflicto en sí mismo no es agresivo ni violento por naturaleza si se entiende como disensión, discusión, desencuentro o incluso enfrentamiento que se aborda por el diálogo y el pacto respetuosos con la libertad e integridad del otro. Pero el conflicto, también el de pareja, puede desembocar en un grado máximo de tensión cuando los intereses contrapuestos pugnan por prevalecer uno a costa del otro, cuando amenaza la exclusión o disolución del vínculo, o cuando desafía la dignidad y salud de uno de sus miembros. En este momento la tensión puede desencadenar violencia. El control y la coacción, estrategias violentas reactivas al conflicto, se entienden como inicio de la violencia de pareja. A diferencia de la violencia machista de pareja, en el conflicto de pareja en el que aparece alguna agresión hay una relación simétrica; las vulnerabilidades mutuas no se utilizan para la dominación y, si en algún momento hay violencia, se reconoce como tal, se responsabilizan de ella, hay reparación (Mercè Garreta, 2005) y modificación de estos comportamientos, siendo por tanto una agresión intencional realmente esporádica.

Otra de las características clave de la violencia interpersonal en las relaciones afectivas, y de la violencia de pareja en concreto, es la generación de un estado grave de confusión por la presencia simultánea de afecto positivo y de sufrimiento evitable que proviene de la misma persona. Confusión que va seguida de inquietud, desasosiego, angustia y finalmente inseguridad básica, al ser muy incongruente recibir daño de quien dice «amarte», recibir sufrimiento de quien se espera amparo en el contexto de una relación especial por ser depositaria de las debilidades y no solo de las fortalezas personales, de la confianza más íntima. Con el agravante de ser la mujer continuamente culpabilizada de la insatisfacción de la relación y de la violencia de él, a la vez que éste la minimiza y no se responsabiliza. Y todo ello aderezado con afecto en las fases de «contrición» del ciclo de la violencia (Lenore Walker, 1984).

La relación se torna violenta cuando se utilizan las vulnerabilidades del otro, sean psicológicas, sociales, sexuales o económicas, con el fin de satisfacer las necesidades de dominación y superioridad de quien ejerce tal violencia a costa de la alienación, denigración y sufrimiento del que está en situación de vulnerabilidad por las circunstancias o por el mismo efecto de la violencia. La impredecibilidad de esa violencia es una de sus características más nocivas y contribuye al debilitamiento y la confusión. El abuso por parte de la pareja es una tortura que sobre todo daña emocionalmente (Lluïsa Carmona, 2001) porque se produce precisamente desde la perversión del vínculo emocional.

La dinámica de la violencia de pareja ha sido descrita por diferentes autoras y autores como un proceso gradual de coacción y daño que anula progresivamente a la mujer. A su vez, no es tan fácil escapar de alguien que tiene acceso a las fuentes de supervivencia de su víctima y conoce todos sus apoyos. La violencia toma formas muy variadas: control, trato desigual, abuso de confianza, imposición por chantaje emocional, ignorancia o suplantación de los deseos y opiniones del otro, chantaje, burla, denigración, coacción, anulación, intimidación, engaño en asuntos cruciales para el proyecto de vida propio y familiar, provocación o amenaza. Hasta aquí, algunas muestras de violencia psicológica de las que tenemos cuestionarios de detección, creados y adaptados al entorno español (Álvaro Rodríguez, Clara Porrúa *et al.*, 2007). La violencia también toma forma física —quizá la más visible— y otras formas más invisibles en el seno de la relación de pareja, como la violencia económica y la sexual. Cabe puntualizar que cualquiera de estos comportamientos violentos es adaptado por los maltratadores a las fortalezas, vulnerabilidades y circunstancias de sus víctimas para conseguir el fin que persiguen: dominarla y, a la vez, retenerla.

Asimismo han sido descritas las reacciones de las parejas mujeres, las secuelas del maltrato en las supervivientes y sus procesos de recuperación (Lenore Walker, 1994; Graciela Ferreira, 1992; Karen Landerburguer, 1993; Enrique Echeburúa y Paz del Corral, 1998; Leonor M.ª Cantera, 1999; Miguel Lorente, 2001, entre otros).

Hemos elegido trabajar con la violencia de pareja del hombre hacia la mujer en parejas heterosexuales, por ser la más prevalente y la primera que ha sido tratada socialmente. Sin embargo, destacamos que también existe este tipo de violencia en parejas homosexuales, lésbicas o gays, bastante invisibilizada aún tanto por la clandestinidad de tales relaciones como por los estereotipos sexistas sobre la violencia de pareja. Recientes trabajos (Leonor M.ª Cantera, 2004, 2007; María Elena Meza, 2010) muestran cómo la realidad hombre agresor/mujer víctima, llevada al estereotipo, oculta la violencia en parejas homosexuales. La atención pública, que no realiza distinción al respecto, explica la razón por la que las lesbianas y gays víctimas o perpetradores que llegan a sus servicios son escasísimas. Parece claro que, más allá del género y del sexo, el modelo patriarcal de relación de pareja, que establece un dominante y un dominado, se reproduce también en parejas de orientación homosexual y, probablemente, también en transexuales e intersexuales.

¿Por qué violencia de género, sexista y machista?

Una mujer en recuperación de una situación de violencia de pareja ironizaba con humor: «Ahora, con eso de la violencia de género, parece que estemos en un mercado». No nos referiremos al significado de «género» como tipo de objeto o regla gramatical, sino como tipo de persona, acepción adoptada del inglés actual y del francés antiguo. El término género concierne al estado de ser mujer u hombre refiriéndose a sus diferencias socioculturales. La mirada de género es una cosmovisión que analiza la realidad social desde la interrogación constante de la producción de diferencias hombre-mujer, sus jerarquías sociales construidas y la invisibilización del sujeto mujer. Los estudios de mujeres y de género —*Women's Studies,* en los países anglosajones donde surgieron— son un cuerpo de conocimiento y pensamiento especialmente desarrollado a partir de los años sesenta del siglo pasado, tanto desde las instituciones académicas como desde el movimiento social feminista (Isabel de Torres, 2005). La perspectiva de género es una perspectiva feminista, denominación que a veces se evita para eludir más obstáculos de los que ya se tienen.

¿Por qué la violencia contra las mujeres es de género y sexista y no se trata de una violencia interpersonal a secas? La relatora especial de la ONU sobre violencia contra las mujeres (AI, 2001) lanzó una alerta a los estados miembros sobre el peligro de utilizar conceptos difusos como el de violencia familiar o violencia doméstica, porque esconden algo fundamental para analizar el fenómeno: el sexo de los autores y de las víctimas, y reducen la violencia contra las mujeres a conflictos entre personas cuando se trata de un fenómeno de relaciones entre los géneros, de alcance mundial.

Ampliemos las denominaciones. ¿Por qué la llamamos también violencia machista? Porque refleja con más precisión, aunque suene más duro, la posición social de dominio de quien ejerce esta violencia: los hombres «machos». Algunos autores van más allá, designando esta violencia como violencia masculina contra las mujeres. El epíteto sexuado se justifica en los abrumadores datos que lo avalan (Miguel Lorente, 2004; Esperanza Bosch y Victoria Ferrer, 2002 para una revisión internacional; y las encuestas nacionales *Macroencuesta*, 2006 y *Enquesta de Violència Masclista*, 2010). Los diferentes informes sobre violencia de los países europeos sitúan entre el 10% y el 12% las mujeres que han sido maltratadas por sus parejas hombres o algún otro hombre de sus familias; en la reciente encuesta de violencia de Cataluña (2010) se sitúan en un 25% las mujeres que han tenido un episodio grave de violencia en su vida, ejecutado el 100% de las veces por un hombre que, en un 75% de las ocasiones, era de su entorno (familia, trabajo, red social). Aún más, algunos hombres apuestan por que la violencia sea calificada como masculina por el imprescindible compromiso de aquéllos con la erradicación (Ángel Lozoya, 2000) y para no seguir contribuyendo a su ocultación en esos actos cotidianos que todavía se callan, se banalizan o se justifican por el «carácter fuerte» y los instintos «varoniles» (Luis Bonino, 2005).

Las diversas denominaciones de violencia de género, sexista, machista o violencia masculina para designar las violencias de pareja contra las mujeres tiene que ver con un análisis que hunde su mirada en las raíces de una sociedad sexista que discrimina a las mujeres y utiliza la violencia para mantener ese sistema patriarcal asimétrico en función del sexo/género. En el seno de este sistema social patriarcal, encontramos los mecanismos fundamentales que generan, naturalizan e invisibilizan la violencia de género, desde la más indirecta y sutil a la más evidente.

¿Cómo funciona la violencia ejercida por un sistema social que acaba materializándose en hombres violentos hacia «sus» mujeres? El sistema patriarcal actúa, al menos, con tres ejes clave: las condiciones materiales, el sistema sexo/género, y el uso manifiesto de la violencia[1]. Son tres ejes cuyas dinámicas se retroalimentan cerrando un círculo que lleva desde la desigualdad como violencia estructural a la violencia del ser mujer y, finalmente, a la violencia directa de algunas leyes y algunos hombres hacia las mujeres, también en las relaciones personales.

Las condiciones materiales creadas por el sistema patriarcal son las derivadas de una división sexual en absoluto neutra. El hombre es el proveedor económico, ocupa la producción y el espacio público; la mujer es la cuidadora, colocada en el espacio privado y en la reproducción, carente de valor mercantil. En esa estratificación social, las mujeres se encuentran privadas u obstaculizadas en su autonomía económica y se las segrega del espacio social donde se toman las decisiones colectivas que también les conciernen. En este sistema patriarcal, los hombres gozan de privilegios sociales y se sitúan en el lugar de la dominación por el solo hecho de ser hombres, al menos cuando se relacionan con mujeres y con «sus» mujeres. Y viceversa: las mujeres son colocadas en el servilismo. La jerarquía social, la relación de poder, las desigualdades consecuentes son denominadas violencia estructural. Aun así, las mujeres asumen su independencia social con resultados positivos pero con algunas lagunas: retribuciones disminuidas, despidos improcedentes, dificultades de acceso; en definitiva, costes individuales y colectivos para conseguir aquello que es básico.

El segundo eje clave del sistema social patriarcal es el llamado sistema sexo/género. A la jerarquía social de las condiciones materiales se le añade la diferenciación social asimétrica naturalizada. Nos interesa especialmente porque se trata de una condición de orden social que afecta en lo personal a la constitución del yo,

1 El análisis del sistema social patriarcal ha sido realizado en el seno de los *Women's Studies* por filósofas, sociólogas, biólogas, antropólogas, economistas, psicólogas, etcétera, de departamentos académicos de universidades americanas y europeas y activistas del movimiento feminista. En la última década, estos debates teóricos feministas han sido compilados e historiados. Véase, por ejemplo, Elena Beltrán y Virginia Maquieira, Silvina Álvarez y Cristina Sánchez, 2001.

de la individualidad. Según este sistema, binario y heteronormativo, existen solamente dos identidades, la femenina y la masculina, cuyas diferencias son determinadas biológicamente, irreconciliables e intransferibles. Así consiguen enfrentar ambas identidades y naturalizar aquello que es construido socialmente. Pero tales diferencias no son neutras: ser hombre se valora mejor que ser mujer, instaurándose la asimetría social. Lo masculino se celebra, se convierte en lo deseable, en la norma de lo universal. Lo femenino se minusvalora, se demoniza o, directamente, se ignora.

Pongamos un ejemplo del funcionamiento de este sistema relacionado con la violencia: la fuerza. Los hombres «son y deben ser» fuertes, y las mujeres, delicadas. Así, se llega a considerar natural que los hombres no puedan contener sus impulsos agresivos, ni siquiera ante las mujeres. Entendiendo que éstas, si femeninas, son volubles y cambiantes y los hombres, si masculinos, son decididos y firmes, las mujeres, directa o indirectamente, esperarán fuerza y protección de los hombres. Nos estamos acercando a la «natural» pasividad y debilidad de las mujeres y, por otro lado, a la «natural» fortaleza y autoridad de los hombres. He ahí la supuesta «natural complementariedad» que es, en realidad, la enmascarada asimetría cotidiana. La relación de dominación masculina versus sumisión femenina se va gestando y justificando. Esta violencia es latente en nuestra vida cotidiana y nos vamos acercando a la legitimación más sutil de la violencia del grupo social hombres contra el grupo social mujeres. Es la llamada violencia simbólica.

Las funciones de este sistema patriarcal sexo/género no acaban aquí. Esta naturalización de identidades y roles según el sexo vela la crítica al grupo dominante. Siguiendo el ejemplo anterior, no solo observamos que los hombres son «naturalmente» más impulsivos que las mujeres sino que, además, apenas nos preguntamos por qué éstos, extrañamente, sí dominan sus impulsos en sus negocios o ante sus superiores laborales. La mentira de que los hombres son sexualmente más instintivos y activos intentará acallar esta crítica.

Pero este sistema sexo/género opresivo va aún más allá al desalentar la oposición activa a través del castigo a la transgresión de lo «natural». Ahí empezamos con una violencia algo más tangible que la anterior. Aquellos que no cumplen con estos requisitos preestablecidos y supuestamente naturales son penalizados. Sigamos con el ejemplo: las mujeres que expresan cualidades presuntamente propias de la masculinidad, que no esconden en público ni su fuerza ni sus decisiones autónomas ni, en definitiva, su autoridad, son puestas en duda o descalificadas por alterar la «feminidad natural», es decir, «su» sensibilidad, «sus» dotes de apoyo y generosidad, «su» saber estar al lado del marido y la familia; es decir, pueden mandar pero en casa, en asuntos domésticos. Las mujeres con poder familiar, político o relevantes en su oficio pueden ser socialmente aceptadas y ensalzadas si con sus acciones perpetúan los valores e intereses patriarcales, son madres, están bien casadas y educan en los valores patriarcales. Pero muy a menudo son ignoradas, excluidas u olvidadas por la historia o descalificadas por una supuesta «perversidad», patologizadas por la clínica, perseguidas, encarceladas o incluso asesinadas. De esta manera, naturalización y punición intentan asegurar la reproducción del sistema de dominación. Pero no siempre se consigue.

Explicar la violencia interpersonal que reciben las mujeres exige descarnar la opresión social en la que están inmersas aunque de ello resulte una enumeración de agravios. La opresión hay que nombrarla aun a costa de parecer victimista. Es el primer paso para la emancipación. Las mujeres no somos pasivas aunque tozudamente se nos coloque en este lugar. Las imprescindibles iniciativas y aportaciones de las mujeres a la vida y al mundo son nuestro resorte para la libertad, la igualdad y sus vindicaciones. Y también lo son para las mujeres supervivientes y víctimas de una situación de violencia machista. Pero sigamos con el análisis psicosocial de la violencia hacia las mujeres.

Del castigo a la transgresión se pasa a castigar la crítica del sistema con la finalidad de neutralizar su influencia. En sociedades donde ha habido influencia del movimiento feminista, las violencias machistas cotidianas se muestran de formas más sutiles aunque no por ello menos duras. Las mujeres que no esconden su autoridad y son críticas con este sistema patriarcal, sea en la cotidianidad o militando en un movimiento social, son sospechosas de autoritarismo («sargentos»), de lesbianismo (en un sentido peyorativo de desviación: no les gustan los hombres, «machorras»), o de incapacidad de disfrutar del sexo o de estar con un hombre. A veces, estas mujeres así posicionadas son ridiculizadas con chistes despectivos pero «ingeniosos» a los cuales parecerá grotesco oponerse o, sencillamente, se las ignora. De este modo, para las mujeres quizá sea más prudente ser cuidadosas, conseguir indirecta y silenciosamente lo que legítimamente pretenden o, «sencillamente», callarse.

Y así, con este recorrido del sistema sexo/género, naturalización, castigo de la transgresión y silenciamiento de la crítica, hemos llegado a la supuesta «natural» pasividad, indecisión, miedo, entrega, renuncia, abnegación de las mujeres, en definitiva, la buscada sumisión. Este mismo sistema patriarcal sexo/género vigilará y penalizará también a los hombres si no tienen los supuestos «instintos varoniles» o si tienen características «naturalmente» femeninas: cuidadores, intuitivos, empáticos, sensibles, igualitarios y cooperadores con sus mujeres.

Durante las últimas décadas, en algunas sociedades se ha realizado un importante avance en la igualdad de derechos y oportunidades entre hombres y mujeres y en la aceptación de las diversas orientaciones sexuales e identidades. Si, por un lado, este avance representa más democracia, justicia y libertad para las mujeres y para la sociedad, por el otro, debemos alertar de que la naturalización de esta opresión en la vida cotidiana puede llegar a invisibilizar sus violencias, haciéndolas más sutiles, tanto para las mujeres como para los hombres. Muchos jóvenes creen que la desigualdad y el machismo están ya superados. Identificar y desnaturalizar estas identidades y prácticas patriarcales de género es una de las tareas principales de la intervención.

Pero, ¿cuándo aparece esa violencia directa que tenemos en nuestro imaginario colectivo en forma de abuso, acoso moral, palizas, violación, cárcel, tráfico y explotación, lapidación? Cuando el sistema patriarcal y también aquellos hombres que se sitúan en él, consciente o veladamente, ven peligrar ese «orden natural» que fundamenta sus privilegios, su posición dominante y sus identidades masculinas patriarcales. La opresión se quita el velo, y su violencia, antes sutil o latente, se manifiesta abiertamente en las esferas: personal, afectiva, familiar, ideológica, estructural y legal.

El tercer eje clave para comprender el carácter sexista de la violencia contra las mujeres es la violencia explícita. En el «desorden» patriarcal antes explicado, a la desvalorización, desigualdad y control social, por el solo hecho de ser mujeres, se le suma la violencia directa legitimada por el propio sistema. El uso de la fuerza contra las mujeres es utilizado por el sistema patriarcal como medida de emergencia y como instrumento permanente de intimidación (Kate Millet, 1969). El secuestro del cuerpo de las mujeres, su no existencia jurídica, el abuso moral y físico y la violación sexual han sido fomentados, celebrados, eludidos y apenas perseguidos incluso cuando la ley lo castigaba. De ello nos hablan algunas historias de violencia (Susan Brownsmiller, 1981; Antonio Gil, 2008; Pilar Pérez, 2009). Las violencias o «las correcciones» del hombre, marido, padre, hermano hacia la mujer han sido justificadas, naturalizadas, ocultadas e incluso legalizadas, ahora y a lo largo de la historia de nuestra cultura (Leonor Cantera, 1999; Dolores Molas, 2007).

Actualmente, aun con sensibilidad social, aparecen numerosas muestras de tolerancia a la violencia. Obsérvenlo ustedes desde el sillón de su casa. Las películas, una de las herramientas más poderosas que nutren el imaginario colectivo, recrean y banalizan las escenas de violencia hacia las mujeres donde éstas, abrumadoramente, aparecen como indefensas. Otro mal ejemplo televisivo reciente: un *reality-show* de una cadena española exhibió, cuando podía no haberlo hecho, imágenes del abuso sexual de un muchacho hacia una compañera de programa. Éste le restregó los genitales por la cara mientras otros compañeros eran testigos complacientes y sonrientes. Dos de estos chicos, horas antes, la habían sujetado, le habían ensuciado la cara con leche condensada y le habían hecho comentarios obscenos, siempre ante la contemplación de los demás. Fue una noticia de Mercedes García, catedrática de derecho penal, en *El periódico de Catalunya* del 13 de marzo de 2010, donde recordaba que se trataba de un delito y suscitaba la polémica pública. Las escenas pudieron verse en Internet durante unos meses; luego fueron bloqueadas ante la presión pública. En esas escenas podía verse cómo los educadores del programa «reñían» al agresor directo ante los demás, pero éste seguía callado, sonriendo y no hubo más consecuencia que su impunidad y la de esa violencia hacia su compañera. Y aún encontramos bastantes más impunidades de este tipo.

En semejante estado de cosas, cuando las mujeres queremos usar nuestra libertad en condiciones de igualdad social encontramos dificultades de muy diferentes tipos que incluyen violencia más o menos virulenta hacia nosotras. La violencia en el matrimonio y la familia se empezó a denunciar en el siglo XIX por una minoría selecta, como Anna Wheeler y William Thompson en su libro sobre la demanda de la mitad de la raza humana. Posteriormente fue analizada por el movimiento feminista en los años sesenta y setenta, pasando a ser uno de sus frentes de denuncia y acción en apoyo a sus supervivientes (Ana de Miguel, 2008), especialmente a partir de los años ochenta del siglo pasado hasta la actualidad.

En definitiva, para abrir los ojos ante la violencia naturalizada o descarnada hacia las mujeres hará falta una mirada de género, feminista, guste o disguste el adjetivo, también en las relaciones afectivas. Una mirada especial que provendrá de la lucidez ante el sentido de la justicia y de la libertad, o de la conciencia informada. Para no cerrar los ojos, hará falta una lucha interna que incluirá darse cuenta, con o sin vocabulario feminista, de estas normas patriarcales en las que hemos sido socializadas. Percatarse de la opresión específica sexista guiará nuestras intervenciones de prevención de la violencia, de detección y atención de mujeres en situación de violencia y también nuestra intervención rehabilitadora de hombres que ejercen la violencia contra las mujeres.

Intervención: ¿también de género?

A la intervención y la investigación con perspectiva de género se las suele acusar erróneamente de sesgadas por no tomar una posición neutra y, por tanto, de dudosa credibilidad e incluso de sospechosa ineficacia. No se toma una posición neutra ante esta violencia machista contra la mujer de forma consciente y rigurosa, puesto que dicha pretendida neutralidad elude las implicaciones psicológicas en el individuo de una realidad social inmersa en relaciones de poder. Una intervención neutra es, en realidad, solo supuestamente objetiva e imparcial, porque al no explicar sus criterios ideológicos de análisis de la realidad social tiene como efecto conservar la situación tal como está. Siendo el statu quo un posicionamiento también ideológico, la intervención falsamente neutra es también ideológica y conservadora, aunque se intente eludirlo o negarlo.

Al contrario, una intervención no neutra hace explícitos sus criterios ideológicos de análisis del sujeto y su realidad. Tomar posición no significa que en una entrevista de investigación guiemos ideológicamente las respuestas de las mujeres, o que en una sesión de diagnóstico consideremos inadecuadas posturas tradicionales en la relación hombre-mujer, o que en las sesiones de tratamiento y orientación se manipule la transferencia psicológica en favor de la adhesión a una determinada ideología o doctrina. La intervención rigurosa y científica, sea en una u otra dirección ideológica, explicará claramente sus concepciones de la realidad social sobre la que interviene, sus criterios sobre lo que es o no correcto, sin justificarlo a través de la ciencia. Así, la persona en tratamiento tendrá más información para elegir.

Una intervención social y psicológica con perspectiva de género, ya sea realizada por una mujer o por un hombre, se caracteriza por desnaturalizar lo naturalizado y visibilizar lo oculto en el sistema social patriarcal. La intervención de género analiza la realidad del sujeto y de la situación teniendo en cuenta la influencia de la estructura social en su subjetividad tanto como los componentes biográficos y físicos individuales. Una perspectiva de género entiende que la opresión de una mujer en particular forma parte de la opresión social de las mujeres (Graciela Ferreira, 1992; Lenore Walker, 1994; TAMAIA, 2001; Esther Ramos, 2007). En cambio, una intervención en apariencia neutra puede separar lo que es individual de lo que es social, sin establecer ninguna inter-relación cuando atribuye los comportamientos individuales exclusivamente a las cualidades individuales de sus protagonistas, a su carácter o personalidad, aumentando la culpa cuando es dominado o reforzando el comportamiento cuando es dominador, y obstaculizando el cambio.

Una perspectiva de género, al analizar a una persona, incorpora una posición crítica de las relaciones sociales de poder; en este caso, de las relaciones hombre-mujer. Y también de las relaciones afectivas, ya que, según la posición ocupada de subordinación, dominación o igualdad, las vivencias y comportamientos son diferentes. Por ejemplo, es bien conocido que la mujer insubordinada que reacciona en contra del rol tradicional impuesto mostrando insatisfacción es medicada; o que cuando responde con iniciativa propia o crítica tiende a ser descalificada o, de forma más tecnológicamente refinada, diagnosticada a causa de trastorno mental como depresiva, histérica, sectaria o, directamente, loca.

La perspectiva de género también tiene en cuenta la socialización patriarcal de las mujeres. Pongamos dos ejemplos relacionados con la violencia: la agresión y la autoridad. La agresión suele ser castigada cuando la ejerce una mujer o una niña, pero cuando la manifiesta un hombre o un niño es a veces soslayada, aunque habitualmente enaltecida. Esto sitúa a la mujer en el aprendizaje de la paz, por un lado, y de la indefensión, por el otro. Por eso, cuando nos preguntamos, no por ignorancia sino sospechosamente, por qué las mujeres adultas «soportan» una situación de violencia de pareja, quizás nos situemos en un velado prejuicio. De la autoridad ya hemos hablado antes. La descalificación de la autoridad de las mujeres socializa en la sumisión o, inevitablemente, en la rebeldía. Todo ello lleva a la confusión, que encontramos en muchas mujeres, entre autoridad y autoritarismo, entre asertividad y agresividad, habitualmente acompañada de culpa. La rebeldía más saludable también conlleva costes.

En resumen, una intervención psicosocial de género introduce esta mirada crítica de la realidad en los autoanálisis de las mujeres, lo que les permite darse cuenta de los condicionamientos que provienen de la opresión social patriarcal por ser mujer, distinguirlos de las atribuciones individuales y poner en valor su actividad y su deseo. Así se desenredan posiciones pasivas, secundarias o idealistas que esperan satisfacciones del que ostenta el poder dominante, y se desentrañan culpas paralizantes. También proporciona agencia y «empoderamiento» a las mujeres que se encuentran paralizadas o debilitadas por las circunstancias y por la violencia recibida. La perspectiva de género hace presente en el trabajo profesional con las mujeres, entre otros aspectos necesarios, la losa de los prejuicios y mitos que rodea la opresión dominante patriarcal que fundamentan y nutren la violencia sutil y manifiesta contra las mujeres en la pareja.

Referencias profesionales también apoyan esta perspectiva. La Asociación Americana de Psicología (APA) presentó, en la asamblea anual de 2001, el documento del grupo de trabajo presidido por Michelle Harway (2001), en el que establece las bases curriculares recomendadas para la formación en el ámbito de la llamada violencia íntima de pareja. En los modelos causales de la violencia relacional se recomienda especialmente la necesidad de pasar de enfoques lineales mecanicistas a enfoques multidimensionales interactivos y ecológicos, enfatizando el hecho de que muchas marcas de vulnerabilidad que parecen características de los individuos pueden ser también identificadas como factores sociales, sistémicos, de socialización y de roles de género que condicionan a lo largo de toda la vida.

1.2 LOS GRUPOS COMO ESPACIOS PRIVILEGIADOS DE CAMBIO

Intervención grupal versus individual

Entramos en el otro polo de nuestra propuesta. ¿Por qué intervenir a través de grupos? Más personas atendidas en menos tiempo es un buen argumento para proponer la intervención grupal. Sin embargo, su valor es de orden cualitativo. Afirmamos que el grupo es un escenario con valor diferencial y único.

Los grupos son eficaces en la intervención psicológica y social porque en ellos ocurren procesos humanos fundamentales para la supervivencia y la autorrealización de la persona. Sean de iguales o familiares, sociales o laborales, los grupos son agentes psicosociales naturales en los que la persona encuentra aquellos elementos que le permiten sobrevivir, crecer, madurar e, incluso, reproducirse con garantías. Operan especialmente en varios ejes de la psique humana: en la orientación vital, en la formación de la identidad social y las actitudes, en la socialización y en el aprendizaje, en la diferenciación y en la integración social. Tienen también un papel esencial en las transiciones del ciclo vital, en situaciones estresantes, de carencia y vulnerabilidad.

En el grupo aparecen procesos psicológicos compensadores de las distonías básicas de las emociones y del sufrimiento que constituyen las diferentes posturas vitales de la persona (Vladimir J. Wukmir, 1960). En los grupos se producen los fenómenos de la compañía para atenuar la soledad y la impotencia, del amparo para mitigar la inseguridad del riesgo de vivir; aparece el reconocimiento de las propias vivencias y del ser alguien para amortiguar la distonía de la inferioridad y atemperar la incomprensión. Aunque el *patior* es siempre intraindividual, en el contexto grupal se convierte en *cum patior*, en esfuerzo-tensión compartido. De esta manera, el escenario grupal reduce el *patior* y las distonías, pues acontecen *tonus* positivos que refuerzan la orientación vital de la supervivencia, la creación y la autorrealización o «más-vida». Los grupos, a través de la comparación social (teoría de Festinger), permiten contrastar y evaluar las ideas y las emociones ante situaciones de ansiedad para obtener así información sobre mejores reacciones y recursos ante la amenaza y, a la vez, seguridad. Son refugios ante el peligro y motores de cambio personal y social.

También existen riesgos en los grupos. En ellos se dan procesos de conformidad que pueden convertirse en espacios de opresión, de alienación e, incluso, instigadores y justificadores de un comportamiento inmoral, según cuáles sean sus valores y su funcionamiento. En el caso de los grupos de intervención profesional, el cumplimiento de las normas éticas profesionales específicas del trabajo grupal garantizan un uso beneficioso e impiden la dependencia, la adhesión coaccionada, el dolor o el comportamiento delictivo. Más adelante abundamos en ello. Pero volvamos a los beneficios.

La premisa clave es que el grupo es un mediador natural entre la persona y la sociedad que puede y debe ser utilizado a conciencia en la intervención profesional. En los grupos grandes el individuo casi desaparece. En la relación diádica, por ejemplo, una entrevista de orientación, rehabilitación o psicoterapéutica, el escenario se llena de la individualidad más idiosincrática, de la biografía más única, de la intimidad más frágil. La intervención individual es una intervención necesaria pero no única y, según los objetivos, insuficiente. El escenario grupal intencionadamente creado ofrece elementos únicos porque en ellos se reproducen escenas y escenarios sociales propios que no acontecen en una relación diádica. Trabajar tales relaciones y fenómenos propiamente grupales en el momento en que se producen conlleva una elevada potencia de revelación, reconocimiento y autoconocimiento. En un grupo, los espejos, ideas, identificaciones, explicaciones, confrontaciones y valoraciones proceden de iguales tanto como de profesionales y, por tanto, se incrementan las ocasiones de empatía y movilización para el cambio generando propiedades sanadoras y proactivas que, o no aparecen en otros contextos, o no lo hacen con la misma intensidad. Estos procesos psicosociales han sido teorizados e investigados y serán explicados más adelante, en el capítulo 4, ilustrados con dinámicas grupales registradas.

Las aportaciones del trabajo grupal en comparación al individual son variadas. En el contexto grupal, el aprendizaje se acelera por varias razones. Por un lado, porque la descentralización de lo individual favorece los procesos de «mentalización» y «simbolización» (Soledad Calle y Montserrat Pérez-Portabella, 1999), puesto que transformar los actos y las emociones en palabras da pie a la expresión y también a su análisis. Y, por el otro, porque a través de esas verbalizaciones expresadas por iguales, más cercanas a los bagajes culturales propios de los participantes, se proporciona un paso intermedio a los discursos adaptados profesionales. Con ello se refuerza la incorporación de repertorios cada vez más abstractos, ya sean cognitivos, conativos o emocionales. En la atención social, el grupo es un instrumento que proporciona diferentes posibilidades según las profesionales (Soledad Calle y Montserrat Pérez-Portabella, 1999): posibilita acciones interdisciplinarias, permite un primer contacto con ciertos temas a personas que de forma individual les sería difícil tratar, hace que los aprendizajes se reconozcan como propios y resquebraja estereotipos. Evita, también, la cronificación de conflictos puesto que el contraste de opiniones, la reflexión y el diálogo sobre los propios deseos, vivencias e inquietudes permite una toma de contacto con aspectos internos claves apenas escarbados en uno mismo.

El cambio a través del grupo: hipótesis

La apuesta por el grupo como facilitador del cambio en la investigación y docencia fue iniciada por los fundadores de la disciplina de la «Psicología de los Grupos» (Jacob Levy Moreno y Kurt Lewin; María Pilar González, 1995). Moreno tiende a la acción social directa y a la intervención a través de espacios sociales libres y también institucionales: es un profesional alternativo. Nos legó las técnicas sociométricas y psicodramáticas que siguen mostrando su eficacia. Lewin es el más afín a la academia y el que más investigación experimental realiza en su apuesta por el grupo como causa de los cambios individuales. Sus teorías fundamentan la instrumentalidad de los grupos y proporcionan criterios grupales para la intervención. En las numerosas investigaciones sobre cambios de hábitos, actitudes, comportamientos y productividad realizados por Kurt Lewin (1951) y miembros de su conocido laboratorio, se demuestran experimentalmente las posibilidades mediadoras del grupo para conseguir cambios individuales más durables, al comparar tratamientos de conferencia (escasa grupalidad) con tratamientos de grupos de discusión (interacción grupal cara a cara).

Tres hipótesis clave se contrastan en estos trabajos (Kurt Lewin, 1951: 217). La primera se refiere a la vinculación individuo-grupo. El cambio se produce por la conjunción de motivación y acción individual a través de la discusión y la decisión grupal. En el grado de compromiso del individuo con el grupo se encuentran los mecanismos que llevarán a la durabilidad del cambio. La segunda hipótesis se refiere a la fuerza del grupo, a su cohesión o grado de grupalidad. Afirma que las decisiones de cambio individual pueden ser eficaces, incluso en los experimentos con personas que no se volverán a ver. Asimismo, si la resistencia al cambio depende del valor que el grupo tenga para el individuo y del valor que tiene para el grupo la norma contrariada con el cambio, se puede conseguir que el individuo cambie a partir de disminuir la potencia de esa norma dentro del grupo o de disminuir la importancia que el individuo le da al grupo. La tercera hipótesis se refiere al entorno social del grupo cara a cara como facilitador del cambio. Si el objetivo del cambio está en crear un sistema de valores intragrupales que confronten las normas del contexto social del grupo, será necesario su aislamiento para minimizar la resistencia al cambio originada en ese entorno. Se proponen, entonces, las llamadas «islas culturales».

A efectos de la intervención, estos tres factores —la vinculación del individuo con el grupo, el grado de grupalidad y la inserción social— integran la sustantividad de las cualidades grupales y no individuales o interpersonales que tiene ese conjunto de personas sentadas juntas, convocadas únicamente por un asunto en común. Los experimentos de Lewin han sido ampliamente replicados y actualizados.

Investigaciones en grupos naturales demostraron la necesidad de un umbral mínimo de cualidades específicas para que un grupo actuara como facilitador del cambio innovador en profesionales en activo (Neus Roca Cortés, 2001a). El grupo con estas cualidades media favorablemente en el cambio individual y colectivo porque cumple las siguientes funciones: es amortiguador y apoyo ante la incertidumbre propia de un cambio innovador; nutre y mantiene el esfuerzo a largo plazo que exige la consolidación real de un cambio; genera aprendizaje profesional e incrementa el rendimiento. Difunde, además, la novedad desde la influencia minoritaria, la legitima en el entorno social en que se encuentra —especialmente cuando ese cambio es muy novedoso— y alberga la transformación de la identidad social que será coherente con la novedad (Neus Roca Cortés, 2001b). La apertura al cambio o actitud creativa de vida fue incrementada significativamente con las técnicas que influyen simultáneamente en los tres componentes de las actitudes (Pilar González, 1981). Se trata de técnicas grupales creativas que movilizan la reflexión, la acción y la implicación personal, en contraposición a técnicas de grupos de discusión o conferencias, que solamente inciden en lo conativo y cognitivo. En el ámbito terapéutico, las explicaciones teóricas de la efectividad de los grupos instrumentales se desarrollaron con los factores terapéuticos de Yalom y más adelante en los procesos de apoyo social (ambos son explicados e ilustrados en el capítulo 4).

La tradición de la intervención grupal

El actual trabajo con grupos como instrumentos de intervención se asienta en amplias referencias genealógicas. El breve repaso histórico realizado da cuenta de que la intervención grupal ha sido larga y fructífera, objeto de experiencia, reflexión e investigación que ha sido legada a generaciones posteriores. Los antecedentes de la intervención grupal como espacio específico y técnico de intervención se remontan a la primera década del pasado siglo con las intervenciones en educación social y formal, salud y organizaciones (Pilar González, 1996).

La época dorada para la psicología de los grupos fueron los años cuarenta y cincuenta. En este período, en el que convergen sin forcejeos aplicación y teorización, se accede al ámbito científico-académico y se crean asociaciones de profesionales con sus correspondientes revistas. Del Laboratorio Nacional de Formación en Dinámica de Grupos de la Universidad de Michigan, dirigido por Kurt Lewin (NTL, 1946-1961 en EE.UU., Luís López-Yarto, 1997), surgen dos ámbitos muy expandidos en las siguientes décadas: la clásica *Group Dynamics and Human Relations Training* (formación en dinámica de grupos y relaciones humanas) y la *West Traininig Laboratory,* de grupos experienciales y formación de equipos organizacionales.

A partir del impulso de los años sesenta y setenta, se consolidan asociaciones de profesionales y publicaciones especializadas en intervención grupal en diferentes ámbitos de aplicación (Neus Roca Cortés, 2003a). En la intervención social se crea The

Committee for the Advancement of Social Work with Groups, cuyos antecedentes, los más antiguos, se remontan a 1923, con la American Association for the Study of Group Work, en la que se congregaron trabajadores sociales relacionados con la educación del tiempo libre. Este comité publica la revista *Social Work with Groups* desde 1978 hasta la actualidad. En el ámbito clínico, la referencia más nombrada es la American Group Psycotherapy Association, fundada en 1942, con su publicación actualmente llamada *International Journal of Group Psycotherapy.* Más adelante, los continuadores del trabajo de Jacob L. Moreno se separan de esta asociación y fundan en 1967 la American Society for Group Psycotherapy and Psychodrama, con su correspondiente revista *Journal of Group Psycotherapy, Psychodrama and Sociometry.* Dos años más tarde, en el ámbito del *counseling* y de la educación formal, se funda la Association of Specialists in Group Work, con un carácter más general que incluye la vertiente psicoeducativa y la investigación aplicada, que publicará desde 1973 sus trabajos en la revista *Together,* actualmente llamada *Journal for Specialists in Group Work.* Después de la predominancia de la intervención en y con grupos, la investigación teórica y aplicada de los grupos de los años ochenta da cuenta de la eficacia de la intervención grupal. En la misma década, en España, después del período oscuro de la dictadura, son dos asociaciones las que fomentan las intervenciones grupales: la Sociedad Española de Psicología Humanista, y la Sociedad Española de Psicoterapia y Técnicas de Grupos, y en la actualidad hay varias —de diferentes orientaciones teóricas y prácticas grupales— dedicadas al trabajo en grupo. Cuatro de ellas están afiliadas a la International Association of Group Psychotherapy and Group Processes que agrupa asociaciones de especialistas en trabajo grupal psicoterapéutico y general de distintos continentes.

Eficacia del grupo como instrumento de intervención

Los grupos de intervención, ¿sirven más allá de la satisfacción mostrada por los participantes? La eficacia de los grupos instrumentales de ayuda mutua, de apoyo, experienciales y psicoterapéuticos ha sido investigada científicamente (Neus Roca Cortés, 2003b). Las intervenciones grupales son más efectivas que el no-tratamiento, el placebo, los tratamientos inespecíficos y otros tratamientos psiquiátricos reconocidos. Así concluyen Richard Bednar y Thomas Kaul (1994), revisores de investigación sobre grupos durante veinte años, después de una revisión selectiva de investigaciones que cumplen con las condiciones exigidas: grupos de control apropiados y no estudios de casos, asignación al azar de los participantes y métodos estadísticos apropiados. La eficacia de la terapia grupal e individual es idéntica, no se estiman diferencias apreciables y ambas superan la condición de grupo control. Así se pone de manifiesto en otras revisiones meta-analíticas de los grupos aplicados (Christopher J. Tillistsky, 1990; Cris McRoberts, Gary Burlingame y Matthew Hoag, 1998; Donelson Forsyth, 2001).

¿Cuáles son sus resultados? La investigación realizada sobre resultados revela que los grupos de apoyo social y los grupos de ayuda mutua son beneficiosos para el bienestar subjetivo del participante correlacionado con su salud y su funcionamiento social (Linda Kurtz, 1997; Morton A. Lieberman y Lynn Videcka-Sherman, 1986). Los grupos de ayuda mutua —en contextos sajones se conocen como grupos de autoayuda— se aplican en un amplio abanico de problemas sociales y psicológicos relacionados con la salud física y psíquica, el bienestar subjetivo y la inclusión social.

Los grupos de apoyo social conducidos por profesionales se estiman beneficiosos para el ajuste emocional al tratamiento y a la intervención quirúrgica en la revisión de Meyer y Mark (1995) relativa a enfermos de cáncer. Asimismo, muestra que no hay diferencias significativas entre el apoyo social individual y el apoyo social grupal. Si se comparan los pacientes con y sin intervención grupal, los primeros tienen mayor índice de supervivencia. Los efectos favorables en grupos de ayuda mutua (sin profesional) respecto a la salud física y mental son el aumento de las habilidades de enfrentarse a la enfermedad y a la vida social, más satisfacción vital, mejor proceso de adaptación, incremento de la autoestima, más aceptación de la enfermedad, menos vergüenza, más relaciones sociales, más capacidad de ayudar a los otros, reducción de la sintomatología psiquiátrica, uso adecuado de la medicación prescrita y uso más competente de la ayuda profesional. Cuanta más participación y más activa, más grande es el beneficio que la persona recibe del grupo (Linda Kurtz, 1997).

La importancia del factor grupalidad en la eficacia del grupo, en este caso bajo el término «cohesión», se pone de manifiesto una vez más en la investigación sobre grupos terapéuticos. Los factores de Yalom, que describimos más adelante (capítulo 4), han sido los procesos internos más estudiados como elementos causales de la efectividad de los grupos, siendo uno de los más relevantes el factor cohesión, entendido como una condición previa imprescindible para que los otros factores terapéuticos operen de forma óptima (Irvin Yalom, 2000; Dennis M. Kivlighan y Stagey E. Holmes, 2004). Los grupos cohesionados, en comparación con los no cohesionados, proporcionan beneficios medidos por diferentes indicadores. Proveen a sus miembros de mayor apoyo emocional, consejo y orientación, asistencia tangible y *feedback* positivo (Donna M. Posluszny, Kelly B. Hyman y Andrew Baum, 1998). Las personas también afrontan el estrés de forma más efectiva cuando participan en grupos cohesionados (Clint A. Bowers, Jeanne L. Weaver y Ben B. Morgan, 1996). La cohesión favorece el impacto curativo de un grupo incrementando la intensidad psicológica de la experiencia terapéutica (Elsa Marziali, Heather Munroe-Blum y Lynn McCleary, 1997; Bednard y Kaul, 1994). Los grupos con alta cohesión tienen una tasa más elevada de asistencia, participación, y apoyo mutuo; se favorece la comprensión y aceptación mutua, la expresión de la hostilidad y los conflictos sin temor a la disolución del grupo. La cohesión del grupo y el aprendizaje interpersonal son los factores de mayor fuerza y complejidad (Dennis M. Kivlighan y Donald Mullison, 1988).

1.3 CRITERIOS BÁSICOS DE LA INTERVENCIÓN GRUPAL

Si hasta este momento hemos dado argumentos para fundamentar la elección de una intervención grupal, a partir de ahora desbrozaremos conceptos prácticos sobre cómo llevarla a cabo. Las resistencias iniciales a intervenir profesionalmente con grupos, basadas en los miedos naturales que genera el escenario colectivo, deben ser afrontados personalmente con honesta introspección y, profesionalmente, con formación, habilidades y recursos teóricos y técnicos. Conceptualizamos una de las decisiones más importantes a tomar antes de una primera sesión: ¿qué tipo de intervención grupal vamos a realizar para afrontar la cobertura de las necesidades detectadas?

Tipos de intervención grupal

Cuando pensamos en intervención grupal solemos imaginar un grupo de terapia. Esto es un grave error. Para responder a la pregunta anterior debe distinguirse entre tipos de grupos aplicados, pero antes hay que hacerlo entre tipos de intervenciones grupales. Las diferencias no son baladíes pues implicarán procedimientos y posiciones de diferente calado del agente de intervención.

Distinguimos, en primer lugar, entre dos tipos de intervención grupal: *en* un grupo y *con* un grupo. La primera es la intervención de un profesional externo dentro de la dinámica de un grupo propio del ámbito de aplicación, preexistente en el entorno social y que no ha sido creado artificialmente por ningún profesional. La segunda se da cuando se crea un grupo para que se constituya como instrumento de intervención.

En la intervención en un grupo, las condiciones iniciales para ser grupo surgen de su propia actividad dentro del contexto. Se denominan como grupos propios, pero todos ellos pueden cambiar su funcionamiento con la intervención de un especialista y continuarán su vida grupal prescindiendo de éste. Por ejemplo, en el ámbito del bienestar y participación social, se realizan intervenciones específicas para facilitar la comunicación entre grupos sociales en un proyecto comunitario, se asesora a asociaciones en su autoorganización o se incide en los valores y actividades de un grupo de adolescentes en riesgo social. En el ámbito educativo, se interviene en la dinámica de un grupo de clase a demanda del tutor. En el ámbito de las organizaciones, son intervenciones en grupo para el desarrollo del equipo de un departamento laboral que quiere rendir de forma cooperativa o el asesoramiento para la creación de círculos de calidad; en el ámbito de la salud, el asesoramiento a los equipos de trabajo o a asociaciones de defensa de afectados por enfermedades.

En cambio, en el tipo de intervención con grupos, los profesionales crean un escenario grupal con su propio tiempo y espacio para que sirva a unos objetivos determinados y, en la mayoría de ocasiones, seleccionan a sus miembros. Los llamamos «grupos instrumentales» porque se crean intencionadamente y se emplean como herramienta para conseguir efectos a nivel individual, grupal, comunitario u organizacional. En el caso de las mujeres en situación de violencia machista, las intervenciones en grupos son comunitarias y de sensibilización, mediante la creación de circuitos de atención, intervención en asociaciones o grupos de ayuda mutua o en el grupo de convivencia de servicios residenciales. Son grupos de apoyo social, psicoterapéuticos o de inserción sociolaboral. En los siguientes capítulos encontraremos ambos tipos de intervención.

Las diferencias más importantes entre ambos tipos de intervención grupal radican en el rol y estatus del profesional. En el caso de la intervención con grupos instrumentales, la profesional es miembro del grupo, su convocante y, sobre todo, su conductora; por lo que marcará pautas, escenarios y normas conservando su autoridad y responsabilidad. En el caso de la intervención en grupos propios, la profesional demandada no es miembro del grupo, no es su líder formal y, además, su incorporación puede no ser iniciativa del grupo sino de la jerarquía superior. Por tanto, serán diferentes las posiciones desde las que ganarse la confianza y autoridad para la influencia, y diferentes las posibilidades de manejar previamente las estructuras grupales de la composición, el tamaño, el territorio o los roles internos, entre otras.

Tipos de grupos aplicados

Una vez decidido que se trata de un grupo instrumental, éste requiere planificación, dinamización y evaluación si se pretende utilizar eficazmente. Para crear un grupo instrumental hay que tomar una serie de decisiones informadas (Neus Roca Cortés, 2004), entre las cuales se encuentra determinar el tipo de grupo necesario para conseguir los objetivos pretendidos teniendo en cuenta el marco organizacional y los profesionales disponibles.

¿Un grupo de discusión?, ¿educativo?, ¿de apoyo?, ¿psicoterapéutico? Cuando oscilamos entre varios tipos de grupos no estamos haciendo un ejercicio solo teórico, sino que estamos acotando los objetivos y los contratos que explícita e implícitamente contraen participantes y profesionales; estamos delimitando ofertas, responsabilidades, límites y expectativas de cada parte de la experiencia grupal. Esta clarificación redundará en el aumento de la confianza y seguridad percibidas, en una mayor implicación de los participantes y en más eficacia.

Proponemos una tipología de grupos aplicados que incorpora la transversalidad entre los ámbitos de aplicación, el criterio más común de clasificación (Robert Conyne, 1996; Pilar González, 1996; R. Scott Tindale y Elizabeth M. Anderson, 1998). Por ejemplo, los grupos educativos se encuentran tanto en la educación formal como informal, en bienestar social y en salud, incluso en las organizaciones. Lo mismo ocurre con los grupos de apoyo social o los de tarea. A su vez, hemos incorporado tanto grupos propios (los tres primeros) como instrumentales (los cuatro siguientes). En el caso de éstos últimos, la tipología propuesta es útil también para la investigación aplicada por su carácter transversal, actualmente reivindicado en la investigación específicamente grupal (R. Scott Tindale y Elizabeth M. Anderson, 1998).

Tipos de grupos aplicados

Tipos de grupos	Objetivos	Participantes / características	Ejemplos en ámbitos diferentes
Grupo de tarea	Producir un objeto, servicio, acción o decisión.	Miembros de una sección de una organización laboral. Pueden ser participantes no voluntarios. Centrados en la calidad del producto o acción y en los procedimientos del trabajo conjunto.	Juntas de asociaciones, grupos de diagnóstico participativo, comités de evaluación, comisiones diversas, grupos motores de plataformas de acción ciudadana, equipos de profesionales de servicios, departamentos de organizaciones.
Grupo de amistad	Hacerse compañía, tener relaciones cercanas e íntimas entre iguales, ayudarse y orientarse mutuamente.	Personas de similar edad, grupo social y/o afinidades. Suelen compartir espacios determinados. Tienen especial fuerza en momentos de vulnerabilidad y crisis.	Están presentes en todos los grupos de edad y ciclos vitales, especialmente a partir de la adolescencia: pandillas, grupos de amistad entre parejas con hijos, de mujeres, hombres o mixtos, de amigos del trabajo, etcétera.
Grupo de acción social	Incidir sobre la sociedad y/o proporcionar recursos a sus miembros.	Miembros asociados activos y organizados, activistas sociales. Aunque realicen diversas tareas, el grupo está centrado en la influencia social al sostener objetivos externos de cambio social, con una vertiente ideológica explícita. Esto lo sitúa como minoría social activa. Estos colectivos suelen contener diferentes tipos de grupos en su organización.	Asociaciones de defensa de intereses: de enfermedades físicas y mentales, de personas con discapacidades, de padres y madres de escolares, grupos de presión socioeconómica. Plataformas de participación social y comunitaria, gremios, sindicatos, etcétera. Grupos sociales autónomos o formando parte de movimientos sociales

GRUPO PSICOTERAPÉUTICO	Cambio del estado psicológico (actitudes y comportamientos) y de las estructuras internas emocionales Conducido por psicólogos-psicoterapeutas.	Los participantes muestran un sufrimiento psíquico grave y/o crónico. Suelen ser participantes voluntarios (en instituciones cerradas pueden ser involuntarios) y acuden con un compromiso de cambio personal íntimo. Grupo centrado en las personas, sus relaciones y concretamente en los aspectos cognitivo-emocionales de su comportamiento.	Grupos de psicoterapia en centros o espacios de salud psicológica o psiquiátrica y en espacios de bienestar social: grupos de depresión, trastornos alimentarios, fobias, de mujeres en situación de violencia, de mujeres y hombres abusados sexualmente en la infancia, entre otros.
GRUPO DE CRECIMIENTO PERSONAL	Reforzar o promover comportamientos psicológicos sanos y, a veces, cambiar actitudes, relaciones, etcétera. Es conducido por psicólogos.	Participantes con voluntad de cambio personal sin sufrimiento psíquico grave o crónico. Suelen ser participantes voluntarios que acuden con un compromiso de cambio personal genérico. Grupo centrado en las personas, sus relaciones y concretamente en los aspectos cognitivo-emocionales de su comportamiento.	Grupos de encuentro o también llamados *counseling groups,* en centros o espacios de salud psicológica o psiquiátrica y espacios de bienestar social que hacen prevención o atienden dificultades incipientes. Talleres de prevención, grupos de autoconsciencia, etcétera.
GRUPO EDUCATIVO	Formación y aprendizajes cognitivos o comportamentales.	Personas que precisan de nuevos conocimientos o habilidades, por diferentes motivos. Pueden ser participantes voluntarios o no y su compromiso es básicamente cognitivo.	Grupos de educación para la salud en centros sanitarios y educativos. Grupos educativos de clubes infanto-juveniles y de tiempo libre. Seminarios y grupos grandes o pequeños de aprendizaje en educación formal.

Grupo educativo (cont.)	Prevención de disfunciones. Conducido por expertos en la temática.	Grupo centrado en los nuevos contenidos. Prevalece la relación del experto hacia los no-expertos aunque puede ser facilitado con estilos más y menos participativos.	En el mundo laboral se llaman grupos de formación.
Grupo de apoyo social	Refuerzo de comportamientos y potencialidades, contención de crisis e intercambio de recursos. Conducido por profesionales (GAS) o por miembros del grupo sin la presencia de ningún profesional (GAM).	Personas con especiales necesidades debidas a una situación nueva, estresante o difícil. El compromiso de los participantes se sitúa en su relación con la problemática o enfermedad. En este grupo se estimula la creación de grupo y la relación útil entre sus miembros. El grupo está centrado en la problemática o en la enfermedad que les reúne, tanto como en las personas y sus circunstancias.	Grupos de apoyo a cuidadores, familias monoparentales, mujeres que sufren violencia, personas acogedoras de infancia en riesgo, grupos de mujeres u hombres solos o sin techo. Grupos de apoyo a afectados por el VIH, a familiares de personas con discapacidad. Grupos de apoyo a enfermos de cáncer, a familiares de enfermos mentales, grupos de duelo, etcétera.

La denominación del tipo de grupo se ha escogido por la dominancia de uno de los procesos en función del principal objetivo por el cual se acude o se selecciona un perfil de participantes y no otro. Los procesos psicosociales de apoyo, curación, aprendizaje, identidad o producción suceden en todos los grupos pero, según sea su principal objetivo, predominará uno o varios de esos procesos, orientando los criterios para una intervención, evaluación e investigación más precisas. Por ejemplo, en los grupos de apoyo social predomina, precisamente, el apoyo social entre iguales; pero ello no significa que no ocurran algunos procesos terapéuticos y que sus efectos sean también sanadores en tanto mejoran la salud. En estos grupos también se aprende, aunque no sean grupos educativos en los que predomina este proceso psicológico por encima del resto.

En los grupos instrumentales cabe resaltar algunas distinciones. La diferencia clave entre grupo psicoterapéutico y de crecimiento personal es que en éste último el sufrimiento no es grave ni crónico; su objetivo principal es el refuerzo de comportamientos más que el cambio. En intervención social y en salud encontramos a menudo grupos mixtos de apoyo educativos, que cumplen ambos objetivos con el mismo tipo de participantes. Si las conductoras no son expertas en la problemática común que las convoca, se cuidan de introducir temporalmente especialistas.

Entre grupos de apoyo social (GAS) y grupos de ayuda mutua (GAM) la diferencia clave es que en los segundos no hay un profesional convocante y conductor sino que son los mismos participantes quienes se autoorganizan y dirigen. Los GAM suelen generarse alrededor de las mismas problemáticas que los GAS y funcionan a través del mismo proceso de apoyo social, pero su composición de grupo diferente promueve dinámicas propias. En nuestro país, cuando algunos GAS o GAM han pasado a ser una asociación de defensa de intereses desde su inicial objetivo de apoyo mutuo interpersonal, hemos observado condiciones concretas para este paso: ausencia de asociaciones con los mismos objetivos en el territorio próximo, una fuerte necesidad social no cubierta que afecta a bastantes personas, dinámicas grupales democráticas, habilidades de organización y liderazgos encarados a cuidar el colectivo. Habitualmente suelen ser asesorados por agencias públicas para constituirse como sociedad o agrupación. Muchas de estas asociaciones conservan el grupo de apoyo cara a cara pero en espacios y tiempos diferentes al del grupo organizativo. No es un indicador de éxito de un grupo de apoyo social que pase a ser de ayuda mutua o una asociación. Si el grupo desea el paso y se dan las condiciones sociales antes explicadas, una intervención grupal puede facilitar las habilidades grupales necesarias; pero ésta será una intervención *en* grupo propio y no *con* el grupo instrumental de apoyo que antes había sido.

En el fenómeno de la violencia sexista, los grupos de acción social han sido pioneros en el compromiso social, referentes de valentía, inteligencia, justicia y tenacidad en momentos de anclado silencio. Hablamos de las muchas asociaciones de mujeres que han luchado y siguen luchando contra la violencia machista, denunciando, sensibilizando, atendiendo a mujeres e hijos, formando profesionales, actuando en sus barrios, en sus pueblos, en sus ciudades, aun a costa de la inicial estigmatización como extrañas o radicales y de los riesgos de agresión. También mujeres pioneras en la creación de casas de acogida y servicios de atención, que a veces acogen en sus casas a mujeres agredidas que huyen o las acompañan a los juicios cuando aún están en crisis o solas. Algunos ejemplos cercanos a nuestro entorno son la Associació Acció Contra la Violencia Doméstica (2007), el GAM Terrasa, TAMAIA Associació de Dones contra la Violència Familiar, la Federación de Mujeres Separadas y Divorciadas, la Associació de Dones Juristes, Themis y la Red Estatal de Organizaciones Feministas contra la violencia de Género, entre muchas otras que se encuentran en todos los países. La mención a este tipo de asociaciones es un reconocimiento y, sobre todo, un aviso a la necesaria cooperación con estas potentes iniciativas sociales para conseguir los objetivos comunes de vivir una vida libre de violencia.

La labor de estas asociaciones, grupos propios del ámbito de la violencia, no sustituye ni debe sustituir la labor profesional desde los servicios. Por un lado, por su independiente e imprescindible influencia política, diferente a la que se ejerce desde dentro de las instituciones. Por el otro, la relación de iguales que establecen estas activistas con mujeres, hijas e hijos goza de una influencia única, útil y diferente a la de los profesionales. Estas mujeres son ejemplos vivos de personas de barrio o de pueblo implicadas en tomar las riendas de sus vidas, referentes de la pertinencia y utilidad de la conciencia y la acción colectivas en favor de sí mismas, de las mujeres y de la sociedad. Y en el mismo tipo de grupos de acción social debemos mencionar también los grupos activos de hombres antimachistas que promueven cambios positivos y que públicamente han roto su silencio cómplice con declaraciones y manifestaciones en contra de la violencia masculina. En nuestro país, la asociación más activa públicamente es la Asociación de Hombres por la Igualdad de Género, nacida en Andalucía y actualmente extendida a otros territorios.

Ética en la conducción de grupos

Hemos fundamentado extensamente los beneficios del trabajo grupal, y hemos aludido también a sus riesgos de coacción y dependencia. Sin embargo, aun siendo inicialmente espacios de riesgo potencial, llegan a ser beneficiosos cuando su conducción es ética y responsable. El comportamiento ético, además de justificarse por sí mismo, es, en este caso, una garantía de ejercicio de los derechos humanos, de confianza, eficacia y prestigio profesional.

Las razones para una conducción ética de los grupos instrumentales conducidos por profesionales radican en dos elementos importantes: las vulnerabilidades de sus miembros y los posibles abusos de poder por parte de sus liderazgos formales o informales. Los grupos generan respeto y miedos por los que todos y todas hemos pasado al iniciar nuestra andadura con ellos y posteriormente hemos superado. En los grupos experienciales centrados en las personas nos aventuramos a revelar nuestras miserias, a sentirnos inferiores, nos exponemos al temido descontrol de nuestros impulsos, a vernos obligados a hacer aquello que no queremos o nos arriesgamos al despertar de nuestras fantasías de seducción y gloria. Es precisamente la comparación, evaluación y presión que se siente en los contextos grupales pequeños, cara a cara, uno de los motivos de las desconfianzas a participar en grupos. Garantizar a sus participantes el comportamiento respetuoso por parte del profesional y de los mismos, no por obvio deja de ser muy relevante, entre otras razones por la importante influencia que se ejerce en los grupos, por la vulnerabilidad e intimidad que se vuelca en ellos y por la autoridad de quienes los conducen. Garantizar la confidencialidad, el bienestar y los derechos de los participantes por encima de la presión o de la dependencia grupal constituye un pilar fundamental para la confianza a través de la cual el grupo ejerce sus potenciales beneficios.

Los profesionales de la conducción, así como los participantes, no estamos exentos de errores o de tentaciones de prácticas manipuladoras y abusivas. La presión para conseguir una información o acatar unas opiniones, la seducción o coerción para la fidelización y otras dependencias, son acciones inmorales y, además, minan los fundamentos de la capacidad de influencia positiva del grupo. La posición de dominio de los liderazgos —que previamente se habrán ganado la confianza del participante— frente a las vulnerabilidades individuales vertidas en los grupos permite más o menos fácilmente aprovecharse en beneficio propio de la inseguridad, la confusión o del dolor del participante, sea para satisfacer la vanidad de la persona del líder, mantener su poder o aumentar su patrimonio. Solamente una voluntad expresa y explícita de prácticas éticas ofrecerá garantías de un trabajo grupal riguroso y beneficioso.

Los usos abusivos de los fenómenos grupales son desvelados por los estudios sobre grupos ortodoxos y sectas destructivas que explican sus mecanismos: la persuasión coercitiva usada para el ingreso en el grupo, el adoctrinamiento autoritario, el ocultamiento de información, los chantajes y castigos emocionales dirigidos a la dependencia y sometimiento, el aislamiento y otras prácticas grupales abusivas (Álvaro Rodríguez-Carballeira, 1992; Biderman, en Amnesty International, 1975). A estas prácticas grupales de manipulación y coerción psicológica se contraponen otras llamadas prácticas grupales positivas (Carles Riera, Jordi Pascual y Enrique Vidauzárraga, 2005): pluralismo de ideas y opiniones, transparencia, persuasión sin coacción, abandono libre y fácil del grupo, autonomía individual, participación en las decisiones, apertura y vinculación con el entorno social, aportaciones económicas o laborales voluntarias y ningún control del patrimonio individual. A ellas se corresponden los diferentes decálogos éticos profesionales de trabajo grupal publicados y actualizados desde la década de 1980.

Las asociaciones de especialistas en trabajo grupal nombradas en el apartado anterior han desarrollado códigos éticos y de buenas prácticas, avalados por más de treinta y cuarenta años de trabajo profesional y por acuerdos plurales entre sus asociados.

La importancia de estas prácticas éticas para el ejercicio de los derechos humanos y para la eficacia del trabajo grupal nos lleva a redactar una propuesta resumen de las principales prácticas grupales éticas en grupos instrumentales (anexo 1)[2] auspiciadas por estas asociaciones de profesionales. En ella encontrarán pautas concretas para la preparación del grupo, normas grupales iniciales como condiciones de encuadre, directrices sobre el manejo del poder y la presión grupal e indicaciones sobre el desarrollo profesional y la interculturalidad.

La publicación de estos estándares ofrece seguridad tanto a los profesionales que conducen grupos como a los usuarios y clientes de los mismos. Hacer saber estas normas a los participantes en los grupos instrumentales —de apoyo social, educativos, psicoterapéuticos, etcétera— constituye libertad, ética, eficacia, rigor y prestigio. Las mismas asociaciones facilitan mecanismos de consulta y denuncia de prácticas no éticas, manipuladoras y abusivas.

Objetivos y beneficios del trabajo grupal con mujeres supervivientes

El trabajo grupal con mujeres en situación de violencia de pareja es una estrategia utilizada por las asociaciones de mujeres y por programas integrales de los servicios públicos. Muchas autoras y psicoterapeutas han elaborado pautas de atención.

Hemos recapitulado[3] los siguientes objetivos en el tratamiento grupal a mujeres que sufren violencia de sus parejas afectivas:

a) velar por la seguridad de la mujer y de sus hijos;

b) acoger y contener su confusión y sufrimiento iniciales donde puedan expresar sus emociones y analizarlas;

2 La totalidad de los anexos a esta obra se encuentra en el sitio web de Herder Editorial (www.herdereditorial.com). Para acceder a la ficha del libro y descargar los anexos, ingresar en el campo de búsqueda: «Intervención grupal en violencia sexista».

3 Hemos usado las siguientes fuentes: la revisión de programas de las canadienses Maryse Rinfrett-Raynor y Solange Cantin (1997) y de la estadounidense Leslie M. Tutty (1993), el libro sobre terapia de la superviviencia de Lenore Walker (1994), la experiencia grupal de las mujeres de CEFEMINA de Costa Rica vertida en el libro de Ana Carcedo y Giselle Molina (2003), las formaciones de TAMAIA, su libro sobre materiales (Luisa Carmona, Ana Chavarrías, Lucie Foissin, Montse García, Beatriu Masià y Caridad Villar, 2000) y el documento de protocolización del seminario de profesionales del Ajuntament de Barcelona (Matilde Albarracín y otras, 2007).

c) evitar asignar a las víctimas la responsabilidad por la violencia;

d) facilitar el reconocimiento de la violencia tal y como es, sin negarla o minimizarla, identificando sus dinámicas y estrategias concretas así como los sentimientos que generan vergüenza y miedo;

e) reducir la culpabilización, la indefensión aprendida, y aumentar la confianza en sí mismas (autoestima) y la promoción de sus capacidades, habilidades y satisfacciones («empoderamiento»);

f) analizar y argumentar los efectos de seguir o no en la relación violenta;

g) entender y articular los efectos negativos de la violencia en ella y en sus hijos;

h) comprender las causas del maltrato, incorporando una exploración del sexismo y de las creencias de las mujeres sobre el amor, los roles hombre-mujer y sus relaciones;

i) reconocer los mecanismos sociales de perpetuación de la violencia y sus reflejos en la vida familiar para diferenciarlo de las condiciones personales, en general y en la propia biografía;

j) dar oportunidades para la expresión de la rabia de la victimización, del duelo por la finalización de la relación y por la pérdida del ideal de familia o pareja;

k) desarrollar redes de apoyo que ayuden a reducir el aislamiento;

l) ayudar a las mujeres a construir planes concretos para vivir sin violencia y de forma independiente;

m) diferenciar la asertividad de la agresividad, la autoridad del autoritarismo;

n) abordar los conflictos como madres en relación a sus hijos, sus conflictos de lealtades, y promover la identificación de secuelas o posibles abusos en los hijos.

Los grupos instrumentales así creados son espacios para la libre expresión de las vivencias y significados, para la escucha y el reconocimiento. En estos grupos se encuentra una interpretación de la realidad vivida y *vivible* que no culpabiliza ni desacredita ni minimiza ni invisibiliza a la mujer o la violencia que recibe. Un lugar donde no se le exigen esfuerzos heroicos, donde se respetan sus decisiones y tiempos para llevarlas a cabo. Los grupos así concebidos proporcionan carta de validez a una experiencia dolorosa y humillante. Sin discursos elaborados las participantes se entienden solo con una mirada, con un gesto. Son espacios grupales de libertad, autoridad, contención, apoyo, cuidado, confrontación y cambio. Espacios en los que se promueve el intercambio mutuo entre iguales y también con las profesionales especialistas, responsables de su facilitación. El grupo no es un espectador de la relación entre el experto y el participante, sino un entramado de relaciones promovidas desde la conducción del grupo.

Los beneficios de la intervención grupal con mujeres supervivientes de violencia machista de pareja se explican desde tres fuentes: la opinión de las propias mujeres participantes, la valoración de las profesionales de la intervención y finalmente, las investigaciones evaluativas sistemáticas. Preguntamos a las mujeres su experiencia en el grupo, con motivo de un reencuentro con nuevas participantes. Sus palabras nos indican que se trata de lugares y tiempos donde las mujeres encuentran acogida, contención para el exceso de dolor y angustia, compañía para la soledad, esperanza para un cambio positivo, fuerza para enfrentar el miedo. En estos grupos encuentran recursos para la pragmática de nombrar esa violencia, concienciar sus maniobras y, finalmente, eliminarla de sus vidas. Son también espacios de creación de vínculos sanos y de desarrollo de redes sociales. Escuchémoslas:

> «Me sentía muy sola y pensé que me iría muy bien hablar aquí»; «estaba sola y la gente no sabe de qué va»; «te ves rara y escuchas otros casos y ves que no, que no eres rara»; «explicar y escuchar... les entiendes y te entienden como no puede entenderlo la otra gente, ni la familia, porque pocas personas pueden entender todo lo que hay detrás de nuestra situación, y aquí sí, aquí sí que se entiende».
> «Aquí me daban esperanzas... ya llegará el día, me decían y sí, sí, así ha sido... el día ha llegado... el grupo me hizo razonar que me estaba engañando y que debía hacerlo [separarme] porque la vida continuaría, y el grupo me dio la fuerza necesaria, vi que más mujeres abandonaban la tortura, se separaban, eran valientes y yo no lo sabía dar, este paso y lo hice aquí, en el

> grupo»; «si no, habría tenido miedo, mucho miedo, de no poder llevarme a mis hijos y al final me he separado y soy feliz estaba muy mal y el grupo me lo ha dado todo…».

Los beneficios estimados por los profesionales de la atención para cada tipo de intervención grupal podremos leerlos a lo largo del libro, pero ahora los resumimos. La violencia recibida disminuye o desaparece; al finalizar los grupos algunas mujeres han interpuesto demanda de separación, o han puesto fin a la convivencia o, ya separadas, han rehecho su vida libres de violencia; y, cuando continúan cohabitando con el violento, se ha dado un incremento del autocontrol sobre su vida, de forma que encuentran cada vez más espacios de seguridad, y han puesto límites al impacto de la violencia. Ambos aspectos también se incrementan en aquellas mujeres que, estando separadas, siguen recibiendo violencia por el acceso que el maltratador aún tiene en sus vidas cotidianas.

Las mujeres mejoran su estado psicosocial general, ponen palabras a los sentimientos, identifican qué les pasa, pueden compartirlo con otras, ya no se sienten solas ni culpables por la violencia. Su estado psicológico y físico mejora de forma importante, se sienten más fuertes y seguras, incrementan su autoestima, se reducen sus síntomas depresivos, la ansiedad, la medicación y la necesidad de atención por parte de los servicios de salud; vuelven a sentir o sienten, por primera vez, satisfacción en las relaciones sexuales. Después de la estancia en un grupo especializado, las mujeres que no trabajaban remuneradamente encuentran trabajo, en su mayoría, o están más capacitadas para encontrarlo; no permanecen aisladas, han ampliado o creado su red de relación social y apoyo y se han abierto a los recursos del entorno que ahora conocen y utilizan. Las profesionales también observan que las mujeres replantean sus relaciones con la familia desde una posición más fortalecida e igualitaria y mejoran sus habilidades marentales; asimismo, se producen cambios en el sistema de creencias al incorporar un entramado de relaciones más igualitario como mujeres y como madres, con la propia familia de origen y con sus entornos en general.

La investigación sistemática del trabajo grupal con mujeres en situación de violencia muestra, en general, una confirmación de los beneficios expresados por la experiencia de intervención. La sistematicidad y los requisitos metódicos de la evaluación e investigación científica, además de confirmar u objetar la estimación de resultados de la experiencia de atención, arrojan conocimiento para precisar prescripciones y procedimientos de intervención. Los estudios son escasos; todos son intervenciones grupales cortas de tres meses y sesiones semanales de dos a tres horas, que ponen en evidencia la mejoría de las mujeres pero también sus importantes limitaciones.

La participación de las mujeres que sufren violencia en grupos de apoyo y psicoterapéuticos de diferentes tipos de servicios como casas de acogida, centros de orientación, hospitales y servicios jurídicos (Leslie M. Tutty, A. Bidgood y Mitchell A. Rothery, 1993; Leslie M. Tutty, 1996; Karin A. Schlee, Richard E. Heyman y Daniel O'Leary, 1998; Patrice Rycroft, 1999) incrementa significativa y positivamente su estado general en los siguientes aspectos: autoestima, reducción significativa de la soledad, la vergüenza y la autoinculpación, internalización del lugar de control sobre su vida, reducción del estrés percibido, aumento del apoyo social percibido y del tangible. El conjunto de mujeres que acaba el tratamiento grupal reduce los síntomas depresivos y los de estrés postraumático. Las mujeres que abandonan el tratamiento son las que tienen más síntomas de evitación, entumecimiento o insensibilización.

El paso por estas intervenciones grupales cortas incrementa la satisfacción en la expresión afectiva del marido: éste disminuye su comportamiento de control y la violencia física más que la no física, aunque no disminuyen los miedos de las mujeres a los episodios violentos ni su inseguridad. No se aprecian mejoras en la relación marital con respecto a la comunicación, los valores, las normas y la implicación emocional. Asimismo, no varían las creencias favorecedoras de la violencia (que ya resultaron bajas al inicio del grupo) pero sí aparecen unas creencias menos tradicionales y estereotipadas de los roles de las mujeres y los hombres. El seguimiento realizado seis meses después de haber finalizado el tratamiento (Leslie M. Tutty, Bruce A. Bidgood y Mitchell A. Rothery, 1993; Leslie M. Tutty, 1996) muestra el mantenimiento de las mejoras.

Estas autoras ponen especial énfasis en no deducir de estos resultados que la disminución de la violencia de los maltratadores se produzca por el tratamiento de las mujeres. Sugieren que ellos, al sentirse controlados por la asistencia de las mujeres a un programa, disminuyen su violencia. Y nosotras hipotetizamos, además, que las mujeres aprenden a poner límites al impacto de la violencia con su propio comportamiento, al cual los maltratadores se adaptan temporalmente. De acuerdo con las autoras, sería cínico deducir de estos resultados sobre la responsabilidad de la desaparición de la violencia contra la mujer por parte de la pareja es de la misma mujer. No olvidemos que los resultados nos indican que la violencia continúa y que solo aumenta el porcentaje de separaciones en un dos por ciento. Leslie Tutty, en su revisión de 1996, detecta también resultados menos optimistas para las mujeres maltratadas de más de cuarenta años afectadas de violencia crónica, por lo que deduce la necesidad de ofrecer servicios más adecuados a sus necesidades.

En resumen, la investigación sobre grupos de apoyo o tratamiento en mujeres que sufren violencia es todavía muy incipiente. Por el momento podemos afirmar, según los estudios revisados, que el trabajo grupal resulta beneficioso para la salud de las mujeres en situación de violencia de pareja, y que puede contribuir a la recuperación de una vida en libertad. Pero, a su vez, constatamos la insuficiencia de estos tratamientos grupales cortos al no conseguir la recuperación completa de las mujeres. Se hace, pues, evidente la necesidad de más evaluación e investigación de los programas de intervención grupal que se están llevando a cabo.

1.4 EVALUACIÓN DE LA INTERVENCIÓN GRUPAL

Qué, cómo y cuándo evaluar

En este país llevamos años desarrollando programas de intervención social, a menudo con iniciativas desafiantes si nos comparamos con otros países europeos, pero aún nos falta evaluarlos. Es una carencia bastante común en los sistemas de servicios de nuestro entorno que también se hace visible en la comparación europea. Evaluar las intervenciones es un requisito indispensable para mejorarlas, adecuarlas a nuevas necesidades y dar cuenta de ellas más allá del número de asistentes o de los adornos propagandísticos. Pero evaluar requiere tiempo, conceptualización e instrumentos pertinentes.

En este apartado desplegamos conceptos e instrumentos para la evaluación e investigación de intervenciones grupales en general y de grupos de atención a mujeres en situación de violencia en particular, tratando de responder a dos interrogantes. Por un lado, cuál es la pertinencia y propiedad de la dinámica grupal creada para conseguir los resultados pretendidos y, por el otro, cuál es el grado de recuperación que la mujer consigue al final de su paso por el grupo.

Para promover la evaluación de la intervención grupal en los servicios de atención, se establecen requisitos desde el consenso de los expertos (Matilde Albarracín *et al.,* 2007):

a) El sistema de evaluación específico ha de definirse en la fase de diseño, indicando qué aspectos se quieren evaluar, qué indicadores se utilizan, con qué instrumentos de registro de datos, quiénes evalúan y cuándo, y qué parte de la evaluación se acuerda con la mujer.

b) Es necesario valorar también la dinámica grupal y los procedimientos de intervención empleados. El contraste entre ambos aspectos orienta la necesidad y dirección de los cambios a realizar para mejorar la intervención grupal propiamente dicha, ser más eficaces en la respuesta a las necesidades identificadas y en el logro de los objetivos establecidos.

c) La evaluación debe poder identificar qué cambios se han producido al finalizar la intervención grupal respecto de la situación de cada mujer, al inicio del grupo, y si estos cambios suponen o no una mejora en la línea de los objetivos de recuperación definidos.

d) Para poder valorar los cambios hace falta definir, en el inicio de la intervención de tratamiento, qué aspectos o variables observaremos y compararemos a lo largo del tiempo.

e) Siempre que se pueda, hace falta valorar la duración de los efectos, transcurrido cierto período de tiempo después de la finalización de la intervención con la mujer.

f) Las variables o indicadores a observar son siempre los mismos que se definieron al iniciar la intervención grupal, solo varía el momento de la implementación.

g) Es necesario establecer una coordinación con las profesionales referentes de la intervención individualizada llevada a cabo con cada mujer. Las mujeres que participan en el grupo suelen tener otros profesionales referentes que han propuesto la derivación al grupo. Hay que garantizar la coherencia de las diferentes intervenciones y el intercambio de información significativa útil para las respectivas actuaciones. Al finalizar el grupo sería bueno tener una valoración conjunta entre los y las profesionales que derivan y las conductoras del grupo, sobre la evolución y el momento en que se encuentra la mujer y los aspectos a reforzar por favorecer su recuperación.

h) Es importante que al finalizar el grupo se elabore un informe de evaluación identificando las propuestas de mejora para futuras ediciones.

Estos requisitos y algunos de los protocolos sobre evaluación que se presentan en este capítulo forman parte del documento *Protocol·lització de la intervenció grupal amb dones que pateixen o han patit violència de gènere* elaborado en el Àrea de Acció Social i Ciutadania del Ajuntament de Barcelona[4] (2007). Otros han sido elaborados por la autora. El siguiente esquema nos indica

4 El documento se elaboró en el seminario de protocolización de la intervención grupal, coordinado por la responsable del dispositivo municipal de atención a las mujeres que sufren violencia, la Sra. Margarita Saiz. En este seminario se discutieron diferentes experiencias de intervención, se consensuaron criterios de actuación y materiales de intervención, entre sus participantes, veteranas profesionales municipales de la intervención y una investigadora de la Universidad de Barcelona. De este espacio compartido surge el documento publicado en catalán y distribuido internamente en los servicios sociales primarios y especializados. Las participantes del seminario fueron: Matilde Albarracín, Rosa Alemany, Helga Gabarró, Rosa Garriga, Mariana Hernández, Rosa Jorba, Meritxell Lligades, Júlia Masip, Montse Paíno, Assumpta Pérez, Neus Roca y Margarita Saiz como coordinadora. Los protocolos del documento están publicados en castellano en el anexo de esta obra. Las editoras de la presente publicación son responsables de la traducción.

cómo y cuándo evaluar la dinámica grupal y la recuperación de la mujer, ambos con una visión de proceso y de producto. Sus protocolos se usan en la práctica de la investigación y de la intervención, con un formato de entrevista, listado o cuestionario para un uso cualitativo o cuantitativo.

Objeto de evaluación	Protocolos	Momento de aplicación	Evaluadoras
Dinámica Grupal	Cuestionario de Nivel de Desarrollo Grupal -NDG- (anexo 2).	En la tercera sesión, la sesión intermedia y en la antepenúltima sesión.	Cada mujer participante.
	Indicadores del Nivel de Desarrollo Grupal -NDG- (anexo 3).	En las tercera sesión, la sesión intermedia y en la antepenúltima sesión antes de finalizar.	Profesionales responsables del grupo u observadoras externas.
	Cuestionario de satisfacción y valoración de la experiencia grupal (anexo 4).	La última sesión del grupo o al marcharse del grupo.	Cada mujer participante.
Recuperación de la mujer	Modelo amplio de evaluación psicosocial de la mujer en situación de violencia con instrumentos estandarizados.	Comparación de la evaluación inicial con la final.	Cada mujer participante.
	Protocolo de exploración, valoración y orientación de la mujer (anexo 5).	Comparación del resultado inicial con el resultado final.	Profesional que deriva o profesional referente y, en la evaluación final, profesional referente y/o los profesionales del grupo. Coordinación externa.

RECUPERACIÓN DE LA MUJER *(cont.)*	Listado de indicadores de la violencia (anexo 6).	Comparación del resultado inicial con el resultado final.	Cada mujer participante.
	Inventario del proceso de recuperación (anexo 7).	Comparación del resultado inicial con el resultado final.	Profesionales responsables del grupo.

EVALUACIÓN DE LA GRUPALIDAD: TEORÍA E INSTRUMENTOS NDG

La dinámica grupal interna que se está creando o se ha creado, ¿es la apropiada para conseguir los efectos esperables? La composición del grupo junto a las estrategias de conducción, los contenidos y las actividades propuestos al grupo crean una dinámica de relación que obstaculiza o favorece los procesos mediadores para el cambio (el apoyo, el aprendizaje, la confrontación, la identificación, la introspección y la catarsis, entre otros). Como hemos visto en los apartados anteriores, la investigación y la experiencia profesional nos indican que el espacio grupal apropiado es aquel que presenta un nivel de desarrollo grupal medio-alto o alto.

La observación y evaluación de la dinámica grupal ha sido, hasta hace muy poco, un asunto de praxis experimentada o, por el contrario, se ha minimizado o eludido. Evaluar la dinámica grupal no es fácil. De todos los fenómenos, interacciones y verbalizaciones que se dan en treinta, sesenta o más horas: ¿qué aspectos observamos que nos indiquen la dinámica grupal apropiada? ¿Qué preguntamos a los participantes?

Presentamos en este apartado una sistematización de la evaluación de la dinámica grupal que puede aplicarse a diversos grupos instrumentales de intervención social y clínica, adaptado a partir de investigaciones previas de grupos laborales (Roca Cortés, 1996, 1998) y que hemos utilizado también en grupos de atención a mujeres en situación de violencia. Arranca de una teoría de grupos que propone instrumentos que permiten entrevistar (cuestionario NDG-GCP) y observar (inventario de indicadores NDG-GCP) los comportamientos propiamente grupales. Finalmente, presentamos un cuestionario final de satisfacción del grupo para los participantes.

Grupalidad y niveles de desarrollo grupal

Las propiedades específicas de la eficacia del trabajo psicosocial grupal tienen que ver con la aparición de la cohesión y de aquellos fenómenos específicamente grupales que no emergen en las relaciones diádicas o de masas (Neus Roca Cortés, 1996, 1998). La cohesión entendida clásicamente como atracción, permanencia o identificación con el grupo, queda descrita escuetamente si queremos abarcar la amplitud de una dinámica grupal. A tal fin, proponemos dos conceptos: «grupalidad», para ampliar el concepto de cohesión, y «desarrollo de la grupalidad» o madurez grupal, para incluir una visión procesual: la aparición progresiva de formas de relación que cambian su naturaleza a medida que aumenta su nivel.

¿Acciones como sentarse alrededor de una misma mesa, ubicarse en un mismo departamento o acudir a una misma fiesta hacen que seamos un grupo? Compartir un espacio físico o el mismo objetivo no garantiza ser grupo, no asegura la aparición de aquellos fenómenos propiamente grupales y no solo interpersonales. No es lo mismo una relación en díadas que una relación de conjunto en el que cada miembro individual puede llegar a representar a todo el grupo.

La aparición de la grupalidad según la teoría del colectivo (Artur V. Petrovsky, 1979, 1985, 1986; Mara Fuentes Ávila, 1993) depende del tipo de relación interna que se desarrolla entre sus individuos. Adquirir grupalidad es pasar de «agregado de individuos» a «grupo colectivo» y se realiza a través del grado de coincidencia en las motivaciones, objetivos y valores de los miembros de un grupo que generan una fuerza colectiva en relación a una actividad coordinada y satisfactoria a fin de conseguir los objetivos. La noción de actividad, en esta concepción materialista de la psicología social, aúna acción, afectos, valores y consciencia que trascienden las dicotomías entre afecto y cognición o tarea y relaciones interpersonales de otras teorías clásicas de grupos. La actividad grupal no puede confundirse con las acciones específicas del grupo o con los resultados obtenidos en su tarea (Federico Munné, 1985; Neus Roca-Cortés, 1996).

Mara Fuentes Ávila (1993), a partir de Artur V. Petrovsky (1979) y U. L. Umansky (1975), desarrolla las características psicosociales de esa paulatina progresión en tres niveles: alto, medio y bajo. Esta descripción constituye una importante aportación a los conocimientos sobre los grupos por su visión genética, respondiendo así a una de las críticas más grandes que se le hacen a la orientación de los pequeños grupos: la visión atemporal de la naturaleza del fenómeno grupal, debida básicamente al predominio de su estudio a través de grupos de laboratorio. Estas descripciones y sus evidencias empíricas (Mara Fuentes Ávila, 1993; Neus Roca Cortés, 1998, 2001a) apoyan la hipótesis sobre la naturaleza cualitativamente diferente de las relaciones en un grupo, yendo más allá de la menor o mayor cantidad de cohesión o de la categorización socio-cognitiva grupal como únicas constataciones de la distintividad grupal. Esta orientación teórica considera el grupo en la acción conjunta socialmente condicionada de las personas en el espacio y el tiempo.

En un nivel bajo de grupalidad la cohesión es mínima, pues la coincidencia de valoraciones de la actividad grupal y de motivaciones para participar resultan escasas. La actividad grupal no mediatiza las relaciones interpersonales. Incluso sus relaciones formales, que se incardinan en las acciones obligadas del grupo, son interpersonales más que grupales.

En los niveles medios de grupalidad, las relaciones interpersonales salen fuera del nivel interindividual y se movilizan alrededor de la actividad grupal, de los objetivos y de la tarea que los ha reunido, pero siempre dentro las sesiones formales del grupo. La cohesión, la unidad de orientación valorativa, se fundamenta solo en las atracciones entre sus miembros. La unidad de intereses, metas y motivaciones es temporal, precaria o parcial e incluso puede no darse. Pero esto no significa que las metas grupales estén indefinidas o nada compartidas. Solamente en algunas ocasiones especiales el grupo se une y coincide en sus valoraciones respecto a una situación importante para la continuidad del grupo.

En los niveles altos de grupalidad, de madurez grupal, en cambio, la estructura del grupo se fortalece por la coherencia entre las estructuras formales e informales de las relaciones basada en la actividad objetal conjunta socialmente condicionada. Los objetivos colectivos están siempre presentes, se observa una cohesión basada en la atracción hacia el grupo y no tanto hacia uno o algunos de sus miembros, propio de niveles bajos. Es una cohesión cualitativamente diferente porque es la expresión de una unidad de acción, juicios y afectos. Hay unidad de intereses, metas y motivaciones que lleva a una percepción de rasgos identificativos propios y de fuerza colectiva. El grupo atrae a sus miembros y a miembros ajenos debido a su actividad: los valores de sus tareas, sus objetivos y su eficacia.

Una descripción más amplia del desarrollo grupal se divide en cinco dimensiones. La orientación a las metas grupales (OMG) contempla los objetivos del grupo pero no solamente en relación a su tarea, sino también los referidos al mantenimiento del propio grupo. La valoración social del contenido de la actividad (VSCA) se refiere a la importancia social de la actividad que reconocen los miembros del grupo. La dimensión de relaciones interpersonales (RI) alude a la calidad y motivos de la relación interpersonal y a la correspondencia entre estructura formal e informal del grupo. La organización del grupo (OG) tiene que ver con el rol de los líderes formales, las normas y la coordinación de las tareas. La influencia del grupo sobre sus miembros (IGM) tiene que ver con la identificación de éstos con el grupo y el tipo de influencia sobre ellos.

En el cuadro siguiente se sintetizan las características de los tres niveles de desarrollo grupal por cada una de las dimensiones (Mara Fuentes Ávila, 1993). En los niveles altos de desarrollo grupal reconocemos parte de los conocimientos clásicos de la psicología de los grupos, pero nos resulta especialmente novedosa la descripción cualitativa de los niveles medios y bajos y la evolución de las diferentes dimensiones en la que, seguro, veremos reflejados algunos de los muchos grupos en los que hemos participado voluntaria o involuntariamente.

Niveles de Desarrollo grupal (I) —NDG— Mara Fuentes, 1993

Niveles NDG	Orientación a las metas grupales OMG	Valoración social del contenido de la actividad - VSCA	Relaciones interpersonales RI
Bajo	Las metas grupales son algo externo al propio grupo y no constituyen motivaciones para sus miembros más allá de lo que es estrictamente necesario para que la persona continúe formando parte de este grupo. Las personas de estos grupos tienden a anteponer los intereses individuales a los grupales.	La motivación hacia la actividad grupal se reduce a la simple suma de los motivos de cada uno de los miembros para estar ahí, siendo su resultante la expresión de la dominancia de uno de sus miembros. La motivación hacia la actividad grupal es casi inexistente.	La estructura social formal e informal del grupo es indefinida. Las relaciones interpersonales son escasas, basadas en antipatías y simpatías mutuas, con vínculos bastantes débiles. Ello comporta que la estructura formal (no la informal, como en el caso del nivel medio) esté formada por díadas o tríadas e individuos aislados.
Medio	Las metas grupales están bien delimitadas, pero sirven básicamente para mantener el funcionamiento del grupo impidiendo que se vea afectado por alguna circunstancia. Se trataría de una forma de garantizar el nivel logrado por el grupo, pero los objetivos grupales no pueden ser cuestionados impidiendo así el paso a estadios posteriores de desarrollo.	La motivación hacia la actividad grupal no es su valor social o su objetivo grupal, sino la interacción y con quién se interacciona. No todas las actividades que realiza el grupo tienen una clara significación social para el mismo grupo, y las realizan más por disciplina que por convencimiento sobre su necesidad.	Las relaciones interpersonales se han formado desde la estructura formal (de tarea) del grupo y, aunque es positivo para su eficacia, no comportan estructuras de relaciones informales estables. Esto se manifiesta en el plano de las relaciones informales en forma de subgrupos de díadas o tríadas. Las relaciones interpersonales tienen exclusivamente un carácter funcional, en las que lo más importante es con quién se hace.

ALTO	Las metas y finalidades del grupo y, por lo tanto, también las actividades grupales corresponden a los deseos y necesidades individuales de sus miembros, que anteponen los objetivos colectivos a los individuales. El grupo tiene como metas conseguir la unidad de sus miembros y cuidarla y obtener buenos resultados en su actividad, más que la preocupación por la cordialidad y la distensión entre los miembros. El grupo se preocupa de realizar las tareas encomendadas tanto como del desarrollo profesional de sus miembros. Asimismo pretende que sus objetivos grupales participen en la solución de los problemas que afectan al centro.	El valor social que se otorga a la actividad y objetivos del grupo es alto, y al grupo mismo le interesan precisamente los efectos sociales de la tarea que realiza. El valor social de la actividad es la fuente de motivación y participación implicada para los miembros. En la expresión de la motivación hacia la actividad grupal coinciden los motivos por las relaciones interpersonales con los motivos por la realización de las tareas (las estructuras funcionales y afectivas son armónicas), siendo más importante qué y por qué se hace que con quién se hace.	Las relaciones son estables y estrechas tanto en las actividades formales como en las informales. La evaluación y preferencias entre los miembros están mediatizadas por los principales valores y objetivos del grupo, por la participación y aportación al trabajo grupal, más que por simpatías o antipatías. Las relaciones interpersonales afectivas se consolidan si producen y repiten relaciones satisfactorias en relación a la actividad del grupo. La selección interpersonal se ve motivada por criterios funcionales. Hay ayuda mutua y cooperación. La valoración crítica mutua es posible y constructiva. Puede haber subgrupos con metas diferentes, pero hay unión y los objetivos de los subgrupos se corresponden con las metas grupales generales. Ante los conflictos o complicaciones hay unión por encontrar la mejor respuesta.

Niveles de Desarrollo grupal (II) —NDG— Mara Fuentes, 1993

Niveles NDG	**Organización del grupo OG**	**Influencia del grupo sobre sus miembros - IGM**
Bajo	El grupo está poco organizado y por ello domina la presencia de una o varias personas con liderazgo fuerte, alrededor de las que girarán las acciones del grupo. No se exigen las normas y se dejan de cumplir aunque sea por irresponsabilidad. La colaboración e interés hacia el entorno es insignificante, y solamente está en función de la dominancia del liderazgo personalista.	El grupo tiene, fundamentalmente, una existencia formal: no existe como hecho psicológico y apenas ejerce influencia sobre sus miembros. Los comportamientos son bastante individualistas y escasamente grupalistas. La actividad grupal es muy exigua y la existente es forzada a menudo por la estructura formal y/o social externa al grupo.
Medio	La organización del grupo no es clara. Las tareas no están claramente delimitadas por cada miembro. Esto imposibilita una valoración interpersonal de la aportación individual según el criterio de los beneficios a la tarea conjunta, inclinándose hacia valoraciones de afinidades afectivas. La autodisciplina, en el sentido de autocontrol, no se ejerce con una estructura organizativa confusa, y por ello el control acaba ejerciéndose desde algunos miembros y no desde el mismo grupo.	El grupo ejerce influencia sobre sus miembros, pero siempre mediatizada por la acción de los sujetos más influyentes. El grupo todavía se expresa exclusivamente a través del lenguaje y las acciones de sus miembros más destacados, y no con todos y cada uno de sus miembros. Hacen algunas actuaciones grupales globales intermitentes que ejercen influencia sobre sus miembros, pero siempre que no impliquen consecuencias indeseables para los sujetos.
Alto	Los roles y tareas son claros y se ejercen propiciando una actividad grupal coordinada y satisfactoria. La organización grupal es clara y delimitada. Las relaciones con el entorno son colaboradoras.	El grupo y su actividad grupal ejercen una gran influencia en sus miembros y también en el enriquecimiento profesional y personal de sus miembros.

Alto *(cont.)*	La coordinación, dirección o liderazgo informal, propicia la relevancia de la actividad y de las metas grupales en la significación subjetiva de la implicación individual en el grupo. La coordinación, dirección o liderazgo informal, promociona la participación, y las normas se exigen directamente o se vehiculan a través de la participación responsable de sus miembros. Comparten con los miembros del grupo las relaciones y vinculaciones con el entorno del grupo. Suelen ser eficientes en el cumplimiento de las tareas.	La estructura formal e informal es definida y está en función de la actividad grupal socialmente considerada. Hacen actuaciones grupales globales de forma continuada. Se sienten identificados con las normas, valores, y con las cualidades del grupo.

No todos los grupos instrumentales necesitan llegar al máximo nivel de madurez grupal, pero los niveles medios son los mínimos necesarios para conseguir buenos resultados en la intervención de apoyo social y educativo. En los grupos cuyo objetivo es el cambio individual de actitudes y prácticas, los niveles deberán ser medio-altos (Neus Roca Cortés, 1996, 2001a). Probablemente será también el mismo, o incluso más alto, para aquéllos cuyo objetivo es el cambio social. Éstas son las hipótesis sobre las que trabaja actualmente la investigación en grupos aplicados.

Nivel de Desarrollo Grupal —NDG—: cuestionario e indicadores

Uno de los potenciales de la teoría explicada es la construcción de diversos instrumentos para la evaluación. El cuestionario NDG se elaboró sobre los niveles de desarrollo grupal que miden el grado de grupalidad para cada una de las dimensiones, mostrando cualidades psicométricas adecuadas de fiabilidad y validez (Neus Roca Cortés, 1996, 1998). A partir de éste, hemos desarrollado una versión para grupos centrados en las personas (anexo 2, cuestionario NDG-GCP), que tiene en cuenta sus actividades específicas y la diversidad de niveles de estudios que pueden tener los participantes en este tipo de grupos. En los que se encuentran centrados en las personas, la tarea consiste en trabajar sobre sí mismos, sobre sus experiencias vitales, observándose y analizándose, poniéndose a prueba, y relacionándose con los demás, siendo ayudados y ayudando a su vez. Entre ellos se encuentran los grupos de apoyo social, de crecimiento personal y psicoterapéuticos.

El objetivo del cuestionario NDG es conocer el grado de desarrollo o madurez grupal, es decir, qué tan grupo es un conjunto de personas reunidas en una actividad compartida y qué cualidades propiamente grupales han alcanzado sus relaciones interpersonales. El vocabulario abarca y se adapta al conjunto de las diferentes actividades que realizan los grupos centrados en las personas. Ha sido ensayado en grupos de apoyo de servicios sociales, y en el capítulo 4.5 se explica una de sus aplicaciones en mujeres en situación de violencia. El formato de escala proporciona datos cuantitativos y de fácil comparación evaluativa. Pero también dota de información cualitativa. Su marco teórico grupal explícito permite su uso en investigación básica y aplicada para seguir investigando comparativamente el grado de madurez necesario en la consecución de diferentes objetivos (Roca Cortés, 2003b) y en intervención, como evaluación de la consecución del nivel de madurez grupal o como diagnóstico intermedio para reorientar la dinámica grupal.

A petición de profesionales de la intervención, y para una observación rápida de la evolución de la dinámica grupal, en el mismo marco teórico se ha elaborado un Inventario de Indicadores NDG-GCP para grupos centrados en las personas (anexo 3), siempre en referencia a un nivel de análisis grupal y no individual. A partir de la observación directa, estos indicadores detectan los principales fenómenos que aparecen progresivamente en una dinámica grupal, considerados signos evolutivos de madurez en un grupo cuya tarea principal consiste en trabajar sobre las personas miembros. Para su elaboración se han considerado, también, las etapas de desarrollo de los grupos de *counseling* y terapéuticos de George Gazda (2001). Tales fenómenos tienen que ver con la participación, la confianza, la expresión personal y la implicación de los miembros en el objetivo del grupo, la fluidez del intercambio de contenidos significativos para el objetivo del grupo, la búsqueda y consenso de aquello que es común, la atracción hacia el grupo, la aceptación de la diversidad y la confrontación, la retroalimentación útil entre los miembros del grupo y, finalmente, el cuidado del grupo como escenario colectivo para el cumplimiento de sus metas y la identificación y orgullo por la pertenencia. Estos últimos aspectos se encuentran básicamente en procesos grupales temporalmente largos.

Cuestionario de satisfacción de la experiencia grupal

El cuestionario de satisfacción (anexo 4) pretende recoger la valoración de la experiencia grupal de los participantes, a diferencia de los anteriores recursos que tenían que ver con la puesta a punto del grupo instrumental. Refiere al bienestar de los miembros en su paso por el grupo, a la utilidad para sus propósitos, a su opinión sobre la conducción, a la participación propia y la ajena, a la idoneidad de la logística (horarios, espacio y materiales) y al valor que le conceden a la experiencia grupal. Es un instrumento que tiene dos finalidades: por un lado, constituirse en la opinión de las participantes para considerarla en las próximas ediciones; por otro, erigirse como estímulo para un buen cierre de la experiencia grupal. Se contesta individualmente, por escrito o de forma oral, aunque también se expresa y elabora en común. Esta finalidad de recapitulación suele ser aprovechada para que la participante compare los resultados individuales que ha conseguido en relación a los objetivos iniciales que se propuso.

Evaluación psicosocial de la recuperación de las mujeres

La recuperación de la mujer es el objetivo final de la intervención grupal, acompañada habitual y necesariamente de las otras intervenciones, propias de una perspectiva integral (social, psicológica, legal, médica y de seguridad). Librarse de la violencia, no es «simplemente» tomar la decisión de separarse, sino un proceso lento y difícil, con avances y retrocesos, en el que la mujer en situación de resistencia y debilidad va ganando progresivamente una mayor capacidad de control sobre su vida.

Concepto de recuperación

¿La mujer se ha recuperado? ¿Cuánto? ¿En qué aspectos? ¿Qué significa recuperarse para una mujer en situación de violencia? La propuesta conceptual que sistematizamos en este capítulo es una primera aproximación a su complejidad. Acercarse a sus respuestas significa entrar en una situación con varios protagonistas y con multitud de casuísticas.

La recuperación de una mujer en situación de violencia es el estado final en el que no recibe violencia en sus relaciones afectivas, disfruta de un buen estado de salud física y mental y ha reconstruido su vida personal y social en plena libertad, independencia, bienestar e inclusión social (Neus Roca, Montse Paíno, Matilde Albarracín, Laura Córdoba y Joana Espín, 2007). Esta definición encierra tres elementos a destacar: la voluntaria exclusión del término «separación», la distinción entre separación física y psicológica, y una perspectiva psicosocial más que clínica.

¿Recuperarse es solamente separarse? Las mujeres están recuperadas cuando la violencia ha desaparecido completamente de sus relaciones con la pareja, con sus hijos, así como en las relaciones afectivas con los allegados con los que mantienen una trato cotidiano. La experiencia de recuperación de las mujeres en situación de violencia de pareja nos indica claramente que la violencia patriarcal no se acaba con la separación sino que continúa, y no estamos pensando solamente en las que son asesinadas. Continúa por el mismo maltratador o por otros que toman su rol dominante violento. A veces, la violencia va dirigida desde la pareja-padre directamente hacia los hijos, como forma de agredir a la mujer, o bien los hijos u otros familiares —habitualmente de él—, la continúan. En otras ocasiones, hay una amenaza fuerte de acoso o de muerte que obliga a la mujer a alejarse mucho de su entorno habitual, incluso a cambiar de país. También la violencia ejercida contra la mujer después de la separación suele concretarse en el uso fraudulento (y bastante invisibilizado socialmente) del sistema judicial, denunciando el hombre a la mujer como maltratadora de sí mismo o de los hijos, poniendo obstáculos al divorcio más allá de las habituales negociaciones o dejándole deudas familiares o personales a su nombre que la obligan a recurrir a la justicia. Mención especial requiere el caso en que los hijos e hijas tienen mala relación con el padre violento y no quieren estar con él, porque le tienen miedo o quieren descansar, evitar nueva violencia o recordar la vivida, y el maltratador acusa a la madre del falso «síndrome» de alienación parental de Gardner[5] (Lenore E. Walker, Kristin L. Brantley, Justin A. Rigsbee, 2004; Antonio Escudero Nafs, 2008; Susana Vaccaro y Consuelo Barea, 2009). Otras veces la violencia, no siempre visible como tal, llega con la inexorable exclusión de la mujer del grupo familiar extenso y, por tanto, con la pérdida de todos los recursos personales, sociales y económicos que el grupo ha proporcionado hasta ahora, solamente por el hecho de conservar su libertad, dignidad e integridad.

¿Separación física o psicológica? Para conseguir recuperarse son necesarias ambas pero, además, ni la separación física supone la psicológica ni viceversa. Este criterio es sumamente importante tanto para la asistencia como para la detección. Se dan casos de separación física y no psicológica. Las mujeres jóvenes no suelen cohabitar con la pareja violenta, y los amantes cohabitan pero viven físicamente separados; por lo tanto, hay violencia, hay media separación física aunque no legal, y existe un vínculo psicológico que debe ser trabajado en la separación para conseguir liberarse de la violencia de pareja. En otras ocasiones es la mujer quien, al separarse físicamente, no ha roto todavía los vínculos afectivos con la pareja violenta. Están refugiadas en casa de familiares o en casas de acogida donde pueden haber acudido apresuradamente por un episodio grave de violencia o forzadas por sus hijos o hijas, o por iniciativa de él. En estos casos puede haber expecta-

5 Este pretendido «síndrome» de alienación parental de Gardner ha sido rechazado por la Asociación Americana de Psicología, la Asociación Americana de Psiquiatría y la OMS y no ha sido incluido en los catálogos de enfermedades mentales DSM-IV y CIE-10, usados internacionalmente. En España, este falso síndrome ha sido rechazado por numerosos profesionales de prestigio y asociaciones de especialistas como la Asociación Española de Neuropsiquiatría, pronunciándose en contra en un comunicado del 11 de abril del 2010 publicado en su página web. Asimismo, dicho supuesto síndrome ha sido declarado en algunos juzgados –Sección 6.ª de la Audiencia Provincial de Vizcaya, en su Sentencia 256/08, de 27 de marzo de 2008– como violencia de género cuando es usado en sentencias de casos de violencia de pareja.

tivas de recuperar una aceptable relación de pareja, a pesar de la presencia de violencia. Tener en cuenta la separación psicológica tanto como la física es clave, puesto que se dan retornos, visitas, contactos a través de medios telemáticos o de terceras personas, o bien se sufren depresiones persistentes o recaídas con otras parejas violentas.

Por otro lado, encontramos mujeres que cohabitan todavía con el maltratador pero se encuentran en una fase adelantada de la separación psicológica. Estas mujeres suelen preparar su salida física y cuando la consiguen es, generalmente, definitiva. Son mujeres que quieren estar separadas psicológicamente antes de separarse de forma física. Por otro lado, y muy excepcionalmente, nos hemos encontrado también con el caso de una mujer que, avanzada su separación psicológica de la pareja maltratadora, continúa cohabitando con él porque éste acude voluntariamente a tratamiento y se mantiene en el cambio positivo sin llegar a ejercer ninguna violencia, de tal manera que ella recupera su propia vida y logra convivir con la misma pareja, ahora rehabilitada. En otros casos parecidos, el nivel de disminución de la violencia machista es aceptable para la mujer y se queda con la pareja; se da, por lo general, en casos de mujeres con importantes condicionantes de clase social, económicos y de vivienda.

¿Es suficiente considerar la recuperación como la desaparición de los síntomas depresivos y del estrés postraumático? La recuperación supone, pero no equivale, la ausencia de violencia en la vida de las mujeres; en este caso, en sus relaciones afectivas familiares. La recuperación incluye recobrar la salud por la desaparición de las secuelas de la violencia, pero también retomar la autonomía, el control de la propia vida y el bienestar y la inclusión social. No olvidemos las importantes consecuencias con efectos a medio y largo plazo que conlleva evitar la violencia, como, por ejemplo, las pérdidas y esfuerzos que supone desplazar la vida cotidiana: disminuir o perder el entorno cuidador de ella y de los hijos, el cambio de escuela de éstos, la pérdida del trabajo remunerado y la búsqueda de uno nuevo, la pérdida del nivel de bienestar de la vivienda, el agravamiento de los desplazamientos y la restitución de los lazos sociales más allá de la edad.

Con esta definición, de perspectiva psicosocial y de género, nos posicionamos en la desaparición de los síntomas de sufrimiento pero también en la consecución de calidad de vida de la mujer, en su bienestar individual, en su inclusión social, laboral, de vivienda, de participación social. Nos posicionamos, por tanto, más allá de la simple desaparición de la psicopatología o de la disminución del comportamiento violento. Recuperarse de la violencia significa, también, disfrutar de las condiciones para desear y llevar a cabo un proyecto vital satisfactorio desde la libertad y la inclusión social. Solamente así la mujer se coloca en el pleno ejercicio de sus derechos de ciudadanía.

Si la situación de violencia es entendida como un situación de sumisión, recuperarse de la violencia significa conquistar la libertad, deshilvanando la dominación física, psicológica, social, económica y sexual. Las mujeres recuperadas lo relatan así: «ahora tengo libertad»; «ya basta de ser la esclava»; «no voy a hacer nunca más algo que yo no quiera»; «sé seguro que ahora tomaré yo mis propias decisiones y… no es egoísmo… soy yo».

La etiqueta psicopatológica, sea cual sea, no debe mantener encerrada a la mujer en las secuelas de la violencia. Los y las profesionales debemos sustraernos a las violencias que la misma psicopatología puede encerrar. Por lo tanto, el uso de los términos semiológicos clínicos debe quedarse en descripciones útiles para el diálogo profesional y cabe indagar cómo nombrar el sentir y el devenir de la persona que sufre, escapándonos de una mirada exclusivamente clínico-patológica y posicionándonos en positivo y en una perspectiva psicosocial.

Evaluación psicosocial de la recuperación de las mujeres e instrumentos

Para evaluar este amplio concepto psicosocial de recuperación, en todas sus vertientes mencionadas, se ha desarrollado el siguiente modelo de evaluación, desglosado en elementos principales, dimensiones e indicadores.

Modelo de evaluación de la recuperación de la mujer en situación de violencia de pareja

Elementos principales	Dimensiones	Indicadores
Violencia recibida y actual	La relación violenta recibida hasta al momento.	Duración. Tipos. Factores de vulnerabilidad y agravantes.
	Severidad del comportamiento violento actual del maltratador.	Intensidad y tipos.
	Impacto, en la mujer, de la experiencia actual de la violencia.	Intensidad.
Perfil psicosocial de la mujer	Secuelas psicológicas.	<u>Indicadores de sufrimiento psicológico:</u> *Arousal* del impacto traumático; depresión e indefensión prendida; ansiedad. <u>Indicadores psicológicos positivos:</u> Autoestima; *locus* de control; habilidades sociales; bienestar subjetivo.
	Secuelas físicas y psicosomáticas .	Salud física y psicosomática.
	Integración e inserción cocio-laboral.	Apoyo social. Situación y apoyo legal y jurídico. Vinculación comunitaria. Ingresos económicos propios. Situación laboral y vivienda.
Proceso de recuperación	Presencia de violencia.	Presencia/ausencia en la mujer e hijos-hijas.
	Separación físico-legal.	Grado de cohabitación o relación. Vínculos legales.
	Fase de recuperación.	Vínculo psicológico con la pareja violenta. Reconstrucción de la propia vida y la de los hijos e hijas dependientes.

El alcance de la violencia recibida y vivenciada debe conocerse para evaluar la recuperación de las mujeres. La gravedad del abuso es una de las variables más ampliamente constatadas como mayores condicionantes del tiempo de recuperación de las mujeres, que puede durar de uno a nueve años como valor medio, una vez acabada la relación con el violento (Amparo Arroyo, 2002). Proponemos los siguientes instrumentos, correspondientes a sus indicadores y dimensiones. Algunos han sido escogidos entre los publicados o reseñados en bibliografía específica (Patricia Villavicencio y Júlia Sebastián, 2001; Lenore A. Walker, 1984, entre otras), otros forman parte del seminario de protocolización (Ajuntament de Barcelona, 2007) y otros han sido elaborados ad hoc.

Evaluación de la violencia de pareja contra la mujer

Dimensión	Indicadores	Instrumentos
La relación violenta recibida hasta el momento	Tipo y duración.	Entrevista de exploración, valoración y orientación de la mujer (anexo 5).
Severidad de los comportamientos violentos anteriores y actuales del maltratador	Intensidad y tipo.	Listado de indicadores de la violencia (anexo 6), instrumento no estandarizado que incluye gran diversidad de tipos de violencia. Índice de abuso de la pareja de Walter Hudson y Susan McIntosh (1981). Mide el grado de violencia física y no física, teniendo en cuenta las diferentes gravedades de los comportamientos violentos. Escala de violencia psicológica en la pareja (Álvaro Rodríguez, Clara Porrúa *et al.*, 2007). Violencia en no cohabitación (Neus Roca, Montserrat Paíno *et al.*, 2007). Escala con violencias post-separación.
Impacto de la experiencia actual de la violencia en la mujer	Intensidad.	Experiencia de la mujer sobre el maltrato, de Paggie H. Smith, Jo A. Earp y Robert F. DeVellis (1999). Instrumento validado. Escala de evaluación del daño del abuso de Graciela Ferreira (1998). Instrumento no estandarizado, surgido de la práctica clínica.

A excepción de la entrevista de exploración, valoración y orientación de la mujer, esta batería de pruebas que presentamos es mejor administrarla cuando la mujer ya ha establecido un vínculo mínimo con el servicio. Para obtener la información necesaria para la derivación y la acogida en el grupo, la entrevista reseñada es suficiente. No resulta aconsejable evaluar la violencia en el primer lugar de la secuencia de pruebas, puesto que puede generar rechazo o fuga. La violencia ejercida después de la separación está aún escasamente identificada de forma sistemática. La escala que presentamos es un primer ensayo para evaluarla.

El perfil psicosocial indica el estado psicológico y social en que la mujer se encuentra, sea de sufrimiento o de bienestar. Este término se emplea para nombrar a la mujer desde una perspectiva de potencia y no solo de carencia. Identificar el padecimiento y disminuirlo forma parte ineludible del trabajo de los profesionales de ayuda. Al incorporar las potencialidades y los bienestares evitamos la victimización secundaria y las atribuciones implícitas de incapacidad añadidas a las propias dificultades, como pasa con colectivos de personas con discapacidades. Desde esta perspectiva positiva se puede promover a las mujeres hacia una salud mejor y hacia la construcción, desde ellas mismas, de su independencia y libertad de vida. La disminución de la salud física o de las capacidades funcionales, debido a lesiones y enfermedades físicas y psicosomáticas, es señalada por la literatura profesional y de investigación como secuelas de la violencia. Se incorporan elementos de integración social que indican recuperación, especialmente del aislamiento social y del maltrato económico.

Proponemos que el perfil psicosocial de la mujer sea evaluado con los instrumentos contenidos en el siguiente cuadro. Se trata de una amplia batería de pruebas reconocidas en su ámbito, algunas de ellas con fiabilidad y validez psicométricas y, siempre que nos ha sido posible, con perspectiva de género.

Evaluación del perfil psicosocial de la mujer en situación de violencia

DIMENSIÓN	INDICADORES	INSTRUMENTOS
SECUELAS PSICOLÓGICAS	Indicadores de sufrimiento psicológico:	
	Arousal del impacto traumático.	Escala del impacto de sucesos (Weiss y Marmar, 1997).
	Depresión y indefensión aprendida.	Inventario de depresión de Beck, Steer y Brown (1996).
	Ansiedad.	Inventario de ansiedad de Beck y Steer (1996).
	Indicadores psicológicos positivos:	
	Autoestima.	Escala de autoestima de Rosemberg (1965).
	Locus de control.	Inventario del Locus de control de Rotter (1996).
	Habilidades sociales.	Escala de habilidades sociales de Gismero (2000).
	Bienestar psicológico o subjetivo.	Escala de Bienestar psicológico (Sánchez Cánovas, 1998).
SECUELAS FÍSICAS	Salud física y psicosomática.	Entrevista de salud percibida (Roca *et al.*, 2007).
INTEGRACIÓN SOCIO-LABORAL	Apoyo social.	Cuestionario de apoyo social percibido (Musitu, García y Herrero, 1990).
	Situación y apoyo legal y jurídico.	Entrevista de exploración, valoración y orientación de la mujer (anexo 5).
	Vinculación comunitaria.	Entrevista ad hoc en Neus Roca, Montserrat Paíno *et al.*, 2007.
	Situación laboral.	*Ídem.*
	Ingresos económicos propios y ajenos.	*Ídem.*
	Vivienda.	*Ídem.*

La recuperación como proceso: inventario

La radiografía del perfil psicosocial de la mujer aporta informaciones valiosas para conocer el impacto de la violencia, pero también es un mosaico de piezas sueltas retratado de forma estática. Una visión holística, dinámica y secuencial de la recuperación llegará de la mano de una perspectiva genérica. La recuperación de una mujer en situación de violencia es larga y debe ser vista también como proceso, especialmente desde los servicios que la atienden, ya que puede proporcionar información para evaluar los microprogresos y resistir la inquietud que despiertan en los profesionales las dudas, regresos, ambivalencias y miedos de la mujer entrampada en una relación afectiva violenta.

Para evaluar la fase del proceso de recuperación se consideran tres dimensiones separadas, porque tienen ritmos y manifestaciones diferentes en las trayectorias de recuperación de las mujeres en situación de violencia de pareja. Como hemos explicado, cuando se hace la ruptura física y/o psicológica no desaparece completamente la violencia. La separación física no supone la psicológica y viceversa. Lo mismo puede decirse de la separación legal.

Evaluación del proceso de recuperación de la mujer en situación de violencia

Dimensiones	Indicadores	Instrumentos
Presencia de violencia	Presencia/ausencia en la mujer y los hijos-hijas.	Inventario de recuperación de la mujer en la violencia de pareja (anexo 7).
Separación física y legal	Grado de cohabitación o relación. Vínculos legales.	*Ídem.*
Fase de recuperación	Tipo de vínculo psicológico con la pareja violenta. Reconstrucción de la propia vida.	*Ídem.*

En base a la experiencia profesional con mujeres, y en el estudio de Karen Landerburger (1989), hemos creado un Inventario de Fases de Recuperación (anexo 7) que incluye una hoja de seguimiento de la presencia de violencia, de la separación físico-legal, y unos cuadros de fases que describen diferentes momentos de ese vínculo psicológico de relación de la mujer inmersa en una relación violenta de pareja, hasta que se libera de ella y recupera el control de su vida a partir de su llegada a los servicios en busca de ayuda. Este instrumento contribuye también a ajustar las intervenciones a las necesidades de la mujer en cada una de las fases de su proceso. En el apartado 4.6 pueden leerse algunos casos en que se ha aplicado.

2. Sensibilización, prevención y detección

La prevención primaria se dirige a evitar la aparición de problemas o a disminuir su incidencia. Se trata de un conjunto de acciones proactivas que desarrollan fortalezas y recursos de inclusión social y salud, dirigidas a la sociedad en general o a grupos considerados claves. La prevención y detección de la violencia contra las mujeres tiene un irrenunciable vínculo con la intervención en los grupos sociales, y también con grupos instrumentales creados ad hoc. ¿Cómo construimos esos grupos las profesionales? ¿En qué lugar y qué papel ejercemos entre la población afectada y la población general? Si por el hecho de ser mujer puedes encontrarte en una situación de violencia, ¿hay que hacer grupos para todas las mujeres? Y los chicos, ¿qué protagonismo tienen en esta prevención? La respuesta a éstas y a otras preguntas se desarrolla a lo largo de este segundo capítulo, en el que se presentan intervenciones de prevención, sensibilización y detección dirigidas a la comunidad y a poblaciones específicas, jóvenes y mujeres adultas.

Resulta de vital importancia la prevención como cambio en las acciones, los valores y las profundas creencias, socialmente heredadas, en las que se sobreentiende que los hombres pueden ejercer su poder jerárquico hacia las mujeres. Estos elementos del poder patriarcal impregnan y contaminan desde las raíces, suben a través de la savia y se reproducen en las ramas más jóvenes hasta los nuevos frutos que emergen. La concienciación sobre el problema de los malos tratos de los hombres hacia las mujeres sirve para entender en qué consisten, aprender a ponerse en la piel de las que los padecen, comprender cómo se traduce en la intimidad, cuáles son los indicadores que los describen y los factores que los provocan, al mismo tiempo que para tomar conciencia del terrible daño que causan o pueden causar. La prevención pretende crear conciencia sobre esas savias que circulan sin cesar, y sobre la necesidad de detectar los comportamientos tóxicos patriarcales, muy impregnados en las raíces de las relaciones entre hombres y mujeres, para localizarlos y eliminarlos, de forma que no se repitan.

Cuatro proyectos componen este capítulo. Los hemos escogido por tratarse de espacios de incidencia muy relevantes en la sensibilización y prevención para erradicar la violencia sexista que, curiosamente, se usan aún muy poco. En primer lugar, queremos mostrar, aunque sea con una sola experiencia, el trabajo más amplio, complicado y extendido en el tiempo que representa la sensibilización implicada en el territorio. La intervención comunitaria se relata a través de «El viaje de Cenicienta», desde la voz de las supervivientes hasta la voz de la población.

En la siguiente intervención grupal llegamos a la población de mujeres que, en principio, no sufre violencia, pero han acudido a centros de información a la mujer y equipamientos de base de barrio por diferentes malestares: búsqueda de información legal, desazón inespecífica, preocupaciones familiares y deseo de participación social, entre otros. En los grupos de autoconsciencia la autora narra cómo, a través del escenario colectivo, se enfrentan aquellos elementos patriarcales de riesgo que circulaban y siguen circulando en las identidades femeninas y las relaciones afectivas patriarcales. Estos grupos consiguen que las mujeres profundicen en sus diversos malestares, y que recuperen y refuercen sus espacios y deseos propios.

El tercer proyecto es el espacio de intervención más potenciado de los cuatro que presentamos. Los talleres grupales de prevención con jóvenes ponen en tela de juicio, a través de la discusión y el compartir, esas ideas y comportamientos impregnados de sexismo de manera tan sutil, que discurren como si fuesen naturales. Se trata de grupos educativos, en el amplio sentido del término, donde se desmontan las bases ideológicas de la violencia, poniendo de relieve las asimetrías y opresiones de género derivadas de la socialización patriarcal.

Por último, presentamos un espacio colectivo poco transitado habitualmente: un grupo sobre la separación de pareja, ese momento vital que constituye una oportunidad de aprendizaje y de prevención de la violencia. Es sabido que algunas separaciones se producen a causa de la violencia o bien la producen temporalmente, tal como nos indican las encuestas poblacionales y la práctica jurídica y clínica.

Resolver de forma positiva una separación de pareja incluye una nueva valoración crítica de aquello que las mujeres esperan y sienten respecto a las relaciones afectivas, en este caso, con los hombres. Se incorpora también la identificación de las diferencias entre el conflicto y la coacción como indicio de violencia. En estos grupos con larga trayectoria, las mujeres indagan sobre cómo han llegado a esta situación dolorosa y liberadora, a la vez que consiguen «empoderarse», aprender nuevas pautas de relación más satisfactorias para ellas y evitar la repetición de situaciones de malestar, sumisión y, si cabe, de violencia.

2.1 INTERVENCIÓN COMUNITARIA: SE OYE LA VOZ DE LAS CENICIENTAS

Júlia Masip Serra

Sumergirse en el interior de la gruta

El maltrato del hombre a la mujer es antiguo, pero solo recientemente se ha comenzado a denunciar. Actualmente, las mujeres forman parte activa de la sociedad como profesionales, estudiosas de la salud y la sociología de las mujeres, implicadas y motivadas altamente en la resolución de esta problemática desde el modelo ecológico (Nuria Grau, 2001), que va desde el «macrosistema», la sociedad y sus formas de organización, creencias y estilos de vida, a través del «exosistema», la comunidad más cercana de profesionales que quieren intervenir, para llegar al «microsistema», la comunidad afectada, la red más próxima a las mujeres que sufren maltrato por parte de sus parejas.

La intervención comunitaria forma parte tanto del ámbito desde el que trabajamos, los servicios sociales, como del territorio en el que se trabaja. La intervención comunitaria toma cuerpo con las dificultades y problemas que surgen y crecen en la comunidad. Este proyecto de intervención comunitaria toma como guía metodológica la investigación social participativa (Tomás Villasante *et al.*, 1993, 1998) y sigue las etapas de preinvestigación de los síntomas y demandas para la elaboración de la recogida de información a través de la población afectada y diana, como objeto y sujeto de intervención, implicada y motivada para formar parte como red en la construcción del proyecto de acción, prevención y promoción de cambios que mejoren y reduzcan los efectos del maltrato de los hombres hacia las mujeres.

La prevención tiene, de forma implícita e intrínseca, un lugar preferente y fundamental en la intervención comunitaria (Alipio Sánchez Vidal, 1991), pero precisa inevitablemente de participación implicada en las acciones que se desarrollarán: de las protagonistas y de los profesionales que facilitan procesos y procedimientos y aceptan el co-liderazgo con las participantes e incluso su retirada cuando las mismas ciudadanas y asociaciones ya han tomado las riendas de la acción. La prevención comunitaria está sujeta a la temporalidad como elemento indispensable para proporcionar creatividad, desde el inicio del proceso y durante todo su crecimiento, incluida la evaluación y el proceso continuado de análisis de los resultados.

Resulta ineludible, desde la prevención, adentrarse en las raíces de la problemática a analizar para poder difundir todos los elementos a ellas adosados que dificultan el avance y entorpecen los cambios. Se han de transmitir los daños producidos y, a la vez, elaborar diferentes formas de eliminarlos y erradicarlos. Prevenir es, en definitiva, acceder a través de una gruta profunda que llegue a las raíces para fortalecerlas y limpiarlas, para dar elementos de renovación y alternativas de nuevas conductas de aprendizaje que no vuelvan a producir situaciones que siembran, alimentan y favorecen el maltrato de los hombres hacia las mujeres, de los hermanos a las hermanas, de los hijos a las madres.

Adentrarse es también encontrarse con sentimientos. ¿Cómo pueden expresar las profesionales los sentimientos, miedos, dudas, malestares, fortalezas y esperanzas de todas o la gran mayoría de las mujeres con y para las que se va a trabajar? ¿Y cómo hacerlo, no solo para las que sufren maltrato, lo han sufrido o están en riesgo, sino para todos? ¿Cómo hacerlo para que se entiendan los sentimientos sufridos y se puedan prevenir, sin reproducir, las pautas conductuales a través de valores caducos? ¿Cómo hacer para autorrealizarse, para participar en la vida pública, para curar, para poder proyectar cambios?

¿Qué se puede hacer para que las mujeres puedan compartir el maltrato vivido y, al mismo tiempo, penetrar en la gruta de los sentimientos más íntimos, de los cuales, a veces, ni son conscientes de tener incorporados? Éstas son las grandes preguntas que se plantean previamente a la intervención comunitaria.

En primer lugar, hemos transcrito sentimientos íntimos; transformados de manera tal que pueda entenderse, a nivel general, la necesidad de cambiarlos, y al mismo tiempo puedan provocar ganas de ser compartidos a través de la identificación con las mujeres que sufren el maltrato. Para lograrlo, ellas también tienen que adentrarse en su gruta íntima con el fin de que emerja todo su malestar. Algunos profesionales saben definir y describir las situaciones generales en las que se dan los diferentes tipos de maltratos. También saben que el lenguaje usado en la comunicación hacia y para las mujeres tiene que ser diferente, tiene que surgir de su propio vocabulario, ser entendible y sensible, real y concreto. Ha de ser, también, activo y transformador: un lenguaje nuevo que conecte con las raíces, con los ancestros que las persiguen y no las quieren abandonar; que conecte con la obediencia, la fidelidad, la sumisión, el servilismo, el cuidado, la pena infinita que les produce a muchas mujeres ver a un hombre llorar y pedir perdón.

Ese lenguaje real, concreto y sensible es necesario para comprender las grandes contradicciones, para aprender a distanciarse precisamente de esos ancestros tan impregnados en las raíces que impiden el avance. Si no se entienden esos valores caducos de relación, nunca se podrán erradicar o transformar. Llegar hasta esta gruta profunda que a veces parece infinita, a través de las mujeres afectadas, es lo que permite entender y conectar; y también resurgir, aflorar, buscar y encontrar entre todos, hombres y mujeres, las diferentes formas de prevenir, frenar, afrontar y aceptar que esa violencia ocurre realmente.

Nombrar en público, en voz alta y colectiva, hacer visible la violencia hacia las mujeres, la más íntima, la que se da en las relaciones afectivas y de pareja, representa hacer frente a su negación, al silencio, al mirar hacia otro lado, a su impunidad, a la innombrable y culpabilizante crítica al padre, al abuelo, al marido, al novio y, en definitiva, al hombre, al patriarca. El hecho de comunicarlo, compartirlo, hablarlo, escribirlo, pintarlo, cantarlo, bailarlo o esculpirlo permitirá su denuncia social, su superación y su prevención.

Así, al crear sensibilización, al conocer más de cerca el problema, se inicia el proceso de aproximación y conducción en red de la visualización e identificación de los maltratos, fortaleciendo el trabajo conjunto entre las mujeres que se implican desde el principio. Sobre todo aquellas que están en la red social, en asociaciones, entidades, grupos que se suman al proyecto con los profesionales de los diferentes servicios, entrando también desde la red en lo profundo de la gruta para analizar las raíces: los valores, creencias y costumbres, antiguas y difíciles de erradicar, que se resisten a desprenderse y renovarse por la misma fuerza y costumbre con que se transmiten a lo largo de generaciones.

Proyecto «El viaje de Cenicienta»

El territorio de este proyecto es el distrito VII Horta-Guinardó de Barcelona, con una superficie de 1.195,62 hm^2 y una población general de 170.135 habitantes, de la que el 52,8% son mujeres, un 11% extranjeras, con una media de edad de cuarenta y cinco años (Observatorio Social de Barcelona, julio de 2007). El marco contextual y de red comunitaria de la población femenina del distrito adquiere, desde el mismo inicio de la democracia, una fuerza organizativa reconocida que le viene de los movimientos reivindicativos históricos. Desde la época franquista, en la zona del Guinardó surgió un movimiento reivindicador de los derechos de las mujeres. También en otra zonas del distrito se reconoce el intenso trabajo de mujeres que lucharon y se movilizaron por la mejora de sus condiciones de vida y por la igualdad: desde la acogida a madres solas y la mejora en educación y salud de niñas y mujeres solas, pasando por iniciativas laborales y reivindicaciones urbanísticas.

La organización de esta sociedad siempre fue por delante de los avances políticos: la red de mujeres era y sigue siendo firme. Un reflejo de esta activa red social es la alta participación en el Consejo de distrito de las Mujeres de más de veinte entidades dedicadas al área de la Mujer, todas ellas guiadas por la técnica municipal referente más un cargo político, también municipal.

Por otro lado, desde hace años la red de profesionales del distrito se interesa por la problemática de la violencia hacia las mujeres, que detecta en las demandas individuales —en su gran mayoría femeninas— en servicios sociales. La red es consciente de la dificultad de la resolución de estos problemas si no hay un trabajo conjunto y de la necesaria distancia profesional en su atención. En esta confluencia de implicación profesional, demandas, sensibilidad y activismo social por parte de las mujeres de la comunidad, la Técnica Municipal de la Mujer del distrito apuesta por la formación de trabajadoras sociales y psicólogas que inicien el proyecto de prevención, detección e intervención en violencia machista desde los cuatro centros de servicios sociales que componen todo el territorio. El encargo que realizó a las profesionales fue el de crear un proyecto comunitario de sensibilización, detección y prevención que partiera de su alto interés social —ya que la intervención existía pero sin proyecto— y que contara, también, con la participación de las mujeres afectadas y la con alta motivación de las mujeres organizadas en red.

Es así como se inicia el proyecto comunitario *El viatge de la Ventafocs* (El viaje de Cenicienta).

Podemos entender mejor el concepto de prevención si lo usamos como sinónimo de labranza, de remover las viejas raíces para la nueva siembra, para las generaciones futuras. Conociendo el territorio y a su población se puede llegar a tejer el eje de la prevención. A través del relato y la construcción de historias se debe romper con la base cultural inculcada para producir cambios que, sin la implicación de las mujeres que siembran y tejen en red, no serían posibles ni permitirían recoger tantos frutos.

Objetivos

Los objetivos de esta intervención comunitaria son:

a) promover la prevención y el cambio hacia el respeto y la comprensión de la problemática del maltrato sexista;

b) partir de la población afectada, de la participación de las mujeres en situación de violencia, de la red de mujeres organizadas y de los profesionales de los diferentes servicios del territorio;

c) a corto plazo, en dos o tres años, oír la voz de la población afectada en esferas más amplias de la población general y que los profesionales puedan detectar situaciones de maltrato hacia la mujer con mayor sensibilidad y celeridad;

d) crear un material sensible con el que se pueda identificar a la población afectada y la general y que sirva a las profesionales para detectar la problemática;

e) crear un material con formato artístico que sensibilice el relato amargo y duro de la problemática, de manera amable y accesible;

f) crear un material que sea útil en la intervención directa, individual y grupal, de la población afectada, a la vez que promueva la difusión amplia y comunitaria hacia toda la población general y de profesionales;

g) coordinar temporalmente el proceso participativo y la organización de las acciones desde las profesionales que ya estaban formándose, detectando y creando un grupo de mujeres.

Método, acciones y dinámicas

Primero surgió el material para profesionales. Se trata de un cuadernillo titulado *Violencia doméstica. Cuaderno para profesionales* (Júlia Masip y Chus Martínez, 2002), en el que se explica el maltrato de pareja con una visión comprensiva de la situación, mediante una clasificación y tipología de maltratos con sus indicadores, junto con frases literales escogidas de entre las aparecidas en los relatos vivenciales de los grupos. Se proponen también pautas a seguir para las profesionales, como profundizar e ir más allá de los tópicos para entender la complejidad del tema, transmitir reconocimiento a las mujeres al verbalizar su angustia y dolor, darles su tiempo sin presionar, ayudarlas a tomar decisiones, etcétera. Se ofrecen, también, recursos para asesorarse o derivar.

Las aportaciones vivenciales de las mujeres que entraron en un grupo de intervención, desde el proyecto de distrito, sirvieron de referencia y asociación en las clasificaciones por tipologías de maltratos, a la vez que de comprensión para el diagnóstico por parte de los profesionales, y de identificación y aceptación por parte de las mujeres afectadas. Desde el principio se contó con éstas, con sus vivencias y con su permiso. Se les expuso el concepto de confidencialidad como obligación ética de los profesionales, se preservó su información íntima, se les explicó que no saldrían sus nombres pero sí sus relatos como elemento contextualizador-identificador decisivo dentro de la problemática que se trataba.

Para poder llegar al mayor número de personas se transcribió y transformó, a través de la narrativa, el significado del sufrimiento compartido como elemento curativo y de identificación colectiva[1]. Para ello hizo falta un trabajo técnico, especializado, de revisión y profundización. Nuestro objetivo fue revisar esa gruta, explorar el modo de entrar en ella y lo que allí se podía descubrir. Se dio importancia a la parte de reconocimiento que significa identificación, aceptación que fomenta la implicación, la participación, el soporte, la comprensión y el contagio y, por lo tanto, sensibiliza a la población general para poder frenar y eliminar la violencia en nuestras vidas. Se ordenaron los relatos en forma de indicadores que perfilaran los diferentes tipos de maltratos: físicos, psicológicos, sexuales, sociales, económicos. Se identificaron relatos que reflejaban cómo se iniciaban y qué ciclos recorrían, de manera que dieran pautas temporales para la intervención de los profesionales en la creación de un material accesible de articulación constructiva, para la población y los profesionales.

1 Algunos ejemplos de relatos físicos y psicosomáticos: «Empecé con muchas taquicardias, ahogos, me tenían que ingresar, después con depresiones, a meterme en la cama y no quería salir, a no querer hablar»; «puede haber una enfermedad enmascarada porque no tienes manera de expresarte»; «son los nervios, que me atacan al estomago y no tengo hambre. Es que siempre he sido muy nerviosa».

Al año siguiente se continuó con la segunda parte de la intervención comunitaria dirigida a la población general de mujeres y también a hombres. Era la más amplia y, por tanto, la que debía tener más impacto. Se construyó de forma distinta, con más seguridad por parte de las profesionales y con una colaboración más estrecha de la artista gráfica, que introdujo imágenes en el anterior cuaderno porque, si bien la aceptación de este material ya estaba comprobada, se entendió que el formato debía ser distinto: más próximo en cuanto al lenguaje y también más atractivo y creativo (Michael White, 2002); fácil de abrir para incitar a una lectura sin miedo de los relatos de las propias mujeres que integraron el primer grupo y que estaba en pleno funcionamiento. El resultado fue el cuento, en formato de cuadernillo, «Cenicienta tiene un mal sueño» (2002).

En el texto se incluyeron relatos que permitieran identificar los diferentes tipos de maltratos mediante frases que las mujeres repetían, y que llevaban implícitos elementos muy fuertes y arraigados: «Tenía mucho miedo, me sentía como si no fuese persona, como un trapo viejo»; «él me bloqueaba con su violencia, me dejaba sin capacidad de reacción, me paralizaba el miedo». Tan arraigados como esas raíces profundas, tan difíciles de arrancar, como esas creencias y valores que impiden salir del círculo familia, «para no romperla», del círculo hijos, «por nuestros hijos», de la soledad, «mala compañera», del miedo a hacer frente al futuro.

La última parte del material la construimos pensando en el futuro, como apertura de posibles caminos y salidas del círculo de la violencia a través de terapias, grupos, servicios especializados, recursos de formación profesional, centros laborales... Se enlazó con las direcciones y teléfonos de los recursos en la ciudad. Se introdujo también, a modo de acompañamiento, la canción «Sentir», de la cantante y compositora Luz Casal, de un gran contenido positivo de fuerzas y salidas de situaciones muy duras afectivamente. Se pasaba «de un largo y duro invierno» a «abre tus alas al pensamiento y déjate llevar»; a «sentir que aún queda tiempo para intentarlo, para cambiar tu destino»; a «abre tus ojos a otras miradas anchas como la mar». Su autora la cedió, previa consulta del proyecto, y se implicó de manera personal, acudiendo a la presentación del material.

Todo el contenido se articuló a través del cuento clásico *La Cenicienta*, como figura identificadora que surgía en las comparaciones y asociaciones de las mujeres integrantes del grupo. El cuento se transformó en representación escénica: le hicimos el encargo a una «cuentacuentos» profesional que se incorporó al proyecto y transmitió sus contenidos en diferentes actos, constituyendo un canal artístico y sensibilizador. Otro elemento fundamental fue la representación gráfica, al incorporarse al proyecto la pintora y escultora Marisa Ordóñez (Olga Arisó, Júlia Masip, Marisa Ordóñez y Marta Ortega, 2005), que formaba parte de la red de mujeres del distrito y que participaba de manera activa en el movimiento asociativo y representativo de mujeres.

Metodológicamente, el trabajo coordinado fomentó una gran implicación. De entre las dinámicas que se crearon durante el proceso temporal, la más gráfica, en cuanto a construcción artística, fue la de la escultora, que plasmó el tema en su propia obra, a través de esculturas relacionadas con las diferentes etapas del cuento, dando forma a la propia Cenicienta —*Ventafocs,* en catalán, que significa alimentar el fuego del hogar, airear las brasas para calentar a toda la familia. La obra cautivó a todas las mujeres participantes del proyecto, tanto a las propias profesionales como a las mujeres afectadas del grupo, las representantes de la comunidad y las políticas.

La primera lectura del cuento fue para las mujeres afectadas, por respeto y deferencia. Esta acción era importante, ya que representaba el espejo donde mirarse, y de ella surgió un impacto emocional que fue contagiando a las mujeres en el llanto, con lo que acabaron con todos los pañuelos de la sala y confirmaron el pronóstico de buena comprensión e identificación de las posibles mujeres a detectar con la obra, previniendo así los maltratos, y ayudando en la identificación de las diferentes tipologías para poder ponerse en marcha y pedir ayuda especializada. La lectura al Consejo de Mujeres del distrito también causó una gran impresión. Al finalizar, el silencio era tan profundo que solo la técnica municipal pudo romperlo con su felicitación por el trabajo bien hecho, lo que auguró un buen impacto social y, por tanto, la consecución de los objetivos del proyecto comunitario a largo plazo.

Pasó un año antes de lograr la publicación. Desde el inicio del proyecto habían transcurrido otros dos años. Conseguimos una edición reducida para nuestro distrito. El acto de presentación pública representaba el inicio de la difusión, con la participación de todas las mujeres implicadas: las afectadas, las organizadas en red, las profesionales y las políticas. En el acto, la cuentacuentos interpretó a Cenicienta en presencia de la cantante Luz Casal. La gran afluencia de público y sus aplausos auguraron, también, la buena difusión del cuento y sus efectos prolongados. A partir de la presentación comenzó el trabajo de difusión en la comunidad, que se extendió hacia el resto de la ciudad con otra publicación más amplia y formación a profesionales de servicios sociales de los diez distritos. Las mujeres afectadas leen el cuento, la red organizada lo hace circular como elemento preventivo y los profesionales lo utilizan como elemento de intervención. A partir de ahí, la construcción comunitaria sigue creciendo (Silvia Navarro, 2004).

Resultados y valoración

El proyecto creció de tal manera que actualmente es de las mujeres de Horta-Guinardó. El cuento pasó a viajar con la escultura que la autora regaló a las mujeres del distrito. Esto motivó el resurgimiento del proyecto, creciendo y creando «El viaje de Cenicienta», *El viatge de la Ventafocs,* en su nombre actual. Para su presentación a la comunidad se crearon plafones con las figuras de las esculturas y las frases representativas del cuento junto con diapositivas para su presentación como exposición itinerante, dejando la escultura en el centro cívico donde nació (el Guinardó), a la espera de su lugar definitivo en la biblioteca municipal restaurada de Can Mariné en Horta.

El viaje se inició con la participación de grupos de mujeres del barrio, bailarinas incluidas (alumnas en prácticas del proyecto que tenían un grupo de danza), en diferentes actos iniciales.

Primero, uno central en el distrito; luego otro cuando la escultura viajó al centro del Guinardó; y otro en las Jornadas de Educación Social realizadas en Barcelona como acto de clausura, con el objetivo de llegar a todas las personas de todas las edades que quisieran disfrutarlo al mismo tiempo que sentirlo, y entender el mensaje expuesto a través de la sensibilidad y suavidad con que fue tratado el tema.

El goteo ha sido tal que los diez mil ejemplares de la publicación, pensados para toda la ciudad, se repartieron en seis años, agotando la segunda edición con demandas externas que llegaron de diferentes países de Latinoamérica y Europa. También se utilizó en la formación de los profesionales de servicios sociales del Ajuntament de Barcelona, con valoraciones positivas por parte de quienes lo han utilizado como elemento de detección y trabajo de superación a nivel individual, grupal y comunitario. Además, las mujeres llegan al despacho con un alto grado de identificación, con el cuento subrayado, sintiendo que han leído su historia, su vida, y pidiendo más ejemplares para alguna amiga o vecina.

Estos elementos son indispensables en toda intervención comunitaria o en aquellas que requieran una participación activa de la población afectada, siendo esta tanto objeto como sujeto del proyecto, en su prevención, detección y proyección, así como en la implicación de su difusión e identificación, en su sensibilización e innovación artística y creativa y respecto de su continuidad en el tiempo (A. Sánchez, 1991, 1993). Continuamos trabajando; el viaje sigue hacia diferentes servicios y grupos del distrito: ambulatorios, centros de salud, colegios e institutos, bibliotecas, asociaciones y foros.

Pero es necesario más trabajo; se precisa la parte masculina como complemento importantísimo en la prevención y freno de los maltratos de los hombres hacia las mujeres. De ahí que surjan nuevos proyectos como fruto del trabajo inicial. El proyecto de incorporación y sensibilización masculina «El amor no es la hostia», que durante dos años reunió en cuatro mesas a diferentes profesionales, todos hombres de la misma zona motor del Guinardó, permitió debatir y buscar elementos que, desde lo masculino, entendieran el fenómeno del ejercicio del maltrato hacia las mujeres para frenarlo desde la educación, el respeto y la justicia. Se buscaron aliados masculinos que quisieran implicarse y se realizaron diferentes encuentros en las asociaciones de vecinos y de gente mayor. Sin embargo, este proyecto ha sido frenado por la administración, aunque no por falta de demanda de la población sino por la dificultad de mantener un equipo profesional interdisciplinar durante años, ya que el equipo que lo llevaba estaba formado mayoritariamente por jóvenes profesionales que cambiaron de encargo o de zona durante la implementación. A ello se suma su lentitud en los resultados y la masiva demanda individual en los servicios sociales, que invade el tiempo necesario y permanente para este tipo de proyectos comunitarios. Pero la espera está dando su fruto, ya que en la actualidad el propio Ayuntamiento, desde el servicio a hombres maltratadores, ha ampliado la cantidad de profesionales masculinos para actualizar e implementar este proyecto.

Es difícil la valoración de un proyecto comunitario que acaba en manos de la propia comunidad y que todavía sigue en funcionamiento dando nuevos frutos. A nivel cuantitativo, los diez mil ejemplares de cuadernillos, que se han agotado en seis años a un promedio de más de mil quinientas unidades por año, han ido acompañados de talleres, de formación a profesionales y a mujeres, se han presentado en congresos, jornadas para profesionales, y también han llegado a grupos de mujeres afectadas y de voluntarias de apoyo a mujeres en situación de violencia. Respecto de los otros objetivos de detección e identificación, al nivel de distrito de donde surge el proyecto, las mujeres atendidas de modo individual y grupal, de diferentes edades, dan cuenta de la alta valoración del proyecto.

El grupo de atención a mujeres en situación de violencia, que se realiza cada año, forma parte de este proyecto, como un elemento que mantiene y visibiliza la intervención comunitaria. El ejercicio de sumergirse en un grupo es el puente que permite a las profesionales, y a otras mujeres sensibilizadas de la comunidad, empujar a las afectadas a pedir ayuda, de forma que, una vez fortalecidas y recuperadas, éstas ayudan, a su vez, a las que sufren y enferman por los maltratos de los hombres violentos. Así se mantiene la cadena de difusión y crecimiento social que implica una intervención comunitaria.

En los últimos diez años, se han realizado en el distrito doce grupos de apoyo social y terapéutico con un total de ciento ocho mujeres que, según las valoraciones, en el plazo de dos años se fortalecen y salen del círculo del maltrato en un 80%, promoviendo un efecto de onda expansiva en su círculo familiar, social y comunitario. Llegan a los servicios mujeres que tienen amigas, vecinas, madres de la escuela de sus hijos de grupos anteriores. A nivel de red, las derivaciones se han extendido a diferentes servicios. A nivel individual, observamos que los profesionales utilizan ampliamente los indicadores de los diferentes tipos de maltratos a mujeres, pues ya no consultan a expertos y han puesto freno a su incomprensión de la no respuesta de muchas mujeres, aprendiendo que en este fenómeno las mujeres necesitan su tiempo. Así, pues, las mujeres y su lectura del cuento coinciden con los profesionales en su diagnóstico explicativo a través de los indicadores del cuaderno, confirmando entre las dos partes el camino de la intervención terapéutica o, si es el momento, grupal.

Del funcionamiento de esta intervención comunitaria queremos resaltar su carácter circular. Desde un grupo motor situado en un nivel profesional altamente implicado en su objetivo de atender a las mujeres supervivientes de la violencia machista de pareja se proyecta otro objetivo, el de erradicar la violencia iniciando una intervención de sensibilización. El siguiente mapa de la intervención comunitaria muestra el entramado de relaciones y alianzas de los diferentes actores de la comunidad, ya sean ciudadanos, profesionales o representantes políticos. El contacto, la comunicación, la confluencia de motivaciones e intereses y el mantenimiento de esos lazos y objetivos constituye el nutriente de las acciones prolongadas en el tiempo.

Mapa de intervención comunitaria

En este complejo entramado, los materiales creados, el cuaderno y el cuento, han jugado un papel importante de circularidad y mantenimiento del proyecto a lo largo del tiempo. El cuaderno fomenta la comprensión y la sensibilidad de las profesionales para mejorar la intervención en la problemática y la fluidez en la coordinación; además fortalece el circuito en la red profesional. Por su parte, el cuento facilita la identificación de las mujeres afectadas, ofreciéndoles herramientas para pedir ayuda y ponerse en intervención. A través de él, las profesionales detectan con mayor certeza y reciben a las mujeres con un prediagnóstico. El cuaderno fomenta la intervención grupal y abre la red profesional de recursos para las mujeres, pero también fomenta la red social: estas mujeres vuelven más reforzadas a la comunidad y parte de esta comunidad sigue sensibilizada y activa en su acompañamiento para la erradicación de la violencia. El cuento aumenta, a través de la red social de mujeres, la detección-identificación; también hace circular la información que previene a la población general. *El viaje de Cenicienta* sigue; *la Ventafocs* sigue manteniendo viva la llama de la lucha por la erradicación de la violencia machista en las comunidades.

2.2 GRUPOS DE AUTOCONSCIENCIA CON MUJERES

Imma Lloret i Ayter

LOS TALLERES DE AUTOCONSCIENCIA COMO GRUPOS DE PREVENCIÓN

Vivir en una sociedad patriarcal implica que hombres y mujeres nos socializamos con una serie de valores sexistas y androcéntricos que configuran nuestras identidades. Esta violencia simbólica en la que vivimos normaliza relaciones de poder como si fueran fruto de un orden natural. Por ejemplo, que las madres seamos las únicas responsables del cuidado de los hijos es solo una forma de estas normas sociales naturalizadas que se inscriben en nuestra vida cotidiana como expresión de esas «microviolencias» que generan tantos malestares en las mujeres (Eva Gil e Imma Lloret, 2007). Los talleres de autoconsciencia, tal como los hemos concebido, son un espacio para poder reconocer el origen de esos malestares, promover la salud y el bienestar, explorar nuevas formas de subjetividad que generen más autonomía y libertad de acción en las mujeres que participan, de manera que prevengan otras violencias mucho más tangibles y materializadas.

Los grupos de autoconsciencia fueron una de las aportaciones más significativas del movimiento feminista norteamericano de finales de los sesenta, llamados *consciousness-raising groups,* porque tenían como propósito «despertar la consciencia latente que todas las mujeres tenemos sobre nuestra opresión» (Ana de Miguel, 2007). En Italia es Carla Lonzi quien acuña el término de autoconsciencia, ya que se trataba de que cada mujer pudiera compartir de qué forma experimentaba y sentía en su cuerpo los efectos de la desigualdad desde la experiencia personal. Esta práctica fue rápidamente difundida en todas partes del mundo industrializado, de manera que de 1970 a 1974 surgieron numerosos grupos de mujeres donde la palabra tomaba un gran valor para poder construir y compartir la experiencia de la opresión, iniciando el camino de su transformación. En España, y puntualmente en Cataluña, también se desarrollaron, en especial durante la Transición. En Barcelona, recientes publicaciones sobre historia de las mujeres nos relatan esta experiencia colectiva (Mary Nash, 2007; Conxa Llinàs, 2008).

Los talleres de autoconsciencia que proponemos se inspiran en estos grupos pioneros de mujeres que se reunían para compartir y transformar sus malestares desde una perspectiva feminista. En nuestro caso, las mujeres que participan en estos talleres no vienen del activismo ni tienen como objetivo prioritario cuestionar los postulados de género. Son mujeres que demandan un espacio donde compartir sus malestares y mejorar la relación consigo mismas. El trabajo de la profesional que conduce estos talleres es ayudar a las mujeres a reconocer muchos de estos malestares como efecto de los mandatos de género, entendidos como un cúmulo de autoimposiciones sobre cómo debe ser una mujer, que asumimos por tradición cultural. Se trata de reconocer sus limitaciones, sus efectos dañinos en nuestro bienestar y, al mismo tiempo, poder desarrollar los propios recursos y potenciales. Y en ello radican sus efectos preventivos.

Objetivos

El objetivo general de este tipo de intervención es ofrecer un espacio grupal de autoconocimiento mediante la expresión, el diálogo y la reflexión, desde una perspectiva de género, sobre las propias vivencias, los malestares y los anhelos, así como la prevención de posibles violencias de género.

Sus objetivos específicos son:

a) intervenir desde los conceptos de género y desarrollo personal como ejes transversales del taller;

b) conocerse a una misma: deseos, necesidades, carencias…;

c) explorar cómo se viven los diferentes roles como mujeres: pareja, hija, madre, trabajadora, amiga, etcétera;

d) reconocer aquellos aspectos de la vida cotidiana que favorecen o impiden el bienestar propio (físico y emocional) y el desarrollo de los propios recursos;

e) afirmarse: aprender a expresar lo que quiere y siente cada mujer, ser capaz de poner límites;

f) detectar posibles situaciones abusivas en la vida cotidiana de cada mujer (no solo en las relaciones de pareja) y ofrecer herramientas para afrontarlas;

g) disminuir la sensación de vulnerabilidad que sufren algunas mujeres frente a ciertas personas o situaciones.

Criterios generales de funcionamiento

Estos talleres suelen encuadrarse en el trabajo de prevención y el trabajo comunitario de servicios de atención a las mujeres de tipo primario, a los que tiene acceso directo la población de mujeres de un territorio, sin necesidad de ser derivadas por otras profesionales del sistema. Algunas veces son anunciados como talleres de autoestima o de desarrollo de herramientas personales para mujeres. Los talleres están organizados a partir de sesiones de dos horas de duración y con una periodicidad semanal. Normalmente se hacen entre diez y catorce sesiones, pero la experiencia dice que a las participantes se les hace corto y reclaman más tiempo.

Las mujeres que asisten a estos talleres han hecho alguna demanda al centro de atención de la mujer y no requieren ser atendidas por servicios más específicos como los de violencia o salud; en algunos casos, vienen derivadas por servicios de atención primaria de la red social general. Estas mujeres han expresado algún tipo de malestar que se puede relacionar con aspectos ligados a la identidad de género (sobrecarga, infravaloración, relaciones de pareja conflictivas, etcétera). Sus edades oscilan entre los veinte años y los setenta, aunque abundan edades medias y de más de cincuenta años. La diversidad de edades y experiencias es siempre una riqueza para el grupo. La dinámica es participativa; se trabaja con las vivencias que las propias participantes traen al grupo a partir de los ejercicios que proponemos. Lo más importante es conseguir que sea un espacio de interacción y participación. Se trata de facilitar dinámicas a partir de las cuales las mujeres hablen de su experiencia, sus dificultades, sus logros, sus ideas.

Normalmente se empieza cada sesión con una rueda donde cada mujer comparte cómo está, cómo viene al grupo o si hay algo particular que quiera compartir. Después de esta rueda se las invita a participar en ejercicios o dinámicas inspiradas en la terapia *Gestalt* o dinámica de grupo (John Stevens, 2000), para trabajar algún tema relacionado con la toma de conciencia del funcionamiento personal y de las relaciones sociales. Por ejemplo, podemos hablar de los tipos de comunicación, exponer qué es la comunicación asertiva y reflexionar sobre la dificultad que las mujeres pueden tener en muchos momentos de sus vidas para tomar la palabra, hacer valer el propio punto de vista, defender su espacio, etcétera. Luego, podemos sugerir un ejercicio práctico de *role playing,* o bien uno más corporal o de las técnicas del teatro social (sociodrama y psicodrama), por ejemplo, el ejercicio de la silla. Los temas que se trabajan tienen que ver con la autoafirmación, los cuidados, la autoimagen, la mejora de la calidad de vida, las relaciones afectivas, la participación social, la autovaloración y el «empoderamiento», etcétera.

Dinámicas del grupo: las mujeres y sus retos

Esta silla es mía

Lucía vino al taller muy asustada. En las primeras sesiones apenas habló; se la percibía nerviosa y con miedo. Cuando se le preguntaba algo respondía enrojecida y parca en palabras. Su mirada era triste y transparentaba mucho dolor escondido. Le había costado bastante participar en el taller de autoestima, pero su hija de veintisiete años había insistido mucho, así que finalmente, con esfuerzo, decidió venir al grupo. A partir de la tercera o cuarta sesión se fue sintiendo un poco más en confianza y por fin habló de la situación abusiva que vivía con su esposo, que la había sometido durante años a un maltrato psicológico y económico al que ella respondía con una actitud sumisa y resignada. Le habían diagnosticado fibromialgia, pero ella, con gran esfuerzo, seguía trabajando en una residencia geriátrica cuidando ancianos. De hecho, cuando se les pidió a cada una de las participantes que compartiera aquello de lo que se sentían orgullosas, Lucía dijo ser una buena profesional, ser buena cuidadora. La relación de abuso que su marido ejercía sobre ella la tenía sumida en un sentimiento de falta de estima y de inseguridad. Poco a poco se fue abriendo y expresando su malestar por lo que soportaba día tras día.

Las compañeras se mostraron cercanas y empáticas rápidamente, pero no fue hasta la sesión en que se habló sobre la asertividad como capacidad para defender el propio espacio e integridad cuando ella vio cuánto necesitaba aprender de esto. Les propusimos un ejercicio para trabajar este tema en parejas: una estaba sentada en una silla y la otra se le acercaba y le decía: «¡Esta silla es mía!». A lo cual la que se encontraba sentada debía contestar: «¡No, esta silla es mía!». La que estaba de pie tenía como consigna conseguir, con esta frase, que le devolviera su silla. La que permanecía sentada debía defender su silla más allá de las presiones de la compañera. Lucía protegió con fuerza su silla, aunque varias veces estuvo a punto de ceder a las peticiones de la compañera. Según expresó más tarde, este ejercicio fue un detonante para empezar a hacerse respetar más en casa. La siguiente sesión escuchamos, emocionadas, el relato de cómo había sido capaz, por primera vez, de ponerle límites a su marido cuando éste le reclamaba prepararle la comida mientras ella se hallaba en la cama, resfriada. «En otra ocasión —dijo— me hubiera levantado por los remordimientos, por la culpa.» Esta vez no lo hizo. Volvió a plantarle cara en dos ocasiones más. El marido, desconcertado, dejó de insistir. Orgullosa, nos decía: «Sigo aferrada a mi silla».

Después del taller, Lucía fue derivada a un grupo de apoyo para mujeres que sufren maltrato, en el que sigue participando en el momento de escribir estas líneas, y ya ha iniciado los trámites de separación de su marido. Mirando atrás, después de haber soportado treinta años de maltrato, le parece imposible haber llegado hasta aquí.

Reconocer la rabia

Aprender a desactivar la influencia e intensidad de la culpa a partir de deslegitimar los mandatos de género es una tarea fundamental en los talleres de autoconsciencia, pero es igualmente necesario y fundamental reconocer la rabia como una emoción latente con una gran fuerza motivadora para el cambio (Sandra Butler y Claire Wintram, 1992). Cuando las mujeres, poco a poco, van consiguiendo deshacerse de la culpa y se dan cuenta de los abusos a los que han sido sometidas, inevitablemente aparece un sentimiento oculto por su mala prensa: la rabia. Rabia por la dificultad de salir de la precariedad o de la violencia. Rabia por la falta de reconocimiento y de respeto que reciben. Rabia por no tener una vida plena como merecerían. Es palpable que existe una clara desaprobación social hacia la rabia de las mujeres, pues se considera inadecuada y maligna. Como la expresión de la rabia es castigada y patologizada (recordemos el denostado arquetipo de la mujer histérica), muchas mujeres la inhiben a pesar de que representa una energía hacia el cambio en la propia vida. Es una muestra de que se vive algo injusto que causa dolor y, por tanto, puede promover la búsqueda de alternativas de relación más satisfactorias.

Lo que observamos en los talleres es que las mujeres no pueden identificarse a sí mismas con ser cuidadoras amorosas, buenas madres, esposas o compañeras al mismo tiempo que con albergar la necesidad y el derecho a expresar la rabia abiertamente, con la rebeldía que ello supone. Esta inhibición tiene su efecto a nivel de los procesos psicológicos, de manera que, frente a situaciones claramente injustas, les es muy difícil reconocerla y es condenada por los efectos negativos que tiene o podría tener sobre otros, por agresividad o por egoísmo, etcétera.

Ante esta poderosa negación de la rabia enraizada en los mecanismos del patriarcado, ¿de qué forma, en estos talleres, se puede contribuir a cuestionar esta presión social que distorsiona la percepción de las propias emociones? Ya que la rabia contiene una poderosa fuente de energía que nos dirige hacia delante y nos empuja a hacer cambios en nuestras vidas, entonces puede ser interesante en el grupo, como espacio privilegiado y protegido, reconocerla, nombrarla y expresarla. Es un lugar ideal para explorar nuestros miedos sobre la rabia y sus orígenes. La podemos usar de forma constructiva a partir de ejercicios de *role playing* o expresión corporal, entre otros.

Por ejemplo, María acababa de terminar una relación muy conflictiva en la que se había sentido explotada y manipulada. Le propusimos un ejercicio donde debía imaginar que tenía a su expareja delante y le podía expresar todo aquello que le había quedado pendiente, la rabia de haberse sentido engañada y manipulada. Ése fue para María un primer intento para contactar con estos sentimientos, pero como parecía que quedaban más cosas pendientes que no había podido sacar en el *role playing,* la invitamos a escribirle una carta (que evidentemente no enviaría) donde pudiera volcar aquellos sentimientos que no se permitía expresar. La semana siguiente la compartió con las compañeras, que resonaron con sus sentimientos. El poder de esa liberación en este espacio devino contagioso y liberador, ya que el clima de confianza del grupo hizo sentir a María que las otras estaban con ella y se identificaban con esos sentimientos, de manera que se convirtió en un ejercicio reparador y revitalizante para todas.

Un primer reparo al descontrol, a perder la imagen de sí mismas, va cediendo a medida que las mujeres se dan cuenta de que expresar su rabia les permite justamente tener control y no asustarse de la intensidad de las respuestas. Incluso favorece el poder expresar otros sentimientos difíciles sin juzgarse ni sentirse juzgadas como: «Odio a mi madre y me encantaría no verla en una temporada» o «no soporto a mi hijo», sabiendo que no serán rechazadas y que el grupo contiene esa barrera protectora (Sandra Butler y Claire Wintram, 1992).

Desactivar la culpa y la infravaloración

Muchas veces, en los grupos de mujeres, aparecen relatos muy negativos acerca de sí mismas; es frecuente escuchar decir cosas como: «Soy un desastre, me merecía que me tratara mal, no hice suficiente, no supe manejarlo». Otras veces, las mujeres se culpabilizan por haber contribuido o por no haber sido capaces de protegerse o proteger a sus hijos de esa situación conflictiva. Como afirma Michael White (1995), estas personas están manteniendo conversaciones consigo mismas y con los demás, que internalizan violencia simbólica y, de esta manera, se hace imposible apreciar el contexto que produce este tipo de violencia. Darse cuenta, en grupo de iguales, de que el hecho de vivir relaciones de poder repercute en la identidad, moldea los deseos, motivaciones y objetivos en la vida, es una tarea liberadora.

El espacio grupal se convierte en el contexto de una conversación donde las mujeres pueden hablar de los efectos de haber priorizado a los otros en sus vidas, relegando sus propias necesidades y cuidados. También se permiten expresar la culpa, la vergüenza y el sufrimiento asociado a experiencias de algún tipo de abuso más concreto. Esto ayuda a diferenciar que, en los relatos de infravaloración que cuentan sobre sí, no son «ellas mismas», sino las consecuencias de algún tipo de abuso que han sufrido. A veces pueden ser historias constituidas en un contexto de descalificación, subyugación y aislamiento.

Como consecuencia de la reconstrucción de estas vivencias, las mujeres reformulan la explicación que se dan a sí mismas; se alejan de la idea de culpabilidad personal y se acercan a las de dominación, explotación e injusticia; se descubren a sí mismas describiendo el proceso por el cual se aislaron de los demás, se exiliaron de sus propios cuerpos y de sus propios deseos. Al resituar la historia de este sentimiento de culpa tan persistente y común en las experiencias de las mujeres, se posibilita que sea leída a la luz de un marco de inteligibilidad diferente, que presenta interpretaciones alternativas de estas vivencias autoenjuiciadoras. Esto permite despojar al sentimiento de culpa de su poder de herir y tener una mirada diferente hacia sí mismas, abriéndose posibilidades para forjar nuevas alianzas con su yo y descubrir nuevas distinciones entre abuso y cuidado (Imma Lloret, 2004). Se trata de poner en entredicho esos relatos saturados de culpa o de fracaso, de manera que la mujer experimente una identidad distinta o separada para poder explorar otras ideas sobre lo que ella misma podría ser, otros conceptos de sí misma.

Tejiendo historias nuevas

Partiendo de que es frecuente en los talleres escuchar a las mujeres expresar poca valoración de sí mismas, el objetivo es facilitar que puedan generar nuevos conceptos alternativos acerca de sí, alumbrar maneras distintas de estar en el mundo. En los grupos se promueven dinámicas para reparar en esas nuevas versiones, se formulan preguntas para hacerlas más visibles y medir si son realmente significativas y relevantes para cada una de las participantes. Se intenta facilitar la generación (o la resurrección) de historias alternativas al orientarse hacia los logros, en actitud de curiosidad genuina por entender cómo se han producido esas excepciones que a la mujer le habían pasado inadvertidas.

Por ejemplo, a la mayoría de mujeres que asisten a los talleres, cuando les pedimos, en la primera sesión, que digan tres cosas de las que se sienten orgullosas, les resulta muy difícil encontrarlas o, si lo hacen, relacionan muchas de ellas con situaciones de cuidado (ser buena madre, solidaria, entregada, etcétera). En esos casos, es eficaz invitar a estas mujeres a que identifiquen ocasiones en las que fueron capaces de tratarse a sí mismas con cierta aceptación, u ocasiones en las que superaron experiencias muy difíciles o resistieron situaciones de maltrato o cualquier situación de abuso.

Estos nuevos relatos que se dan en el grupo permiten la identificación y co-creación de historias alternativas de identidad. Nuestras identidades no son historias singulares, nadie puede resumirnos en una sola descripción. Somos un entramado de múltiples trayectorias que se entrecruzan. Las historias alternativas que intentamos promover en las mujeres del grupo se generan a partir de la exploración de valores y deseos que hasta ahora han estado aletargados; pueden incluir esperanzas de que las cosas logren ser diferentes en la propia vida, promesas de que cosas mejores puedan llegar, sueños de una vida más llena, anticipaciones de alcanzar un particular destino en la vida, visiones de nuevas posibilidades, deseos de estar en otra parte, en otros territorios de la vida, donde la culpa y el autosacrificio ya no tienen cabida. Una vez identificadas, esas historias pueden ser ampliamente descritas. Los relatos ampliados se facilitan a través de preguntas que ayudan a estirar los hilos con que se tejerán esas nuevas historias de orgullo y esperanza. Orgullo por haber resistido, por haber tenido la fuerza de buscar alternativas; y esperanza de alcanzar todos esos sueños y deseos que habían quedado enterrados por la vivencia de infravaloración.

Identidades vinculadas a lo doméstico

En los grupos se expresa, a menudo, la dificultad que conlleva lo que en las nuevas políticas de igualdad se ha denominado «conciliación laboral y familiar». Este doble vínculo que viven muchas mujeres en nuestra sociedad es el que instituye el modelo de familia nuclear patriarcal basada en una separación entre lo público (masculino) y lo privado (femenino), devaluando claramente lo segundo (Eva Gil *et al.,* 2003). Dicha regulación consolida una disimetría que relega a las mujeres al ámbito doméstico como si éste fuera su espacio natural. El trabajo en casa queda totalmente invisibilizado, desvalorizado. El trabajo de mantener la vida para que otros puedan ser productivos deviene un «no lugar».

Dice Clara: «Estoy escuchando todo el rato: "eres egoísta, piensas solo en ti". Entonces ahora yo me lo estoy creyendo, pienso, a lo mejor es descuidar. Sí, descuidar mi familia un poco, pero nada más quería descubrirme, hacer una cosa que me gusta a mí, pero no se pueden compaginar las dos cosas o soy y ayer mismo me lo dijo mi marido, me dijo: "tú eres una madre y eres una mujer casada y no puedes pensar siempre por ti", porque ahora quiero estudiar y todo esto ¿no?, pero cuando pido por favor que las niñas puedan hacer de comer, y la grande tiene doce me dice que son mis esclavas porque tienen que cocinar».

Esta contradicción se produce cuando aparece el planteamiento y la necesidad del trabajo fuera del hogar. La imposibilidad de conciliar ambos espacios se expresa en malestar que toma la forma de culpa por no ser una buena madre y esposa como se requiere, y frustración por no conseguir un trabajo remunerado: «Entonces cuando estoy con otras cosas me siento culpable porque sé que tendría que estar en la cocina preparando la comida, ¿no?, y ahora otra vez me pasa que estoy preparando la comida pero frustrada, porque no puedo hacer lo que me daría la gana hacer, ¿no?».

Dice Teresa: «Pues entonces, si trabajas, ¿cómo vas a hacer compatible con lo que quiere él? O sea, quiere que trabajes, que seas madre de tus hijas, que seas esposa, que seas de ama de casa, que trabajes, lo único que no quiere es que te promociones, que estudies».

En este último fragmento se evidencia el efecto del carácter mitológico en el imaginario social, que produce la feminidad ligada al ejercicio de la maternidad y el cuidado del hogar. Esto permite entender por qué Clara se siente interpelada por esa imagen en la que la mujer reconoce el valor de su existencia en su entrega al cuidado de otros. Al mismo tiempo supone una suerte de omnipotencia de la madre y su identificación con la mujer como totalidad. La imposibilidad de satisfacer este imaginario asociado con la maternidad es una fuente de insatisfacción —que reconocemos en el testimonio de Clara— de muchas mujeres que sienten que no pueden responder a este ideal, siendo fácil ser una mala madre/mujer. El grupo favorece que se creen resonancias y que las participantes se sientan interpeladas por los relatos de las otras.

El cuerpo como espejo de la cultura

Otro tema que aparece a menudo en los grupos es la preocupación por el aspecto físico. Este rasgo de la subjetividad femenina se produce a través de una minuciosa observación y un detallado examen del cuerpo y del yo, que es ejemplificado en las preocupaciones por la dieta y el aspecto corporal (anorexia-bulimia). En el siguiente fragmento, Clara recuerda sus dificultades pasadas y presentes para aceptar su cuerpo, fuera de los estándares normativos de belleza.

Dice Clara: «Yo creo que también soy como tú, me comparo aunque ahora menos, creo que estoy trabajando en eso, pero creo que el problema parte de uno, de que se es demasiado exigente con uno mismo y con los demás, ¿sabes? Porque tú tienes mentalizado que la familia es así, tú estás mentalizada así, a lo mejor los demás no lo piensan, entonces es como si a la fuerza procuras que sea así, así me pasó tanto tiempo, entonces siempre estás mal porque nunca llegas a ser. Como yo; yo quería ser baja y con esas curvas, y si no tengo el dinero para podérmelo hacer, no se puede hacer nada [ríe], hay que aceptar como es».

Aquí se puede percibir la fuerza de un imaginario que moldea los cuerpos a imagen y semejanza de ideales de belleza inalcanzables. Cabría, en este punto, mencionar el esfuerzo de muchas mujeres por estar delgadas, carne de cañón de los discursos que constituyen a la mujer como «ser para otro». Mientras el hombre desea, la mujer espera ser deseada (Ana María Fernández, 1993; Eva Gil *et al.*, 2003).

El peso de las disciplinas médicas y psicológicas

El exceso de medicalización de los malestares de las mujeres es un tema que aparece a menudo en las sesiones. Existen todavía sustratos de antiguas concepciones de la mujer como enferma o demasiado emocional, lo que con Freud se convertirá en la denominación de histérica. Cuando una mujer se percibe a sí misma dentro de estas categorías, cae en una espiral de debilitamiento que la convence de la necesidad de un profesional para hacerse cargo de ella. Se corre el peligro de buscar soluciones individuales para problemas sociales, privatizando e invisibilizando lo político (Zigmunt Bauman, 2001). Como señala Teresa Cabruja (2005), encontramos, a lo largo de la historia, una construcción discursiva de las mujeres como sujetos relacionados con la patología y psicopatología. El incremento de las recetas de psicofármacos, no solo en consultas psiquiátricas sino en la atención primaria, confirma cómo esos discursos se hacen realidad todavía en nuestros días. Los trastornos por ansiedad y depresión siguen diagnosticándose en mayor grado en las mujeres, que siguen constituyéndose como un sujeto sensible, frágil o enfermo que debe ser curado. Al mismo tiempo, los malestares subjetivos de las mujeres, efecto de una posición fragilizada en un contexto de desigualdad social, se invisibilizan en los centros de salud con la receta de «tranquilidad» (Mabel Burín, 1990).

Dice Míriam: «No, claro. Porque por eso vas al médico porque tú te estás dando cuenta de que no estás bien [Terapeuta: claro.], porque no es normal que tú te acuestes llorando y te levantes llorando. [T: claro.] Ahora, si tú estuvieras bien pues diría, bueno, pues mira soy así o… [T: ajá.] No se cómo decirte, yo qué sé… Cuando una persona se da cuenta de que no está bien, y de que así no puede seguir, es que tiene… Como no hay otro sitio donde ir tendrás que ir al médico a explicárselo [T: claro.] No sé, podrían poner alguna cola de algo para… [Ríen.] Yo qué sé. Es que, ¿qué salida le das? Pues ir al médico y decirle: "¿qué salida tiene?"».

Si retomamos esta pregunta que se hace Míriam: «en vez de ir al médico, ¿por qué no se va a otro sitio?», vemos que se empieza a cuestionar la autoridad del discurso médico. Parece claro que hemos puesto el nombre de enfermedad a las experiencias de fracaso colectivo. Los mitos sociales obtienen su eficacia simbólica a través de la repetición insistente de sus tramas argumentales, organizan «regímenes de verdad de gran poder de sanción o enjuiciamiento de cualquier práctica, pensamiento o sentimiento que transgreda, dude o cuestione sus verdades» (Ana María Fernández, 1993: 246). Que se pueda sostener y ampliar esa incipiente transformación que se asoma tras las pregunta de Míriam va a depender no solo de ella, sino de los recursos disponibles alrededor, tanto personales-afectivos, sociales o de redes de apoyo, intelectuales, políticos, culturales, etcétera (Margot Pujal, 2005). Se podrían añadir, si cabe, recursos terapéuticos que tengan en cuenta la variable género en el abordaje de esos malestares.

Ambivalencias

El dolor puede ser una fuente de reconocimiento de la vulnerabilidad al sometimiento y puede tener la apariencia de autocastigo, invisibilizando las relaciones de poder. En el siguiente fragmento, Cecilia habla de un conflicto en el que expresa la rabia que tiene hacia su madre, la cual habla con las hermanas asumiendo una posición de víctima. Rápidamente las hermanas reaccionan llamándola en actitud crítica. En este fragmento las hermanas encarnarían el orden hegemónico, defendiendo el statu quo que ella se ha atrevido a cuestionar. Seguidamente aparece el castigo, de forma que el cuerpo se vuelve contra sí mismo y el dolor (fibromialgia) aparece inmediatamente después del conflicto. Al «somatizar, demuestra precisamente, la no opacidad del cuerpo, su continua permeabilidad a lo simbólico» (Teresa Lauretis, 1999: 167).

Cecilia: «Pero es que al día siguiente, yo no podía moverme del dolor de piernas, pero un dolor de piernas enorme, pero bueno... normalmente me duelen las piernas y me duele todo pero es que... o sea, yo no me notaba el cuerpo, es que cuando tengo un disgusto, al día siguiente no me he recuperado, estoy muchísimo peor...».

Fibromialgia es el nombre que se ha dado a la dolencia que se manifiesta a nivel musculoesquelético en forma de rigidez y dolor crónico. Es más común en mujeres de mediana edad (entre treinta y cincuenta años) que en hombres (Carme Valls, 2006, 2008). La presión por los mandatos de género, los trabajos precarios, la hiperactividad para no escuchar la culpa, el dolor silenciado e invisible, etcétera, hacen mella en el cuerpo. Los deseos no expresados y la rabia reprimida quedan soterrados en la musculatura.

Parece claro que los mecanismos de regulación social explotan una gran necesidad de reconocimiento. Como comentábamos antes, en nuestra cultura no es socialmente deseable que una mujer pueda sentir ni expresar la rabia. El miedo a perder el amor de los semejantes motiva la sublimación o introversión de las emociones no permitidas por la sociedad. Este deseo renunciado es preservado y reafirmado, y sintomatiza en forma de repliegue o autocensura alimentada por el deseo de cumplir ese ideal femenino en el que callar y ser sumisa, no expresar los propios deseos, es el modelo normativo a imitar. Un ideal que produce cuerpos enfermos, emocionalmente frágiles, donde otras formas de violencia puedan ser ejercidas.

Existen afectos que generan afecciones. La herida está ahí, en el cuerpo doliente de Cecilia. Cuando no reconocemos nuestras emociones, los malestares pueden aparecer con otras formas, como ilustra el testimonio en este fragmento. El taller es un espacio donde se alienta a reconocer y revivir las emociones que han sido proscritas para poder explorar otras formas de ser. En él aparecen las ambivalencias que pueden manifestarse en el sentimiento de que una escoge su destino, ese «deber ser», como algo natural e incuestionable. Surgen sentimientos contradictorios, hechos de rabias y decepciones acalladas por las culpas. Esta ambivalencia entre necesidad de reconocimiento y deseo de oponerse a la sujeción constituye un equilibrio que para muchas mujeres resulta difícil de mantener.

Despertares

Abrir la mirada a otras experiencias es un deseo que aparece frecuentemente en las sesiones. Deseo que ha quedado ensombrecido por una identidad reclamada en su entorno, que excluye otras identidades posibles. El grupo y la persona que conduce el grupo se hacen cómplices de esos nuevos deseos de desear, de vivir otras formas de relación.

Dice Marisa: «Que yo me he cansado de ser madre solo. [Terapeuta: ¡Ah!, te has cansado de ser madre solo.] A ver, yo quiero seguir siendo la madre. Pero yo... la... no sé expresarme. [T: sí, claro que sí.] Yo quiero seguir siendo la madre de mis hijos. [T: pero no solo.] Y hacerlo bien, pero..., no la madre de mi marido, sino que yo quiero ser la pareja de mi marido. Yo quiero desear a mi marido, que mi marido me desee a mí. Quiero salir con mi marido, quiero ir al cine con mi marido, sin mis hijos. [T: ajá.] Y no creo que por eso yo me vaya a hacer mal. Pero yo quiero ser la pareja de mi marido, como antes».

Como a muchas mujeres, a Marisa ya no le basta con el espacio doméstico; anhela otros espacios más diáfanos y ventilados donde pueda circular con más holgura, donde pueda desarrollar otras experiencias de ser. Donde el deseo tenga un lugar. Es desde este malestar, desde esa queja melancólica de una vida no vivida que puja por encontrar su espacio, que se dibuja la posibilidad de transformación de los términos sociales por los que una ha sido habilitada. Una crisis que, a partir de ese acto de humildad para cuestionarse y la búsqueda de apoyo para sostenerse, puede ser una oportunidad de desarrollar nuevas formas de ser, hasta ahora no imaginadas ni imaginables. Finalmente, Marisa se atreve a subvertir el mandato de género que abre la posibilidad de constituir efectivamente su propia posición subjetiva más allá de ese mandato.

A veces la vida no es vida. En palabras de Santa Teresa sería «vivo sin vivir en mí». Dice María Zambrano (1989) que después de una grave enfermedad, al no haber sucumbido, al no haber podido morir, no le quedaba más remedio que volver a la vida, nacer por sí misma. La enfermedad aparece como símbolo de una vida sin vida, como una oportunidad que le permite volver al recogimiento y a la reflexión. La poderosa metáfora del renacimiento, del despertar, también es usada por algunas mujeres del grupo como necesidad de ser. Una mujer, incluso, comentó una vez jocosamente que había salido del armario.

Dice Marisa: «No, yo también… Cuando tengo miedo, aquello de que estoy bien, pues le digo y le expreso, ¿no?, qué es lo que quiero. Que yo quiero divertirme, que quiero salir. ¡Quiero vivir! ¡Sobre todo quiero vivir! Es como si hubiese estado muerta, qué tontería!».

Dice Margarida: «A mí me recuerda a aquella película que se llama "Despertar". O "Despertares," o no sé qué…».

Evaluación y resultados

La evaluación del taller se hace a partir de preguntas abiertas sobre lo que les ha aportado y qué cosas han echado en falta. Normalmente las mujeres expresan su satisfacción por haber disfrutado de un espacio donde han podido compartir y recibir de las compañeras. Podemos destacar que las mujeres valoran profundamente la posibilidad de tener este espacio propio (Virginia

Woolf, 2003) donde pueden ser ellas mismas, sin sentirse juzgadas, y pueden reconocerse en las otras y con las otras. El taller también promueve que las mujeres sigan encontrándose, bien en espacios formales con la profesional que las derivó al taller o bien en espacios informales para darse soporte mutuo. También hemos constatado que las que acuden a estos talleres suelen estar más dispuestas a la participación ciudadana en proyectos y actividades que les competen como mujeres. Finalmente, la institución que organiza la actividad les suele pasar un breve cuestionario de satisfacción.

Cuando se piensa en el fenómeno de la violencia contra las mujeres, a menudo viene la imagen de aquello que ocurre en el espacio doméstico en forma de agresiones físicas. Situar la violencia en ese contexto nos protege de cuestionamientos más profundos sobre la forma en que hemos construido nuestros modos de convivencia, atravesados por relaciones de poder que permean cada célula de nuestro cuerpo. Es evidente que, después de analizar de qué forma nos conformamos como sujetos y desde qué posición de vulnerabilidad nos constituimos, se hace más difícil trazar una frontera entre aquellas relaciones que violentan y aquellas que no lo hacen de manera más clara y visible. Tal vez la distinción ya no es posible, dado que más bien se trata de una continuidad difícil de percibir. Es importante subrayar la existencia de esa otra violencia invisibilizada que moldea cuerpos vulnerables a posteriores agresiones. Esa violencia nos hace violentables.

Se hace imprescindible visibilizar las formas, las prácticas y discursos sociales, las relaciones de poder que penetran en los cuerpos constituyendo los contornos de lo que es o no es una mujer. La construcción de subjetividades fragilizadas tiene que ver con estar insertas desde el principio en prácticas normativas y relaciones de poder que invisibilizan el juego de verdad en el participamos. La posibilidad de problematizarlo restituye un espacio provisional y limitado de libertad. Mostrar cómo se construyen socialmente las identidades de género y son sostenidas por prácticas diversas, abre la esperanza a imaginar nuevas prácticas que muestren la posibilidad de un desplazamiento y del surgimiento de nuevas construcciones.

Los talleres de autoconsciencia permiten revisar prácticas normativas, como por ejemplo el cuidado de los otros, que seguirán siendo excepcionalmente importantes pero que pueden ser reflexionadas junto con otras prácticas nuevas. También se puede explorar colectivamente de qué forma actúan los mecanismos psíquicos del orden simbólico para constituir subjetividades vulnerables a la violencia; mostrar de qué forma los afectos se anudan a mandatos de género de manera tan insidiosa y disimulada que pareciera que es una misma la que ejerce dicha violencia. A partir de la historia, la tradición feminista y su práctica política, se puede comprender y experimentar la posibilidad de transformaciones colectivas y personales, de autoproducirse, como resultado de relaciones recíprocas comunicativas con otras. El eslogan feminista de los setenta, «lo personal es político», ya describía con brillantez los efectos de la subordinación en las mujeres y las posibilidades de revertirlo.

Desde estas páginas se ha intentado poner el foco en lo afectivo y afirmar que lo psíquico es político, o lo emocional es político. Las ambivalencias, miedos, decepciones, culpas que atenazan a las mujeres en las relaciones cotidianas están fabricadas de emociones contrapuestas, sostenidas con los hilos de la sujeción. Conflictos fruto de la contradicción de querer ser amadas, reconocidas, buenas madres y compañeras, buenas mujeres, y al mismo tiempo necesitar romper con las sujeciones que constriñen. Hace falta recordar tan a menudo como se pueda que la violencia no es culpa de las mujeres, no es su responsabilidad. La violencia tiene mucho que ver con la imposición sutil de ficciones acerca de lo que es un hombre o una mujer, que funcionan como verdad incuestionable. Atreverse a cuestionar lo incuestionable implica cortar los hilos que atan a esos relatos dominantes.

Se ha intentado mostrar algunas de las cristalizaciones de la experiencia vivida por un grupo de mujeres que, desde el malestar, luchan por desprenderse de esas prescripciones que las atan a la enfermedad, la angustia y la desesperanza. Nuestra posición privilegiada de acompañantes en este viaje nos permite ser testigos de algunos de sus esfuerzos por desplazarse desde subjetivaciones rígidas a situaciones estratégicas en las que se avanza a posiciones un poco más flexibles. Su experiencia habla de la tensión entre la sujeción y la agencia, situada en una constelación de prácticas, emociones y relatos. Mujeres que se ponen en juego en ese proceso de diálogo con las diferentes versiones de sí mismas, en un contexto colectivo, junto con otras voces, lo cual es, en sí mismo, un ejercicio progresivo de agencia.

Participar en estos talleres, siendo a la vez testigos e implicadas de las dinámicas que se producen, es intervenir en esa realidad, transformarla con nuestra mirada al mismo tiempo que somos tocados por ella, que incide y enriquece nuestra propia experiencia, y contribuye a nuestra propia agencia. Muchas veces aquello que ha sido etiquetado como neurosis, paradójicamente, tiene mucho que ver con compensaciones o defensas que construimos para no revivir las heridas que hemos sufrido. Consecuencias de las agresiones que, al no ser reparadas, nos convierten en sujetos vulnerables a nuevas violencias. Son constricciones, dilemas en nuestro sistema de significados que, bajo la amenaza de la angustia de disolución, nos dejan atrapadas en el sometimiento, nos restan libertad.

Ejercer esa libertad puede pasar por atreverse a sentir angustia, sostenerse en la ambivalencia, reconocer la propia vulnerabilidad, liberar los sentimientos dolorosos para hacer espacio a otros nuevos que ocupen su lugar. Miedos, anhelos, culpas e ilusión se mezclan en un proceso de apertura y, más allá de la voluntad consciente, parece latir un deseo singular que se agita en el efecto inesperado de nuevas posibilidades. Esto implica atravesar las corazas que nos sujetan, desactivar los mecanismos que tutelan nuestras emociones, desde lo íntimo hacia lo colectivo y de lo colectivo hacia lo íntimo.

El cuestionamiento acerca de quién soy, de cómo he llegado hasta aquí, la exploración de esas fisuras que aparecen de distintas formas, conlleva una crisis, el hundimiento de un mundo simbólico, pero también es una oportunidad de emerger con la ayuda del vínculo con otra significativa capaz de validar, situar y reconocer la nueva posición latente que ha podido empezar a nombrarse. La crisis revela la persona a sí misma, la obliga a reflexionar, a cambiar, a luchar para salir de ella y a inventarse a sí misma, con otras. Este proceso de cambio pasa por los afectos, por las emociones, por el contacto con una misma, en relación, pero desde las propias vivencias que reverberan en las vivencias de las otras; así nos vamos tocando, desde esa vibración que nace en las entrañas, tendiendo puentes de lo emocional a lo político.

2.3 TALLERES DE PREVENCIÓN CON GRUPOS DE JÓVENES

Víctor Jorquera

DESMONTANDO LAS BASES IDEOLÓGICAS DE LA VIOLENCIA SEXISTA

Para entender la naturaleza y las manifestaciones de la violencia sexista y la forma en que se han diseñado estrategias preventivas para afrontarla, es conveniente restituir su carácter político e interpretarla, por tanto, como el conjunto de estrategias que sirven al sostenimiento de un orden de dominación y privilegios masculinos. Toda desigualdad entre grupos sociales, bien sea en relación a la distribución de los recursos materiales, simbólicos o a la capacidad de decisión, no se sostiene si no es sobre un conjunto de violencias o sobre la amenaza de su eventual ejecución. En este sentido, la violencia sexista es un hecho estructural de nuestra organización social desigual, es decir, conforma la pauta misma de las relaciones institucionalizadas y normalizadas entre mujeres y hombres.

La violencia sexista opera y mantiene una distinción o segmentación del orden social que es, al mismo tiempo, su condición de posibilidad: la separación material entre las esferas privada y pública de la vida social, la división sexual del trabajo (Carole Pateman, 1995) y la distinción simbólica correlativa masculino/femenino. El procedimiento que garantiza que esta distinción permanezca de manera incuestionada, constituida por dos elementos dicotómicos, mutuamente excluyentes, complementarios y jerárquicos, es la naturalización de la relación entre sexo, género y deseo, a través de lo que Judith Butler (2001) llamó «matriz heteronormativa»: el marco cultural interpretativo con el que otorgamos significado a los cuerpos, comportamientos y experiencias de hombres y mujeres. Una vez establecidas como categorías dicotómicas, mutuamente excluyentes y naturales, las significaciones de lo femenino y lo masculino funcionan como legitimación ideológica de un orden de privilegios masculinos; son significaciones que sirven a la función de establecer o mantener relaciones de dominación (John B. Thompson, 1998), otorgándoles una apariencia racional y lógica.

Pierre Bourdieu ofreció una explicación precisa sobre cómo funciona la violencia simbólica. Su procedimiento básico, en lo que a dominación masculina se refiere, consiste en la producción de representaciones hegemónicas de la masculinidad y la feminidad en las que las personas se reconocen, organizando el consenso social sobre lo que los hombres y las mujeres son y, por tanto, produciendo y naturalizando la diferencia sexual (Pierre Bourdieu, 1977, 1999; Pierre Bourdieu y Jean-Claude Passeron, 2002). Es un dispositivo que produce distinción identitaria y que, al mismo tiempo, produce capital simbólico para todo lo relacionado con lo masculino; produce valoración, reconocimiento y admiración social por la forma masculina de estar en el mundo. Su lógica se expresa en el hecho de que las personas dominadas se piensan a sí mismas con las categorías cognitivas y de sensibilidad que se han producido en y para la relación de dominación, en la «heteronormatividad».

Podemos pensar, por ejemplo, en la violencia que ejercen muchas mujeres sobre el propio cuerpo cuando no se parece a las representaciones hegemónicas de lo que es un cuerpo deseable de mujer (para la mirada de su complementario masculino). Podemos pensar también en la violencia que ejercen muchos hombres sobre los aspectos de su emocionalidad que pueden hacerles aparecer vulnerables, tratando de evitar que su masculinidad sea posicionada como subalterna respecto de la masculinidad hegemónica, signada precisamente por la invulnerabilidad que se necesita para ocupar una posición de autoridad.

Por todo esto, las estrategias de prevención de la violencia sexista, tal como se han planteado hasta ahora, se han dirigido al género entendido como el efecto del conjunto de prácticas sociales y discursos que, mediante violencias simbólicas y materiales, producen la distinción masculino/femenino en los diferentes espacios de la vida social. En tanto que efecto de esas violencias, el género aporta legitimación ideológica otorgando un estatus natural a la feminidad y masculinidad normativas.

El efecto de esa elaboración constante de la distinción masculino/femenino se manifiesta prácticamente en todas las dimensiones de la vida humana, y sus significaciones constituyen una de las principales fuentes de sentido para organizar nuestro orden social entero. Pero una parte importante del género cristaliza en la subjetividad de hombres y mujeres y conforma, a lo largo del proceso de socialización, sus modos de otorgar sentido y relacionarse con el mundo y consigo mismos.

Las estrategias de prevención de la violencia sexista intentan introducir cambios en los procesos de socialización de género antes de que éstos lleguen a sus últimas fases de conformación de la subjetividad de los jóvenes según los patrones del género normativo.

Algunos estudios recientes con población adolescente muestran la pertinencia de este intento de socavar las bases ideológicas de la violencia sexista, ya que prueban una sólida implantación de las formas normativas de las identidades de género en los adolescentes, que suelen sintetizarse habitualmente en las nociones de agencia-instrumentalidad como marca de la masculinidad y de expresividad-comunalidad como marca de la feminidad. Las chicas adolescentes puntúan significativamente más alto que los chicos en lo que a competencias interaccionales se refiere. Por ejemplo, muestran muchos más comportamientos prosociales que los chicos y puntúan mucho más bajo en comportamientos agresivos (Vordach, 2002). En la misma línea, Susan Basow, Kristien Cahill y Julie Phelan (2007), y Shannon Williams, Katherine Conger y Shelley Blozis (2007) confirman que el género es una variable que determina el comportamiento violento en la adolescencia, más presente entre los chicos. Las chicas tienen más habilidades relacionadas con la empatía hacia las demás personas implicadas en un conflicto, mientras que los chicos son mucho más asertivos en la expresión de sus necesidades (Catherine Taylor, Belle Liang y Allison Tracy, 2002).

Cristina Garaigordobil (2009) constata que, en los chicos adolescentes, es más frecuente recurrir al uso de estrategias agresivas u orientadas a los propios intereses en el afrontamiento de conflictos. En el estudio de María Lameiras, Yolanda Rodríguez y María José Sotelo (2001), se constatan índices de sexismo más altos en los chicos que en las chicas; pero si se atiende a los diferentes matices y expresiones del sexismo, los resultados muestran que, si bien las chicas rechazan los valores del sexismo hostil en mayor medida que los chicos, aceptan sin embargo el sexismo benevolente en la misma medida que sus compañeros: un sexismo que construye la representación de la mujer como un ser necesitado de la protección del hombre, de quien debe obtener la subsistencia, consolidando la representación patriarcal de la mujer en estas chicas.

En lo que a la manifestación del comportamiento violento se refiere, se constatan importantes diferencias de género ya desde la infancia (Runnar Olafsen y Vappu Viemero, 2000; Dan Olweus, 1993; Irene Whitney y Peter Smith, 1993). Esta cuestión debe relacionarse con la fuerte vinculación que existe entre la construcción de una identidad masculina y el valor simbólico que la violencia tiene para la consecución de este proceso (Helen Cowie, 2000; María José Díaz-Aguado y Rosa Martínez Arias, 2001). En el estudio de María José Díaz-Aguado, Rosa Martínez Arias y Gerardo Martín Seoane (2004), los chicos manifiestan, en casi todos los indicadores evaluados, una tendencia al uso de la violencia y a la intolerancia mayor que la de las chicas. Otros estudios registran presencia de violencia de género en un 9,7% de las parejas adolescentes (Center for School-Based Youth Development, 2004), y otros también muestran una elevada prevalencia de esta violencia entre adolescentes (Francine Lavoie, Line Robitaille y Lavine Hébert, 2000). El informe FRESC (Agència de Salut Pública, 2004) constata que un 4,4% de chicas estudiantes de segundo de bachillerato y ciclos formativos de grado medio manifiestan haber sido forzadas a mantener relaciones sexuales en contra de su voluntad, frente a un 2,3% de chicos.

Objetivos y contenidos

De las reflexiones anteriores se sigue que los talleres de prevención de la violencia sexista[2] tienen en el género uno de sus objetivos, en la medida en que es uno de los factores legitimadores de la violencia sexista. En los talleres se intenta que los jóvenes comprendan qué desigualdades están implicadas en el hecho de adquirir una identidad de género durante el proceso de hacerse mujeres y hombres. Pero también cuáles son las prescripciones diferenciales a las que nos sujeta la cultura heteropatriarcal cuando establece ciertas formas hegemónicas de amor entre mujeres y hombres (excluyendo, de pasada, las formas que no incluyen a la pareja heterosexual). Se trata de establecer un espacio de discusión, reflexión crítica y autocuestionamiento en relación al imaginario que establece la forma culturalmente aceptada de entender lo que es una relación afectivo/sexual y de ser mujer y de ser hombre en el contexto de esa relación. Finalmente, el último de los objetivos consiste en la visibilización de las diversas manifestaciones de la violencia sexista en las relaciones de pareja.

El taller se planifica desde la pretensión de aportar herramientas a los jóvenes para rechazar modelos de relación atravesados por violencia sexista y los discursos que la justifican o normalizan. Para ello, una de las cuestiones prioritarias es que reconozcan la existencia de identidades de género normativas y el tipo de limitaciones y vivencias opresivas que imponen en sus vidas cuando se cumplen sus imperativos. Se intenta, además, que tomen conciencia de que tales identidades normativas implican impor-

2 La descripción de los objetivos y metodología de los talleres que aquí se realiza se basa en la experiencia del autor en diversos talleres de prevención en el ámbito educativo, mayoritariamente los promovidos por las campañas *Talla amb els mals rotllos* (Corta con los malos rollos) del Institut Català de les Dones, la Secretaria de Joventut y el Departament d'Educació, y *Els paranys de l'amor* (Las trampas del amor) de la Regidoria de Dona de l'Ajuntament de Barcelona.

tantes discriminaciones en la vida de las mujeres y determinados privilegios en la vida de los hombres, así como la construcción de un sujeto femenino que es estructuralmente más vulnerable ante la violencia recibida que el sujeto masculino.

La masculinidad normativa exige a los chicos construir su identidad a través de las significaciones relativas a la autosuficiencia y el dominio (del entorno y de uno mismo), lo que implica una exigencia de saber qué hacer y qué decir en todo momento, una exigencia de control y eficiencia, una necesidad de hacerse respetar y de eliminar la expresión de las emociones que nos posicionan en la vulnerabilidad (el miedo, el dolor y la tristeza). Estas formas de relacionarnos con nosotros mismos pasan por la autoevaluación del rendimiento y la eficacia en relación al imperativo de alcanzar el éxito social, profesional y sexual. Con estas exigencias, la violencia a veces constituye el recurso para restablecer el control perdido y dominar los sentimientos de inseguridad.

En el taller también se intenta visibilizar la existencia de las formas socialmente reguladas del vínculo afectivo entre hombres y mujeres. Lejos de tratarse de vínculos que se forman sobre la espontaneidad de determinados sentimientos, lo que en los talleres llamamos el «imaginario del amor romántico» (Anthony Giddens, 1995; Stephanie Coontz, 2005; Suely Rolnik, 2006) incluye una serie de prescripciones sobre el lugar que deben ocupar hombres y mujeres en una relación de pareja, con la asignación de una serie de conductas esperadas para unos y otros que, bajo el principio de la complementariedad jerárquica, implican importantes situaciones de vulnerabilidad para las mujeres. Este imaginario contiene significaciones relativas al abandono de la propia individualidad, de los proyectos vitales individuales, en favor del proyecto común de la pareja, pero sobre todo significaciones relativas al sacrificio como signo del verdadero amor. El aspecto crucial del análisis crítico de este imaginario del amor que se propone en los talleres es que no tiene la misma incidencia en hombres que en mujeres. El sujeto posicionado desde la feminidad queda colocado por este imaginario en una situación mucho más vulnerable si tenemos en cuenta que entre los imperativos de esta forma identitaria se encuentra la exigencia de atender las necesidades de los otros, ser receptiva, empática, comprensiva y complaciente con las necesidades ajenas. Además, el imperativo de la feminidad que obliga a tener la responsabilidad social de velar por la construcción, la calidad y el éxito del vínculo afectivo contribuye también a esa vulnerabilidad. Deconstruir el imaginario del amor romántico en los talleres se concreta, por tanto, al abrir espacios de reflexión crítica para cuestionar algunas de las vivencias relativas al amor más presentes entre los adolescentes.

El último de los objetivos del taller es ofrecer los instrumentos interpretativos para que los jóvenes sepan identificar no solo el uso de la fuerza física como expresión de la violencia sexista, sino también otras de sus modalidades en el contexto de la pareja: la violencia psicológica (amenaza, coacción, menosprecio, insulto), sexual (contacto sexual no deseado), social (aislamiento) y económica (no poder disponer de los recursos adecuados para la propia autonomía). Se trata de que sean capaces, en sus relaciones cotidianas, de identificar como violencia comportamientos a veces muy normalizados (TAMAIA, 2000, 2004).

El taller busca ofrecer las condiciones para que sus participantes puedan pararse a analizar determinadas sensaciones o sentimientos que quizá hayan tenido estando con su pareja: miedo de decir al otro lo que realmente se piensa, sentirse coaccionado a la hora de tomar decisiones, cohibido e inseguro con la pareja, avergonzado por los problemas o dificultades que se tienen y no se pueden compartir con la pareja, sentirse culpable por todo lo que va mal en la relación e incluso en la vida de la pareja, tener miedo en las discusiones, sentir que no se puede tomar una decisión importante sin el otro, que no se puede decir «no» cuando no se desea una determinada cosa, que no se puede pensar en dejar la relación sin tener miedo de la reacción de la pareja. Frente a todas estas violencias se promueve la identificación de modelos de relación igualitarios y una actitud ética de rechazo de cualquier postura que las justifique.

Finalmente, como parte de la información más relevante que se les puede suministrar en este tercer bloque temático del taller, se informa de cuáles son los recursos de atención disponibles en su ciudad y de las guías de prevención que existen.

Criterios generales de funcionamiento

Los talleres están destinados a grupos mixtos de doce a dieciséis años, tanto en espacios de educación formal (Institutos de Educación Secundaria) como informal (centros públicos o privados de jóvenes, espacios recreativos orientados por monitores, llamados *esplais,* etcétera). Se realizan en tres sesiones de dos horas de duración cada una, que se corresponden con los tres bloques temáticos que se acaban de comentar. A veces, los participantes piden hacerlo en solo dos horas. Antes de su realización es necesario respetar ciertos procedimientos con vistas a preparar un taller que se lleve a cabo en las mejores condiciones posibles. Es necesario cuidar los contactos iniciales con el instituto o colegio y dar, en primer lugar, una explicación sobre el sentido y la organización de los talleres a la persona responsable del grupo.

En situaciones ideales, es decir, cuando los recursos económicos destinados a la prevención lo permiten, se han realizado sesiones previas con el profesorado consistentes, precisamente, en explicarles las bases y desarrollo de los talleres que se van a realizar con los grupos de los que son responsables. Pero no pueden ser sesiones en las que simplemente se explique al profesorado que se implementarán talleres que tienen la finalidad de prevenir la violencia sexista como una realidad presente «ahí fuera». Esta sesión pretende ser también la obertura de un espacio de reflexión sobre la forma en que la escuela, como instancia socializadora de género, contribuye al proceso de la producción social de las bases ideológicas de la violencia sexista: el género (Marina Subirats y Cristina Brullet, 1988; María Dolores Villuendas y Ángel Gordo, 2003; entre otros).

Es conveniente tener una ficha para recabar información sobre el grupo para que su responsable pueda cumplimentarla. Por medio de ella podemos tener un conocimiento previo de las particularidades del grupo, y adaptar ciertos aspectos del taller, como la elección de las dinámicas a realizar. Por ejemplo, si se informa de que es un grupo poco cohesionado se utilizan las dinámicas que exijan mayor interacción colaborativa; si resulta ser un grupo de edad avanzada dentro de la franja a la que están destinados los talleres (dieciséis años), entonces pueden utilizarse las dinámicas que exigen un pensamiento formal más abstracto, habilidades que no encontramos a los doce años. La edad también nos orienta sobre el tipo de material que debemos tener preparado para ilustrar con ejemplos el taller y, por tanto, conocer de forma previa qué películas y canciones están triunfando en ese grupo de edad para poder, por ejemplo, extraer de ellas ejemplos del imaginario del amor romántico. Los informes previos de las personas responsables del grupo nos dan también una idea sobre el grado de conocimiento que poseen del tema en función de si lo han trabajado como parte, supongamos, del plan de acción tutorial. En este caso, elegimos las dinámicas que profundizan los aspectos menos obvios del maltrato e incluso las que invitan a la reflexión sobre las causas de tipo histórico y cultural de la violencia sexista.

En el taller se usa, como herramienta principal, un conjunto de dinámicas de grupo. Por tanto, se aleja lo más posible del formato de la charla, la conferencia o cualquier otro que consista en ofrecer información de manera unidireccional por parte de los talleristas. Se trata de construir un espacio lo más participativo posible y poder, así, trabajar con las experiencias que los propios adolescentes quieran compartir, con lo que nos cuentan sobre sus propias relaciones de pareja o sus propias vivencias de la masculinidad y la feminidad. Que compartan sus propias experiencias puede ayudar, en determinadas cuestiones, a generar identificaciones dentro del grupo o a percibir ciertas comunalidades que ayudan a trabajar el concepto de estereotipo de género. Lo que es un estereotipo se comprende mucho mejor si, compartiendo percepciones, logran ver que existen una serie de regularidades en el comportamiento de los chicos y otra en el comportamiento de la chicas. Las dinámicas que ponen su experiencia en el centro, y no un conocimiento externo, facilitan la toma de conciencia de género: la conciencia de pertenecer a un grupo social generizado y de las desigualdades que existen entre ellos. Pueden, por ejemplo, hablar públicamente de una mayor tendencia de los chicos a hacer uso de la agresión cuando hay conflicto, o hablar de ciertas formas específicas de sentir celos y sus conexiones con la violencia, desdramatizando, de paso, el sentimiento; o pueden tomar conciencia de algo tan obvio pero tan inadvertido como que los chicos dedican su tiempo de recreo a la práctica del deporte[3] y las chicas a la puesta en práctica de habilidades comunicativas en pequeños grupos (trabajando también su feminidad).

Otra de las ventajas de las dinámicas de grupo es que facilitan el comentario crítico de determinados comportamientos que pueden observarse in situ, lo que permite a los adolescentes ver la influencia de la socialización de género en dichos comportamientos. Es muy significativo, por ejemplo, lo que ocurre cuando se representa una escena ficticia donde dos amigos, por un lado, y dos amigas, por el otro (es decir, en escenificaciones diferentes) se saludan al reencontrarse después de muchos años sin verse. La distancia corporal que los chicos suelen poner entre ellos, o los gestos de hombría como los fuertes achuchones y palmadas en la espalda, dan pie a hablar de todo el modelo de gestión de la emocionalidad implícito en la masculinidad: las relaciones entre la incapacidad de gestionar e interpretar las emociones y la violencia, el uso de ésta para recuperar el control en una situación que amenaza con hacer aflorar emociones como el dolor, el miedo, la impotencia o la tristeza y, en general, la violencia que uno tiene que llegar a ejercer sobre sí mismo, y no solo sobre los demás, cuando construye su identidad según el patrón normativo de la masculinidad. Otros temas son más difíciles de abordar desde la experiencia personal y se recurre para ello al uso de canciones o fragmentos de películas, con los que se pueden tocar temas más cercanos a la violencia sin que nadie se sienta interpelado a hablar de cosas que considera demasiado personales o le resultan demasiado hirientes; es el caso, por ejemplo, de que haya alguien que esté sufriendo las consecuencias del maltrato en su casa.

El taller es conducido por dos personas que deben elegir las dinámicas a implementar antes de iniciarlo, en función de lo que pueden deducir de la ficha con las características del grupo, especialmente de la edad. La población potencial con la que puede in-

3 Incluso el tiempo de ocio y descanso es un lapso que dedican, en parte, a trabajar en la construcción de su propia masculinidad, ocupando los lugares centrales del espacio físico del recreo.

tervenirse de forma preventiva es tanta que las campañas de prevención requieren de importantes cantidades de profesionales preparados para tal tarea. Esto supone que hay que planificar una formación específica para estos profesionales. Es importante que sean jóvenes, no mucho más mayores que los adolescentes, para que tengan cierto manejo y empatía por su imaginario social, sus preferencias y sus gustos.

No obstante su juventud, es exigible que estén convenientemente formados en el conocimiento del fenómeno de la violencia sexista. En el caso de las campañas promovidas por el Institut Català de les Dones, la Secretaria de Joventut, el Departament d'Educació y el Ajuntament de Barcelona, la previa formación de los talleristas se ha considerado imprescindible. El objetivo es que, en el mismo proceso de conducir al grupo, adopten una perspectiva de género que les permita percibir e interpretar todo lo que allí sucede, estar atentos a las formas en que su propia manera de interactuar como pareja de talleristas (usualmente suelen ser un hombre y una mujer) puede estar reproduciendo formas estereotipadas del comportamiento generizado, no juzgar lo que dicen o hacen los chicos y las chicas y entender su comportamiento como el efecto de una socialización de género. No deben dejar, al mismo tiempo, que la dinámica misma del grupo derive en la manifestación y normalización de los comportamientos sexistas que acostumbran a imperar en este tipo de grupos, como la reproducción del protagonismo social masculino en el aula cuando los chicos hacen uso de la palabra la mayor parte del tiempo o cuando, por el contrario, no lo hacen en absoluto al hablar de emociones o relaciones (los asuntos de la feminidad). Para un buen desarrollo del taller se debe explicar con claridad qué se hará en toda la secuencia del mismo y en cada uno de los bloques temáticos: estereotipos de género, amor romántico y manifestaciones de la violencia sexista en la pareja. Las tres sesiones deben estar bien entrelazadas por medio de la dedicación de los minutos finales al establecimiento de conclusiones y de los minutos iniciales al recordatorio de las conclusiones de la sesión anterior.

Hay una última cuestión fundamental para entender el sentido general de los talleres. No versan sobre resolución de conflictos, ni tienen la finalidad de ofrecer herramientas para su correcta elaboración, por la sencilla razón de que la violencia sexista no es efecto de una carencia de habilidades para resolver aquéllos, sino que es un instrumento de dominación que se usa para someter la voluntad de otra persona en razón de su pertenencia a un grupo social subalterno (la mayor parte de las veces mujeres, pero no siempre; los hombres que desafían los patrones hegemónicos de la masculinidad normativa enfrentan ciertos modos específicos de violencia sexista: la transfobia y la homofobia). Por tanto, la finalidad no es prevenir el conflicto sino el abuso del poder y el control, «empoderando» a los sujetos de manera tal que sean capaces de plantear un conflicto al rechazar los intentos de control de su comportamiento que anteriormente tenían un carácter normalizado.

Intervenciones y dinámicas de grupo

Los tres diferentes bloques temáticos del taller son abordados en tres sesiones diferentes, cada una de las cuales consta de una o más dinámicas de grupo pensadas para trabajar los objetivos comentados más arriba. La sesión sobre estereotipos de género [4] puede comenzar con una dinámica sencilla para trabajar la distinción sexo/género y las desigualdades asociadas a la diferencia sexual. Es de carácter introductorio porque, además, sirve para romper el hielo y que el grupo tenga la ocasión de presentarse a quienes conducen el taller.

Después de explicar brevemente en qué consiste su realización, incluyendo la secuencia temática de las tres sesiones, las talleristas proponen una primera y sencilla tarea al grupo: decir su nombre, la profesión a la que quieren dedicarse y mencionar alguna diferencia entre chicos y chicas. Las talleristas van apuntando lo que el grupo dice, cuidando de anotar en diferentes lugares de la pizarra las características de los chicos y de las chicas, pero

4 Una recopilación completa de las dinámicas que se usan en los talleres puede encontrarse en Montserrat García, 2006.

separándolas también según la distinción sexo/género. También se apuntan por separado las profesiones que desean ellos y ellas. Finalmente, lo que queda en la pizarra es una serie de características entre las que se puede trazar una raya que separe a chicos y chicas. Al mismo tiempo, se puede trazar otra que separe las características que se consideran inmodificables por ser diferencias anatómicas, de las que se consideran efecto de un proceso de socialización de género. Finalmente, se traza otra que separe las profesiones de forma que queden clara y visualmente asociadas al género. En una sesión, escogida al azar, las chicas mencionaron las siguientes: música, maestra, secretaria, pediatra, enfermera, profesora, estilista, ginecóloga, carnicera. Los chicos, por su parte, querían ser: cocinero, policía, médico, futbolista, piloto, músico, abogado, ingeniero, meteorólogo.

Las características mencionadas como propias de las chicas fueron, en el orden del género: ser más responsables (que los chicos), preocuparse más por las cosas (que los chicos), ser más tranquilas (que los chicos), preocuparse por la estética, ser putas cuando ponen los cuernos a su pareja (en oposición a cuando lo hace un chico), ser más fuertes (pueden parir), más retorcidas, más formales, más cariñosas, más sensibles, más reflexivas, más débiles física y sexualmente (que los chicos), ser rencorosas, vergonzosas, provocar a los chicos en la discoteca, hablar más de sus cosas (en relación a los chicos, que hacen más deporte). Las que se mencionaron en el orden del sexo fueron: tener vulva, menstruación y pechos.

Las características asociadas a los chicos fueron, en el orden del género: ser pasotas, nerviosos, impulsivos, más sexuales (que las chicas), más infieles (que las chicas), más activos, más lanzados, valientes, sensibles a escondidas, fuertes, agresivos, más movidos (que las chicas), más racistas (que las chicas), creídos, chulos, ir de interesantes. Las que mencionaron en el orden del sexo fueron: tener pene y más vello que las chicas.

Como puede verse, y en relación a lo que se afirmaba más arriba sobre la importancia de promover la participación por medio de la dinámica de grupo, éste describe con bastante precisión los estereotipos sexistas de género, los imperativos sociales diferenciales que acaban por conformar subjetividades y formas de estar en el mundo diferentes (salvo algunas excepcionales visiones críticas, de rara aparición, como «sensibles a escondidas» en el caso de lo masculino o «más fuertes» en el caso de lo femenino). Sin embargo, a partir de aquí es necesaria la intervención de los talleristas para que se pueda reflexionar sobre el hecho de que algunas de estas características son modificables y otras no lo son, y que el género, al parecer inmodificable, como parte de una característica natural de las personas en el mismo nivel que el sexo, naturaliza las desigualdades sociales entre hombres y mujeres y las hace parecer también un hecho natural que no puede cuestionarse.

Este argumento es relativamente fácil de desarrollar si, en primer lugar, se le propone al grupo llevar un poco más lejos la reflexión, invitándolo a ver los vínculos entre las características que son necesarias para desempeñar las profesiones que han mencionado y las particularidades que ellos mismos han señalado como constituyentes de lo que son. Además de lo que ya estaba escrito en la pizarra, cuando se profundizó en las características necesarias para desarrollar las profesiones mencionadas por las chicas, salieron algunas como: paciente, cariñosa, amable, sensible y valiente, mientras que las que parecían requerirse para las profesiones de los chicos eran: valiente, decidido, estricto, paciente, responsable, racional, frío y controlador.

También se aportan datos sobre el fuerte sesgo de género que tiene la elección de estudios que actualmente realiza la juventud[5] y sobre las diferencias salariales entre las profesiones feminizadas y las masculinizadas. Así, el grupo puede reflexionar sobre el hecho de que sus propios anhelos profesionales no responden, quizá, a la singularidad de sus deseos sino que pueden manifestar, cuando menos, ciertas regularidades prefiguradas por la fuerza socializadora de los estereotipos sexistas, de manera que pueden establecer conexiones entre las formas mayoritariamente acepta-

5 Tanto en los ciclos formativos como en el bachillerato y la universidad, existe una clara distribución generizada en los centros educativos y facultades por la que las chicas tienden a elegir las disciplinas relacionadas con las humanidades y las profesiones de cuidado y atención del otro, y los chicos se mueven por el mundo de las disciplinas relacionadas con el conocimiento instrumental.

das de ser hombre y mujer y la existencia de un orden social de privilegios masculinos.

Ésta es la ocasión para que las talleristas abran una reflexión sobre el tipo de violencias que se desencadena en las situaciones en que alguien desafía los estereotipos sexistas: tienen así la oportunidad de hablar de las agresiones homófobas que sufren los chicos femeninos y las chicas masculinas. Se trata, además, de hacer visibles no solo las violencias sexistas que se manifiestan interpersonalmente sino también aquellas que lo hacen intrapersonalmente: las violencias que ejerce un chico o una chica sobre sí mismos para ajustarse al patrón normativo de la masculinidad o la feminidad hegemónica. Así, en muchos grupos se da la ocasión de hablar de la represión que deben ejercer los chicos sobre ciertas emociones que les pueden hacer aparecer como vulnerables y del desprecio que genera «el maricón» en el grupo. Poder hablar de estas cuestiones, si las talleristas consiguen la difícil tarea de construir un espacio donde el juicio quede suspendido, permite al grupo visibilizar y aceptar que sus experiencias cotidianas indican que sus formas de sentir, pensar, desear y hacer son mucho más diversas y heterogéneas de lo que cabe en las estrecheces de un modelo identitario dicotómico.

Durante esta misma sesión, se introduce a veces un *role playing* en el que se pide a dos voluntarios (dos chicas y dos chicos, alternativamente) que escenifiquen el momento en que uno está explicando al otro el dolor que le ha producido la ruptura con su pareja. La finalidad es poder comentar colectivamente las diferencias que el grupo ha observado. Entre los varones es fácil encontrarse con una interacción en la que el chico que escucha a quien supuestamente está dolido por la ruptura dice algo como: «No te preocupes, vámonos de juerga», lo que da pie al tallerista a cuestionar al grupo si es eso lo que realmente necesita. Los chicos pueden reconocer en estas circunstancias el efecto represivo que tiene el modelo hegemónico de masculinidad al manifestar abiertamente que cuando uno se siente mal y quiere llorar busca a una chica para hablar, y que el rechazo homófobo en los grupos de chicos no lo permite, lo que lleva a bastantes de ellos a ejercer mucha violencia sobre ciertos aspectos de su persona.

La segunda sesión del taller gira en torno a la crítica del imaginario del amor romántico. Una de las dinámicas que se usan propone a los miembros del grupo un ejercicio de posicionamiento sobre algunas frases que leen los talleristas y que recogen los aspectos esenciales del amor romántico. Son frases que permiten iniciar un comentario deconstructivo de los elementos nucleares de la concepción heteropatriarcal del amor y las relaciones afectivo/sexuales atravesados por la violencia sexista.

Los miembros del grupo deben posicionarse en un lugar u otro del aula en función de si están de acuerdo o no con lo que se dice; a partir de ese momento la tarea de los talleristas es poner en diálogo ambos posicionamientos, desentrañando los argumentos de unos y de otros. Una de las frases, por ejemplo, dice: «Cuando estás enamorado, sufres», lo que suele suscitar posicionamientos a favor entre las chicas y en contra entre los chicos, haciendo bastante visible cómo esta ideología coloca en una posición muy vulnerable a quien cree que el amor es algo que necesariamente está vinculado al dolor, pero no como mal menor, sino como cualidad cuya intensidad nos dice algo de la fuerza del sentimiento. El sufrimiento es la marca del amor verdadero, y las dificultades constantes en la relación son la ocasión para que el amor sentido se muestre en toda su plenitud al superarlas. El posicionamiento de chicas y chicos en los grupos muestra claramente que la incidencia de esta asociación entre amor y sufrimiento está más extendida entre las chicas, lo que, junto con el imperativo de género que las hace responsables del éxito de la relación de pareja y que vincula su éxito personal como mujeres a la formación de una familia, las hace susceptibles de sentirse atraídas por el reto de cambiar en su pareja todos aquellos aspectos que producen dificultades comunicativas constantes y todas las estrategias violentas o de control que son usadas con recurrencia. Hay opiniones que reflejan claramente la asociación entre el dolor y la intensidad emocional del amor; como decía una chica: «Si no hay sufrimiento, te aburres».

Otra de las frases utilizadas es: «Si mi pareja me es infiel, merece algún tipo de agresión». Las opiniones por géneros son variadas. En general, hay bastantes chicas que pueden estar de acuerdo, pero siempre son más los chicos. Lo más común es que justifiquen su posición reduciendo la violencia a la violencia física, afirmando que gritar, por ejemplo, no es violencia, y que está permitido todo menos la violencia física. Ésta suele ser una buena frase para enlazar con la tercera sesión, en la que se visibilizan todas las formas de la violencia (sexual, psicológica, social, económica).

Finalmente, otra de las frases utilizadas es: «Si no siento celos, es que no amo de verdad». Muchos chicos, pero de manera mayoritaria las chicas, se posicionan a favor de esta afirmación. Cuando comparten lo que les sugiere la vivencia de los celos hablan de enfado, rabia, incomodidad, desconfianza, miedo. La tarea de quienes conducen el taller es hacer visible entonces el absurdo que supone que, si los celos se asocian a todo este cúmulo de sentimientos negativos, el querer a alguien llegue a convertirse en rabia, desconfianza, miedo. La difícil tarea por parte de los talleristas es desdramatizar un sentimiento que muchos habrán sentido, cuestionando que deba ser el signo de la autenticidad de un sentimiento y visibilizando que, por debajo de estas formas de sentir, se encuentran otros elementos nucleares de la ideología del amor romántico como la necesidad de renunciar a la propia individualidad para establecer una relación de pareja exitosa. Como en otros momentos del taller, se pretende que lo que habitualmente se concibe entre las chicas como sentimientos espontáneos, naturales e inevitables, sea reinterpretado como parte de un estratégico cálculo en los procesos de construcción social de las formas de sujeción a través de las que un sujeto deviene un sujeto feminizado.

La última de las sesiones intenta visibilizar las diferentes manifestaciones que puede tener la violencia sexista en el ámbito de las relaciones de pareja. Una dinámica puede consistir en que los participantes determinen, por pequeños grupos, qué tipo de violencia se manifiesta en una serie de frases que se les facilitan en unas tarjetas. Cada una de las tarjetas debe quedar finalmente asociada a otra con el tipo de violencia rotulada en ella. Las que recogen los tipos de violencia son: violencia física, psicológica, sexual, económica, social y estructural. Algunos ejemplos de frases son: «Si no vienes conmigo a la fiesta es que no me quieres de verdad»; «eres una inútil, todo el mundo te toma el pelo y no me puedo fiar de ti»; «un hombre y una mujer que hacen el mismo trabajo y cobran salarios diferentes»; «exigir a la pareja tener sexo sin preservativo»; «insistir y obligar a la pareja a tener sexo aunque no tenga ganas»; «enviar mensajes al móvil de la pareja preguntándole constantemente dónde está y con quién»; «escoge: o yo o tus amigos»; «reírse de la pareja en público por hacer una broma». Es una dinámica bastante útil para hacer reflexionar al grupo sobre el hecho de que algunos de los comportamientos que entre los adolescentes están perfectamente normalizados (control de los móviles, coacciones y chantajes que limitan las relaciones de la pareja con sus amistades, coacciones sexuales, etcétera) son manifestaciones de la violencia sexista que normalmente asocian solo al maltrato físico. Además, estas violencias pueden situarse en el contexto de las desigualdades estructurales entre hombres y mujeres por medio del trabajo sobre el concepto de violencia estructural. Cualquiera de los ejemplos citados en las frases puede trabajarse seleccionando escenas de películas donde se encuentre presente la misma lógica violenta en la interacción de los actores, así como canciones de éxito entre los adolescentes.

Otra dinámica que puede usarse se centra más en las causas de la violencia sexista y posibilita una serie de reflexiones críticas sobre ciertos mitos en torno a la violencia sexista en la pareja, las mujeres que la enfrentan y los maltratadores. Las talleristas disponen de un juego de tarjetas en las que figuran diversas explicaciones al fenómeno de la violencia sexista. Por pequeños grupos los participantes deben decidir cuáles de ellas explican realmente el fenómeno. Todas las tarjetas se inician con la misma frase: «La violencia de los hombres hacia las mujeres tiene lugar porque», y acaban con una explicación diferente. Ejemplos de ellas son: «Algunos hombres, cuando tienen problemas, beben y no controlan sus impulsos»; «los hombres tienen el poder»; «muchas mujeres provocan psicológicamente a los hombres»; «algunos hombres son muy celosos»; «a veces no hay otra solución para resolver los conflictos»; «porque los hombres son más violentos que las mujeres por naturaleza»; «porque hay algún tipo de desequilibrio mental en estos hombres»; «las mujeres quieren igualdad y los hombres no lo aceptan»; «alguna cosa habrán hecho las mujeres». Este tipo de frases, con la ayuda de la dinamización de los talleristas, dan al grupo la posibilidad de distinguir entre las explicaciones que culpabilizan a la mujer y las que justifican al hombre (y que, en definitiva, impregnan nuestro imaginario social sobre el fenómeno), de las explicaciones que apuntan a la desigualdad estructural de las relaciones entre hombres y mujeres.

Evaluación y resultados

La evaluación de los talleres presentados es, probablemente, el aspecto que más debe desarrollarse todavía. Hay dos formas básicas de evaluación: la evaluación de la eficacia y efectividad de la intervención y la evaluación de proceso. La primera es la que está menos desarrollada y plantea los retos más interesantes. El grupo de participantes rellena en días previos a la realización del taller un cuestionario inicial sobre las temáticas que se tratarán. Y al finalizar el mismo, los dinamizadores pasan un cuestionario final donde se recogen los posicionamientos del grupo después de haber hecho el taller, donde exponen si ha existido alguna modificación de sus ideas previas sobre la cuestión de la violencia sexista en la pareja. Se recoge, así, información sobre el grado de comprensión que se ha alcanzado en el taller; también sobre el interés generado por las dinámicas propuestas y los temas sobre los que se quisiera profundizar más. A partir de esta información se introducen las modificaciones pertinentes en las dinámicas. Aunque no hemos realizado estudios sistemáticos con estos datos, nuestra experiencia apunta a que los talleres plantan una semilla antipatriarcal, igualitaria y no violenta que, con elaboraciones posteriores, pueden llegar a favorecer relaciones de pareja más positivas.

Los cuestionarios de satisfacción personal, interés de los talleres y grado de comprensión que han alcanzado los participantes nos informan de que la satisfacción de los jóvenes con el taller es muy positiva. Las chicas lo valoran más positivamente que los chicos, probablemente debido al cuestionamiento de una normatividad patriarcal que los sitúa en el núcleo de la violencia. La mayoría de jóvenes quisiera profundizar en el tema, especialmente en sexualidad y afectividad, violencia de género, homosexualidad, identidades masculinas y estereotipos de género. Las actitudes y motivaciones de los jóvenes son más positivas en centros educativos que han introducido ya la perspectiva de género en sus tareas.

Existe poca evaluación de programas de prevención en general, de prevención de violencia y menos aún de prevención de violencia de género (OMS, 2006). Esto se refleja en las escasas revisiones de investigación sobre evaluación de prevención. En una de ellas, realizada por Tiffany Veinot (1999) con estudios comparativos, se ponen de manifiesto los cambios en la disminución del abuso psicológico y la violencia sexual, así como de la violencia en general en las actuales relaciones de pareja. Pero cabe resaltar el posible efecto contrario cuando las intervenciones son cortas y sin implicación de los centros y las comunidades educativas (Sherry Hamby, 1998), por el aumento del malestar de algunos chicos ante el cuestionamiento de su imaginario, identificaciones y conductas.

En los talleres presentados existe, también, una evaluación que se refiere al trabajo realizado por el equipo de talleristas. La coordinadora pedagógica de los talleres asiste como observadora a la realización de los mismos, haciendo una devolución posterior a los talleristas sobre los aspectos, tanto de contenido como metodológicos, que es necesario mejorar, intercambiando opiniones con los dinamizadores sobre las dinámicas, los argumentos y las metodologías que, por el contrario, van mostrando su eficacia con el paso del tiempo y que, por tanto, es necesario conservar entre los instrumentos de que disponen las talleristas.

A pesar del valor de las prácticas autorreflexivas que generan en el equipo de trabajo estas evaluaciones y de las escasas investigaciones sobre prevención, es todavía injustificable la ausencia de una estrategia de evaluación a largo plazo (quizá de un curso al siguiente, o incluso a lo largo de los años de escolarización secundaria) que dé cuenta de la eficacia (o no) de los talleres, en términos de su capacidad para promover en los adolescentes el análisis crítico de las presiones normalizadoras inscritas en las identidades de género, imaginar formas de relación afectiva más igualitarias de lo que permite el marco cultural heteropatriarcal, percibir la muy diversa variedad de manifestaciones de la violencia sexista en su vida cotidiana y oponerse a la voluntad de dominación que anida en todas sus formas.

2.4 GRUPO DE ATENCIÓN PSICOSOCIAL PARA MUJERES EN PROCESO DE RUPTURA DE PAREJA

Montserrat Pérez-Portabella Puig

Separándose de la pareja y la atención psicosocial

La decisión de romper la pareja, separarse o divorciarse y afrontar el proceso de ruptura, en cualquier forma en que se presente, es una situación compleja en la que se ven comprometidos todos los ámbitos vitales de la persona. Acostumbra a generar conflictos internos y desajustes funcionales a nivel psíquico, físico y social, con una carga de malestar y sufrimiento que tiene repercusiones personales y sociales y, por tanto, merece que se le preste cuidado y atención. Es un proceso de cambios y de duelos que puede hacer tambalear los esquemas, los ritmos y las actitudes vitales, requiriendo movimientos de reajuste y adaptación no siempre fáciles de llevar a cabo. Además pone en cuestión aspectos de la propia identidad, sobre todo en referencia a la identidad de género (masculinidad-feminidad) y a las relaciones afectivas.

El proceso de ruptura de la pareja es un remedio eficaz, aunque doloroso, para una relación enferma e infeliz y, si bien ocupa el segundo lugar en la lista de las causas de mayor sufrimiento y estrés (Luis Rojas Marcos, 1994), también implica una oportunidad de progresar y aprender. En el caso de las mujeres, se ha de tener en cuenta que su situación está mediatizada por la sobrevaloración social de la pervivencia familiar, unida a la carga social y cultural que, en la sociedad patriarcal, recae sobre ellas como depositarias de la responsabilidad de la buena o mala marcha de las cuestiones familiares como el cuidado del hogar, los hijos y las relaciones (Catherine Kirkwood, 1999).

El aprendizaje emocional de género produce en la mujer una mayor indefensión delante de cualquier tipo de abuso o violencia (Eva Giberti y Ana María Fernández, 1989). La cultura patriarcal o machista que fomenta la sumisión, el servilismo, el silencio y la pasividad en las mujeres hace que éstas se perciban como responsables de cuidar a las otras personas y como encargadas del soporte emocional y la cohesión de la familia, y no tanto como sujetos autónomos con necesidades y deseos propios (Rosa Segarra, 2002). El miedo a perder el soporte y la aceptación del entorno, al no responder a lo que se espera de ellas, las hace vulnerables a las relaciones abusivas. La subjetividad de muchas mujeres, las creencias en su identidad como mujer y en referencia a las relaciones con los hombres están mediatizadas por las identificaciones primarias realizadas en el proceso de socialización y los estereotipos sexistas (Almudena Hernando, 2000; María Asunción González de Chávez, 1999).

Las vivencias en el proceso de ruptura van a estar marcadas por dicha subjetividad. Así pues, la ilusión por el amor romántico, las expectativas de amor para toda la vida, la concepción de la media naranja, la idea de que la armonía —o, por el contrario, el conflicto— depende únicamente de una misma, la actitud de esperar que él cambie o recapacite, o bien pensar que «sin él no soy nadie», dificultan un análisis real y objetivo. Será necesario introducir elementos como la perspectiva de género para que estas mujeres puedan alcanzar un panorama más racional y objetivo (Clara Coria, 2001). Por ello, frente a la ruptura de la pareja, la mayoría de mujeres, cuando analizan y valoran lo que les está pasando y los recursos con los que cuentan para afrontarlo, presentan confusión y desorientación en forma de sentimientos contradictorios, ambivalencia, dudas existenciales y culpa (Emilce Dio Bleichmar, 1991, 1997).

Sandra Kahn (1991) introduce el concepto «síndrome de divorciada» y analiza el proceso de ruptura y recuperación desde el punto de vista específico de las mujeres, deteniéndose en la dependencia emocional, la actitud victimista y el proceso de duelo necesario para superarlo. Analizar y revalorizar los estereotipos sexistas y las actitudes de sumisión presentes en la identidad de género, transmitida a través de la educación y la internalización de valores por cada mujer en su proceso de socialización, les será útil para prevenir situaciones de desigualdad y discriminación en las relaciones personales y generar estrategias más sanas frente a la dominación y la violencia (Montserrat Pérez-Portabella, 2002; Soledad Calle, Montserrat Pérez-Portabella, Carmen Salido, 2003).

Hay un proceso más o menos largo, anterior a la decisión de divorciarse, en el que se toma conciencia primeramente del malestar o crisis, después de los problemas y conflictos relacionales entre la pareja, de las posibilidades de cambio o de solución, hasta llegar a la conclusión de que la infelicidad y la destrucción personal son irremediables y no queda otra salida que la ruptura. A menudo, la decisión se toma después de varios intentos de separación, con las correspondientes reconciliaciones y nuevas oportunidades. Este proceso previo a la decisión de divorciarse suele ser muy desgastante, devastador a nivel personal (Enrique González Duro, 1999).

Una vez que se ha tomado la decisión, a pesar del miedo, las dudas, el dolor, la tristeza, la impotencia o la rabia que aparezcan, hay sentimientos de liberación o un aligeramiento de tensión. De alguna manera esa decisión, aunque acaba con lo que había, rompe con la situación dañina saliendo de la confusión y contradicción; abre puertas, ofrece nuevas posibilidades de reestructurar la vida, busca maneras más saludables o menos dañinas, ofrece nuevas perspectivas. Tomar esa decisión supone claudicar del deseo de compartir la vida con una persona y eso conlleva un gasto de energía y esfuerzo muy grande. Es corriente utilizar diversos mecanismos como minimizar los problemas o postergar la decisión esperando algún remedio ideal o algún cambio imposible, o bien confundir el deseo con la realidad para no tener que llegar a la conclusión de que no hay otra salida. Se pueden ver las dificultades de la realidad pero la fuerza del deseo es tan grande que se va mas allá y se confunden las percepciones. Claudicar del deseo supone aceptar el fracaso de la relación, la frustración de no poder llevar a cabo el deseo; y frente a eso aparecen muchas resistencias.

Los elementos detonantes que precipitan la decisión pueden ser diversos: descubrir una infidelidad, la aparición o agravamiento de violencia, el desgaste o cansancio personal, la marcha, huida o abandono de una de las partes de la pareja; de alguna manera, «la gota que colma el vaso» después de un sinfín de desencuentros, conflictos e infelicidad. Esa diversidad también va a indicar una variedad de emociones, dificultades o posibilidades y maneras de vivir el proceso. Es diferente cómo lo vive quien abandona que quien es abandonado, son diferentes las vivencias y las perspectivas de análisis de quien toma la decisión de las de quien se ve arrastrado a responder a la decisión que ha tomado la otra persona. Por tanto, las opciones y maneras de afrontarlo son también diferentes. La diversidad que se suele dar en un grupo abre el pensamiento y proporciona más elementos diferentes para el análisis y valoración de la subjetividad.

La experiencia de estos grupos se ha realizado en el Centre d'Atenció i Informació a la Dona (CAID, Centro de Atención e Información a la Mujer) del Programa Municipal per a la Dona (PMD, Programa Municipal para la Mujer) de la ciudad de L'Hospitalet de Llobregat. Observamos que muchas demandas de atención al centro se referían a las dificultades que aparecían al abordar un proceso de ruptura de pareja y, teniendo en cuenta los beneficios del trabajo grupal en relación a la prevención de la violencia machista, de la salud mental y del bienestar de las mujeres, hace ya algunos años que realizamos grupos de atención psicosocial. Uno de ellos está dirigido a mujeres en proceso de ruptura de pareja (Soledad Calle, Montserrat Pérez-Portabella, 1999). Desde 1992 hemos realizado diecisiete grupos para mujeres en proceso de ruptura en los que han participado cerca de ciento setenta mujeres de edades comprendidas entre los veinticuatro y los sesenta y cinco años. Se trataba, sobre todo, de mujeres de entre treinta y seis y cuarenta y cinco años, con una o dos hijas o hijos, un nivel de instrucción de estudios primarios en su mayoría (58%) y una situación laboral, al iniciar el grupo, mayoritariamente estable, seguidas de las que estaban en paro y las que tenían trabajo temporal (incluyendo la economía sumergida), nacidas en su mayoría en Cataluña, y a continuación las nacidas en Andalucía y otras comunidades de España. En los últimos años, de forma similar a los cambios en la población de la ciudad, han aumentado bastante las mujeres nacidas en países de América del Sur y, en menor cantidad, en otros lugares. Estas mujeres llevaban casadas de uno a treinta y un años, con un promedio de diecinueve años.

Las causas de la ruptura (expuestas de forma sintética, ya que son situaciones complejas y multifactoriales) han sido en su mayoría las relaciones abusivas y la violencia emocional; las situaciones de violencia física y las de abandono o infidelidad del marido o compañero han sido menos. Así pues, aparecían con mucha frecuencia situaciones de dependencia emocional, actitudes de sumisión, quejas victimistas y pasividad, dificultades para asumir la responsabilidad de la toma de decisiones y del compromiso con sus criterios y emociones, sensación de fracaso, de engaño o de traición, de incomprensión, de rabia y de culpa, desorientación y resistencia al cambio, síntomas de depresión, de ansiedad y somatizaciones. Dichos aspectos los hemos trabajado en los grupos. Más adelante, en el apartado de evaluación se aportan algunos datos concretos al respecto.

Objetivos

En estos grupos ofrecemos un espacio de prevención y sensibilización psicosocial mediante el diálogo y la reflexión en grupo sobre las propias vivencias. Focalizamos el trabajo psicológico en el acompañamiento, clarificación y contención del proceso de separación de pareja, teniendo en cuenta la elaboración de los duelos por aquello que fue y la promoción de movimientos de reajuste a la nueva situación, así como también el cuestionamiento de los roles y los comportamientos sexistas (Patricia Tschorne, 1993).

Consideramos que el grupo es un espacio privilegiado para cuestionar lo «obvio» y posibilitar, así, la toma de conciencia de las condiciones de género y muchos de los factores que las producen. En el grupo es fácil distinguir aquellas cuestiones propias del género —comunes a una mayoría de mujeres y características de la cultura androcéntrica— de las cuestiones más individuales, ya que hay aspectos que aparecen repetidos en las diferentes situaciones y vivencias y otros que no (Clara Coria, 1991; Amparo Olmeda e Isabel Frutos, 2001). En la reflexión grupal se evidencian las ideologías o creencias que sustentan los comportamientos, entre ellas las creencias estereotipadas de carácter sexista (Mabel Burin, 1987; Clara Coria, 2001).

En el grupo, ciertas mujeres pueden identificar algunos aspectos a través de los relatos de otras mujeres más fácilmente que en su propia subjetividad. Dicho de otra manera, pueden verse reflejadas o identificadas con lo que explican las otras y, de esa manera, a través del análisis y la reflexión que se realiza en el grupo, toman conciencia de su propia subjetividad. El hecho de focalizar el trabajo grupal en una problemática específica ha facilitado la diferenciación de aquellas cuestiones coyunturales de otras más esenciales para poder profundizar en ellas. El grupo de atención psicosocial se enmarca en el ámbito de prevención y, si bien puede tener efectos terapéuticos, no pretende cambios estructurales de personalidad sino, básicamente, recuperar el nivel de equilibrio y bienestar suficiente para funcionar de manera más sana, así como disminuir el sufrimiento que la crisis o el desequilibrio causaba.

Los objetivos específicos se centran en:

a) expresar, escuchar y compartir vivencias y reflexionar sobre ellas;

b) analizar emociones, diferenciar sentimientos y contener ansiedades;

c) aportar elementos clarificadores y más realistas para poder objetivar el pensamiento;

d) movilizar el pensamiento estereotipado, diferenciando los aspectos sociales y culturales de los personales (movilización del proceso simbólico) y cuestionar los estereotipos sexistas;

e) adquirir cierto *insight,* mirar hacia dentro de una misma y darse cuenta de los recursos internos;

f) analizar las actitudes y maneras de reaccionar frente a ciertas situaciones;

g) desenmascarar algunas trampas psicológicas o mecanismos internos que dificultan la adaptación a la nueva situación y la puesta en práctica de ciertos reajustes;

h) valorar los recursos propios y las estrategias para restablecer cierto equilibrio o bienestar;

i) recuperar la capacidad de ilusionarse y de poder disfrutar de las cosas.

Preparando el grupo

Este grupo se plantea para mujeres usuarias del servicio que, estando casadas, han iniciado los trámites de separación o divorcio o bien, si están en pareja de hecho, han roto la convivencia entre ambos miembros. Este punto es condición de inclusión, ya que el trabajo grupal se focaliza en la elaboración del proceso de ruptura una vez se ha tomado la decisión. Se incluyen mujeres que tengan posibilidades y capacidades para comprometerse a asistir regularmente a las sesiones grupales, para relacionarse con respeto y para mantener la privacidad y el secreto de la identidad de las participantes. Como indicadores de exclusión tenemos el consumo abusivo de alcohol u otras drogas, la presencia de problemáticas o disfunciones importantes a nivel social o psicológico, o bien alguna patología psiquiátrica grave, sobre todo características de personalidad de psicopatía y caracteropatía. Asimismo, también son excluidas aquellas mujeres que están recibiendo un tratamiento psicológico individual externo al centro —por duplicidad e incompatibilidad—, si bien un tratamiento psiquiátrico o farmacológico no sería motivo de exclusión ya que podría ser complementario.

Es un grupo cerrado, de ocho a quince participantes, con una duración limitada, dada su función preventiva, de entre cuatro y siete meses (de diecisiete a veintiocho sesiones), según las posibilidades del momento en el servicio. Las sesiones son semanales y de noventa minutos de duración. La conducción del grupo la lleva a cabo una psicóloga con funciones de dinamización de los temas y de la dinámica grupal. Cuenta con la ayuda de una alumna de psicología en prácticas con funciones de observación y registro. Se reúnen semanalmente para analizar cada sesión y preparar las siguientes.

Para la selección, en primer lugar, se elabora una lista de posibles participantes mediante las indicaciones de los profesionales del mismo servicio en el que se inscribe el grupo. Se trata de mujeres que han sido o están siendo atendidas en el centro con una demanda relacionada con la ruptura de pareja. Se informa telefónicamente de la actividad grupal a las mujeres seleccionadas según los criterios de inclusión y de exclusión y se concierta entrevista con las interesadas. Se realizan una o dos entrevistas personales con la finalidad de informar de los objetivos y funcionamiento del grupo, por un lado, y, por otro, valorar el interés, la motivación, las resistencias para el trabajo grupal, así como también comprobar si existe alguna contraindicación para el mismo. Se administran también los cuestionarios de evaluación inicial. Una de las mayores dificultades para realizar los grupos aparece en este momento de selección, ya que para iniciarlo se requiere un número suficientemente alto de participantes en previsión de alguna baja. Hay que tener en cuenta que la situación de separación conlleva a veces cambios de domicilio o de horario de trabajo. En alguna ocasión se puede plantear la entrada de nuevas participantes en un momento dado del proceso grupal, siempre que se trabaje en la dinámica relacional del grupo y no la distorsione demasiado.

Dinámica grupal y contenidos

La metodología utilizada se basa en el modelo de grupos operativos de Enrique Pichón-Rivière (1984), cuyo esquema referencial parte del psicoanálisis, la psicología dinámica y la psicología social, y en los grupos de trabajo de Wilfred R. Bion (1979). Son grupos centrados en la tarea, que tienen en cuenta la focalización del trabajo en una problemática concreta con la finalidad de aprender a pensar en la resolución de dificultades manifestadas en el ámbito grupal y que implican el análisis de aspectos referentes a la transferencia y a la contratransferencia. El grupo debe configurar un esquema conceptual, referencial y operativo de carácter dialéctico, donde las contradicciones principales referidas al campo de trabajo deben ser resueltas durante la tarea misma del grupo (Enrique Pichón-Rivière, 1984). Estas experiencias han tenido como guía muchas de las observaciones y reflexiones que Clara Coria (2001) realiza sobre los «grupos de reflexión» que ha llevado a cabo con mujeres en Argentina, las cuales ponen el acento en el encuadre como una necesidad metodológico-instrumental que debe recrear las mejores condiciones para lograr los objetivos propuestos por la tarea, marcando los límites del espacio-tiempo en que se desarrollará la tarea en función de los objetivos generales de los grupos, e incluyendo una convocatoria basada en el género sexual.

Así pues, en el grupo se trabaja con dos aspectos interrelacionados: por un lado, el diálogo y la discusión de temas vinculados al proceso de separación o de ruptura de pareja y, por el otro, la dinámica relacional y emocional del grupo. Se desarrolla a partir del diálogo libre sobre las vivencias y los temas que se seleccionan con las sugerencias y propuestas de las participantes. Los últimos diez minutos de cada sesión, una vez finalizado el diálogo, se dedican, de forma libre y voluntaria, a hacer aportaciones individuales referentes a la expresión personal de su vivencia en el grupo, a la síntesis o comentario personal sobre el tema tratado o la dinámica grupal, a sugerencias, propuestas, dudas, desacuerdos o críticas.

La primera sesión se dedica a la presentación de la conductora del grupo, la observadora y las participantes; se les pide a las mujeres que incluyan aquellos datos personales que deseen dar: edad, a qué se dedican, si tienen hijas o hijos o si no, de dónde son, datos de la problemática o conflicto en la relación de pareja o situación de ruptura, lo que esperan del grupo y por qué han decidido participar. Después se presenta el trabajo a realizar: los objetivos, los límites (espacio, tiempo, focalización temática y confidencialidad), las expectativas (prevención, reflexión grupal —ayudar a pensar—, no consulta individual), la focalización de los temas en el proceso de separación o ruptura de pareja, las funciones de la conducción, observación y registro escrito, las necesidades de regularidad en la asistencia, puntualidad, respeto, confidencialidad en el marco de trabajo (no hacer comentarios fuera del grupo que pudieran identificar a alguna participante). Por último, se presentan los aspectos formales: horario, calendario, metodología, utilización de los idiomas (bilingüismo), móviles silenciados. Se les entrega una tarjeta con el calendario y horario de las sesiones, así como una lista de bibliografía complementaria con textos referentes al tema y problemática con la que se trabaja: relaciones de pareja, ruptura de pareja y temas de género. El centro cuenta con un fondo de documentación especializado con servicio de préstamo. También cuenta con soporte administrativo y, si se requiere, con un servicio de canguro, por parte del personal de voluntariado de la ciudad, para atender a los hijos e hijas que las mujeres han de traer al centro cuando no tienen con quién dejarlos.

Es importante mantener las mismas formas en el espacio en donde se realiza el grupo. Se colocan las sillas (en número igual a la cantidad de participantes) en semicírculo para facilitar la visibilidad. La observadora anota cómo se sientan en cada sesión y si alguna de las participantes falta o llega tarde. De modo similar a las posiciones de los comensales en la mesa familiar, la distribución espacial también tiene significados referentes a la dinámica grupal que, en ocasiones, podría ser útil señalizar.

La conductora del grupo interviene para aclarar o ampliar contenidos, ofrecer informaciones, desvelar contradicciones, señalar o resaltar aspectos emocionales o racionales, favorecer el análisis de hechos o situaciones, facilitar la comprensión de conceptos, sintetizar los diferentes aspectos del tema planteados en diferentes momentos del diálogo, confrontar la diversidad de opciones, opiniones, criterios o puntos de vista; también para evidenciar las diferencias entre el pensar, el decir y el hacer; y para hacer respetar los turnos de palabra, facilitar que cada una pueda expresarse, contener las ansiedades y las emociones, permitir diferentes expresiones como silencios o llanto. La observadora no interviene en el diálogo: observa y registra por escrito lo que ocurre y el diálogo que se establece en el grupo. Únicamente puede intervenir en los cinco últimos minutos de la sesión, cuando ya se ha acabado el diálogo y se hacen comentarios personales; es entonces, si lo desea, cuando puede hacer algún comentario sobre lo tratado en la sesión.

Como actitudes en la conducción, cabe destacar la importancia de la empatía (sin confundirla con simpatía o compasión), y también son importantes el respeto y la aceptación no valorativa (aceptar a la persona sin emitir juicios de valor), la honestidad y la veracidad, la humildad y la autocrítica, teniendo siempre presente que el saber está sobre todo en la reflexión grupal con el conjunto de las intervenciones y no tanto en una opinión subjetiva, particular —ni siquiera la de la coordinadora. Veamos como ejemplo una sesión:

> **Coordinadora:** «Buenos días, primeramente, he de comentarles que ha llamado Luisa para avisar de que hoy no puede venir, pues le coincide cita en el juzgado. Y y Z [podríamos llamarlas Isabel y Carmen], que veo que ahora no están y no han dicho nada, esperemos que vengan más adelante. Podemos empezar, ustedes tienen la palabra».
> **Juana:** «Ojalá le vaya bien a Luisa, yo estuve el otro día en el juzgado, lo pasé muy mal... [Arranca a llorar, Marta le acerca unos pañuelos de papel.] Nos llamó el juez a declarar, ¡como no nos ponemos de acuerdo! Y él dijo muchas mentiras, dijo que ganaba la mitad de lo que gana y me acusó de malgastadora...».
> **Coordinadora:** [pregunta detalles concretos de lo que se dijo y se hizo en el juzgado, pues la explicación que se ofrece no es completa y podría dar a entender cosas erróneas]: «¿Usted pudo explicarse, dar su criterio? ¿Qué comentarios hizo su abogado? ¿Y el contrario? ¿Cómo acabó el acto? Lo pasó muy mal, pero, por lo que explica parece que no fue mal del todo, ¿no?».
> **Juana:** «Yo tenía miedo de que a mí no me creyeran, pero por las preguntas que le hizo el abogado y los documentos que presentó demostrando que lo que decía él no era verdad,

yo estuve tranquila y contesté muy claro; yo creo que el juez me creyó más a mí que a él, pues a él y a su abogado les llamaron la atención porque repetían cosas y decían cosas que no venían a cuento. Ahora a esperar la sentencia».
Coordinadora: «¿Cómo se siente ahora, después de haber declarado?».
Juana: «Pues, la verdad, me he sacado un peso de encima. Por un lado siento rabia de ver lo malo que llega a ser, oyendo las barbaridades que dijo, pero por otro me siento más tranquila, porque se ha dado un paso importante, ha quedado ya todo claro y espero que se haga justicia». [Entra Isabel y excusa su retraso.]
Marta: «Recuerdo que la primera vez que fuimos al abogado, los dos, yo casi no pude hablar, me puse a llorar y no me salían las palabras. Me dio mucha rabia y mucha vergüenza al no poder hablar tranquila y que él me viera así de desmontada, ya que se aprovechaba de eso, me considera una histérica; tenía miedo de que así me viera también el abogado, pero quedamos en que yo iría sola otro día, y fue mejor».

Aquí la coordinadora resalta las emociones que expresan Juana y Marta: la rabia, el deseo de justicia, el miedo a que no les crean, la vergüenza, la tranquilidad de hablar claro y de ser escuchadas. Relaciona esto con aspectos que habían salido en sesiones anteriores, referentes a este temor de no ser creídas o de no saber expresarse bien o a la satisfacción de poder a expresarse de forma clara. Varias participantes intervienen ampliando los comentarios y vivencias al respecto. También se interviene resaltando algunas estrategias que facilitan o dificultan la expresión como, por ejemplo, hacer entrevistas con el abogado ellas solas; algunas aseguran ir en compañía de algún hermano —varón— o de algún hijo o hija cuando éstos ya son adultos.

Entonces la coordinadora resalta esa necesidad de ir acompañadas por un varón, como si ellas solas no pudieran explicarse o entenderse con el abogado. Este tema de la necesidad de ir con alguien se amplía con comentarios, que varias participantes realizan, de cuando eran pequeñas y jóvenes, incluso ya adultas, refiriendo que es muy corriente que las chicas o mujeres vayan juntas al lavabo en edificios públicos, acompañándose; o al banco o a hacer algunas gestiones similares. Aquí se interviene evidenciando la creencia de la vulnerabilidad de una mujer sola o la necesidad de protección que desde la educación androcéntrica se ha inculcado en las mujeres, y se potencia la reflexión sobre aquellas cosas en las que se desenvuelven bien sin necesidad de compañía como, por ejemplo, ir al médico o a hablar con la profesora del colegio de sus hijos.

Después interviene Isabel explicando que el fin de semana anterior tuvo trifulca con su marido y Marta le recuerda que ya no es su esposo sino su «ex» o «el padre de sus hijos». Isabel dice no saber cómo llamarle cuando habla de él; le sale decir «su marido» aunque sabe perfectamente que ya no lo es.

La coordinadora interviene indicando las diferentes fases del proceso y explicando que, aunque la separación sea una realidad, puesto que ya no conviven y se han iniciado trámites legales, internamente los lazos emocionales continúan ahí y se necesita un proceso que los rompa y que sitúe las cosas según la realidad. Se hacen comentarios sobre cómo otras participantes resuelven eso: «Yo le llamo "mi primer marido", que queda mejor»; «pues yo suelo referirme a él con algún insulto» [algunas ríen con complicidad]; «yo le llamo por su nombre de pila», etcétera. Desde la coordinación se interviene analizando el valor de los insultos como un acto violento que, si bien pueden reconocer como tal cuando aquéllos son dirigidos contra ellas, les cuesta identificar cuando son ellas quienes los dirigen contra los hombres. A partir de ahí se analizan diferentes situaciones de violencia emocional o verbal que van relatando o habían relatado en otras sesiones.

Cuando quedan pocos minutos para acabar la sesión, la coordinadora recoge en forma de síntesis algunos de los puntos tratados, resaltando aquéllos en los que se ha profundizado más y los que han quedado con aspectos pendientes para seguir trabajando en sesiones posteriores y, como ya solo quedan cinco minutos para el final, se acaba el diálogo y se da pie a comentarios personales como, por ejemplo: «Estoy contenta de venir al grupo, salgo con mejores ideas y cuando tengo algún problema pienso qué diríais vosotras y me siento más acompañada»; «yo quisiera decir que ese tema de los insultos no me queda claro y me gustaría volver a trabajarlo» o «a mí me sabe mal que Carmen no haya venido ni haya dicho nada. ¿No le habrá pasado alguna cosa? Igual la llamo por teléfono».

En cuanto al proceso grupal, cada grupo tiene su propia idiosincrasia, pero hay aspectos que suelen repetirse de forma similar en la mayoría de ellos. Al inicio, cada participante busca, por un lado, nexos con las demás y, por el otro, marcar las diferencias. Poco a poco los temores iniciales de ser engullidas por el grupo y no tener un lugar propio desaparecen; las mujeres pueden comprenderse y sentirse comprendidas a su vez. También aumenta la confianza y pueden mostrarse de forma más desinhibida sin tantas precauciones. Es corriente que en esta primera fase aparezcan rivalidades, malos entendidos, desconfianza o alianzas que se deben tener en cuenta desde la conducción del grupo y señalizar o contrarrestar, si fuera necesario, con delicadeza y buscando el momento y el modo adecuado.

A medida que avanza el grupo se afianza el sentimiento de inclusión, de pertenencia, y las participantes logran, entonces, interesarse y preocuparse por las otras personas. Es a partir de aquí, cuando ya se han creado vínculos emocionales de respeto, comprensión y compañerismo, que se puede avanzar en la reflexión y profundizar en el análisis de los temas. Más adelante se podrá, incluso, utilizar el humor y surgirán afectos de solidaridad e interés por las otras participantes. Eso hay que tenerlo en cuenta para trabajar, desde el inicio, los límites y el final del grupo, que han de estar siempre presentes. Si esto no se contempla adecuadamente podría aparecer dependencia emocional y dificultar la marcha al finalizar el grupo. En este sentido, cabe resaltar que la autonomía personal (criterios personales, toma de decisiones) es uno de los aspectos clave a desarrollar en el grupo.

También es importante diferenciar los momentos de trabajo grupal de otros momentos de relación que se puedan dar entre las participantes fuera de las sesiones. Se trata de un grupo de trabajo y no debe confundirse con uno de amigas o de ayuda mutua; si entre ellas surge amistad o realizan encuentros más allá de la sesión, ha de quedar claro que eso ocurre fuera del ámbito de trabajo grupal, de otro modo se podría contaminar o distorsionar el proceso de desarrollo grupal. Esto también tiene que ver con las expectativas que las participantes ponen en el grupo y con clarificar los objetivos como equipo de trabajo. En este sentido, es de gran ayuda mantener un encuadre claro para diferenciar bien el espacio y el tiempo de trabajo grupal, como, por ejemplo, entrar a la sala donde se realiza el encuentro cuando es la hora y no antes, todas juntas, y despedirse en la puerta de la sala. Dado que es un grupo de trabajo, no se debería acceder para realizar otras actividades como celebraciones (convidar a pastas o salir a tomar un café) o consultas individuales, aunque sí se pueden aceptar aportaciones de las participantes como comentarios de un libro, recitar una poesía o leer el fragmento de un diario, siempre que hagan referencia al tema que las convoca.

Ya se ha explicado que el material de trabajo es el diálogo libre sobre las propias vivencias. En este tipo de grupos no se realizan ejercicios ni otras técnicas, simplemente el fluir de la palabra y las reflexiones que van surgiendo. Éstos son los temas que aparecen con mayor frecuencia:

a) dificultades y conflictos con la relación o comunicación con el marido (exmarido) o compañero (excompañero): emociones, actitudes, conflictos y estrategias;

b) dominación y la violencia machista;

c) el servilismo y la sumisión femenina versus la autonomía y dependencia emocional;

d) dificultades y contratiempos en las negociaciones del convenio regulador y reparto de bienes, en las relaciones con estamentos judiciales y en las posibilidades y límites que ofrecen las leyes;

e) el malestar emocional: ansiedad, depresión, disfunciones somáticas como alteraciones en la alimentación (ingesta o proceso digestivo) y trastornos del sueño o dolor corporal;

f) quejas victimistas;

g) relaciones y comunicación con los hijos e hijas respecto de sus emociones, actitudes, conflictos y estrategias;

h) cambios y reorganización de la economía, el tiempo y las actividades de ocio;

i) cambios en las relaciones con la familia de origen: ayuda, crítica, preocupación, dependencia, y en las relaciones de amistad;

j) creencias y estereotipos sobre la función de esposa o compañera y sobre la función de madre y de cuidadora.

En lo referente al proceso de ruptura de pareja, al inicio las mujeres relatan lo que les pasa con mucho dolor, mucha vergüenza y mucha rabia, llegando a utilizar palabras despreciativas o adjetivos infravalorativos para nombrar al marido o compañero. Incluso se pueden dar momentos de alianzas de género («todos los hombres son iguales») que después se han de reconducir. Las participantes se sienten muy solas, no comprenden lo que les ha pasado, aparecen las contradicciones y la ambivalencia. Pueden empezar a compartir intimidades y secretos y, también, a relacionar las cosas que les pasan, que piensan y que sienten con los estereotipos sexistas y la educación recibida. Estas mujeres comparten dificultades, y las experiencias de unas pueden ser aleccionadoras para las otras. Cada una a su modo, con su ritmo, va realizando un proceso personal y el grupo, con la contribución de todas las participantes, elaborará su proceso como colectividad.

Cuando se está llegando al final del grupo, hay que trabajar la despedida: por un lado, sintetizar, recoger los aspectos trabajados y, por el otro, recordar cómo se encontraba cada una al inicio y cómo está ahora, constatando las cosas que han cambiado en ellas y en la dinámica grupal, y plantear con perspectiva de futuro alternativas o actividades que les permitan continuar con ese trabajo de diálogo y reflexión grupal en otros lugares.

Evaluación y resultados

La evaluación de resultados que realizamos incluye diversos índices: número de participantes y de bajas; porcentaje de asistencia por sesión y por participante; consecución de los objetivos a través de la valoración de las participantes y de la conducción del grupo; grado de satisfacción de las implicadas (verbalizaciones y cuestionario); disminución del nivel de depresión y aumento del índice de calidad de vida en las participantes, aplicados al inicio y al finalizar la intervención grupal.

El cuestionario de satisfacción es una manera, complementaria a las verbalizaciones realizadas en el grupo, de recoger las opiniones y sugerencias, ya que las participantes pueden opinar con mayor libertad por escrito e individualmente que de forma oral. Es un listado de preguntas sencillo donde se han de puntuar diferentes aspectos del trabajo grupal en primer lugar y, después, responder tres preguntas abiertas en las que se pueden expresar comentarios, críticas o sugerencias. Estos comentarios resultan de gran ayuda para programar nuevos grupos y adecuarlos mejor a las necesidades de este tipo de problemática.

Los resultados de estos grupos a lo largo de los últimos años nos indican su importante aceptación: el promedio de asistencia ha sido del 82% y la puntuación promedio de satisfacción por el trabajo grupal, otorgada en el cuestionario de satisfacción, de un 8,5 sobre 10. Veamos algunos aspectos que se valoran como más interesantes: «Se puede hablar abiertamente de todo lo que se piensa y se siente»; «va bien desahogarse y saber que no eres la única»; «una sale del mundo en que se encierra»; «tu voz se escucha y te sientes arropada, comprendida en tus luchas internas, no estás sola»; «ayuda a entenderse a una misma cuando te ves reflejada en las experiencias de las otras»; «ayuda a tomar conciencia de los problemas»; «contrasta opiniones diferentes»; «el compañerismo».

El sistema de evaluación de test/retest, utilizando el Inventario de Depresión de Beck (BDI) y el Cuestionario de Calidad de Vida (QQVD), nos ha sido muy útil y los resultados obtenidos confirman el trabajo grupal como una herramienta eficaz para disminuir el nivel de depresión, con la consiguiente reducción de la hiperfrecuentación a los servicios sanitarios y de la ingesta de medicación, así como la mejora significativa del nivel de calidad de vida de las participantes (Regina Bayo-Borrás Falcón, 2002). Durante los años 2000 y 2001 participamos en un estudio sobre la efectividad de este sistema evaluativo, realizado en cinco grupos de mujeres de diferentes ámbitos asistenciales del área metropolitana de Barcelona, y subvencionado por el Colegio

Oficial de Psicólogos de Cataluña (VV. AA., 2002). Sus resultados indicaron que el índice de depresión disminuye 9,2 puntos de promedio y el índice de calidad de vida aumenta 7,6 puntos de promedio.

Es importante resaltar, desde la conducción de los grupos, lo mucho que hemos podido aprender en las dinámicas grupales realizadas. Se lo hemos de agradecer a las mujeres que, depositando su confianza en nosotras, han participado en dichos grupos.

3. Grupos de atención a mujeres que sufren violencia de pareja

Dedicamos este capítulo al nivel asistencial, es decir, a la atención de las supervivientes en diferentes tipos de grupos, de contextos diferentes, con el objetivo de superar o minimizar las consecuencias del problema de la violencia de pareja. Trata de acciones de reparación, rehabilitación, reinserción o terapia. Los grupos de atención a mujeres pretenden la eliminación de la violencia en sus vidas, su «empoderamiento», la mejora de su salud, su inclusión social y la reafirmación de su independencia y libertad. La experiencia grupal representa para estas mujeres un antes y un después en su largo camino de liberación.

¿Cómo se construyen estos grupos? ¿Son del mismo tipo? ¿Qué objetivos tienen? ¿Cuánto duran? ¿Se deben seleccionar contenidos previos? ¿Qué resultados obtienen? ¿Cómo se crean grupos diferentes para contextos diferentes? A continuación presentamos cuatro tipos de grupos en tres entornos: dos modalidades diferentes en servicios ambulatorios, una en servicios residenciales de refugio y otra en un programa de inserción laboral.

En primer lugar, existen dos formatos de grupo de atención directa que persiguen los mismos objetivos: un formato abierto y otro cerrado. En los grupos abiertos las participantes pueden entrar y salir en diferentes momentos. Este tipo de grupo de apoyo psicosocial consigue atender a las mujeres en el momento mismo de sus demandas y necesidades, a través de un hábil manejo de las despedidas y las incorporaciones. Está siempre en activo; la diversidad de situaciones en las que se encuentran las mujeres es aprovechada en beneficio de su recuperación y de la propia cohesión grupal. En los grupos cerrados, en cambio, las participantes solo disponen de un breve período de tiempo, al inicio, para acceder a él. Luego se cierra y no entra nadie más hasta la próxima edición. En este grupo psicoterapéutico observamos la evolución de la experiencia grupal en tres fases, con las intervenciones de las conductoras, los contenidos, los relatos, las dudas, las culpas, las reafirmaciones y, finalmente, las alegrías de las integrantes. El cierre del grupo merece especial atención.

Exponemos también las circunstancias que rodean a un servicio residencial. En plena convivencia cotidiana en una casa de acogida, ¿cabe una intervención grupal? Vale la pena conocer desde dentro la experiencia de uno de los grupos. En una casa de acogida viven mujeres, hijos e hijas que se han visto obligados a salir de su propio hogar, de su barrio, su escuela, su trabajo, su entorno social y familiar habitual. Ante situaciones de crisis tan graves como éstas, una importante cantidad de personas en circunstancias similares habita en la casa, en obligada convivencia día y noche, en espacios a veces constreñidos y con horarios complicados. Las autoras describen con detenimiento el encuadre de este grupo y cómo llevarlo adelante, su cuidada relación con los otros espacios colectivos, o la ambivalencia en la que se encuentran muchas de estas mujeres.

¿Y su independencia económica? Es un aspecto crucial en las situaciones de dominación por violenta machista, no porque sean amas de casa sin sueldo ni patrimonio —no siempre es así— sino por el empobrecimiento que genera dicha violencia. La inserción laboral y la independencia económica resultan indispensables para la mujer; nada las hace sentirse más frágiles, socialmente hablando, que el hecho de no poder acceder al mundo del trabajo asalariado o haber sido excluidas de él. La inserción laboral representa inclusión social, valor social, independencia y autonomía básica. Nos adentramos en la experiencia específica de la proyección laboral de mujeres en situación de violencia, como un elemento liberador, reparador y de integración social. Aplicar tan difícil objetivo parece más fácil después de la explicación de su autora, pues es como si estos grupos siempre hubiesen existido. Desde un servicio general de inserción para el empleo se combinan estos saberes específicos con el reconocimiento de las dinámicas y secuelas de la violencia machista de pareja. Las mujeres elaboran su proyecto de formación e inserción laboral a partir de su amarga realidad, de la que extraen buenos resultados y experiencias gratificantes.

Todas las intervenciones grupales muestran el gran impacto positivo que se ejerce en las mujeres participantes, promoviendo cambios positivos en la mayoría de ellas, su familia y su entorno.

3.1 GRUPO ABIERTO DE APOYO PSICOSOCIAL A MUJERES EN SITUACIÓN DE VIOLENCIA EN LA RELACIÓN DE PAREJA

Montserrat Paíno Lafuente

Las mujeres que acuden al grupo

El grupo abierto de apoyo psicosocial va dirigido a mujeres mayores de edad que viven o han vivido relaciones de pareja donde la violencia es constante y de muy diversos tipos. En el grupo se visualiza el impacto de ésta en las mujeres y en sus hijos y, además, se potencian las capacidades o habilidades que han quedado mermadas como consecuencia de la violencia sufrida en un tiempo determinado. A lo largo de más de una década de funcionamiento hemos podido observar un cambio en el perfil de las mujeres. Al principio se trataba de participantes de más de cincuenta años, con estudios primarios, que no trabajaban fuera de casa y que cuidaban de su familia. La mayoría de ellas llevaba casada una media de veinticinco años.

Los perfiles que nos encontramos en la actualidad son más heterogéneos: mujeres entre veinticinco y cincuenta y cinco años, con variabilidad en el nivel de estudios. La mayoría trabaja fuera de casa y todas presentan cargas familiares. El estado civil es diverso, habiendo más casadas pero también emparejadas de hecho, divorciadas o separadas. La media de años de convivencia también ha disminuido. Algunos factores sociales han podido incidir en este cambio de perfil. La violencia en la última década se ha hecho más visible, se ha legitimado como un problema social que ya no es ni individual ni privado. Además, la población se encuentra en general bastante sensibilizada sobre la gravedad de las secuelas sufridas así como sobre la necesidad de ofrecer ayuda a las víctimas. Como consecuencia, las mujeres que se hallan en tal situación acuden antes a pedir ayuda, lo que, probablemente, vaya unido al hecho de que ahora hay más profesionales preparados para detectar y tratar a dichas mujeres. Por otra parte, también hay unas cuantas que han salido de la situación por propia iniciativa y en algún momento de ese proceso, aunque sea después de la separación, acuden a pedir ayuda, ya que muchas de ellas siguen sufriendo violencia, sobre todo psíquica.

Otra característica que se ha observado en el grupo abierto es cierta heterogeneidad en su composición, que valoramos en clave positiva. Las ventajas que encontramos en ello son:

a) ayuda a entender que las mujeres son muy diferentes unas de otras y por consiguiente rompe estereotipos sobre cómo es una mujer que ha sufrido malos tratos;

b) ayuda a entender que, a pesar de las diferencias entre las mujeres (orígenes, edades o nivel socioeconómico), las situaciones vividas, así como las causas que generan la violencia, pueden ser muy similares;

c) se da un intercambio más rico de estrategias de resistencia y abandono que son útiles para las diversas circunstancias;

d) se da un intercambio más rico de puntos de vista y de valoraciones sobre las relaciones de pareja y de familia;

e) acelera procesos de identificación entre las mujeres, que se producen en diferentes momentos de la recuperación;

f) promueve en el grupo un efecto de esperanza en la recuperación y un efecto de universalidad en el sentido de compartir el problema y no estar sola.

Entre los inconvenientes encontramos que las diferencias generacionales o culturales pueden dificultar, en el inicio de la relación, el proceso de identificación y empatía entre las mujeres. Estas cuestiones han de ser vigiladas y trabajadas por parte de las conductoras para evitar malos entendidos y desarrollar positivamente el sentido de grupo y la confianza. Además, la conducción deberá velar por un equilibrio en la participación de la diversidad de todas las necesidades y puntos de vista.

El grupo abierto

Antes de empezar a desarrollar lo que supone «construir» un grupo abierto de apoyo psicosocial en violencia, queremos explicar el porqué de una intervención grupal y, además, el porqué de un grupo abierto. El abordaje grupal de la problemática de la violencia nos pareció, hace más de una década, novedoso y complementario a otros tipos de intervención. Estamos convencidas de la utilidad de la intervención grupal porque aprovecha y crea dinámicas grupales que consiguen mejoras en todas las mujeres que participan. Lo que define el trabajo grupal son los tipos de vínculos, roles e interacciones que se establecen entre participantes. La experiencia nos enseña que los resultados y beneficios que se obtienen a través de una intervención grupal difícilmente se habrían obtenido a partir de una exclusivamente individualizada.

En un grupo abierto no hay un número de participantes predefinido de entrada sino que los participantes pueden incorporarse a medida que lo requieran y salirse en el momento que lo consideren oportuno.

El porqué de un grupo abierto está basado en una valoración de «pros» y «contras» que se desprende de este tipo de grupo (Neus Roca, Montse Paíno *et al.*, 2007). Desde nuestro punto de vista, han tenido más peso las ventajas que los inconvenientes. Entre las ventajas destacamos:

a) para iniciar un grupo abierto no se necesita un número determinado de participantes aunque aconsejaríamos un mínimo de cuatro y un máximo de doce;

b) permite la rápida incorporación de mujeres en cualquier momento porque el grupo siempre está en funcionamiento;

c) se da una respuesta más rápida a la mujer cuando lo necesita y a la vez están preparadas para su incorporación al grupo;

d) la heterogeneidad de las mujeres acelera determinados procesos de identificación, ya que pueden «contemplarse» en diferentes momentos de la recuperación, propiciando un efecto positivo y esperanzador;

e) las mujeres pueden entender mejor la idea de proceso de recuperación (más o menos largo), lo que implica flexibilidad para aceptar las situaciones y da a las primeras diferentes tiempos para reconstruir sus vidas.

Los inconvenientes serían:

a) la necesidad de acomodación cada vez que se produce una incorporación al grupo, que se compensa reforzando continuamente la grupalidad;

b) el programa de contenidos ha de ser suficientemente flexible y no repetitivo para así poder dar respuesta a las situaciones personales de cada momento;

c) dado que las mujeres se hallan en diferentes momentos del proceso de recuperación, ha de tenerse en cuenta la forma de adaptarse a cada uno de ellos.

El grupo abierto de apoyo psicosocial se enmarca dentro de un servicio de atención social primaria que tiene un carácter polivalente y territorial y es la puerta principal de acceso al sistema de servicios sociales público. En él se abordan todo tipo de necesidades y problemáticas sociales: están formados por equipos interdisciplinarios dotados de profesionales del trabajo social, de la educación social, de la psicología y la abogacía. Se trata de un contexto de servicios ambulatorios, no residenciales.

Objetivos

Los objetivos de la intervención son, para las mujeres:

a) encontrar en el grupo un punto de referencia que les permita identificar la situación de maltrato;

b) superar la situación de maltrato en sus diferentes grados;

c) tomar conciencia de los factores sociales, culturales y familiares que favorecen la violencia y poder conectarlos con sus biografías personales y relacionales;

d) superar las secuelas de la violencia descritas en el síndrome de la mujer maltratada;

e) recuperar y renovar la red de apoyo social;

f) encontrar dentro y fuera del grupo apoyo social y emocional.

Estos objetivos dirigidos a las mujeres se complementan con otros de tipo comunitario:

g) consolidar la cooperación con los servicios y entidades de la red asociativa implicados en la problemática, tanto los servicios derivantes de mujeres como los que, derivados desde el grupo de servicios sociales, pueden proporcionar atención o inserción social de la mujer;

h) colaborar en actos de sensibilización social relacionados con la violencia de género;

i) participar en investigaciones para profundizar en el conocimiento de la violencia de género y los procesos de recuperación de mujeres que han sufrido malos tratos.

Criterios generales de funcionamiento

El grupo de apoyo psicosocial es un proyecto de ámbito de distrito (Nou Barris). Al grupo pueden acceder mujeres derivadas de los servicios sociales y sanitarios, así como de entidades de acción social y cívica que actúan en el territorio. Para asistir al grupo no es imprescindible que la mujer esté vinculada a los servicios sociales, pero sí será fundamental que cada una tenga un profesional de referencia que la trate o le realice un seguimiento individual, ya sea en el ámbito sanitario, social o de salud mental.

La población diana del proyecto son mujeres que viven en un contexto de violencia y, por tanto, cohabitan con el agresor; o puede que no convivan pero que mantengan un vínculo con él como, por ejemplo, mujeres separadas con hijos que tienen regulado el régimen de visitas. Otra característica básica es que sean mujeres mínimamente conscientes del problema, con habilidades para relacionarse, compensadas psíquicamente y que expresen una necesidad de cambio.

El proceso de derivación al grupo se inicia cuando un servicio o entidad nos envía el informe de violencia familiar. El protocolo (anexo 5) recoge información de la situación socioeconómica y laboral, las necesidades manifestadas y detectadas y la red social tanto de la mujer como de su pareja. Incluye también información sobre el inicio de la relación, los episodios de malos tratos y su tipología, así como los factores de vulnerabilidad y agravantes de la situación de maltrato, entre otras informaciones. Una vez recibido este informe, las profesionales que conducen el grupo verifican el cumplimiento de los criterios de acceso y se cita a la mujer a una entrevista de acogida (anexo 8, entrevista de selección con la mujer). El objetivo de dicha entrevista es saber qué desea, qué necesita, y conocer su motivación y disponibilidad para participar en el grupo. La entrevista de acogida es útil, entre otras cosas, para explicar aspectos de funcionamiento interno del grupo y resolver dudas que puedan plantearse en relación a él. Nos informa, además, del estado físico y psíquico actual, lo que nos permite realizar una valoración global y óptima del punto de partida de cada mujer. Además, podemos recoger temas claves que las implicadas quieren abordar en el grupo. Después de la entrevista, el equipo valora si la mujer posee el perfil adecuado y los factores de pronóstico. En caso de que sea seleccionada para la experiencia grupal, le entregamos el calendario de sesiones y la invitamos a participar en la siguiente. Si se considera que no es el momento idóneo para participar, le explicamos los motivos, le sugerimos los recursos más adecuados para su situación actual y le dejamos la puerta abierta de cara al futuro. Un ejemplo de exclusión sería cuando se detecta baja motivación para iniciar el proceso grupal o un estado anímico muy vulnerable. Otras situaciones apuntarían a mujeres que están en un contexto de riesgo para su integridad o la de sus hijos, o que en ese momento priorizan otro tipo de actividad como los grupos de encuentro o talleres sobre diferentes temáticas. Paralelamente, se hace una devolución a los profesionales derivantes.

La periodicidad del grupo abierto es quincenal por diversos motivos. Consideramos que así las mujeres pueden tener mayor disponibilidad para llevar a cabo la actividad, teniendo en cuenta que han de compatibilizarla con el cuidado de los hijos y el trabajo y, a veces, con la presión controladora del hombre violento, que no quiere que acuda a ningún servicio. Además, esta temporalidad de las sesiones permite que la mujer pueda reflexionar sobre los aspectos abordados en cada una de ellas. Al ser un grupo abierto, funciona durante todo el año natural haciendo pausas en los períodos navideño y estival. El número aproximado de sesiones que se realizan en un año es de veinte.

Como muestra tomamos dos años naturales al azar: 2004 y 2005. En el primero se produjeron nueve entradas y cuatro salidas. El tiempo de estancia de estas cuatro salidas fue de dos a cinco meses. Los motivos de abandono del grupo fueron la baja motivación para seguir en él y cuestiones laborales. Por otro lado, en el 2005 se produjeron seis entradas y seis salidas. Los motivos de las salidas fueron, en cuatro casos, la finalización del proceso grupal, en uno el agravamiento de la situación social y, en el restante, problemas de salud mental. El tiempo de estancia en el grupo fue muy variable, con intervalos que iban de un mes a cuatro años.

En relación al espacio, el grupo tiene un lugar propio y siempre es el mismo. Las mujeres se sientan en círculo, en la silla que prefieran. La estabilidad del espacio genera confianza y sentido de apropiación [1]. Las normas del grupo se explican al inicio, es decir, después del cierre veraniego, y se repiten cada vez que se produce una nueva incorporación, lo que permite consolidarlas o ampliarlas si ellas lo consideran necesario. Todo esto hace posible que las mujeres sientan el grupo como suyo. Las normas básicas son: confidencialidad, ausencia de juicios de valor, compromiso de asistencia, aviso y explicación en caso de ausencia, compromiso de despedida en caso de abandono del grupo y puntualidad.

Los ingresos y salidas del grupo son procesos conducidos por las profesionales. Intentamos facilitarlos al máximo para que no tengan efectos negativos hacia el grupo. Durante la primera sesión (momento clave) las conductoras actuamos como facilitadoras y vigilamos que la nueva incorporación se sienta cómoda, pueda expresarse con libertad y que su participación vaya acomodándose a

1 Un ejemplo importante es que algunas mujeres, por motivos de salud, traen cojines para sentirse más cómodas.

la dinámica grupal. Esto se realiza recibiendo a las nuevas con dos besos, mientras las veteranas se presentan ante ellas y les explican qué es el grupo, cuál es su proceso y para qué les está sirviendo. Después, las nuevas definen los objetivos de estancia en el mismo, que se irán evaluando en diferentes momentos del proceso grupal. Además, se entregan los teléfonos de todas las asistentes por si desean conectar entre ellas más adelante[2].

Cuando una mujer deja el grupo voluntariamente o porque se considera adecuado desde la conducción, se le explica al resto de compañeras y a los profesionales derivantes, quienes realizan una devolución a la mujer enfatizando sus potencialidades, recursos personales y también los puntos débiles deba reforzar. Además, realizamos alguna dinámica que favorezca la expresión de los pensamientos y de los sentimientos del resto de las mujeres en relación a la que pronto abandonará el grupo. Se acaba con un ritual de despedida: a quien se va se le entrega una carta o postal donde las compañeras y las conductoras le dedican mensajes personales positivos que ella se llevará de recuerdo de su paso por el grupo y que puede serle útil en un momento difícil. Las salidas voluntarias del grupo se dan en cualquier momento. Las propuestas por las conductoras, en general, suelen coincidir con el inicio del período estival o al finalizar el año natural, a menos que se considere que se alargaría artificialmente la estancia de la mujer en el grupo. El criterio para dar de alta a una mujer es la mejora significativa en su proceso de recuperación de la violencia, que viene determinado por los objetivos concretos de estancia en el mismo que la mujer explicita al inicio. Se pretende conseguir un equilibrio óptimo entre las necesidades de aquélla y las del grupo, evitando, en la medida de lo posible, situaciones excesivamente cronificadas y de dependencia mutua que harían un flaco favor a las asistentes.

Todas las sesiones grupales tienen una estructura tipo que intentamos flexibilizar más o menos en función de las situaciones

2 A modo de ejemplo, en el apartado 4.3 del capítulo 4 mostramos relatos y registros literales de las sesiones. Allí quedan reflejadas las nuevas incorporaciones, la utilidad del grupo para las veteranas y la salida de alguna mujer por los motivos antes expresados.

que plantean las mujeres. Ante el dilema de una sesión completamente estructurada o una abierta a las aportaciones espontáneas de las participantes, se ha optado por una estructura mixta. Una sesión típica empieza revisando la asistencia y preguntando a las presentes si tienen noticias de las ausentes. De esta manera podemos detectar los encuentros casuales o intencionados que se producen fuera del grupo. Si se origina una nueva incorporación, seguimos los procedimientos explicados anteriormente. A continuación, se realiza una actividad estructurada, con el objetivo de profundizar en la problemática de la violencia y, de esta forma, reflexionar, compartir y poner en común pensamientos, acciones y emociones en relación a la misma. Esta actividad dirigida se puede llevar a cabo de forma individual, por parejas o en grupo grande. Habitualmente se concluye con una puesta en común para llegar a las conclusiones. Luego se deja un espacio para tratar situaciones especiales o críticas. La última fase de la sesión grupal consiste en la aplicación de las técnicas corporales, en concreto, el *Qi Gong*. Este método se basa en la medicina tradicional china, que busca la armonización del cuerpo, la mente y la respiración para poder afrontar situaciones de crisis y angustia, así como descargar tensiones y aprender a relajarse.

Solemos cambiar el orden de la estructura de la sesión según el grado de angustia de las mujeres respecto a sus situaciones críticas y, entonces, las técnicas corporales pasan al inicio u ocupan el momento que consideremos oportuno. En algunas ocasiones engloba toda la sesión, bien porque la situación es grave o bien por la extensión e intensidad del eco, las identificaciones, emociones, valoraciones y reflexiones que ha generado en el resto de mujeres. En este sentido, cuando se detecta a alguna en un momento crítico se contacta con su referente para informarle y, si es posible, activar otros recursos complementarios que pueden ser útiles. Por ejemplo, el asesoramiento jurídico, la atención psicológica individual o psiquiátrica, una casa de acogida, etcétera.

Los contenidos que se abordan en el grupo —propuestos por el equipo de conducción o surgidos de las intervenciones de las propias mujeres— a lo largo de, aproximadamente, un año y medio han sido los siguientes: la identificación de la violencia sufrida en todas sus facetas (verbal, física, ambiental, social, económica); la identificación y comprensión del ciclo de la violencia; la expresión y el reconocimiento de mitos y estereotipos sobre la misma, propios y ajenos; rememorar y revisar la historia de la relación de pareja con la que se sufre o ha sufrido la violencia, y el conocimiento y reconocimiento de modelos parentales y educativos de la violencia que se han recibido y que existen en la cultura. También hemos tratado los efectos de la violencia en la salud y cómo cuidarnos; las diferencias entre asertividad y agresividad; las condiciones para el tratamiento con los maltratadores; los conflictos de lealtades en los hijos ante la separación; el conocimiento sobre el tipo de límites que se pueden poner a la violencia y cómo realizarlo; la experiencia de asistir a un juicio oral; el planteamiento de la separación (miedos, soledad, duelos); el retorno con el maltratador; el proceso de recuperación de la mujer maltratada; la concreción de objetivos individuales; la evaluación y devolución durante y al final del proceso, etcétera. Ha habido sesiones para trabajar la autoestima, monográficos sobre la conexión cuerpo-mente, sesiones de consulta jurídica con el abogado del servicio, de revisión de los obstáculos para el cambio personal, de desvictimización y de reconstrucción del proyecto vital. Los materiales empleados se han extraído o inspirado en diferentes publicaciones (entre otras: Olga Castanyer, 1996; Lluïsa Carmona, Ana Chavarrias, Beatriu Macià y otras, 2000; Laura Cafaro, Estela de Armas *et al.,* 2001; Dulce Chacón, 2002; Sue Patton, 2003; Pilar Matud, Vanesa Matilla y Ana Belén Gutiérrez, 2005).

El grupo de apoyo ha optado por una co-conducción, es decir, dos profesionales dinamizan el grupo. Los perfiles que se consideran más adecuados son el de una trabajadora social o una educadora, indistintamente. Consideramos que la participación de una psicóloga es imprescindible por el tipo de problemática que se aborda y por lo que moviliza. Creemos que es muy importante que los profesionales conductores tengan formación y experiencia en dinámica de grupos así como formación específica en violencia de género. Nuestro grupo, en concreto, es co-conducido por una trabajadora social y una psicóloga. Conjuntamente planificamos las sesiones y su contenido. Por lo general, es la psicóloga quien conduce la sesión y la trabajadora social interviene a lo largo de la misma de forma espontánea. Las dos toman notas y después las unifican en un acta común.

El estilo fundamental de conducción es una mezcla entre directivo y no directivo. A lo largo de la sesión las conductoras desempeñan diferentes roles. Un rol básico es el de observadora, que nos permite comprender qué pasa en el grupo, qué sienten las mujeres, cómo actúan y por qué. Las conductoras propiciamos la participación de todas y cada una de ellas, posibilitamos la introspección y los nuevos aprendizajes, aportamos informaciones y orientaciones claves para que puedan tomar decisiones con más elementos. También abordamos las emociones que las mujeres traen al grupo, de forma que se identifiquen, se comprendan, se contengan o se dejen llevar según la persona o situación. Otro rol básico de las conductoras es el de reforzar comportamientos, felicitando y elogiando aquellos que son útiles para la buena comunicación del grupo y para la recuperación de la mujer. También cuestionamos aquellas ideas o conductas que pueden ser perjudiciales para el clima y la cohesión del grupo. Esto posibilita momentos de gran intensidad emocional en el grupo a la vez que se van creando vínculos cada vez más profundos entre las participantes. Dado que las problemáticas que se abordan tienen mucha carga emocional, existen espacios de supervisión grupal para ayudar a las profesionales a canalizar emociones, analizar dinámicas y recibir a su vez apoyo profesional.

Planificación y dinámica del grupo

Planificación y dinámica son dos aspectos diferentes pero íntimamente relacionados. La planificación es imprescindible porque orienta, guía y conduce al grupo. La dinámica resultante es única, un conjunto conformado por la planificación, la situación de las participantes al llegar, el modo en que se concreta la primera a partir de la observación del momento y las expresiones, y las necesidades que manifiestan las mujeres. Ambos aspectos los presentamos, a modo de ejemplo, a través de un resumen de sesiones realizadas que se dieron en nuestro grupo abierto de apoyo psicosocial durante un curso. En la tabla se registra una primera columna donde consta el momento de la sesión, una segunda que incorpora la planificación prevista y una última que recoge la síntesis de la dinámica grupal y los contenidos tratados.

FECHA SESIÓN N.º PARTICIPANTES	PLANIFICACIÓN DE LA CONDUCCIÓN	SÍNTESIS DE LA DINÁMICA GRUPAL Y DE LOS CONTENIDOS TRATADOS
14/10 Después del inicio del curso escolar 1.ª sesión 4 participantes	Memoria del grupo. Presentación. Normas grupales. Puesta al día de cada una y repaso de objetivos individuales.	Inicio. Breve recuerdo de cómo están las mujeres del grupo del año pasado y del actual. Placer por el reencuentro y expectación. Una mujer del grupo está fuera de la ciudad, se está separando. Objetivos individuales de vinculación al grupo. Puesta en común de las situaciones de todas. (Parte de la sesión se encuentra en el apartado 4.3)
28/10 2.ª sesión 3 participantes	Inicio del grupo (repaso de ausencias e índice de sesión). Presentación nueva. Sucesos semanales. Ejercicio sobre cómo se reacciona ante la agresión según se es hombre o mujer.	Recursos de ayuda para la mujer que se está separando. Incorporación y dudas de una participante. Puesta al día colectiva. Implicadas en el ejercicio, hacen esfuerzos y resisten. Acogida a la nueva. Impactada. Agresividad versus asertividad: identificación y diferenciación. Protección y límites a la violencia.
11/11 3.ª sesión 5 participantes	Inicio del grupo. Valoración sobre la voluntad de una mujer de volver al grupo. Ejercicio en díada y grupal sobre la relación de pareja.	Valoración del grupo. Elaboración cognitiva y afectiva de las condiciones iniciales y actuales de emparejamiento. Especial soporte y dedicación a la problemática de una mujer ya separada que duda si entrar o no en el grupo. Emparejamientos: motivos y circunstancias. Emociones del ciclo de la violencia: culpa-esperanza-perdón-miedo-terror. (Parte de la sesión se encuentra en el apartado 4.3)

25/11 4.ª sesión 3 participantes	Inicio del grupo. Tiempo para un posible abandono. Ejercicio sobre los espacios y deseos propios.	Expresión y análisis de la situación de la mujer que quiere dejar el grupo ya que cree que ha mejorado espacios propios o en función de los deseos de su ex. Abandono y recuperación de sí mismas. Se implican. Una mujer trae lazos lilas para todas para conmemorar la fecha, día internacional contra la violencia hacia las mujeres.
9/12 5.ª sesión 4+4 participantes	Ritual anual: grupo actual más exmiembros. Memoria colectiva del grupo. Puesta en común de cómo están. Intercambio de «regalos».	Retorno y soporte a la que se acaba de separar (casa acogida). Satisfacción por los avances, sentimiento de liberación compartido. Separaciones: peligros y miedos a más violencia. Recursos. Consejos para negociar la separación. Valoración ahora versus antes de la separación. La soledad. Hacen un pica-pica. Postal de todas a todas, incluidas las conductoras: deseos y recuerdo del «macrogrupo».
13/01 año siguiente 6.ª sesión 4 participantes	Puesta al día. Contactos en fiestas. Inicio del grupo. Dificultades y situaciones agradables. Objetivos.	Reinicio fluido. Objetivos individuales y grupales. Expresión y atención a todas las mujeres. Catarsis sobre la situación post-separación. Alegría. Relaciones con los hijos/as, comprensión, intercambio, emociones y estrategias. Resistencias a la dominación del hombre. Condiciones para el tratamiento de los maltratadores. La ambivalencia de los hijos. (Parte de la sesión se encuentra en el apartado 4.4)
27/01 7.ª sesión 5 participantes	Inicio del grupo. Ronda de presentaciones para la nueva, con los motivos de participación en el grupo. Ejercicio: objetivos individuales.	Reinicio del grupo y también repaso de las que no pueden asistir. Expresión de la nueva. Expresión de la violencia y apoyo a un miembro que cohabita con el violento. Ciclo de la violencia: culpa y responsabilidad. Roles de género. Características y estrategias de los maltratadores. Factores precipitantes: drogas-alcohol. (Parte de la sesión se encuentra en el apartado 4.4)

10/02 8.ª sesión 4 participantes	Inicio del grupo. Ronda de presentación, entra otra nueva. Expresión de situaciones críticas.	Continúa elaboración de la sesión anterior. Expresan problemáticas dos mayores y dos más jóvenes, una de ellas nueva en el grupo. Culpa. Intentos y dudas de separación. Los hijos. Valoración vital de los años de violencia y posiciones hacia el maltratador como pareja y padre. El reconocimiento y reparación públicos de la violencia recibida. (Parte de la sesión se encuentra en el apartado 4.4)
24/02 9.ª sesión 4 participantes	Inicio del grupo. Ejercicio de ideas previas. Mitos y prejuicios.	Van identificando su manera de pensar y la confrontan con su experiencia desde cierta distancia. Demanda de apoyo para encarar el primer juicio. Sentimiento de vergüenza por el maltrato. Encararse con el machismo: cómo, antes y ahora. Estrategias en el juicio. Análisis social del maltrato a la mujer. (Parte de la sesión se encuentra en el apartado 4.4)
09/03 10.ª sesión 5 participantes	Inicio del grupo. Puesta en común de objetivos individuales. Devolución de los resultados globales ejercicio anterior. Situaciones especiales de los últimos días.	Mujer agradece apoyo y explica el buen funcionamiento del juicio. Problemas de salud. Cómo se ejerce la autoridad con los hijos/as. Análisis de comportamientos de los maltratadores. Efectos de la violencia sobre la salud. Toma de conciencia de la rabia. Agradecimientos, las idealizaciones del padre y los límites. Complicidad por el desenmascaramiento del machismo. (Parte de la sesión se encuentra en el apartado 4.5)
23/03 11.ª sesión 9 participantes	Inicio del grupo. Entran dos nuevas. Breve presentación. Situaciones que les preocupan. Espacio al final para una despedida	Acogida, comprensión, calma, refuerzo y esperanza a una nueva que expresa su situación y cohabita con violento. Cuesta marchar de la sesión. Sentirse capaz, o no, de separarse. Alertas y reproducción de la violencia. Utilización de los hijos para maltratar a la mujer. Idealización del padre. Acogida y despedida de un miembro que cohabita con el violento. Diferencias generacionales educativas.

20/04 12.ª sesión 6 participantes	Inicio grupo. Ronda de situaciones específicas después de vacaciones.	Escucha y análisis del malestar, confusión y dudas de un miembro en cohabitación con el maltratador. Reacción de los hijos a las visitas con el padre. Análisis de los límites a la violencia. Contención y acompañamiento a un miembro en crisis: quiere volver con el maltratador. No quiere estar más en casa de acogida. Confrontación y apoyo. Valoración de sus necesidades y condiciones. (Parte de la sesión se encuentra en el apartado 4.4)
04/05 13.ª sesión 3 participantes	Inicio grupo. Puesta en común de las jornadas de violencia doméstica del distrito. Ejercicio estereotipos. Situaciones especiales.	Opinión jornadas. Valoración del grupo como a apoyo y recurso. Catarsis y análisis de la mujer con maltrato desde diversas fases de la recuperación de las otras mujeres. Enfrentamiento con los hijos por la separación. Bajo número de mujeres pero no baja la intensidad de la sesión. Culpa, miedo, intentos separación, catarsis. Valoración del grupo. Autovaloraciones y «heterovaloraciones» de personas ajenas al grupo. Identificación y denuncia de limitaciones de los roles de género. Cuesta levantarse y dejar la sala. No se ha hecho el ejercicio.
18/05 14.ª sesión 5 participantes	Inicio grupo. Ejercicio sobre estereotipos. Decisión: petición de participación en TV.	Una de las mujeres expresa alegría por los cambios en el marido que acude a tratamiento. Nunca ha habido violencia física. La violencia ha sido de control de la cotidianidad doméstica. Está en alerta. Bien acogida. Disposición de recursos por parte del grupo. Despedida de una mujer. Reconocimiento, mitos y estereotipos de violencia. Crítica a las normas residenciales de las casas de acogida. Deseos de independencia. Evaluación de los riesgos.
1/06 15.ª sesión 5 participantes	Inicio grupo. Valoración participación en TV. Espacio para dos mujeres. Ejercicio de abuso físico.	Atreverse a expresar, fuera del grupo, los sentimientos de malestar. Problemas importantes de salud. Recursos. Apoyo emocional. Nuevas identificaciones abuso físico. Ansiedad. Valoración de los años que se ha aguantado el maltrato. Ellas y sus hijos. Secuelas de salud física.

15/06 16.ª sesión 7 participantes	Situaciones específicas. Ejercicio de abuso social. Despedida de una mujer.	Escuchan a la mujer en maltrato. Rabia y rebeldía. Enfrentamiento al poder. Intercambian miedos y sueños de miedo. Catarsis. Expresión de límites a la violencia, más autonomía y deseo de vida sin violencia. Encuentra trabajo y apoyos. Consciencia de la no consciencia del abuso social. Formas de control y dominio. El miedo: antes y ahora.
29/06 17.ª sesión 5 participantes	Inicio grupo. Presentación nueva Ejercicio de abuso ambiental. Situaciones especiales.	La mujer nueva expresa su situación y preocupación por los hijos. Acogida. Buen ambiente. Problemática, proyección de rabia y recuerdos respecto a los hijos. Humor. Lectura de poemas propios. Intimidad. Proyección en hijos. Abuso ambiental: consciencia de que pasa desapercibido y de la «ceguera». (Parte de la sesión se encuentra en el apartado 4.5)
13/07 18.ª sesión 6 participantes	Inicio grupo. Última sesión del curso. Valoración del grupo y de las mujeres.	Aquello que es común con la nueva. Ansiedad por la crisis de una mujer. Las mujeres valoran y evalúan el grupo. Evaluación de los progresos de cada mujer, por parte de las conductoras, y autoevaluación y heteroevaluación entre ellas. Despedida de una veterana importante para el grupo. Duelo y satisfacción. Meriendan con el grupo de hijos/as.

Para finalizar este apartado de dinámica de grupo creemos interesante mencionar dos momentos importantes en el desarrollo del grupo: el ritual anual de reencuentro y el alta que se les da a las mujeres cuando se marchan. El ritual anual consiste en un encuentro de todas aquellas que han participado en el grupo a lo largo de ese año natural. Se produce en el mes de diciembre y cumple diferentes funciones: hacer saber a las mujeres que ese grupo tiene una historia, es decir, un pasado y un presente que se hallan enlazados y que, a la vez, ofrecen un sentido de macrogrupo y, por tanto, de pertenencia. Este encuentro sirve, también, para que las mujeres se conozcan y puedan saber de otros procesos personales de recuperación que les permitan identificarse, proyectarse y salir del aislamiento social. Este espacio tiene connotaciones de pérdida para quienes asisten —aunque también de alegría por los avances conseguidos— y de sentimientos y emociones ligados al bienestar personal. Para las mujeres en activo constituye un horizonte de esperanza respecto a un futuro diferente. El encuentro finaliza con la elaboración de postales individuales que pretenden ser regalos donde se expresan deseos de futuro a la vez que se rescatan las habilidades y peculiaridades de cada mujer. La sesión finaliza con un pica-pica en el que asisten también los niños y las niñas del espacio infantil.

Evaluación y resultados

¿Qué se evalúa, cómo y cuándo?

Fruto de la propuesta metodológica (Neus Roca, Montse Paíno *et al.*, 2007) se ha optado por evaluar dos aspectos básicos: el proceso y la dinámica grupal, y el proceso de recuperación de la mujer. A partir del esquema extraído del documento de protocolos elaborado por el Àrea de Acció Social i Ciutadania del Ajuntament de Barcelona (Matilde Albarracín *et al.*, 2007), se estructura la evaluación de este grupo abierto, del siguiente modo:

Objeto de evaluación	Protocolos	Momento de aplicación	Evaluadora
Proceso y dinámica del grupo	Hoja de planificación de la sesión grupal (anexo 9)	Antes de la sesión	Profesionales responsables del grupo
	Hoja de registro de la sesión (anexo 10)	Después de la sesión	Profesionales responsables del grupo
	Cuestionario de satisfacción y valoración de las participantes (anexo 4)	La última sesión antes de finalizar el grupo	Cada mujer participante

Recuperación de la mujer	Objetivos de la mujer respecto a sí misma	Comparación de sus objetivos iniciales con los resultados finales	Cada mujer participante y las profesionales responsables del grupo
	Protocolo de exploración, valoración y orientación de la intervención de la mujer (anexo 5)	Comparación del informe inicial con el informe final	Profesional derivante al inicio y, al final, profesional referente y/o las profesionales del grupo
	Inventario del proceso de recuperación (anexo 7)	Comparación del resultado inicial con el resultado final	Profesionales responsables del grupo

Resultados sobre la valoración del grupo

En cuanto al cuestionario de satisfacción y valoración del grupo (evaluaciones 1999-2009), la mayoría de las mujeres considera adecuado el tiempo dedicado a las sesiones, así como el horario. Unas pocas proponen que la frecuencia del encuentro sea semanal y se amplíe la duración de las sesiones, aunque todas consideran que han dispuesto de tiempo suficiente para poder participar y expresarse en el grupo. Se valora muy positivamente a las profesionales, su naturalidad, accesibilidad, confianza, profesionalidad, el respeto y tacto que demuestran, y también a la educadora social del espacio infantil. Como mejora plantean la introducción de técnicas corporales (actualmente ya incorporadas) y un aumento de dinámicas grupales más artísticas y lúdicas. En relación a su participación, la mayoría se ha sentido cómoda, aunque también alguna, en un momento dado, se ha visto presionada por otra mujer o por la evocación de sucesos traumáticos de su pasado. Expresan que en el grupo han encontrado apoyo, comprensión, confianza en ellas mismas, amistad, afinidad, solidaridad, respeto, orientación, afecto, transmisión de valores positivos, ganas de luchar y reconocimiento. El haber coincidido con otras mujeres en situaciones afines les ha permitido salir de su aislamiento y crear vínculos entre ellas. La mayoría expresa haber conseguido parte de los objetivos que se planteaban con su participación en el grupo; las que no lo han logrado coinciden con las que todavía cohabitan con su pareja. Han cambiado su situación personal, han ganado confianza y autoestima, son capaces de pensar por sí mismas, más valientes, con más fuerzas para seguir luchando y menos retraídas socialmente. Han conseguido tomar una decisión y separarse. Con más capacidad para expresar pensamientos y sentimientos, se han dado cuenta de la situación violenta en la que se encontraban. Pero la preocupación en ciertos aspectos conflictivos ligados a su pareja continúan, especialmente respecto de los hijos: el miedo a su reacción ante la separación, a que él vuelva a ser como antes o a que ellos vendan la vivienda.

En sus planteamientos de futuro quieren vivir en paz y tranquilidad, apoyando a sus hijos. Desean separarse (las que no lo han hecho aún), seguir formándose, encontrar trabajo, pensar más en sí mismas, cambiar de vivienda y continuar recuperándose. Los únicos obstáculos de futuro son los problemas de salud o económicos, la antigua pareja, algún familiar, los miedos personales o la falta de apoyo para cuidar a sus hijos. Consideran útil y necesario su continuidad en el grupo, ya que les ayuda a recuperarse de las secuelas, a fortalecerse más, aumentar la autoestima, clarificar su futuro, ayudar a otras, favorecer sus relaciones sociales y evitar recaídas.

Sobre la recuperación de las mujeres

Los objetivos que se habían propuesto las mujeres al inicio del grupo se comparan con la situación actual para ver si hay mejoras. Esta evaluación se contrasta con la información de la mujer que nos da el profesional referente; de esta manera se intenta garantizar una coherencia con el plan global de intervención. Todo ello se comparte con la evaluación de la propia mujer y, habitualmente, se realiza en su última sesión presencial en el grupo que acabará despidiéndola.

Los resultados de las evaluaciones de los últimos años, a partir del protocolo de exploración, valoración y orientación de la intervención, muestran mejoras del estado anímico y físico: se reducen los síntomas depresivos y ansiosos y, por tanto, la medicación; al poder identificar lo que les pasa, compartirlo y expresar sus sentimientos, se sienten cada vez más fuertes y seguras, aumentando su autoestima; disminuyen el sentimiento de soledad y el de culpa en relación a la violencia sufrida y la mayoría de las mujeres que no trabajaban ha encontrado empleo o está más capacitada para conseguirlo. Algunas han interpuesto una demanda de separación o han cesado la convivencia. Han disminuido el aislamiento social y permanecen conectadas con recursos del entorno. Se producen cambios en las relaciones con sus familias de origen, de forma que se relacionan más sana e igualitariamente. El grupo les permite dar y recibir apoyo y esto les sirve como motor para el cambio; además se operan transformaciones en el sistema de creencias, incorporando modelos de hombre y mujer más igualitarios.

En cuanto al informe de fases de recuperación, se utiliza el Inventario de Recuperación de la Mujer en Situación de Violencia, de elaboración propia, explicado en el apartado 1.4 (anexo 7). Los resultados generales del paso por el grupo, junto con las otras atenciones recibidas, muestran que las mujeres generalmente avanzan en su proceso de recuperación; es decir, que pasan de una fase a otra y, a veces, incluso dos o más. Por otro lado, también hay mujeres que se mantienen en la misma fase. Esto sucede, sobre todo, en la última de ellas, que constituye un período bastante amplio en el tiempo. También hay participantes que han estado pocos meses y sus avances se encuentran en la misma fase. Durante los años 2004 y 2005 este grupo fue objeto de observación y análisis de su dinámica grupal (capítulo 4) y de evaluación sistemática de resultados en la recuperación de las mujeres, tal como se presenta en el apartado 4.6.

Concluyendo, creemos que el trabajo grupal ha de estar siempre enmarcado en un plan de trabajo global para cada mujer en situación de violencia, donde pueden ser de utilidad el tratamiento social, el educativo, el psicológico e, incluso, otros más especializados como, por ejemplo, el centro de salud mental de la zona o el servicio de orientación ocupacional especializado en mujeres. Este plan de trabajo ha de ser como un puzle donde cada profesional aporta una pieza clave y diferente, pues persiguen, en última instancia, los mismos objetivos. Ante estos resultados podemos concluir que el grupo abierto de apoyo psicosocial, con sus ventajas e inconvenientes, constituye un escenario único y eficaz para la atención, seguimiento y tratamiento de las mujeres en situaciones de violencia de pareja. Sabemos que el trabajo grupal unido a otros tipos de atención individual, ya sea social, psicológica o jurídica, resulta beneficioso y eficaz para la recuperación integral de la mujer.

3.2 GRUPO PSICOTERAPÉUTICO DE MUJERES PARA LA SUPERACIÓN DE MALTRATOS Y PARA RECONOCERSE EN EL NUEVO FUTURO

Júlia Masip Serra [3]

LAS DEMANDAS DE LAS MUJERES Y LA VIOLENCIA

El trabajo con mujeres en los servicios sociales es amplio: va desde la visión directa y concreta de la demanda individual a la organización de grupos de diferentes tipos donde los profesionales amplían su perspectiva al conjugar disciplinas que facilitan el diagnóstico de la problemática femenina. La demanda social de las mujeres es escuchada desde hace muchos años también a través de la red social organizada en asociaciones de mujeres, asociaciones de vecinos, asociaciones lúdicas y de tiempo libre. Ya en los años ochenta, cuando los servicios sociales inician su proyecto democrático, los y las profesionales jóvenes, asistentes sociales, educadores, psicólogos y psicólogas empezaron a recorrer el territorio desde la perspectiva psicosocial y comunitaria. Las profesionales

3 La autora agradece a Concha Pont y Alicia Salaberry (2010) su gran apoyo en la conducción de este grupo. Este apartado es una revisión ampliada del artículo aparecido en la Revista de Intervención Psicosocial, n.º 19, volumen 1.

evaluamos y observamos que el 70% de las demandas en servicios sociales son de mujeres (datos internos de los servicios sociales de atención primaria del Ajuntament de Barcelona de 2006), con un aumento en la detección y también en la exposición a esta problemática de violencia. Esto crea una alta sensibilidad en las profesionales, mujeres en su gran mayoría.

Es ahí, en esos espacios individuales, a través de entrevistas íntimas y en los grupos todavía sin título ni especialidad en maltrato sexista, donde la demanda hacia esta problemática empieza a verbalizarse. Pero también se empieza a hablar de ello en los talleres con mujeres organizadas en los que el maltrato de los hombres no está tan encubierto. Y nace de manera espontánea, en los cursillos de formación laboral, en las charlas de salud o de mejora social y económica. Cada vez se nombra más la violencia y se hace públicamente: surge la demanda social (Miguel Lorente, 1999, 2001).

La formación como equipo en violencia hacia las mujeres es un primer paso fundamental. A finales de los años noventa, asistentes sociales y psicólogas reciben formación para asistir al grupo de mujeres en situación de violencia; y también las educadoras y trabajadores familiares para el grupo paralelo de hijos e hijas de las participantes. Realizamos la formación con Graciela Ferreira (1992), psicóloga argentina especialista en temas de maltrato sexista, pionera en editar en lengua castellana, que se ha convertido en una referencia valiosísima para las profesionales iniciales.

En este apartado presentaremos una experiencia de intervención grupal que se inscribe en un proyecto más amplio, es decir, como intervención social que implica a todos los profesionales de los servicios sociales en su realización y derivación y también a los profesionales de otros tipos de servicios (salud, educación, migración, justicia) en la detección, derivación y seguimiento. Así pues, los profesionales de cada zona del distrito transmiten sus conocimientos y sensibilizan al resto de profesionales con dos objetivos: la detección y derivación de mujeres al grupo que se iniciará de forma anual y la participación en él como co-conductoras u observadoras en formación.

El grupo se hace cada año en una zona diferente. La conducción es coordinada por la psicóloga de los servicios sociales y la asistente social de esa zona, aunque ésta puede venir de fuera si resulta necesaria su formación experiencial. También se incorpora una educadora responsable del grupo infantil —formado por hijos e hijas de las mujeres integrantes— y un trabajador familiar que ayuda a tratar diferentes temas con los pequeños. Este trabajo paralelo es importante por su carácter preventivo. La apuesta por una línea de intervención permanente y continuada refuerza la profesionalidad y la experiencia, permite compartirla y traspasarla año tras año.

Al principio, fueron difíciles tanto las detecciones por parte de los profesionales como la voluntad de la mujeres para formar parte de un grupo. Aunque se identificasen como mujeres que sufrían maltratos de sus parejas, oponían gran resistencia. Llegaban con demandas poco claras respecto a su situación de sufrimiento: pedían ayuda por sus hijos, porque las mandaba la escuela, o por su contexto laboral o económico. Expresar los maltratos que padecían les llevaba meses y requería de gran ayuda por parte de las profesionales (Jorge Corsi, 2002, 2003). A través del trabajo en red, las mujeres venían desde diferentes servicios y la detección, al principio, era confusa. No sabían de qué tipo de grupo se trataba y se sentían muy inseguras, tanto mayores como jóvenes; el silencio formaba parte de su existir-resistir a todo tipo de maltratos físicos, psicológicos, económicos, sociales o sexuales (José Luis Linares, 2002). Actualmente, el trabajo de las profesionales en esta problemática presenta un alto nivel, siendo la detección más rápida. También las mujeres llegan con un discurso más claro, sus relatos y sus experiencias salen en poco tiempo, ya sea por la gran influencia de la información y sensibilización social, o por la experiencia y el trabajo realizado en estos últimos diez años. La tipología del maltrato se halla más definida y saben diferenciar si es psicológico o físico; también existe un gran malestar con el maltrato económico, ya que muchas mujeres firman préstamos o avales que las dejan totalmente endeudadas.

Objetivos del equipo y de la intervención grupal

Los objetivos de esta propuesta, que pretende consolidar la intervención grupal con una mirada amplia y comunitaria, deben abarcar simultáneamente una doble vertiente. Por un lado, la sensibilización y formación de profesionales y, por el otro, la ejecución anual del grupo de atención a las mujeres en situación de violencia.

Objetivos del trabajo en equipo

Los objetivos relacionados con la atención general a mujeres en situación de violencia desde la visión comunitaria de distrito son los siguientes:

a) crear un equipo experto y abierto al aprendizaje permanente para garantizar su ejecución anual y, a la vez, ampliar su experiencia y abrirla a nuevos profesionales de diferentes zonas del distrito y la ciudad;

b) mantener el grupo de atención psicosocial a mujeres en situación de violencia, como eje visualizador de la intervención sobre violencia hacia éstas realizada en el distrito, y consolidar la intervención en grupo como metodología válida por los resultados que se obtienen a través de ella;

c) reforzar el circuito y la red de intervención en violencia hacia las mujeres a nivel de distrito y de ciudad.

El apoyo de la dirección y de las técnicas municipales a través del plan de atención a la violencia contra las mujeres, así como el estricto trabajo en equipo para la preparación, realización y evaluación de la intervención grupal motiva a los y las profesionales de los servicios sociales a continuar profundizando el estudio/tratamiento de la problemática, analizando la evolución de sus causas y el proceso de recuperación. Los resultados de las primeras intervenciones grupales son muy alentadores. Las mujeres rompen el círculo de la violencia con sus alianzas, ven la fuerza que les surge a pesar de tanto tiempo de opresión violenta, de tantos años de sufrimiento, y constatan los efectos de la revalorización y el reconocimiento en sí mismas. A su vez, todo esto revierte en el fortalecimiento del trabajo del equipo de las profesionales.

La intervención grupal da cuerpo y visibilidad a la atención a mujeres en situación de violencia a través de la difusión en los servicios y las mujeres de la comunidad. Los otros niveles de intervención constituyen escenarios menos visibles y concretos; la atención individual por ser confidencial y la atención comunitaria por ser amplia y más puntual.

Objetivos de la intervención grupal

El grupo se dirige a todas las mujeres del distrito municipal a través de los diferentes servicios de salud, educación, cultura; también de entidades privadas de reinserción, formación y, sobre todo, de los cuatro centros de servicios sociales con que cuenta el distrito. Las profesionales que dirigen el grupo, muy cercanas a las demandas de las mujeres, transmiten e informan a través de una hoja de presentación y otra de derivación (anexo 11, hoja de propuesta de derivación), sobre el inicio de un nuevo grupo. El contacto entre estas profesionales y los diferentes servicios es constante.

Los objetivos relacionados con la intervención grupal propiamente dicha a mujeres en situación de violencia son los siguientes:

a) redefinir las diferentes circunstancias como situaciones de violencia, de maltrato, explorarlas y reconocer su evolución;

b) contactar inicialmente con la mujer para decidir su incorporación o no al grupo: observar resistencias y dificultades frente al deseo y la motivación;

c) disminuir el malestar y la angustia de la mujer desde la primera etapa grupal a la vez que frenar el maltrato, introduciendo límites desde el comportamiento de aquélla mediante el refuerzo de su autoestima;

d) crear una dinámica grupal favorable y positiva que motive la participación;

e) mejorar y reforzar la posición y salud psicológica de las mujeres.

Preparando el grupo y el trabajo en equipo

Con la organización rotatoria explicada anteriormente, se opta por el grupo cerrado, contando entre veinte y veintidós sesiones de hora y media semanal. El grupo dura aproximadamente un curso, entre su preparación, que empieza en septiembre, y su realización, que empieza en enero y acaba en junio. Por dicho motivo se define como grupo cerrado. Sin embargo, desde enero hasta Semana Santa se reciben derivaciones que pueden ser acogidas si en el grupo ha habido alguna baja, quedan todavía plazas o cumplen las condiciones. Habitualmente, el grupo suele completarse a principios de marzo con unas ocho o diez mujeres como máximo. A partir de ahí, toma definitivamente cuerpo y cohesión. En junio se realiza la evaluación, se traspasa a todos los profesionales de las diferentes zonas y se decide cuáles de ellos formarán el equipo conductor para el grupo del curso siguiente.

La detección es el primer paso y los profesionales de todos los servicios del circuito de derivación (sociales, educativos, de salud, de salud mental, de justicia, etcétera) saben lo que es crucial: la escucha se transforma en «orejas sensibilizadas» cuando una mujer «no puede más», tiene problemas de salud o económicos, está tomando fármacos, ya no puede con sus hijos, con su trabajo o con lo más básico de sus tareas domésticas y convive con su pareja o está recién separada, afrontando la «monomarentalidad» con acoso de la expareja. La mayoría de las veces, detrás de este cuadro multisintomático, suelen darse diferentes tipos de maltrato. Para la mujer que encuentra en la escucha profesional la detección del maltrato y sus formas de ocultamiento, la entrevista de detección representa una apertura en su círculo cerrado que le permitirá hablar. Quizá por primera vez verbalizará el horror diario en el que vive, explicará que se halla expuesta al incremento del maltrato y, por lo tanto, al empeoramiento de su estado general, y relatará cómo se desvanecen lentamente sus fuerzas, llegando a veces a pensar en abandonarse, en abandonar a sus hijos e incluso en su propia desaparición.

Las derivaciones, con su continuidad y su evolución, permiten realizar la evaluación continuada del trabajo en red. Es necesario analizar cómo derivan los profesionales de diferentes centros: qué tipo de casos o si son adecuados, claros o confusos, descritos y definidos para el grupo. Esto contribuye a la idoneidad de las mujeres candidatas a participar en el grupo y le facilita el trabajo al equipo. Ahí reside la importancia de la coordinación entre servicios y profesionales, tan necesaria y útil, no solo para el trabajo en y hacia el grupo, sino también para la mujer, que recibe el mismo mensaje y percibe la proximidad de los profesionales referentes y del grupo, con un lenguaje y unos objetivos comunes.

Las entrevistas iniciales (anexo 8) son claves para apoyar el primer ensayo de cara a una salida de la situación de violencia que quizá ni siquiera se ha nombrado como tal. En ellas, las profesionales iniciamos el objetivo de redefinir la situación de las mujeres, que continuará en la intervención grupal y en la orientación o tratamiento individual, en términos de la violencia y sus secuelas. Iniciamos, además, el análisis y el diagnóstico de la situación de la mujer para proceder a una orientación coordinada de los aspectos sociales, económicos, de salud y judiciales si así ella lo decidiese.

La incorporación de las mujeres al grupo no es inmediata. Algunas —especialmente las que se encuentran en los primeros momentos de su salida del maltrato— se mueven entre resistencias y dificultades aunque sus deseos y motivaciones para una vida sin violencia, dolor ni opresión sean razones que las motivan a entrar en el grupo. Saben que son fuertes por todo lo que han sufrido y resistido pero, al mismo tiempo, no se lo creen porque los mensajes que han recibido dicen que no valen nada ni sirven para nada (Leonor María Cantera, 2005). Son mujeres que, quizá por primera vez, piden ayuda para su situación y la explican; mujeres que se mueven aún en la desesperanza, pues dudan de que sus deseos de vivir mejor puedan hacerse realidad; que viven en el aislamiento, sin ayuda para la crianza de los hijos y con carencias económicas o dificultades para el manejo independiente de los ingresos propios. Son mujeres con angustia, bloqueo, desmemoria, falta de concentración, falta de control de su propia agresividad, con temor a más violencia, a más descontrol. Mujeres que se niegan a romper el proyecto de familia en el que habían confiado, por temor a quedarse solas y desamparadas, con rabia por la injusticia de una realidad a la que dedicaron sus esfuerzos y sacrificios.

Decidir la incorporación de una mujer al grupo requiere un buen trabajo previo de equipo (Pilar Migallón y Beatriz Gálvez, 2001), que consiste en consensuar, entre las profesionales responsables del grupo y los que derivan, las descripciones de diferentes situaciones de maltrato y su gravedad, la percepción de la mujer y su idoneidad para el grupo. Para ello se cuenta con la ficha de derivación (anexo 11), la coordinación y la entrevista de selección con la mujer[4] (anexo 8). Las profesionales exploran, empatizan y transmiten aquellos elementos positivos del grupo que sirven para aclarar dudas y miedos; descubren los deseos de mejora de la mujer, evaluando también sus potenciales y su nivel de esfuerzo y permanencia frente a una intervención grupal.

La experiencia y formación grupal ayuda a definir muy bien a las probables participantes. Debido a que el comportamiento de fuga (Wilfred R. Bion, 1980) es muy elevado, sobre todo al principio, es importante esta entrevista y el refuerzo positivo para resaltarle a la mujer su aportación al grupo y, por tanto, su integración. Son pocos los criterios de exclusión, que ocurre únicamente cuando el equipo de profesionales valora que la situación no es suficientemente adecuada, debido a que la mujer sufre una psicopatología grave o severa o existen graves problemas de toxicomanías, o porque la mujer no está lo suficientemente convencida y todavía no es su momento.

En la preparación del grupo se revisan y actualizan las fichas a utilizar: la de derivación (anexo 11), la de entrevista para la idoneidad e incorporación al grupo (anexo 8), la de encuadre y objetivos de las sesiones (anexo 9), la de observación y evaluación de las mismas (anexo 10) y los cuestionarios iniciales y finales de evaluación (anexo 4). Este tipo de instrumentos fueron revisados por un grupo de profesionales expertas en el seminario de protocolización de la intervención grupal en violencia, del Ajuntament de Barcelona (Matilde Albarracín *et al.*, 2007).

4 La entrevista es de alta intensidad, de conocimiento mutuo entre la mujer y las profesionales que conducirán el grupo. En ella la mujer conoce a los profesionales y les expresa su motivación e interés, y, sobre todo, sus dudas, sus resistencias, sus miedos a compartir esas situaciones difíciles y a veces vergonzosas: sus sentimientos de inseguridad; en definitiva, sus miedos a desnudar la intimidad.

La estructura de las sesiones suele iniciarse con ejercicios de introspección individual, que luego se exponen y comparten en grupo. Ya en la primera sesión, a través del ejercicio de grupo nominal, se les pide que cada una exponga los temas más importantes que quiere trabajar en el grupo: se ponen en común y se unifican. Este ejercicio promueve la implicación y el sentimiento de formar parte de algo. Al ir avanzando y trabajando los temas escogidos por ellas ayuda y fomenta la cohesión grupal. Los contenidos de las sesiones, propuestos por ellas o por las profesionales, suelen ser los siguientes: autoestima, control, relación con los hijos, salud, seguridad, sentimientos, pérdida del miedo, afrontar conflictos, convivencia y economía. A este conjunto las profesionales añaden, si no aparecen en la propuesta anterior: los límites, las causas u orígenes familiares, la sexualidad femenina, los derechos legales, el futuro, la superación. Una vez trazadas las coordinaciones externas con los profesionales referentes y derivantes de las posibles participantes, es el momento de la coordinación con el grupo paralelo de infancia.

En este grupo paralelo infantil se ha introducido un profesional, hombre, para promocionar relaciones respetuosas, dialogantes y afectuosas de autoridad masculina. Se coordina también con expertos y expertas externos que informarán sobre cuestiones judiciales, educación, sexualidad femenina, orientación laboral, etcétera.

Intervención y dinámica del grupo

Una vez preparado el grupo y su escenario, las mujeres se encuentran y la dinámica grupal entra en funcionamiento (Didier Anzieu, 2004). El proceso grupal puede entenderse como un laboratorio social de las interacciones humanas en el que se pueden descubrir los elementos que entorpecen el desarrollo pleno de la existencia. Las conductoras, a través de métodos de indagación de las acciones[5], observan cómo se adquiere unidad a través del tra-

5 Explorando la preexistencia, en cada uno de nosotros, de un esquema referencial: conjunto de experiencias, conocimientos y afectos con los que el individuo piensa y hace.

bajo grupal (Enrique Pichón Rivière, 1985). Tienen la función de crear, mantener y fomentar la comunicación, a la vez que educar y despertar la motivación y el interés, recogiendo lo aportado por las integrantes y convirtiéndolo en conocimientos y aprendizaje. Construyen y crean la operatividad como instrumento de intercomunicación y respeto resultante de la tarea del grupo, puesto que en el esquema conceptual, referencial y operativo entran los valores de cada integrante, con grandes cargas emocionales de transmisión familiar (por lo general, inconscientes), ya que las ideologías, valores, costumbres y creencias religiosas que mantienen la organización de la vida se transmiten a través de la familia de origen.

Las profesionales escuchan y leen los lenguajes compartidos, promueven el análisis de las ideologías y las creencias (con frecuencia subjetivas, confusas y negativas respecto de las acciones) e interpretan las contradicciones de las participantes a partir del libre fluir de aportaciones y sentimientos. Ésta es una de las tareas internas esenciales del grupo: analizar los relatos del lenguaje; confeccionar un metalenguaje que permita deconstruir las acciones en función de un nuevo concepto de sí mismas más positivo creado en el grupo. Se trata de la recuperación del propio «yo» (Robin Norwood, 2000) a través de la revisión de los otros «yos», de las resonancias en otros «ECROS» (Esquema Conceptual Referencial Operativo) y del aporte de los profesionales [6]. Disminuir el malestar y la angustia de las mujeres empieza ya en la detección y consiguiente derivación. Es un trabajo previo: el malestar comienza a encontrar su enfoque de canalización en el trabajo de incorporación al grupo. Hay mujeres que no pueden parar de llorar desde las entrevistas previas en la propia exposición, en las primeras sesiones o en la escucha de los demás relatos, que les resuenan como cañones, creando empatías, alianzas, compli-

6 Revisando las nuevas ideologías que promueven la igualdad entre hombres y mujeres, las nuevas costumbres y creencias equitativas que rompen con la asimetría social de infravaloración del que es considerado «femenino», y las resistencias al cambio propio y ajeno, a sus nuevas y deseadas construcciones (Bill O'Hanlon, 2001).

cidades y cohesión de grupo desde la primera sesión y durante toda la primera etapa grupal.

El equipo prepara dinámicas y ejercicios para analizar las causas de los maltratos, cuándo se iniciaron, cómo evolucionaron. Compartir los movimientos de la mujer frente a las diferentes situaciones ayuda a conocer aquellos que han funcionado o que hay que eliminar, junto con las dificultades para realizarlos o renovarlos. Estos ejercicios disminuyen el alto nivel de ansiedad con el que suelen llegar las mujeres al grupo y también ayudan, casi desde el principio, a poner límites al maltrato por parte de sus parejas. Se trata de ejercicios muchas veces creados por las propias profesionales y adecuados a la evolución de las mujeres en las sesiones: escalera de valores familiares femeninos y masculinos, *collage* de fotos de momentos positivos y personas que aportan fuerza y bienestar (Matthew McKay y Patrick Fanning, 1991). Otras veces son copiados y adaptados en función del grupo: la flor de la autoestima (Rebeca Rohlfs, 2008).

En estas primeras sesiones, valorar el nivel de autoestima de las mujeres es un buen indicador de la percepción de su propia realidad, a veces sobrestimada, observando que esta «falsa» autoestima les permite seguir y avanzar en su lucha diaria. Los ejercicios tienden a ser introspectivos para remarcar la importancia del ECRO en el grupo (Enrique Pichón Rivière, 1985) y la consecuente recuperación del yo perdido de la mujer. El ejercicio consiste en repensar los aspectos positivos y negativos transmitidos desde la primera infancia a través de la familia de origen, explorando los que se reproducen, los que se quieren o no cambiar y los que se han construido nuevos o se quieren construir.

También se tienen en cuenta los ejercicios físicos. La exposición durante mucho tiempo a situaciones de alta tensión y estrés por parte de las mujeres que sufren malos tratos, la somatización del sufrimiento de la violencia, se traduce en problemas de salud, dolores musculares, fatigas crónicas, problemas de columna, cefaleas, exceso de medicación en muchos casos, sobre todo en farmacología de salud mental (antidepresivos, ansiolíticos, tranquilizantes). En general predominan alteraciones propias de la fisiología y el aparato reproductor femeninos: alteraciones menstruales, operaciones de extracción de ovario, matriz, útero, mama o tumores y quistes varios. Después de la emocionalidad y la contención que comportan las sesiones grupales, se dedican los últimos veinte minutos de la sesión al cuidado de la parte física de las mujeres, con técnicas de *Qi Gong* que complementan la coordinación respiratoria con movimientos corporales, guiados por un médico experto en medicina clásica oriental (Manuel Rodríguez, 2008). Estas técnicas ayudan a agilizar la circulación del riego sanguíneo más que a contraerlo; evitan reproducir contención y coagulaciones y, al mismo tiempo, ayudan a poner en marcha el cuidado continuo del propio cuerpo, olvidado y con secuelas de maltrato.

Fases de la intervención grupal

En la intervención grupal se definen las dinámicas temporalizadas en diferentes períodos de sesiones (véase siguiente cuadro) que, en su evolución, muestran el proceso terapéutico que facilita la salida del círculo del maltrato sexista. Del total de entre veinte y veintidós sesiones, son tres las fases que se definen. La número uno, en los primeros tres meses, consta de casi diez sesiones de acogida, exposición de relatos, contención del dolor y angustia compartida. Son jornadas de integración y cohesión grupal, de «sumergirse en el grupo». Se fortalece la confianza de la mujer, se ponen límites al impacto de la violencia, se ensayan estrategias de protección y de disminución del riesgo. Se facilita y aumenta progresivamente la comunicación e intercambio mutuo, la comprensión y el apoyo entre las participantes. La segunda fase dura un mes y medio. Son entre seis y siete sesiones de reflexión, de reencuentro después de la Semana Santa, de conciencia de grupo, reparación y refuerzo personal. Las mujeres recuperan la identidad y el «yo». Por último, la tercera fase, que dura un mes y medio y consta, también, de entre seis y siete sesiones que tratan de la independencia y el futuro.

Cuadro de las tres fases temporales

	Relatos	Sentimientos	Crecimiento grupal	Tiempo
1.ª fase	Exposición de relatos, escuchar y compartir experiencias.	Contención de angustia y sufrimiento, resonancias emocionales.	Conocimiento mutuo, cohesión grupal. Creación «ECRO» grupal.	3 meses
2.ª fase	Revisión de la propia familia de origen. Experiencias íntimas. Temas específicos femeninos (salud, sexualidad).	Análisis de contradicciones. Reconocimiento del propio yo. Posicionamiento propio más fuerte (sano egoísmo).	Aprendizajes compartidos, conciencia y reconocimiento grupal.	1 mes y medio
3.ª fase	Cierre de los temas abiertos y pendientes, socialización y futuro.	Duelo, esfuerzo y sentimiento de autonomía.	Sentimiento de «empoderamiento». Fortaleza femenina compartida para continuar.	1 mes y medio

En la primera fase, después del trabajo previo de las derivaciones y entrevistas de integración en el grupo, las profesionales ya conocen todos los perfiles de las posibles integrantes y las necesidades del grupo infantil, y hacen un trabajo intenso en el grupo para reforzar el buen ambiente, la comodidad y la empatía en las mujeres, de modo que su integración sea fuerte. Todo esto, acompañado de una escucha activa y confiada, favorece el sentimiento de acogida y una abierta exposición de sus relatos. Ante estas exposiciones, el equipo da muestras de confianza y seguridad que contienen el dolor y la angustia compartidos. Aun así, a veces se dan fugas. Algunas mujeres se van del grupo, pero son atendidas por las conductoras para que sigan acudiendo a sus profesionales referentes individuales; le explican al grupo los motivos del abandono y procuran comprender que no es el mejor momento para todas. Se consigue, en esta fase, un buen afianzamiento y conocimiento de los diferentes «ECROS», es decir, de sus creencias familiares adquiridas, sus propios pensamientos, sus contradicciones en cuanto a sentimientos y acciones. Las profesionales escuchan y propician ayuda en el avance y crecimiento grupal a través de sus intercambios; aportan retornos constructivos que, junto con un buen encuadre organizativo, remarcan la confidencialidad como definición y compromiso, por parte de todas, de preservar la información expuesta dentro del contexto grupal y nunca —hasta hoy— cuestionada en ningún grupo.

Como experiencia práctica de las sesiones, a partir de observaciones realizadas por alumnas en prácticas, se muestra a continuación una pequeña parte de la primera sesión de presentación, donde se expresan las expectativas hacia el grupo y se exponen los relatos de las participantes y su conducción, tan importante en la primera entrada al escenario grupal.

Las mujeres llegan con máxima puntualidad, en silencio absoluto y con movimientos de inseguridad. Mientras esperan que vayan llegando las demás se les pasan los tests iniciales. Escriben. Una de las mujeres empieza a llorar, dice que le resulta imposible escribir. Se le dice que no pasa nada, que puede llevárselo a casa y traerlo el próximo día. Las conductoras empiezan explicando la configuración y el porqué del grupo: las «situaciones similares que, trabajadas conjuntamente con el crecimiento y riqueza de las diferentes aportaciones, hace más ágil y rápida la recuperación».

Se entra en las presentaciones introduciendo notas de humor, sonrisas para hacer menos tenso el ambiente, para crear y construir una dinámica positiva dentro de lo dramático del objetivo grupal. Se les propone presentarse por parejas, que se expliquen entre dos: el nombre, la edad, la situación familiar, el trabajo, por qué están en el grupo y qué esperan de él; también su estado de salud y, sobre todo, su tipo de menstruación como indicador del equilibrio o desequilibrio hormonal. Luego se presentan al grupo.

Así, el grupo sigue con las emociones a flor de piel. En las presentaciones, conducidas de manera comprensiva, se nota la dependencia hacia las conductoras, sobre todo al cortar los relatos largos, de muchos días de espera —años, para las más mayores. Hay que animarlas: «las primeras sesiones son duras pero van mejorando, dando resultados notables»; hay que moverse para preguntar qué tal están y contener sus llantos.

Se propone el primer ejercicio, «grupo nominal», que explora y extrae temas de alto interés para trabajar en el grupo. Las mujeres han de responder de forma individual y por escrito a la consigna: «aspectos propios que me preocupan y me interesa trabajar en el grupo». Se produce un tiempo de calma[7].

Una mujer sale de la sala, una conductora va a atenderla, a calmarla, a rescatarla. Aparecen algunos de los temas más frecuentes: quererse a una misma, controlar los nervios, transformar la tristeza, perder la vergüenza a hablar, perder el miedo, saber cómo afrontarse, saber poner límites, aprender a ser más fuerte, sacar los sentimientos y la rabia, dejar de sentirse despreciada, salir y compartir, hacer amistades; también la relación con los hijos o la seguridad en una misma. Son, todos ellos, objetivos de vida, salud, bienestar y libertad que definen con la ayuda de las profesionales. En la segunda vuelta del ejercicio se ponen en común y se votan para unificarlos y sintetizarlos. Cuando se les pregunta por el tema por el que quieren empezar, casi unánimemente sobresale la autoestima como cuestión estrella: lo necesitan, se nota en el ambiente cuánto deseo hay y a la vez cuánto miedo a avanzar. Quieren empezar, bastante insistentemente, por aquello tan necesario y tan perdido, su amor y confianza en sí mismas. Las profesionales saben por experiencia que hay que trabajar la autoestima desde la primera sesión, sin abandonarla, hasta la última.

En estas sesiones de la primera fase, las conductoras contienen la angustia de manera intensa: fortalecen a las mujeres exponiendo situaciones de fuga para disminuir los temores; refuerzan la cohesión; avanzan a través de las historias personales y las vivencias actuales con ejercicios narrativos (Michael White, 2002) de *role playing*, para aprender a poner límites, y de espejo, para la autoobservación como reconstrucción personal en el trabajo transversal de autoestima. Más adelante se repasa la familia de origen y los legados familiares, con la continuación y repetición de sus aspectos positivos y el cuestionamiento y modificación de los as-

7 La narrativa se convierte, desde un principio, en una vía importante de extracción y exposición participativa de sentimientos a compartir en el grupo. Compartir la escucha hacia el otro «ECRO» favorece la integración.

pectos negativos, enfatizando en las figuras materna y paterna y en su influencia en relaciones que mantienen la situación de maltrato. En este punto surgen vivencias muy interesantes como: el sentimiento de lejanía del padre, el poco diálogo familiar, las palizas a la madre, el miedo al padre autoritario, la falta de reconocimiento del padre que nunca dio su apellido (y que ahora se repite con el padre del hijo que dice que no es de él), una infancia triste por tener que trabajar y casarse muy pronto, con «muchos hijos y muchos palos». También surgen frases como: «Lo mejorcito para él» o «nunca serás nada en la vida», exigiéndoles a la vez, «a ver si creces».

El grupo avanza; afronta, revisa y analiza las posibles causas de tanto sufrimiento que llevaba a las mujeres a no ver la salida de su círculo de maltrato. También se analizan los aspectos actuales, expresados en frases como: «Mi marido me ha prohibido hablar de él cuando vaya al psicólogo», a lo que el grupo aporta: «Eso es porque sabe que lo que te hace no está bien» o «es su forma de seguir controlándote». Se ven reflejadas en situaciones vividas, y quieren que la compañera lo vea también y salga del círculo del maltrato. La primera fase termina con el espejo, un ejercicio que se les propone para las vacaciones de Semana Santa, que consiste en mirarse y encontrar qué les gusta y qué quieren mejorar.

La segunda fase empieza con un reencuentro informal, cooperativo, con mucho apoyo. El ejercicio del espejo, a la vuelta, muestra una imagen no demasiado buena, todavía, de las mujeres: se ven arrugadas o esmirriadas, o bien no pueden verse. Las participantes mayores se muestran mejor, más relajadas, con el espíritu joven. Dicen haber frenado la violencia y estar mejor. La ayuda mutua se acentúa, aunque siguen saliendo las secuelas de los malos tratos sufridos. Entran al grupo profesionales externos: una abogada especializada en el tema para aclarar dudas legales y un médico, conductor de la parte física y corporal, para tratar los efectos y secuelas de los malos tratos en la salud.

En esta fase se suele abundar en temas propuestos por ellas mismas, como el de la sexualidad femenina, que se salen de los previstos. El grupo se permite afrontar otros sentimientos, sobre todo de apoyo a las que sufren (Susan Patton Thoele, 2003).

Cuesta entrar en su intimidad, pero ellas mismas lo proponen, quieren hablar de su sexualidad. Poco a poco, las conductoras las ayudan con ejercicios. Hablan, en primer lugar, de cómo la descubrieron en su infancia, en su familia; luego de los juegos iniciáticos y las primeras experiencias para pasar, finalmente, a la historia de amor con su pareja y la sexualidad con él.

Es una sesión muy importante. Surgen abusos desde la infancia; también una distancia enorme con el placer sexual de su propio cuerpo. Las profesionales les piden que, a través de un ejercicio corporal, muestren su dolor y malestar en este tema. La expresión de las mujeres cambia. Una de ellas se pone de pie con las manos en el bajo vientre, por donde su marido la cogía para acercarse a ella; le duele. Otra se muestra con los ojos cerrados y la cabeza caída hacia un lado; al abrir los ojos se desborda en llanto, siente asco y rabia de la violación de su marido. Otra se coloca en posición fetal, como se ponía al final de la relación sexual, sintiéndose abandonada en un barco que se hundía. El silencio de la sesión y la escucha es de un alto grado de intensidad. Se acaba buscando el cambio, la posición deseada. Las mujeres ríen, abren los brazos, riegan plantas y, por supuesto, escuchan también las aportaciones positivas de las mujeres que sí disfrutan de su sexualidad. Se revisan las represiones heredadas, el lugar relegado a las mujeres en la historia de la sexualidad femenina, tanto en la salud como en las religiones, asociada siempre a la procreación y a la crianza como única finalidad, colocando la virtud y la virginidad en primer lugar antes que la satisfacción del deseo y el placer.

A través de sus historias de amor recuperan buenos momentos, se sienten emocionalmente más vivas, aunque luego reconocen que le dan más poder al otro y se alejan de su posición inicial: «Él, él siempre, primero él». Se dan cuenta de la importancia de mirarse a ellas mismas, valoran el esfuerzo de haber superado la primera fase. Las mujeres se reconocen más en su yo, buscan su deseo, su lugar, saben que tiene que esforzarse y luchar para conseguirlo y que pueden lograrlo (Núria Mata, 2007).

Las conductoras preparan la fase de cierre, en la que delegan en las mujeres la conducción para trabajar, precisamente, el esfuerzo por superarse, la autonomía, la independencia de las conductoras, del grupo y del mundo social y relacional. En esta tercera parte empieza el duelo, surgen las resistencias; las mujeres no quieren conducir, no quieren acabar la experiencia grupal en el momento exacto en que empiezan a sentirse ellas mismas. El «ECRO» grupal surte su efecto: parece que las ideas se han unificado, que los sentimientos son más positivos en conjunto, que todas quieren hacer otras cosas, más y mejores. Se les explican los temas que tendrán que preparar por su cuenta y por parejas, referentes al ocio, trabajo, futuro y amistad. Las sesiones sucesivas se alternarán: una la llevarán las mujeres solas —únicamente se quedará la observadora por si surge alguna cuestión de soporte y para analizar la dinámica grupal con el equipo— y la otra, las profesionales.

La última sesión de evaluación también la llevan éstas. La nueva forma de cierre brinda mucha información respecto a la posición de cada mujer y resulta más activa. Es una sesión de dirección, de preparación, de participación, en la que se refuerza la seguridad, la autonomía y, lo más importante, la independencia de la mujer respecto a las profesionales y al grupo, y respecto a ella misma en la recuperación de su yo. En esta fase todavía quedan sesiones intensas de trabajo relativo a los límites a la violencia. Se realizan ejercicios de *role playing* frente a las discusiones, donde salen a la luz las reacciones violentas de los hombres a las respuestas contrarias propias de las mujeres como, por ejemplo: «En cuanto abría la boca se me tiraba encima». Se practican, también, ejercicios más creativos, utilizando colores, sobre las diferentes formas de poner límites (callar, dialogar, marchar) en los que se palpan las dificultades de cada una: las más mayores se han acostumbrado a callar —la reacción más fácil y también la más dolorosa— y las jóvenes son más rápidas en sus respuestas pero también saben que enfrentarse y hablar —o marcharse— en los momentos previos a la violencia es muy difícil.

Las últimas sesiones se debaten entre el duelo de presentir que se acaba la experiencia y la diversión y los nervios de preparar la conducción. Para algunas es muy enriquecedor y de un alto aprendizaje; a otras, cambiar de rol les resulta más complicado de lo que piensan por no saber desarrollar los temas por sí solas, por lo que buscan continuamente la complicidad y la ayuda de las compañeras. Cuando entran las profesionales, las mujeres tienen que evaluar el tema expuesto, la conducción de las compañeras, la necesidad o el echar de menos los retornos, las indicaciones y la dirección-conducción de las profesionales. Aquí muestran el gran aprendizaje imitador en la medida en que suelen conducir y exponer del mismo modo que lo hacen las profesionales, creando un clima positivo, abierto, de ayuda y refuerzo permanente, para su gran satisfacción y, por supuesto, también de aquéllas.

La última sesión se realiza con los hijos. Participan también la educadora y los monitores, que han hablado de forma individual con las madres, haciéndoles recomendaciones u observaciones importantes respecto del futuro de sus hijos. Al comenzar, se reparte un escrito de refuerzo elaborado por las profesionales para que las mujeres recuerden todo lo trabajado. Las participantes también se reparten regalos.

Evaluación y resultados

En la última sesión, antes del encuentro abierto con el grupo infantil, las mujeres exponen verbalmente su apreciación de la experiencia grupal. De forma abierta, se les pregunta cómo se sienten al finalizar y qué aspectos creen haber mejorado. Después se les pasa un cuestionario de satisfacción y valoración de la experiencia grupal (anexo 4) donde puntúan aspectos cuantitativos (los ejercicios, el método de conducción) y también cualitativos (aspectos a mejorar, qué les aporta el grupo, la relación con las compañeras). Por último se les vuelve a pasar el cuestionario de autoestima de Rosenberg (Enrique Echeburúa, 2006).

Por lo general, sus comentarios son muy positivos: todo les ha parecido muy adecuado y enriquecedor, les ha faltado tiempo, la duración les resultó corta, reconocen el gran apoyo y comprensión recibidos. Los resultados cuantitativos por porcentajes oscilan entre el 66% y 100% los más altos, y entre el 33% y el 50%

los más bajos[8]. Valoran positivamente, en un 66%, las aportaciones más personalizadas, el ambiente, los ejercicios y los trabajos hechos dentro del grupo. Los porcentajes son altos cuando puntúan a las profesionales: el 88% para sus ideas y contenidos; 83% a facilitar la participación, y el 100% a respuestas y aclaraciones. Estas puntuaciones se podrían interpretar como muestra de la tendencia o costumbre de puntuar bajo lo propio y alto a las profesionales —también como agradecimiento.

A nivel cualitativo, la valoración propia es más alta. Extraen de la experiencia grupal el poder conocerse, la humanidad compartida, el sentir otros testimonios que les han permitido seguir adelante a nivel individual, apreciarse más, sentir que no están solas.

La experiencia les ha aportado apoyo; han recibido comprensión y acogimiento, confianza en sí mismas, mayor independencia y mucha fuerza. Han podido hablar sin miedo y sentirse más seguras. En cuanto a la utilidad de la participación, destacan haber conocido a gente con su mismo problema, adquirir más autoestima y sentirse valoradas por los demás. En relación a los aspectos a mejorar, desearían poder continuar; no les parece suficiente el tiempo grupal aunque reconocen sentirse mejor, con ganas de seguir adelante, con más fuerza y queriéndose más. Declaran, también, necesitar una tutoría[9].

En esta experiencia en concreto, el 80% de las mujeres mejoró en puntuación el test de autoestima de Rosenberg. E igualmente, su situación anímica era más alegre y positiva y, en su contexto laboral, o bien se estaban formando o tenían nuevos trabajos. En el área afectivo-relacional algunas mujeres crearon nuevas relaciones y otras están separándose de su pareja maltratadora.

En general presentan una mejoría en la salud muy elevada: desaparecen las crisis de ansiedad y disminuye el tratamiento farmacológico a nivel psicológico. También a nivel físico: los ejerci-

8 Hay contradicciones en los temas poco puntuados, puesto que fueron ellas quienes los eligieron.

9 Las profesionales procuran que no les falte esta tutoría. Hacen una devolución a la profesional referente que haya derivado a cada mujer y las vuelven a convocar al cabo de cinco o seis meses para ver su evolución.

cios realizados recibieron una valoración alta, pues les permitieron cuidarse mejor [10].

En conclusión, la intervención grupal representa no solo una metodología sino también una de las funciones psicoterapéuticas imprescindibles para las profesionales que trabajan en situaciones de violencia de género. Las mujeres mejoran con el grupo porque éste hace emerger el dolor y el malestar; además se comparte, transforma, ayuda al cambio individual de cada una y aporta elementos de cura para muchas de las mujeres que actualmente pasan por esta experiencia, tan frecuente y de difícil proceso de evolución. En otras palabras, el grupo favorece en ellas las ganas de continuar avanzando con la mirada alta, los ojos abiertos y la visión del mundo recuperada.

3.3 GRUPO PASAJE: LAS MUJERES ACOGIDAS EN EL SERVICIO RESIDENCIAL

Mariana Hernández Maidagan y Sònia Giménez Ortíz

El contexto de acogida y el papel del grupo formal

El servicio de acogida forma parte del abordaje general que plantea la Ley Integral de Violencia de género (2004) y la *Llei d'eradicació de la violència masclista* del Parlamento de Cataluña (2008). Tiene las funciones de protección, sostén y tratamiento para la superación y recuperación de los efectos propios de la violencia en la mujer, los niños, las niñas y su dinámica familiar, así

10 Como excepción, una de las mujeres más mayores sufrió un cáncer de colon del que salió recuperada y pidiendo a sus hijas y a las profesionales de servicios sociales que la ayudáramos a separase de su marido y le buscáramos una solución, aunque fuera que el marido o ella misma se marchara a una residencia.

como el restablecimiento de su autonomía sociofamiliar. Trata de propiciar un óptimo bienestar psico-bio-social en las personas a las que va dirigido. La organización de estos servicios por parte de las comunidades autónomas y las corporaciones locales debe responder a los principios de atención permanente, actuación urgente, especialización de prestaciones y multidisciplinariedad profesional. Esto implica información a las víctimas, atención psicológica, soporte social, seguimiento de las reclamaciones de los derechos de la mujer, soporte educativo a la unidad familiar, formación preventiva en los valores de igualdad dirigida a su desarrollo personal y a la adquisición de habilidades en la resolución no violenta de conflictos y soporte a la formación e inserción laboral.

El acompañamiento y sostén de quienes asistimos a las mujeres y a sus hijos tiene como objetivos primordiales:

a) promover y fortalecer un proceso hacia la construcción o reconstrucción de la autoestima, la autonomía y la autogestión;

b) facilitar espacios de reflexión en los que poder reconocer y reconocerse en el proceso de violencia;

c) trabajar los sentimientos de pérdida;

d) contribuir a la construcción y visualización de otros modelos relacionales.

La violencia aparece en todos los sectores sociales; no obstante, actualmente la procedencia social de la mayoría de las mujeres que llegan a este servicio de acogida se caracteriza por la falta de recursos personales, económicos y familiares que les permitan hacer frente a su situación, lo que da cuenta de la importancia de que exista este tipo de recursos. Estos servicios son residenciales; en ellos se toman medidas de seguridad para impedir su localización por parte del agresor, el gran público y los profesionales no vinculados. La estancia tiene una temporalidad máxima de alrededor de seis meses, estipulada por la Administración pública, y queda sujeta a revisión según el proceso individual de cada mujer. En la actualidad, el promedio de estancia en este tipo de servicio suele ser de ocho meses. Es a partir de una primera valoración por parte del servicio especializado adscrito (Equip d'Atenció a la Dona, EAD) y de una entrevista por parte de la directora de la

Casa d'Acollida, del Consorci de Serveis Socials de Barcelona, que se decide el acceso o no al recurso, siendo ésta la única vía de entrada.

Actualmente observamos un cambio de perfil en las mujeres que acuden a este tipo de recursos. Desde hace algunos años, el incremento del apoyo social por la aceptación de la ilegitimidad de la violencia de pareja y las medidas judiciales de protección de nuevas leyes que han disminuido la impunidad del agresor llevan a muchas mujeres a no necesitar del servicio público de refugio anónimo al ser acogidas por familiares, amistades y atendidas en servicios ambulatorios. A ello sumamos la sensibilidad e incipiente formación de profesionales de servicios de atención primaria que detectan violencia escondida detrás de otros síntomas y etiquetas diagnósticas. Así, quienes siguen necesitando el refugio se hallan en condiciones de vida —psicológicas y sociales— aún más vulnerables y debilitantes.

Los cambios de perfil en las casas de acogida dan cuenta de un aumento en el ingreso de dos prototipos: por una parte, mujeres inmigrantes en situación de violencia que, debido al desplazamiento de su entorno de origen, se encuentran sin ninguna red social de apoyo o sin derecho al trabajo por la ley de extranjería en vigencia; por la otra, mujeres que, además del problema de violencia, presentan algunos trastornos mentales no siempre compensados o problemas de adicciones no resueltos y, en muchas ocasiones, no tratados. Las mujeres acuden a la casa de acogida después de sufrir, ellas mismas o sus hijos, una amenaza constante que va unida a una situación de riesgo o bien a una agresión en la que ha peligrado su vida. Por tanto, en la mayoría de los casos se trata de mujeres en plena crisis, que se encuentran en una situación de escasa elaboración de la violencia y de la separación emocional necesaria para encaminar su recuperación.

El grupo Pasaje es un espacio formal compartido dentro de la casa residencial, que va dirigido únicamente a las mujeres acogidas para que, a través de él, surja la posibilidad de escuchar y de escucharse, de modo que esta experiencia aporte elementos que, conjugados con los que se aportan desde otros espacios del servicio, permitan resignificar la percepción de las propias historias y contribuir a la recuperación y a la mejora en la calidad de vida. Es una manera de prestar asistencia especializada para facilitar la visualización del proceso de violencia, cómo ha repercutido en ellas y en su núcleo familiar y otorgar herramientas que les permitan aprehender su propia realidad para, de este modo, recuperar sus fortalezas, elaborar psicológica y socialmente su experiencia con el fin de reconstruir su vida y su futuro, incluyendo su papel como madres.

El equipo de profesionales del servicio de acogida está constituido por un total de diez técnicos procedentes de distintas disciplinas con el objetivo de darle a la mujer y a los niños una atención integral. La multidisciplinariedad hace necesaria una estrecha colaboración entre los distintos miembros del equipo para evitar la parcelación de la información y la sobreintervención. De este modo, las distintas áreas a trabajar (inserción sociolaboral, salud, formación, estado emocional, red social, autonomía, situación legal, vínculo materno-filial, autoestima, entre otras) son abordadas según la especificidad de cada uno de los profesionales del equipo, conformado por dirección técnica, psicóloga de mujeres, psicóloga infantil, trabajadora familiar, educador social infantil y cuatro educadoras sociales. Éstas últimas tienen a su cargo las referencias de cada uno de los casos, realizan el soporte en el plan de trabajo planteado para cada mujer y sus hijas e hijos y centran toda la información del proceso.

Las funciones específicas de la figura de referencia son:

a) acoger a la mujer e hijos en el momento de su ingreso en el servicio;

b) ofrecer soporte emocional;

c) valorar y acompañar en la adaptación al servicio y trabajar las expectativas en lo que respecta al mismo;

d) explorar las capacidades y habilidades de la mujer, así como sus recursos para la construcción de un futuro proyecto de vida;

e) favorecer el conocimiento de la propia realidad;

f) realizar un seguimiento de los aspectos incluidos en el plan de trabajo;

g) trabajar los aspectos relacionales y de convivencia dentro y fuera del servicio;

h) acompañar la salida del servicio.

Esta intervención individual se complementa con el trabajo realizado por el equipo (acompañamiento día a día, reuniones semanales de evaluación, supervisiones de casos, coordinaciones con el equipo técnico) y con los espacios grupales de los que luego daremos cuenta.

La atención se concreta en un plan de trabajo diseñado conjuntamente con el EAD. Es específico para cada usuaria acogida y se plantea en base a un primer diagnóstico psicosocial orientativo que se reformula en función de los avances y retrocesos en el proceso de cada mujer, según la complejidad de la situación en la que se encuentran. El plan de trabajo concreto con los menores se estructura en dos niveles, uno individual, de trabajo directo y específico con el niño o la niña, y otro vinculado al plan de trabajo de la madre. Es necesario, para ello, realizar un diagnóstico específico que nos permita acompañar a la mujer en la reparación y restablecimiento del vínculo materno si éste se ha visto dañado por la situación de violencia vivida.

Esta tarea está a cargo del equipo técnico de infancia (educadora infantil y psicóloga infantil) y del resto de profesionales que realizan observaciones e indicaciones de la vida cotidiana de las mujeres. Dichas observaciones son consensuadas luego, en las reuniones de equipo, a partir de la valoración que se tenga de las relaciones intrafamiliares. Ambos niveles se abordan individualmente y desde dos espacios grupales complementarios. El trabajo individual, dirigido en exclusiva a los menores, trata cuestiones referidas a la historia personal, el impacto de la violencia vivida, las pérdidas sufridas, la interrelación con los pares, las habilidades sociales y la resolución de conflictos desde modelos relacionales no violentos. El otro espacio, el grupal, va dirigido a madres e hijos y tiene el objetivo de abordar las dificultades en el vínculo materno-filial.

En realidad, las mujeres que acuden al grupo Pasaje viven continuamente en grupo, puesto que conviven en la misma casa, con la misma sala de estar, la misma cocina y comedor, la misma sala de juegos y estudios, los mismos lavaderos y tendederos, además de compartir las normas de funcionamiento colectivo propias de cualquier otra residencia. Por lo tanto, los lindes entre privacidad y espacio público residencial son muy finos. Esto supone un manejo especial de los contenidos de los talleres y de la confidencialidad, por lo que en el grupo no aparece jamás, por parte de las conductoras, ninguna referencia o alusión a la situación personal concreta de las participantes, a menos que ellas mismas las planteen del mismo modo, en el día a día en la casa de acogida. Los detalles de cada proceso personal quedan restringidos a la intimidad, y este tipo de información no se traspasa jamás al resto del grupo. El respeto y la confianza mutua son fundamentales a la hora de poder realizar un acompañamiento en el proceso de recuperación.

La intervención grupal en contexto residencial tiene un aspecto añadido importante a tener en cuenta, puesto que educadores y educandos también conviven en el mismo espacio: la educadora debe ejercer una evaluación permanente de su quehacer a través de una mirada externa (apoyada por la supervisión de equipo) que le permita encontrar un equilibrio en su mirada personal a las mujeres —que siempre está sesgada por el trabajo cuerpo a cuerpo— y, por tanto, necesita, como condición imprescindible, una distancia operativa. La eficacia de la intervención está constituida por el equilibrio entre la distancia y la cercanía en el contacto profesional.

El grupo Pasaje, como grupo mixto educativo y de apoyo, se fundamenta en algunas ideas pedagógicas claves. La relación educadora-educanda debe basarse en el respeto mutuo, la agencia activa del educando, el diálogo y el aprendizaje. Para lograr una complementariedad dialéctica permanente se precisa que tanto una como la otra sean sujetos activos y protagonistas del proceso educativo. Cuando Paulo Freire desarrolla este concepto en *Educación para la libertad,* plantea que la pedagogía dominante ha sido la pedagogía de las respuestas y, por tanto, los educadores responden cuestiones que el educando no pregunta. Como contraposición a esta idea, Freire plantea la pedagogía de la pregunta. El diálogo, entonces, debe estar mediado por una necesidad de explorar críticamente.

Según Pichon-Rivière, el «aprendizaje» implica la memorización, la simple incorporación de un contenido al repertorio cultural de un individuo pero sin movilizarlo. Al contrario, la «aprehensión» supone un proceso de creación de cadenas significantes, es decir, de apropiación de contenidos a través del propio cuerpo y, por tanto, la transformación del sujeto a partir del acto de aprehender.

El grupo, cuando funciona como tal, aporta aprendizaje significativo en lo individual y en lo colectivo, tanto a sus integrantes como a la mirada externa de las coordinadoras. Como señalamos anteriormente, el hecho de la convivencia implica la necesidad de poder abordar ciertas cuestiones en el marco de lo grupal. El grupo es un espacio donde circulan emociones y sentimientos que dan lugar a identificaciones, a reconocer y reconocerse, a encontrar y encontrarse, a escuchar y escucharse desde la propia singularidad. Abre la posibilidad de aprehender integrando el pensar, el sentir y el hacer en relación a uno mismo y con los demás.

Objetivos

Los objetivos generales del grupo Pasaje son:

a) habilitar un lugar de pertenencia y confianza;

b) promover la circulación de la palabra, habilitando un espacio que permita poner en juego algunos significados que, por mantenerse coagulados, no han podido ser resignificados;

c) dar lugar a la reconstrucción histórica de los padecimientos para ubicar en qué momento del proceso de la violencia se encuentran;

d) otorgar a las mujeres un sostén que las habilite para poner sus propias palabras a los malestares y conflictos que devienen de la convivencia en la casa.

Los objetivos específicos se concretan en:

a) contribuir a la visualización de nuevos modelos relacionales;

b) aportar elementos que permitan el fortalecimiento de la autoestima;

c) aportar elementos para que cada mujer pueda mirarse y reubicarse en otro lugar que no sea el de la sumisión o el de receptáculo de la agresión;

d) lograr que la mujer pueda verse como un sujeto y no como objeto y que esto le permita asumirse como alguien capaz de transitar su propia vida desde sus propias elecciones;

e) contribuir a la revisión de cuestiones que, aparentemente, pertenecen a la esfera de lo privado y ponerlas en el ámbito social y público;

f) propiciar el hecho de que las mujeres puedan hablar de sus miedos y que esto posibilite su resignificación;

g) dar cuenta de lo que acontece y de lo que ha acontecido a las mujeres como sujetos, en relación con su historia afectiva emocional y social.

Preparando y acotando el encuadre de los grupos

En los inicios de la experiencia grupal, como equipo profesional valoramos la importancia de enmarcar un espacio colectivo, concreto y formal. Hasta ese momento, este tipo de intervenciones se daban en espacios no formales como el salón o la terraza, entre cigarros y cafés, por las noches, y se denominaban «tertulias», aunque las podríamos definir como «espacios grupales de emergencia». En este marco surgían relatos de vida, cuestiones que eran de interés para las mujeres, sentimientos y malestares producto de conflictos de la convivencia en casa y de los patrones relacionales construidos por cada una de ellas. En la medida en que estas «tertulias» se fueron repitiendo y consolidando, enmarcamos la demanda de espacio de reflexión común y formalizamos un espacio concreto y colectivo que constituyó el grupo Pasaje. «Pasaje» se entiende como un espacio de transición y de cambio, donde poder pensar y repensarse; también como un «pasaje-billete» a un nuevo posicionamiento, a un nuevo planteo, a un nuevo pensamiento.

De este modo se definió la diferencia entre estas dos instancias de convivencia en un centro de acogida: el grupo formal y los espacios grupales de emergencia como nueva denominación técnica de las «tertulias». El grado de conflictividad que deviene de la convivencia diaria, al que se le suman la diversidad de orígenes y, por ende, de culturas, y los niños de distintas edades, hace circunstancialmente necesarios estos espacios de emergencia en los que se abordan roces y conflictos puntuales de la convivencia cotidiana de la residencia, a modo de intervenciones puntuales fuera de los ámbitos formales.

El grupo Pasaje es un grupo abierto ya que su población es itinerante: los miembros del grupo se encuentran en distintas fases de su proceso en el espacio de acogida y, por lo tanto, en un momento distinto de su proceso individual. Hay quienes han ingresado recientemente (llegada y adaptación), quienes están mediando su estancia de acogida y quienes están en período de salida. Por tanto, la población es móvil y sujeta a cambios [11].

El grupo se desarrolla, quincenalmente, durante todo el año, en talleres de dos horas de duración, de 22 a 00 horas, interrumpido únicamente por la época estival. El espacio donde se lleva adelante está previamente acondicionado para que sea un ámbito cálido, agradable, acogedor y haga sentir cómodas y distendidas a las mujeres. Suelen participar entre nueve y once participantes en el grupo, en función de la ocupación de la casa en ese momento y de los criterios de inclusión y exclusión. Todas ellas son de edades muy diversas.

El denominador común en estos grupos es haber sufrido una situación de violencia por parte de la pareja o de algún otro familiar. En el momento de ingreso a la casa de acogida casi todas ellas están en la primera instancia del proceso de separación de sus parejas y, por tanto, manifiestan sentimientos y acciones de ambivalencia con respecto a la decisión tomada. Otro rasgo a destacar, que aparece determinado por tratarse de un grupo que se lleva a cabo en un servicio residencial, es el hecho de que los distintos miembros (incluidas las profesionales) parten de un conocimiento previo y mutuo determinado por la convivencia. Pese al carácter no obligatorio del grupo, éste es planteado como un espacio de gran importancia en el proceso de cada una de las mujeres.

---

11 En un momento inicial se puede llegar a considerar que no es recomendable la participación de un miembro en el grupo y, por el contrario, en instancias de salida se puede considerar que no es momento para continuar trabajando determinados contenidos. Aun así, cada una de estas situaciones es evaluada de forma individual por el equipo de profesionales, siendo beneficioso para algunas participantes lo que para otras puede resultar perjudicial.

A la hora de ponerlo en marcha se puede encontrar en las mujeres resistencias a incorporarse, especialmente debidas a la escasa experiencia previa en participación grupal, de modo que hay que trabajar con ello previamente. Otro obstáculo a superar resulta de la formalidad de este nuevo encuadre, que dificulta la circulación de la palabra en la medida en que las mujeres se expresan con más tranquilidad y espontaneidad en un espacio no pautado.

En cuanto a las resistencias y a la formalidad del encuadre, aparece un nuevo problema respecto a la atención de las hijas e hijos, sobre todo al comenzar la estadía en la casa, cuando las niñas suelen reclamar más compañía al irse a la cama. Los niños se encuentran en una situación postraumática y de adaptación a una nueva realidad altamente conflictiva. El ingreso en el servicio de acogida supone para todos ellos la pérdida forzada de sus redes de contención afectivas y sociales, así como de aquella parte del orden material que ayuda a conformar su identidad. A estas circunstancias se le suma el hecho de tener que compartir su espacio vital con un número significativo de personas (mujeres, niños y profesionales) que hasta el momento desconocen. Si a esta situación le añadimos el daño que precede al ingreso al centro, fruto de las situaciones de violencia padecidas, nos encontramos con una población en la que concurren una multiplicidad de factores que dan origen a nuevas alteraciones de conducta [12]. Así, se acuerda con las mujeres que tienen hijos (que son la mayoría), que deben acostarlos a una hora preestablecida, aunque esta consigna se ha de flexibilizar muchas veces porque surgen imprevistos.

Otra dificultad añadida ha sido el cambio en el perfil de las usuarias al que antes se ha aludido. El hecho de que este tipo de servicios no estén concebidos para la atención específica de trastornos mentales o problemas de adicción ha llevado al equipo a contemplar la necesidad de interrumpir temporalmente el espacio grupal. En aquellas ocasiones en las que el grado de descompensación de alguna de las usuarias imposibilita el buen desarrollo

12 Una de las que se observan con mayor frecuencia es el trastorno en el sueño. Por este motivo, en más de una ocasión se vieron interrumpidas momentáneamente las sesiones grupales.

del grupo, se hace necesaria la paralización temporal del mismo para poder atender y trabajar de forma individualizada con la mujer afectada y evitar, de este modo, distorsiones en las dinámicas del grupo.

Otro aspecto diferencial e importante a remarcar es el hecho de que el grupo Pasaje se desarrolla en el mismo espacio en el que cada una de estas mujeres y sus hijos e hijas conviven. Esto tiene también sus ventajas porque permite no solamente observar y calibrar el impacto inmediato de las cuestiones trabajadas, sino también la posibilidad de flexibilizar el contenido de las siguientes sesiones del grupo en función de este impacto o de las necesidades y demandas emergentes que puedan ir apareciendo. Para facilitar su aparición de forma explícita, se instrumenta una urna situada en un lugar accesible denominada «buzón de propuestas para el grupo Pasaje». Las coordinadoras evaluamos semanalmente las distintas propuestas del buzón y valoramos la manera de abordarlas. A su vez, teniendo en cuenta el proceso individual y colectivo, el equipo educativo también plantea nuevas cuestiones a trabajar.

En un momento dado, cuando en la casa de acogida empiezan a surgir diferentes conflictos como reflejo de los malestares internos del propio grupo de mujeres, el equipo plantea, como prioritario, abordar desde el espacio grupal formal la convivencia en la casa. A partir de este trabajo aparecen cuestiones como: los distintos tipos de violencia, las distintas formas de «estar» en la casa y cómo este «estar» afecta al resto, o la dificultad para poner palabras a los malestares y actuar frente a ellos, entre otros.

Después de lograr incidir en estas cuestiones a través de las distintas sesiones se observa cómo el ambiente de la casa en general se relaja y se produce un mayor acercamiento entre aquellas mujeres que mostraban fuertes resistencias.

Contenidos, dinámicas del grupo y su conducción

En cada una de las ediciones en las que se ha llevado a cabo el grupo Pasaje, que se inicia aproximadamente entre septiembre-octubre y finaliza en junio, la intervención se estructura en distintos bloques temáticos. Cada uno consta de tres a cuatro sesiones, constituidas en forma de talleres participativos. El contenido del grupo se readapta en concordancia con las características y demandas concretas de las mujeres en cada una de las ediciones.

En todos los talleres seguimos una misma estructura en cuanto a su desarrollo, de modo que comienzan y terminan con un mismo ritual. El contenido de la sesión se trabaja mediante distintas dinámicas o ejercicios grupales que crean, a su vez, distintas dinámicas participativas. En este ritual se puede utilizar, entre otras, la técnica del ovillo, cuyo objetivo es la presentación de los distintos miembros del grupo y la visualización del concepto de red. Los participantes se disponen en círculo; se toma un ovillo de lana y se arroja hacia un miembro del grupo al azar, que se presenta a sí mismo y, cuando concluye, lo arroja a otro miembro reteniendo la punta del ovillo, y así hasta llegar al último. Se construye, de este modo, una red que une a todos los miembros. Cada mujer, cuando recibe el ovillo, se presenta con una palabra que defina su estado de ánimo o su disposición en ese momento y, al finalizar la sesión, debe hacerlo con una o dos palabras que recojan lo que han sentido a lo largo de su tránsito en la experiencia grupal.

Este ejercicio permite a las mujeres darse cuenta de cómo, la mayoría de las veces, esa palabra inicial se modifica o se amplía con nuevas palabras a través de la reflexión, de escuchar y de escucharse. Durante el taller se utilizan distintos tipos de disparadores-estímulos, que pueden ser textos —libros, periódicos, revistas— o películas, para potenciar la palabra y el pensamiento, así como distintos materiales plásticos de soporte —plastilina, rotuladores, hojas de colores, paneles, etcétera— para desarrollar cada una de las dinámicas planteadas.

El primer bloque temático, denominado «Proceso de la violencia», consta de cuatro sesiones y el objetivo prioritario es que las participantes puedan visualizar el proceso de violencia, en qué momento del mismo se encuentran y el posicionamiento adoptado frente a este modelo relacional. En la primera sesión del bloque se utiliza como material la película *Flores de otro mundo,* de la directora Iciar Bollaín. En las dos sesiones siguientes se trabaja con un adaptación propia de algunos textos del libro *El malson de la Ventafocs,* de Júlia Masip y Chus Martínez (2002). El contenido de estas adaptaciones (una versión más breve del cuaderno) se presenta en doce paneles que se exponen en bloques de seis, de forma correlativa en cada una de las sesiones, para ser utilizados a modo de disparador inicial. A su vez, se diseñaron e imprimieron tres cuadernillos ilustrados con frases extraídas del mismo texto (testimonios) que son repartidos a cada una de las participantes durante el transcurso de las sesiones grupales. Cada miembro del grupo elige una de las frases del cuadernillo con la que se sienta identificada y comparte con el resto el porqué de su elección. A partir de aquí se genera una dinámica grupal en la que se ponen palabras a cada historia personal y aparecen las vivencias, sentimientos y creencias individuales.

Como señalamos anteriormente, las mujeres acogidas en el servicio manifiestan sentimientos de ambivalencia hacia sus ex-parejas y hacia la decisión tomada de poner fin a su relación. Y es a partir de esta reflexión grupal cuando se pone en juego la posibilidad de escuchar y escucharse en el otro, de sumar nuevas miradas y experiencias que, desde la singularidad de cada una de ellas, da lugar a la construcción de un aprendizaje colectivo. Este compartir permite que las mujeres puedan visualizar algunos patrones de conducta que les eran comunes: baja autoestima, baja autonomía, sensación de vulnerabilidad, desconfianza en el otro, miedo, sentimientos de culpabilidad, sentimientos de soledad, ambivalencia, dificultad para seguir su propio deseo. El hecho de poder aprehender e identificar las conductas y características propias que dan lugar al establecimiento de un modelo de relación violenta en una relación afectiva de pareja y familiar, tanto desde quien ejerce la agresión como de quien reacciona, permite avances en el proceso individual de recuperación de cada una de ellas. Asimismo, ofrece la posibilidad de resituarse frente a lo acontecido, dando lugar al reconocimiento y potenciación de los recursos propios de cada una ellas que ya se habían puesto en juego, expuesto, analizado y revisado a la hora de tomar la decisión de ingresar en el servicio de acogida.

El segundo bloque, «Convivencia y conflictos», consta de tres sesiones. Ante la relevancia que tienen los conflictos y el malestar provocados por los problemas de convivencia en el servicio de acogida —a los que se suman las experiencias relacionales incorporados en mujeres, niños y niñas a la hora de dirimirlos—, se decide llevar al espacio grupal su tratamiento. Las situaciones de violencia vividas se repiten también en las relaciones interpersonales tanto entre las compañeras de acogida como con los profesionales del servicio. Esta cuestión, que puede aparecer como paradójica, en realidad deviene de la ausencia de un modelo relacional que permita poner palabras a los conflictos, lo que da lugar a la repetición de conductas en las que los actos reemplazan a las palabras, llegando en ocasiones a situaciones de violencia física entre las propias mujeres.

De este modo, el objetivo general de estas sesiones es el de habilitar un espacio de reflexión en el que se puedan contemplar nuevos modelos relacionales y ofrecer la incorporación de nuevas estrategias no violentas de resolución de conflictos. El servicio de acogida está regido por una normativa interna que regula las pautas de convivencia en el servicio; el incumplimiento de esta normativa genera situaciones de mucha tensión y conflictividad entre las mujeres. El abordaje de tales situaciones en el espacio grupal permite poder expresar y elaborar posteriormente lo que subyacía y hace aparecer el conflicto real, promoviendo su reconducción y el ensayo de nuevas maneras de comportarse y encarar aquéllas.

Con el objetivo de que cada una de las mujeres del grupo pueda dar cuenta de sus emociones frente a estas situaciones, en la primera sesión se les facilitan papeles de colores y rotuladores con los que poder escribir o dibujar algo que exprese sus sentimientos. Se construye un mural que las participantes luego visualizan y leen en voz alta y que origina el debate de las vivencias particulares y colectivas, fruto de estos conflictos y malestares.

Otro factor de permanentes situaciones problemáticas es la pluralidad de orígenes culturales de las personas que conviven en el servicio de acogida. Este choque cultural, que en ocasiones puede generar malos entendidos, es un plus de conflictividad agregado a la propia de cualquier convivencia. Para esto, utilizamos un audiovisual llamado *Diversidad y Convivencia I,* de la

Fundación Jaume Bofill, cuyo contenido aborda las diferencias culturales así como el duelo que implica el abandono del país de origen para cualquier sujeto.

Trabajamos también la existencia de otras formas de ejercer violencia en la convivencia: las actitudes excluyentes respecto a las compañeras, la negación de la palabra o el saludo y un sinfín de pequeñas actitudes cotidianas que, lejos de contribuir al bienestar del otro, profundizan su malestar más allá de la casa de acogida.

El tercer bloque, «Sexualidad», consta de tres sesiones. En ellas se aborda el concepto de sexualidad junto con todo lo referido a los mitos y creencias que hay a su alrededor. En el trabajo individual con cada una de las mujeres y en los espacios grupales de emergencia aparecen algunas cuestiones relativas a la sexualidad que nos llevan a plantear la conveniencia de tratar este tema en el espacio grupal formal. A menudo, aparece como un concepto fuertemente sesgado por un posicionamiento que da cuenta de la imposibilidad de concebirla vinculada al placer, al deseo y a la libertad. Este sesgo está fundado en cuestiones del orden de lo religioso, en la visión objetual, pasiva y represora de la sexualidad activa femenina que el machismo tiene y en las experiencias negativas de muchas de las mujeres. Con frecuencia, los mitos y tabúes están muy arraigados en sus creencias, lo que origina el miedo y la censura, la vergüenza y la culpa a la hora de enfrentarse al desarrollo de la sexualidad de las propias hijas e hijos.

Como disparadores utilizamos, por un lado, un material audiovisual llamado *Sexualidades*, de la fundación Jaume Bofill, que plantea cuestiones como la relación entre amor y sexo, la iniciación sexual y los embarazos no deseados; por el otro, un mural donde se enuncian algunos mitos y creencias, en el que cada participante expone su opinión. Luego se habilita un debate que, a partir de la reflexión colectiva, desmonta estos mitos, creencias y tabúes.

¿Qué nos expresan las mujeres? ¿Cómo están? Hemos observado que predominan sentimientos de ambivalencia ante la pareja y los hijos. Nos encontramos con una idea común, instalada en el imaginario de estas mujeres: la fantasía de poder modificar la relación, de poder cambiar las conductas violentas de su pareja y, así, poder continuar. Las mujeres depositan en sus hijos la razón por la que persisten en la convivencia; en muchos casos, incluso cuando su pareja no es el padre biológico de los niños. En lo que se refiere a la relación de pareja surgen sentimientos contradictorios de amor-odio; por un lado aparece un nivel de conciencia en cuanto a la imposibilidad de este vínculo y, por otro, la idea recurrente de que, tal vez, la decisión de interrumpir la relación funcione a manera de «susto» o escarmiento y que, por tanto, propicie los cambios deseados. Este pensamiento hace que los niños sean depositarios de la responsabilidad de ser la causa de la decisión de terminar con la relación —y, por ello, de la pérdida que esto implica— y, además, sean el motivo para continuar manteniendo la misma relación dolorosa e insatisfactoria, con la contradicción de sentimientos y el peso que todo esto supone en el vínculo materno-filial.

Expresar y contrastar estas ambivalencias y conflictos les permite a las mujeres asumir gradualmente la perversidad de la dinámica de la violencia, los puntos claves para su rechazo, la frustración, los duelos que supone y los miedos que destapa la separación. Cada mujer a su ritmo, según sus posibilidades y sus circunstancias. La acogida es un espacio de descanso de la violencia y, por tanto, de recomposición de su vida, su deseo y su persona. Las participantes del grupo, además de las características ya mencionadas de baja autoestima y autonomía, sensación de vulnerabilidad o desconfianza en el otro, también tienen miedo, sentimientos de culpabilidad, ambivalencia, dificultad para elaborar un pensamiento propio e infantilización frente a las responsabilidades.

Observamos que, en las culturas patriarcales donde no se ha avanzado hacia una mirada y un quehacer críticos, la violencia hacia la mujer, niños y niñas aparece legitimada. Ello hace mucho más compleja la posibilidad de que las mujeres que procedan de este marco cultural puedan posicionarse desde otro lugar. La mirada de su grupo de pertenencia dificulta e imprime con mucha potencia en su imaginario la idea de normalidad del modelo vincular violento. Sin dejar de tener en cuenta la idiosincrasia y las particularidades de cada una de las culturas, se pueden encontrar similitudes, actuales o precedentes, en formas más explícitas o más sutiles, de roles y creencias sexistas respecto del lugar de sumisión de la mujer y de dominación del hombre y las consecuencias que ello acarrea para la vida de las mujeres y las relaciones familiares. Participar en un espacio colectivo en el que otras tantas pueden posicionarse desde una mirada más crítica, y donde se les ofrecen otros valores ahora legitimados socialmente, supone para la mujer la ocasión de iniciarse en ella o de confirmar sus valoraciones hasta ahora silenciadas; es, en cualquier caso, una referencia social para el cambio.

En lo que respecta al vínculo materno-filial, aparece con recurrencia el hecho de haber sentido una gran ambivalencia en el momento del embarazo (en muchos casos, explícitamente no deseados y con intentos de aborto) que luego persiste en el vínculo afectivo con los hijos. Dicha cuestión genera un gran malestar y sentimientos de culpa en la madre. Otro aspecto que observamos es que prácticamente todas las participantes tienen dificultades en las funciones maternas relacionadas con estos sentimientos de rechazo o culpa. Por otro lado, en el lugar que ellas han ocupado como hijas también se observa, casi como denominador común, una figura paterna totalmente idealizada y una materna muy cuestionada donde no parece haber registro de sus funciones como madre. La reelaboración de los vínculos materno-filiales es una constante en las dinámicas de estos talleres.

Las dificultades en relación a la autonomía traen aparejadas la imposibilidad de poner y aceptar límites y de posicionarse frente al otro desde la constante demanda. Esta dificultad parece invariable en todas las relaciones establecidas, ya sean de orden afectivo o funcionales, de trabajo, de estudios, de salud, etcétera. Cabe destacar el riesgo que implica que la mayoría de estas mujeres se posicione frente a su historia de vida desde el lugar de la víctima, transformando lo que es una circunstancia en un valor en sí mismo.

En el ingreso en el servicio de acogida se detecta en las mujeres algunas expectativas con respecto a las prestaciones que no se corresponden con la realidad, como por ejemplo, que se les resolverán algunas cuestiones como la vivienda, la situación laboral y la regularización, en el caso de ser inmigrantes. En el momento en que se las resitúa respecto de la irrealidad de tales expectativas, surge la desilusión, el enojo y el malestar. Las mujeres y niños deben renunciar a todo aquello del orden de lo material tanto como de lo emocional. De este modo, no solo deben abandonar casa, trabajo, recuerdos personales, escuela, juguetes, etcétera, sino que también deben alejarse de su red socioafectiva. La desaparición de todo este patrimonio supone un sentimiento muy grande de pérdida y soledad. La posibilidad de expresar y compartir sus carencias hace más llevadera la frustración, a la vez que permite a las mujeres empezar a encontrar en la relación grupal, cuando su proceso personal se lo permite, consuelo, confort y alguna afinidad o el inicio de una nueva relación de amistad.

Existen algunos roles muy definidos en la actividad grupal: la líder, que suele hablar en nombre del grupo; el chivo expiatorio, que es depositario de malestares e imposibilidades; la que boicotea la dinámica grupal. Durante el proceso grupal se trabajan angustias, miedos, persecuciones, fantasmas y, poco a poco, se va logrando destrabar las resistencias existentes que operan en su dinámica de interrelación. Ello da lugar a la expresión de enojos, tristezas y, a su vez, a la posibilidad de registrar que la toma de decisiones depende de los propios intereses e imposibilidades afectivas como sujetos.

Proponemos la conducción de este grupo por parte de dos profesionales de la educación social y de la psicología. En nuestra experiencia inicial las coordinadoras fueron dos educadoras sociales con experiencia en trabajo grupal, pero la disponibilidad de una profesional de la psicología dota al grupo de otra disciplina, lo que implica una redefinición del tipo de grupo como espacio psicoterapéutico. A su vez, la figura de la psicóloga de mujeres puede proporcionar un soporte externo a las coordinadoras con el objetivo de poder revisar lo que aparece en el grupo desde un posicionamiento profesional distinto.

En este grupo, por su contexto residencial, las coordinadoras presentan una triple función: son referentes de algunas de las participantes, conductoras del grupo y educadoras en la vida cotidiana de la casa. Al no ser este espacio de trabajo externo al centro, disponen de un conocimiento de la historia y el proceso personal de cada una de las mujeres, y de las dinámicas relacionales que se establecen. Este hecho, que puede leerse como positivo, plantea un constante desafío para las coordinadoras en el manejo de la cercanía/distancia a la que ya hemos hecho referencia anteriormente.

El rol de la coordinadora es, básicamente, «hacer fluir» el proceso grupal dando lugar a que se creen procesos de elaboración y participación en sus integrantes. Por lo tanto, debe ser una facilitadora cuya tarea consiste, además de preparar al grupo, en decidir sus contenidos temáticos y «disparadores», señalar resistencias, hacerlas manifiestas y propiciar que sean integradas para lograr un nuevo aprendizaje, es decir, una «síntesis instrumental» obtenida por el grupo (cambio operativo). También consiste en: intervenir puntualmente para señalar aspectos que se repiten, mantener la circulación del discurso para que no lo obturen monólogos o diálogos cruzados, facilitar la participación del conjunto del grupo, poner de manifiesto algunas cuestiones que circulan implícitamente a través de interrogantes, pensar con ellas y favorecer que el grupo se regule y que cada una se reconozca como protagonista del proceso grupal.

Evaluación y resultados

En el transcurso del proceso, y más allá del espacio grupal, el equipo observa cómo las participantes asumen, de forma individual, su responsabilidad en el sentido de identificación y aceptación de sus sentimientos, necesidades, deseos y actitudes propias y se posicionan de forma activa hacia sí mismas. La evaluación que hemos realizado hasta ahora no ha sido específica del grupo formal, sino general, de la mujer en seguimiento y a su salida de la casa. Actualmente, estamos incorporando el uso de algunos instrumentos de evaluación grupal surgidos del seminario de protocolización del Ajuntament de Barcelona (Matilde Albarracín *et al.,* 2007. Véanse anexos).

Las evaluaciones que las mujeres realizan en las últimas sesiones sobre su paso por el grupo Pasaje son de satisfacción por haber podido abordar sus malestares, haber ampliado la comprensión de sí mismas, de sus experiencias y de las demás al disminuir el juicio negativo en sus valoraciones y opiniones. Las participantes manifiestan también satisfacción por haber podido expresar en palabras sus emociones y pensamientos, haber mejorado mucho la convivencia en la casa de acogida y haber estimulado el hábito de la introspección y la reflexión ante sus experiencias y las de sus hijas e hijos. Cabe destacar también que estos espacios grupales no promueven problemas de confidencialidad en la convivencia de la casa. Las mujeres se van con ganas de más grupo. Y algunas de ellas, además, con nuevas amigas.

En definitiva, creemos que el grupo Pasaje constituye un elemento fundamental en el proceso de recuperación que las mujeres realizan durante su paso por la casa de acogida, y un elemento imprescindible para la convivencia en el servicio residencial. Desde el estadio inicial de recuperación al llegar a la casa, pasando por la preparación de la supervivencia cotidiana y la independencia económica —o por el hecho de encarar los procesos judiciales, cuando los hay—, el grupo Pasaje aporta a cada mujer una experiencia vital individual y también colectiva. Se mejora su recuperación, se modifican sus miradas, sus acciones, sus relaciones, se resquebrajan algunas creencias y, a la vez, todo esto se pone en práctica en la convivencia cotidiana con los hijos e hijas, las demás familias de la casa y los profesionales que las atienden. De esta manera, las mujeres recuperan y adquieren potenciales para afrontar mejor sus nuevos retos personales y sociales.

3.4 GRUPO DE APOYO PARA LA INSERCIÓN LABORAL CON MUJERES EN SITUACIÓN DE VIOLENCIA

Mari Cruz Lera Soetens

Sus complejas vidas laborales

Los grupos de capacitación y apoyo para la inserción laboral se dirigen a mujeres que desean insertarse en el mercado laboral formal y que sufren o han sufrido violencia. En este apartado recogemos la experiencia llevada a cabo en SURT, Fundació de Dones, Fundació Privada, entidad que se ocupa de dar apoyo al proceso de inserción sociolaboral de las mujeres. En relación a esta misión hay que destacar positivamente la apuesta de la entidad para ayudar a aquellas mujeres que se encuentran en una situación que las hace más vulnerables ante el mercado laboral, mediante la realización de acciones específicas como la que se presenta a continuación.

Tradicionalmente, cuando se ha abordado la violencia sexista, se ha hecho desde los ámbitos jurídico, terapéutico y asistencial. Pero esta violencia tiene efectos en muchos otros ámbitos de la vida de las mujeres y, por lo tanto, es necesario tomarlos en consideración para garantizar una buena recuperación [13]. La propuesta que se presenta aquí lo hace de una manera específica: adapta una metodología de trabajo habitualmente utilizada para la inserción laboral de mujeres a la situación en que se encuentran las que han sufrido violencia.

La violencia de pareja repercute en la vida laboral de muy diversas maneras. Por ejemplo, encontrarse en paro, ya sea «voluntario» o «involuntario». El «involuntario» podría corresponder a diferentes motivos: la pareja no permite que la mujer trabaje; las dificultades para conciliar el empleo con las responsabilidades que se atribuyen a la mujer; el abandono del trabajo como consecuencia de la situación de violencia que aquélla está sufriendo; presiones de la pareja; el estado emocional en que se encuentra la mujer; motivos de salud o seguridad; cambio de domicilio; pérdida del puesto de empleo (despido) por absentismo, por bajo rendimiento o por no querer problemas por parte de los jefes, etcétera.

Otro fenómeno laboral de las mujeres en situación de violencia viene de la mano de las ausencias que aquéllas no suelen justificar para no explicar las condiciones de violencia en que se encuentran. Dichas ausencias pueden deberse al estado de ánimo, a no presentarse al trabajo después de sufrir agresiones (especialmente físicas), a que la pareja le impida acudir al lugar de trabajo,

13 Amplíese en Camarasa i Casals, Mar, *GVEI. Indicadores de los efectos de la violencia de género*, Barcelona, SURT, 2009.

a tener que hacer trámites derivados de la situación de violencia (atención para ella y sus hijos e hijas, juicios, etcétera). Esto repercute en forma de baja laboral, poca motivación o reducción del rendimiento en el trabajo e impuntualidad. Las capacidades laborales menguan por la situación personal en que se encuentra la mujer por la violencia psicológica que recibe de la pareja, por las secuelas en su salud física y mental y los problemas de concentración, entre otros. A su vez, pueden deteriorarse las relaciones sociales en el trabajo. Las mujeres pierden oportunidades o presentan dificultades para la promoción, tienen miedo de ir a trabajar por el acoso de la pareja o expareja o de recibir amenazas en el lugar de trabajo.

Ante la situación de violencia, la empresa puede ofrecer su apoyo a la mujer (flexibilidad horaria, comprensión, cambio de centro de trabajo) o puede mostrarle rechazo (acoso, coacciones, despido). Por lo tanto, es necesario abordar el tema laboral para contribuir a la recuperación de las mujeres que sufren o han sufrido violencia. En la práctica, se ha constatado que cuando éstas empiezan a trabajar mejoran su autoestima, se relacionan con otras personas y, por lo tanto, rompen el aislamiento y ganan autonomía económica, lo que les permite iniciar procesos de separación (en el caso de mujeres que aún convivían con el agresor).

Cuando nos planteamos cómo abordar el tema del empleo debemos tener en cuenta los contextos en que se encuentran las mujeres en situación de violencia de pareja en el momento de enfrentarse a un proceso de inserción laboral. Algunas pasan por separaciones difíciles y complejas —porque están llenas de contradicciones personales y de dificultades en relación a los hijos— que afectan su decisión de trabajar y su camino a la inserción. Según su estadio de recuperación, pueden hallarse muy vulnerables a nivel emocional y esto puede dificultar un proceso de inserción laboral genérico, en cuanto a disponibilidad y afrontamiento.

Frecuentemente, las mujeres albergan sentimientos de angustia y culpa o problemas de salud, entre otras secuelas derivadas del padecimiento al que se ven o se han visto sometidas. Si continúan con el agresor, a menudo les es difícil mantener el proceso de inserción laboral, pero sobre todo el trabajo. En ocasiones, la pareja les consiente realizar un proceso de inserción, pero cuando la mujer encuentra un trabajo no le permite cogerlo o le pone muchas dificultades para hacerlo. Algunas de estas mujeres se encuentran en situaciones de precariedad económica pero, sobre todo, quieren tener ingresos suficientes para separarse o para no depender económicamente de la pareja.

Hay grupos de mujeres que se encuentran en situaciones más vulnerables ante la violencia pues, además de tener las dificultades que se han descrito, se añaden otras específicas. Éste es el caso de las mujeres inmigrantes, que pueden carecer de permiso de residencia y se sienten muy inseguras porque su situación legal depende del marido y de la relación familiar. Tal inseguridad se agrava si también se encuentran influenciadas por pautas culturales que obstaculizan psicológica y físicamente una separación o un proceso de recuperación. Su mayor vulnerabilidad proviene del desconocimiento del territorio, el idioma y la cultura de acogida, así como de los servicios y las instituciones, que pueden crear desconfianza pues las perciben más como control o peligro de expulsión que como ayuda o uso de sus derechos. La ruptura familiar en el proceso de migración provoca un grave aislamiento y carencia de apoyo familiar. Por otro lado, las dificultades para conseguir permiso de trabajo les impiden trabajar en el mercado laboral formal.

La complejidad de las situaciones de violencia no acaba aquí, pues afecta a diferentes perfiles de mujeres, de diferentes niveles formativos, laborales, económicos, etcétera. Por este motivo, debe tenerse en cuenta la notable diversidad de necesidades que convergen en el momento de llevar a cabo el proceso de inserción laboral y que, por lo tanto, no todas ellas necesitarán participar en un grupo de apoyo específico como el que proponemos a continuación. Aun así, hay puntos en común en las condiciones de las mujeres que acuden a la entidad que han hecho visible la necesidad de crear estos grupos de apoyo.

Las mujeres en situación de violencia necesitan un proceso más largo del que contemplan otros programas de inserción; precisan trabajar algunos aspectos relacionados con la violencia, sobre todo en lo que se refiere al impacto en su situación laboral, para analizar como éstos han interferido, interfieren o pueden interferir en su incorporación al mercado laboral. Porque no siempre tienen claro de qué quieren o pueden trabajar, de acuerdo con su formación, experiencia o necesidades, precisando definir su objetivo laboral y, además, recuperar recursos personales de cara a transferirlos a un puesto de trabajo.

Por lo tanto, el proceso de inserción laboral para estas mujeres debe incorporar orientación y asesoramiento para desarrollar el proyecto profesional; debe reforzar la autonomía personal y mejorar la empleabilidad para contar con más posibilidades de acceso al mercado de trabajo. El proceso de inserción presta apoyos específicos para hacer frente a todos los cambios que se dan en la propia vida y en el entorno próximo cuando las mujeres deciden llevar a cabo su proyecto profesional. También fomenta acciones para recuperar los recursos personales y facilita la relación con otras mujeres que se encuentran en situaciones similares, con la intención de romper el aislamiento y la soledad en que se encuentran, promoviendo el intercambio de estrategias y la solidaridad entre ellas. Por todos estos motivos, desde SURT realizamos grupos de apoyo para la inserción laboral específicamente con mujeres que sufren o han sufrido violencia, con las características que aquí se presentan.

Objetivos

La finalidad del programa de inserción laboral es ofrecer un abanico de recursos que den respuesta a las necesidades de las mujeres que sufren violencia con la intención de descongestionar aquellos factores estructurales y personales que pueden constituir un obstáculo en sus procesos de incorporación al mercado laboral formal y de cambio en el ámbito personal. Como objetivo general se plantea mejorar la empleabilidad de las mujeres participantes en el programa mediante la definición del proyecto profesional y el desarrollo de competencia profesional para insertarse en el mercado laboral.

Nos planteamos como objetivos específicos:

a) facilitar el diseño personalizado del proyecto profesional dentro de un contexto de proyecto vital en un momento de cambio;

b) posibilitar el desarrollo de la competencia profesional mediante la ejecución del proyecto profesional;

c) facilitar herramientas para la búsqueda de empleo;

d) reflexionar sobre los efectos de la violencia y analizar su impacto en la vida laboral;

e) ofrecer un apoyo que permita a las participantes mejorar sus condiciones de vida personal y familiar y afrontar con éxito su proceso de inserción laboral.

Criterios generales de funcionamiento

Las participantes del grupo son mujeres que, por lo general, acuden a otros servicios externos en los que abordan o han abordado la violencia pero que no tienen un servicio especializado de inserción laboral. Se presentan en la entidad para recibir apoyo en su proceso de incorporación al mercado laboral. También se atiende a mujeres de otros programas de inserción de la misma entidad cuyas necesidades se pueden responder mejor por manifestarse como consecuencia de la violencia. Si ésta es detectada por la profesional, aparte de dirigirla al grupo, le ofrece a la mujer asesoramiento y orientación para intervenir en todos los ámbitos, ya sea desde la propia entidad o desde recursos externos, según sus necesidades.

La selección se realiza mediante una entrevista en la que explicamos el programa y tras la cual la mujer hace su demanda concreta con el fin de confrontar sus expectativas con lo que le puede ofrecer el programa. De esta forma, llegamos a un compromiso de participación en el mismo y la implicada empieza su proceso.

El perfil de las participantes es variado, pero todas sufren o han sufrido violencia por parte de sus parejas, independientemente de que estén separadas o de que aún convivan con el agresor, o de que lo hayan denunciado o no. Son mujeres que no tienen un objetivo laboral claro, están desorientadas respecto al mercado formal y sus vías de acceso. La violencia les afecta o les ha afectado, con secuelas importantes, en diferentes ámbitos de su vida.

En principio planteamos realizar diez sesiones de cuatro horas (con una pausa), aunque según el desarrollo del grupo podemos alargar el número si no ha habido tiempo suficiente de recorrer todos los contenidos que permitan alcanzar los objetivos, ya sea por el ritmo del grupo o porque se hayan ampliado las actividades planteadas en un inicio. El grupo es conducido por una sola profesional, pues se realizan actividades muy concretas y prácticas de acuerdo con los objetivos de cada unidad. Aun así, se puede contar con el apoyo de otras profesionales para actividades puntuales.

Método

La primera parte del proceso de inserción laboral se basa en la definición del objetivo laboral de cada mujer, con el fin de concretar qué trabajo va a buscar. Para ello, entre otras cosas, hay que realizar una inmersión en el mercado laboral, conociendo diferentes sectores de ocupación, condiciones laborales, requisitos, etcétera. Así saben exactamente qué les pide el mercado de trabajo y qué les ofrece. Después, analizamos con ellas su empleabilidad para descubrir qué poseen y qué les falta o necesitan mejorar de acuerdo con el objetivo laboral que han definido. Esto se convierte en competencias a desarrollar que se recogen en un plan de acción. En él la mujer se marca los objetivos a conseguir, las acciones a realizar y los indicadores para evaluar que el proceso va por buen camino. Todo ello constituye el proyecto profesional de cada mujer.

Esta primera parte se implementa a través del grupo de capacitación y apoyo. Por lo tanto, el grupo como tal finaliza en el momento en que las mujeres han definido su proyecto profesional y les toca llevarlo a cabo. El proyecto profesional lo ejecutamos mediante los recursos necesarios, internos o externos, a través de un acompañamiento individualizado durante todo el proceso y de acciones grupales programadas puntualmente (formación específica, prácticas en empresa, módulos de técnicas de búsqueda de empleo, asistencia al aula de búsqueda de empleo, etcétera). Cuando la mujer encuentra trabajo, realizamos durante un tiempo un seguimiento del lugar donde se sitúa aquél y después finalizamos el proceso con la mujer.

Nos centraremos en la primera parte del proceso que hace referencia a la intervención grupal. La metodología que utilizamos en esta etapa se basa en la del Balance de Competencias[14], que ha sido adaptada en los espacios de supervisión metodológica de la entidad para trabajar con mujeres que sufren o han sufrido violencia. De esta forma, contemplamos las dificultades con que se encuentran las mujeres que sufren violencia en el momento de incorporarse al mercado laboral e incidimos sobre ellas para que superen estos obstáculos y puedan finalizar el proceso de inserción con éxito. Así pues, abordamos el tema de la violencia de una manera específica. Mediante este balance, las mujeres inician un proceso de toma de conciencia sobre las propias capacidades que se centra en el desarrollo de las competencias transversales como conjunto de capacidades, habilidades y actitudes necesarias para dar respuesta a situaciones laborales de diversa complejidad (Daniela Heim y Eva Puig Durall, 2007).

Dicho proceso de toma de conciencia, a menudo, significa comenzar o intensificar un recorrido de cambio personal. Cuando la mujer empieza a pensar y a tomar decisiones relacionadas con su actividad laboral o carrera profesional, se reconsideran también otros elementos personales (relaciones, valores, prioridades, organización del propio tiempo, etcétera) que provocan una secuencia de transformación personal importante. En este sentido, el Balance de Competencias es también un proceso que facilita a la mujer la toma de decisiones al incorporar elementos de análisis y reflexiones sobre sí misma y sobre su entorno desde nuevos puntos de vista, teniendo en cuenta otros factores de manera cada vez más autónoma. Se realiza una importante tarea de identificación y desarrollo de todas aquellas capacidades adquiridas por ellas

14 Para conocer la metodología completa, véase SURT, *Guia metodològica per treballar amb dones inactives*, Diputació de Barcelona, 2004; y SURT, *Manual para la recolocación laboral de trabajadoras sexuales*, 2007.

mismas, tanto en ámbitos formales como no formales, pero especialmente en el doméstico y de la economía sumergida.

El Balance de Competencias es una metodología fundamentada en la dinámica grupal y el apoyo tutorial. Las actividades se realizan a través de dinámicas grupales para introducir y trabajar los temas relacionados en cada unidad. Después de cada una, las tutorías individuales permiten concluir y personalizar todos los aspectos trabajados en el grupo. El grupo cerrado y de media duración permite a las mujeres crear un espacio de trabajo que se transforma, paralelamente, en un espacio de interrelación, comunicación, orientación y apoyo, que actúa como elemento multiplicador del proceso de cambio. Por todas estas cuestiones, lo consideramos una metodología muy adecuada para mujeres que sufren violencia, pues facilita que elaboren un análisis de su empleabilidad, desarrollen competencias y recuperen recursos personales y profesionales con el fin de construir una imagen laboral realista y positiva de sí mismas. Por lo tanto, puede suponer para ellas romper con una autoimagen adquirida tras años de sufrir violencia (especialmente psicológica, junto con los efectos en su autoestima).

Es importante que en el grupo se aborde el tema de la violencia relacionando la propia experiencia personal con la situación laboral, para poder analizar qué competencias pusieron en juego en cada momento y, de esta manera, transferirlas al mercado laboral. Es importante, también, analizar los factores relacionados con la violencia que dificultan encontrar o mantener un trabajo. Esto permite a la mujer recogerlos en su proyecto profesional de cara a trabajarlos y que dejen de ser un impedimento para finalizar con éxito su incorporación al mercado laboral. Para llevar a cabo positivamente el proceso de cambio en que se encuentran, es prioritario favorecer en las mujeres la mejora de su autoestima, con lo que ello implica respecto al autoconocimiento y valoración positiva de sí mismas.

Por último, cabe decir que este método se aplica teniendo en cuenta la perspectiva de género que se introduce de manera transversal a lo largo de todo el proceso. Esta perspectiva obliga a cuestionar los roles de género socialmente impuestos, a apoyar alternativas de relación social y familiar y a confrontar y ensayar estrategias para cambiarlas. Iniciar un proceso de inserción laboral con este método implica modificar muchos aspectos de la vida personal y cotidiana llevados a cabo hasta entonces. El hecho de que las mujeres vuelvan o se incorporen al mercado de trabajo implica modificar su rol en el ámbito familiar, y se debe tener presente para que la profesional y la mujer evalúen los efectos que puede desencadenar y cómo se va a afrontar la nueva situación. En ocasiones, esto hace que la mujer, en su balance, vea más viable para ella, aunque no más beneficioso, renunciar a su objetivo laboral prioritario o hacer jornadas más cortas, entre otras cosas.

Otra implicación de la perspectiva de género consiste en valorar mucho más la actividad que las mujeres han realizado en el ámbito doméstico, trabajo que se ha desestimado hasta el punto de no ser considerado «trabajo». Al reconocerlo, las mujeres visibilizan las habilidades y cualidades que comportan esas tareas para trasladarlas a su empleabilidad y sus posibilidades de encontrar empleo. De esta manera, se aprecia la experiencia de vida y el trabajo de las mujeres como algo significativo y transferible al contexto laboral. Un ejemplo claro de ello son las mujeres que explican que no saben hacer nada porque nunca han trabajado asalariadamente; pero en cambio se han ocupado de la casa durante toda la vida, así como también de sus hijos y de personas mayores de la familia, entre otras cosas. Se trata, por lo tanto, de hacerles ver los diferentes conocimientos adquiridos y las habilidades desarrolladas para que se reconozcan capaces de hacer lo mismo —si es su deseo— en un contexto laboral formal.

Contenidos

La intervención grupal se divide en cinco unidades. Cada una plantea objetivos específicos y contenidos concretos, que se realizan mediante actividades que, en ocasiones, se llevan a cabo de manera individual y después se ponen en común en pequeños grupos, para finalizar con una puesta en común a nivel grupal. El trabajo individual en el grupo es importante, ya que cada mujer tiene su propio proceso, se encuentra en diferente situación respecto al mercado laboral y puede tener diferentes intereses en cuanto a su objetivo laboral.

Las unidades son las siguientes: presentación; mujer y trabajo; itinerario personal (recuperar recursos); currículo de competencias; proyecto profesional. Se abordan diferentes ámbitos que influyen en la inserción en el mercado laboral formal. Para esto es necesario conocer el mercado (cómo funciona, qué sectores crean más ocupación, cuáles son las condiciones laborales y el papel de la mujer en éste) así como aquellos aspectos de la mujer (recursos personales y competencias) que se ponen en juego al acceder a un trabajo y mantenerlo.

Objetivos específicos	Contenidos y actividades
Unidad 1	
Iniciar el proceso y presentar el grupo (participantes, objetivos y contenidos, etcétera). Conocer las expectativas de las participantes y contrastarlas con los objetivos del grupo. Hacer una primera reflexión sobre la violencia sexista, abordándola desde la dimensión social. Promover la reflexión sobre la violencia con el fin de iniciar, o continuar, el proceso de cambio reflejado en la incorporación en el mercado laboral.	Presentamos el programa. Realizamos ejercicios de conocimiento mutuo de las participantes. Recogemos las expectativas individuales y del grupo. La conductora expone una aproximación a la violencia sexista: conceptos, multicausalidad y leyes, entre otros aspectos. Las participantes inician un relato de la historia de vida personal y profesional, recogiendo momentos claves (actividad para hacer individualmente y fuera del grupo, que se recupera en siguientes unidades).
Unidad 2	
Conocer el mercado de trabajo (situación, funcionamiento, exigencias, condiciones laborales, etcétera). Reflexionar sobre «mujer y trabajo» (roles de las mujeres, su relación con el trabajo, situación en que se encuentran las mujeres en el mercado de trabajo, etcétera).	Concepto de trabajo. Situación del mercado de trabajo: cambios, exigencias, etcétera. Reflexionamos sobre la propia incorporación al mercado de trabajo y los cambios/efectos que esto tendrá en sus vidas (balance decisional). Relacionamos actividades domésticas desarrolladas con diferentes ocupaciones del mercado de trabajo formal.

UNIDAD 2 *(cont)* Reconocer y valorar el trabajo que las mujeres del grupo realizan en el ámbito doméstico o han realizado en otras actividades de economía sumergidas. Conocer el valor que las participantes dan al trabajo. Introducir el modelo de competencias (para obtener información sobre el modelo de competencias consultese Rubio i Serrano, Fina; Palacín i Giner, Ismael; Colomer i Camon, Marta y Cruells López, Eva, *Claus tutorials. Guia per a l'acompanyament i el suport tutorial, Barcelona,* SURT y Departament de Treball, 2008).	 Se trabaja a partir de la lectura de artículos, visitas a empresas y entrevistas a profesionales, junto a otras dinámicas.
UNIDAD 3 Relacionar los diferentes momentos vitales a nivel personal con su situación laboral. Valorar el impacto que ha tenido la violencia en sus vidas, especialmente respecto a su situación laboral y su empleabilidad. Reconstruir y valorar la propia experiencia personal y laboral. Identificar las propias capacidades y recursos personales en relación al trabajo. Favorecer la transferencia de estas capacidades y recursos personales al contexto laboral. Conocer la red de recursos, tanto específicos, de atención a la violencia sexista, como generales, de atención a mujeres, y otros recursos de apoyo.	 Recuperamos el relato de la historia de vida personal y profesional para analizar el impacto de la violencia en sus vidas, especialmente en el trabajo: las prohibiciones explícitas o implícitas de trabajar fuera de su casa, dificultades para mantener un empleo, no verse capaces de trabajar, etcétera. Repasaremos los recursos personales que han generado a partir de estas experiencias y ejemplos de éxito para identificar competencias que pusieron en juego. Realizamos dinámicas de autoconocimiento para conseguir una imagen realista de sí mismas, potenciando los aspectos positivos, por lo tanto, trabajamos también la autoestima. Elaboramos un mapa de recursos personales a partir de las propias experiencias personales y laborales, los aprendizajes en espacios no formales, etcétera, dando valor a éstos en un contexto laboral. Abordamos técnicas y dinámicas para desarrollar competencias transversales (trabajo en equipo, relación interpersonal, comunicación, negociación, gestión del estrés, afrontamiento, etcétera). Analizamos la red de recursos. Se trabaja a partir de técnicas grupales, la reflexión personal y grupal, juegos de rol, etcétera

Unidad 4	
Identificar y transferir las propias competencias (no solo las transversales) al contexto laboral. Revisar el currículo personal, formativo y profesional para elaborarlo en clave de competencias. Adquirir técnicas para defender el propio currículo. Aproximarse al tema del acoso laboral y adquirir herramientas para identificarlo y afrontarlo. Conocer experiencias de buenas prácticas en empresas.	Descubrimos perfiles profesionales en clave de competencias. Revisamos su currículo personal, formativo y profesional para obtener una visión de las competencias (técnicas, de base y transversales) y elaboramos el currículo en clave de competencias. Hacemos actividades que favorezcan la transferencia de estas competencias al mercado laboral, simulaciones de entrevistas para defender el currículo. Desarrollo de competencias transversales. Explicar el acoso laboral, su dinámica y sus consecuencias y explorar si han tenido alguna de estas experiencias, así como pautas para reaccionar defensiva y activamente ante ello. También ponemos sobre la mesa experiencias de buenas prácticas en empresas: conciliación de vida laboral y familiar y estrategias ante situaciones de violencia sexista y acoso laboral. Se trabaja a partir de entrevistas con profesionales, *role playing,* dinámicas grupales y visitas a empresas.
Unidad 5	
Analizar los efectos que tendrá para ellas y su entorno familiar incorporarse al mercado laboral formal (análisis de factores personales). Concretar su objetivo laboral. Contrastar el propio perfil competencial con el que pide el mercado laboral, de acuerdo con el objetivo laboral marcado. Elaborar el proyecto profesional. Fomentar el intercambio de recursos entre las participantes del grupo.	En esta unidad se recuperan algunas de las actividades realizadas en las unidades previas para que cada mujer elabore su proyecto profesional. Intereses, motivaciones y criterios de elección para definir su objetivo laboral. Búsqueda de información sobre el mercado de trabajo: sectores de ocupación, vías de acceso, posibilidades de formación, condiciones laborales, requisitos, etcétera. Conocimiento del perfil profesional exigido, de acuerdo con el objetivo laboral definido para contrastarlo y poder marcar sus puntos fuertes y débiles (esto permite identificar las competencias que se tienen que desarrollar y por lo tanto las que hay que recoger en el plan de acción de cada mujer).

Unidad 5 *(cont)*	Recogemos el proyecto profesional con el plan de acción definido. Éste último contiene los objetivos que se quieren alcanzar, las acciones a realizar, así como una temporización, los recursos que se necesitarán para llevarlo a cabo y los indicadores para evaluar la consecución de estos objetivos. Facilitamos el banco de recursos: se pretende que las participantes puedan organizarse en tareas en las que se pueden ayudar, como el cuidado de los hijos y las hijas, para asistir a una entrevista de trabajo, por ejemplo. Se trabaja a partir de la búsqueda de información en Internet, llamadas telefónicas y visitas a empresas, dinámicas grupales y la elaboración del plan de acción dentro de su proyecto profesional.

Aunque las sesiones están diseñadas previamente, en su desarrollo se debe respetar el ritmo de las mujeres y sus diversas situaciones. Algunas unidades contienen actividades que contemplan más la parte personal; esto provoca que surjan muchos aspectos, emociones y situaciones a las que hay que dar un espacio, sin olvidar los objetivos de la sesión y del grupo en general, reconduciéndolo cuando haga falta hacia una intervención de otro tipo. Las actividades deben plantearse de una forma clara, exponiendo los objetivos de cada una. Además, hay que aportar la información adicional y las explicaciones necesarias como, por ejemplo, cuando se habla del mercado laboral —esta información tiene que estar actualizada ya que se trata de algo dinámico— o de competencias —definiciones.

Hay que tener en cuenta el proceso individual de cada mujer y también el proceso de grupo. Las actividades facilitan la cohesión del grupo ya que, aunque las participantes hayan vivido situaciones de violencia distintas, entre ellas identifican aspectos en común, sobre todo en el comportamiento de los agresores. De esta manera, se crea un buen ambiente que les permite llevar a cabo las actividades así como cohesionarse como grupo, mostrando comprensión hacia las otras y ofreciendo su apoyo y solidaridad entre ellas. Es importante conocer las expectativas hacia el grupo pero también, concretamente, hacia el trabajo. En ocasiones las participantes se plantean trabajar con el fin de conseguir la autonomía económica suficiente para separarse, sin realmente estar preparadas para hacerlo en el nivel emocional. Lo que suele ocurrir entonces, de una manera inconsciente, es que las mujeres posponen la incorporación a un trabajo cuando ya se encuentran en el momento de inserción; alargan el proceso con formaciones varias, ante ofertas concretas y con posibilidades argumentan dificultades, etcétera.

Otro aspecto que se plantea es el de la intimidad. Hay mujeres que enseguida se identifican frente a los demás como «mujeres maltratadas» y otras que prefieren no hablar de ello con otras personas fuera del grupo. Este aspecto debe tratarse: en el primer caso hay que trabajar cómo se presentan, por ejemplo, de cara a una entrevista para un empleo y a sus relaciones con otras personas en el lugar de trabajo, porque puede influir en el mantenimiento del puesto o en las relaciones con otras personas del entorno laboral; en todos los casos hay que trabajar las competencias transversales, especialmente las de relación, sobre todo con las mujeres que han permanecido muy aisladas a causa de la situación de maltrato y no están acostumbradas a relacionarse con otras personas en un entorno laboral (mujeres que no han trabajado o que han trabajado solas en casas particulares, por ejemplo).

Evaluación y resultados

La intervención grupal se evalúa durante todo el proceso de inserción (no únicamente del grupo) a través de diferentes indicadores: por una parte, los del plan de acción de cada mujer recogidos en su proyecto profesional y, por la otra, los de los objetivos específicos del programa. Para evaluar que las mujeres hayan logrado los objetivos del grupo, se establecen una serie de indicadores de acuerdo con los objetivos de cada unidad. Además, se pasan cuestionarios de satisfacción (cuantitativos y cualitativos) para recoger la opinión y experiencia de las mujeres sobre su participación y la intervención que se ha realizado.

En las experiencias llevadas a cabo, la mayoría de mujeres que consiguieron un contrato de trabajo lo logró después de procesos largos. Son aquéllas que definieron y ejecutaron su proyecto profesional. Otras, después de su participación en el grupo y de haber definido su proyecto profesional, por las circunstancias personales del momento, decidieron no llevarlo a cabo. Por último, algunas optaron por trabajar por cuenta propia, iniciando un proyecto de autoocupación. La mayoría de los procesos que han finalizado con éxito han sido recorridos largos, con bastantes dificultades y que han modificado muchos aspectos, aparte del laboral. Pero más allá de los resultados en cuanto a la inserción, es importante tener en cuenta el proceso personal realizado, es decir, los cambios que ha habido respecto a la situación de violencia. Algunas mujeres se han separado durante el mismo, tal y como se proponían. Para ellas y para otras el trabajo ha supuesto dejar de depender económicamente del agresor; pero para todas ha significado mejorar su autoestima y verse más fuertes para afrontar situaciones y poner límites. En este sentido, las mujeres hacen una valoración positiva de su participación en el grupo porque, a través de él, se han dado cuenta de sus capacidades y de cómo aprovecharlas en el mercado laboral, han tenido un espacio de apoyo y relación con otras mujeres en situaciones similares de violencia, han compartido estrategias, han mejorado su autoestima, han conocido el mercado laboral y la manera de acceder a él.

4. En las entrañas del grupo: procesos mediadores del apoyo y la cura

Neus Roca Cortés

En este capítulo invitamos a descubrir, a través de radiografías de las sesiones, «cómo opera» el grupo instrumental preparado y conducido por profesionales. ¿Qué ocurre en las entrañas del grupo? ¿Por qué es efectivo? ¿Se dan los procesos grupales que producen los beneficios explicados? ¿Cómo se evalúan? Estos interrogantes guiaron la investigación-acción del grupo de apoyo psicosocial abierto, comentada en el apartado 3.1 y realizada por el equipo conjunto de profesionales de la intervención e investigadoras (Neus Roca Cortés, Montserrat Paíno, Matilde Albarracín, Laura Córdoba y Joana Espín, 2007) [1].

Desde la indagación de la intimidad del grupo comprobamos la presencia o ausencia de aquellos fenómenos psicosociales que median entre las personas y los resultados, los procesos grupales de apoyo social y los factores socioterapéuticos. En primer lugar, se propone un modelo de análisis de los procesos psicosociales en grupos de apoyo social. Se explican también los clásicos factores socioterapéuticos de Yalom. Después, se vierten algunos de los resultados fruto del análisis de dieciocho sesiones del grupo abierto y se ilustran tales procesos con registros literales comentados de fragmentos de las sesiones.

Las protagonistas de este grupo son las mujeres participantes y las profesionales conductoras del grupo. Las conoceremos en la dinámica grupal y al final daremos cuenta de los resultados evaluados según el modelo explicado en el apartado 1.4. En ellas se percibe el reflejo de muchas de nosotras. Leeremos sus voces,

---

1 Este capítulo forma parte de la investigación financiada por el Programa Dones y el Observatori Social del Ajuntament de Barcelona durante los años 2004 y 2005, cuyo informe final fue publicado en catalán, en el 2007, bajo el título *Treball grupal i violència sexista. Investigació-acció d'un grup de suport a dones* en la colección del mismo Observatorio Social. Para la presente publicación en castellano, se ha revisado y ampliado.

escucharemos sus fortalezas y debilidades, sus alegrías y tristezas, siempre desde una mirada de credibilidad y autoridad ante sus vidas, sus opiniones y significados, sin estigmatizar ni ser paternalistas. Ellas, que han dado permiso para la investigación y su publicación, se sienten orgullosas de que su experiencia grupal pueda servir de ayuda a otras mujeres que se encuentran en su misma situación de violencia.

4.1 PROCESOS GRUPALES DEL APOYO SOCIAL Y PSICOTERAPÉUTICO

CATEGORÍAS DE ANÁLISIS GRUPAL DEL APOYO SOCIAL

Los principales procesos psicosociales mediadores de este tipo de grupos de apoyo son el desarrollo de la grupalidad y el fenómeno del apoyo social, ya sean grupos conducidos por un profesional (de apoyo social) o sin él (de ayuda mutua) (Linda F. Kurtz, 1997; Neus Roca Cortés, 1996, 2001). Para reconocerlos hemos elaborado el siguiente modelo de análisis basado en la conjunción de la teoría del colectivo (explicada en el apartado 1.5) y el concepto de apoyo social, que posteriormente se concretará en una plantilla de observación de la interacción verbal.

MODELO DE ANÁLISIS DE LOS PROCESOS GRUPALES DE UN GRUPO DE APOYO SOCIAL	
GRUPALIDAD	Interacción positiva y negativa
	Organización funcional
	Comunidad
	Conciencia de grupo
APOYO SOCIAL GRUPAL	Apoyo cognitivo y emocional
	Apoyo instrumental y de información
	Apoyo valorativo: orientación y confrontación

El grupo no es un espacio mudo del cambio, sino su matriz y su agente. La investigación realizada hasta el momento nos dice, como explicábamos en el primer capítulo, que la madurez grupal es una de las variables clave para obtener beneficios del trabajo grupal. Por lo tanto, la creación y el desarrollo de la grupalidad, que sustituye al término clásico de cohesión, debe ser una de las dimensiones de la evaluación de los procesos. Proponemos las siguientes categorías expresadas como comportamiento o expresión verbal para captar el crecimiento de la grupalidad, es decir, la progresiva aparición de los fenómenos cualitativamente grupales.

PLANTILLA OBSERVACIONAL DE LOS PROCESOS GRUPALES MEDIADORES DE UN GRUPO DE APOYO SOCIAL 1.ª PARTE: DESARROLLO DE LA GRUPALIDAD	
INTERACCIÓN GRUPAL POSITIVA Y NEGATIVA	1 - Participa: expresa su estado o situación, sea positiva o en términos de preocupación o problemática
	2 - Facilita la participación de los/las miembros del grupo
	3 - Compite, domina, atrae o seduce al grupo de forma intermitente o constante, implícita o explícita
ORGANIZACIÓN FUNCIONAL DEL GRUPO	4 - Regula la participación de los miembros del grupo creando pautas de funcionamiento y la participación de todos
	5 - Controla la aplicación de las normas del grupo: comprueba y recuerda explícitamente su cumplimiento
COMUNIDAD	6 - Explora y expresa lo que es común a todos los miembros del grupo
	7 - Comparten sentimientos o ideas: todo el grupo manifiesta espontáneamente el mismo o parecidos sentimientos o ideas (sonríen, bromean, se entristecen, maldicen, reivindican, dialogan, etcétera)
CONCIENCIA DE GRUPO	8 - El sujeto grupo: nombra el grupo como tal, habla en primera persona del plural, habla en nombre del grupo, ofrece algo al grupo o propone actividades comunes
	9 - Evaluación del grupo en su conjunto, de su funcionamiento, ambiente, utilidad, etcétera, de forma directa o indirecta
	10 - Autovaloraciones y heterovaloraciones entre los/las miembros del grupo sobre cualidades, decisiones y situaciones

El apoyo social es un fenómeno psicosocial consistente en vínculos continuos o intermitentes que promueven el dominio emocional, proporcionan orientación cognitiva y consejo, proveen de ayuda, recursos materiales, retroalimentación sobre el comportamiento y el logro de objetivos sobre la identidad. La relación positiva entre apoyo social, el aumento de la salud y del bienestar y la reducción de los efectos negativos del estrés y la ansiedad ha sido ampliamente investigada (Enrique Gracia, 1997). Este apoyo surge de la red social natural positiva de la persona o puede ser estimulado intencionalmente a partir de iniciativas como el trabajo comunitario, los grupos de apoyo social o las asociaciones compuestas por personas con una problemática común, entre otras. Un amplio acuerdo entre los investigadores distingue tres funciones fundamentales del apoyo social: el apoyo emocional (expresión y escucha de lo afectivo; comprensión y compañía), el instrumental (material, tangible, de ayuda práctica) y el de información (consejo, orientación y guía). Otros autores añaden el apoyo de evaluación (afirmación o retroalimentación).

Adaptando esta conceptualización a la actividad grupal y añadiendo algunos conceptos de la teoría oréctica sobre la persona proponemos, después de algunos ensayos de aplicación, las siguientes categorías de interacción verbal de apoyo social.

Plantilla observacional de los procesos grupales de un grupo de apoyo social 2.ª parte - Desarrollo grupal del apoyo social	
Apoyo emocional y cognitivo	11 - Facilita la expresión: facilita la clarificación del discurso y/o de los sentimientos de otro/a miembro, de forma no amenazadora y generando confianza
	12 - Se identifica con el otro/a, de forma implícita o explícita
	13 - Comprende de forma explícita la situación de la otra persona
	14 - Espejo: repite o resume lo que ha dicho otro miembro sin añadir más contenido
	15 - Anima, acaricia verbal o físicamente, contiene la angustia manifestada abierta o encubiertamente por el otro
	16 - Tranquiliza, llama a la calma, rebaja la tensión con humor o distrayendo

Apoyo instrumental y de información	17 - Da información (profesional y/o experiencial) sobre el fenómeno que se está explicando o analizando; sobre recursos a los que acudir y/o sobre estrategias de actuación
	18 - Proporciona ayuda instrumental tangible (cuidar a los hijos, vivienda, dinero, cuidarla a ella, oportunidades laborales, etcétera)
	19 - Da otras informaciones
Apoyo valorativo: orientación y confrontación	20 - Refuerzo de comportamientos, explícito o implícito
	21 - Consejos sobre cómo comportarse
	22 - Da criterios de valor sobre los comportamientos, ideas y valores
	23 - Interpreta lo que siente, piensa o el momento que vive la otra persona
	24 - Confrontación de opiniones, ideas y sentimientos
	25 - Juicios sobre el comportamiento de la otra miembro del grupo o de las personas próximas a ella

Facilitar la expresión de forma no amenazadora, aclarar el discurso o las emociones de otro miembro del grupo significa que la persona pide o propone más precisión, o hace distinciones sobre algún aspecto explicado sin pedir explicaciones ni justificaciones. Esta intervención a veces toma forma de pregunta pero siempre es una frase que no sugiere la respuesta ni interpreta o afirma nada en nombre de la persona interpelada. La función expresiva es el primer paso de la introspección, de la catarsis y de la toma de conciencia.

La introspección está presente en los grupos de apoyo y psicoterapéuticos, al formar parte ineludible de la finalidad de estos grupos. La introspección es el conocimiento de la propia realidad o verdad subjetiva en todas sus vertientes emotivas, ideativas, simbólicas y de acción, mediante la emoción valorativa de la comprensión (Vladimir J. Wukmir, 1960, 1967). Forma parte ineludible de la orientación vital, del ser «más-persona» y por tanto, de la salud psicológica. Y, cuando es compartida, esa introspección puede enriquecerse siempre que los interlocutores velen por la credibilidad y el respeto de quien se expresa y, en nuestro caso, en favor de la mirada autorizada y libre de la mujer, incluso cuando es crítica.

El escenario grupal, preparado para la valoración y la revaloración (María Pilar González y José Manuel Cornejo, 1993), promueve que el autoconocimiento resuene entre los iguales encontrando un espejo, una identificación que refuerza, conforta o matiza, o bien una confrontación que alerta, que abre posibilidades de nuevas valoraciones cognitivo-emocionales de cambio orientadas, habitualmente, hacia la «más-vida». En nuestro caso, prepara para actuar en favor del reconocimiento público de la existencia de la violencia y de retomar los recursos, la fortaleza y la libertad de las mujeres.

La identificación con la otra persona se da como respuesta a la exposición de una preocupación, un problema, un sentimiento o una reflexión. Es una intervención que, a menudo, se expresa indirectamente y consiste en explicar una experiencia (narración, idea o sentimiento) igual o parecida a la que se acaba de exponer, pero tal y como la ha vivido la persona que habla en ese momento. A veces se añade una comparación que describe las diferencias entre una y otras experiencias, o una autovaloración, o se hacen preguntas que facilitan la introspección. Comprender de forma explícita la situación de la otra persona suele ser literal. A menudo va seguida de una identificación del tipo: «Yo también lo he pasado», «a mí me ocurrió lo mismo» o «le ha sucedido a una amiga». Casi siempre se acompaña de un gesto y un tono emocional de empatía y compasión (en el sentido del *cum patior,* es decir, sufrir con el otro), de reconocimiento y amparo.

Los recursos instrumentales son ayudas tangibles para conseguir el objetivo final del grupo: la recuperación. Se trata de informaciones sobre recursos útiles, estrategias de actuación ante una situación; en nuestro caso, por ejemplo, sobre cómo fortalecerse, poner límites al maltrato, enfrentar un juicio o conseguir un refugio. La información genérica sobre fenómenos específicos[2] es también un recurso instrumental que permite ampliar el análisis y la valoración que están haciendo las mujeres. Se entiende como información experta tanto la dada por profesionales especializados como por personas que han pasado por la experiencia objeto de análisis y han reflexionado sobre ella. Los miembros de los

2 El ciclo de la violencia, la violencia psicológica, el conflicto de lealtades en los hijos e hijas, la fatiga, etcétera.

grupos y sus conductores reconocen esta sabiduría extraída de su experiencia, especialmente en los grupos formados por personas con la misma dificultad.

Cuando aparecen las intervenciones valorativas, se va más allá de la expresión, la descripción o la exploración, para llegar a las diferentes formas de proporcionar criterios de análisis y valores sin hacer juicios negativos, pero siempre dentro de los límites éticos. Respecto al refuerzo de comportamientos, se trata de animar a la mujer a seguir específicamente en ese intento de explicar una acción, idea o sentimiento o manifestar su satisfacción por haber actuado, sentido o pensado de una determinada manera. Dar criterios de valor sobre los comportamientos significa seleccionar y averiguar lo que es bueno y lo que es malo para la dignidad, la salud psicológica de las personas y las relaciones. No se refuerza un comportamiento concreto, sino que se resaltan ideas claves —a veces nuevas para algunas miembros del grupo— y se proporcionan maneras de entender la realidad. Los criterios se pueden emitir sobre un miembro del colectivo o su comportamiento, o bien sobre una persona ajena al mismo pero próxima (familiares, etcétera).

Interpretar lo que siente, piensa o vive la otra persona, incluso las causas por las que actúa así, suele expresarse en forma de frase hipotética o afirmativa. Es una interpretación positiva si las condiciones del sujeto escogido le permiten elaborar y contrastar su sentir y, por lo tanto, puede aprender algo de la interpretación. Es una interpretación negativa si la persona no entiende lo que le dicen, no puede reaccionar con aprendizaje o se ve sobrepasada en la comprensión de sí misma de tal manera que, al final, es sustituida, incapacitada o dolida. Suele ser negativa cuando se habla de causas o cuando es un discurso de tipo ontológico: «eres».

Hay disensión cuando, abiertamente, se ofrece un punto de vista diferente, sin juicios de valor sobre lo que ha dicho o hecho otra persona, y confrontación cuando se cuestiona el punto de vista. Confrontar tiene un sentido positivo si la diversidad de experiencias, opiniones y sentimientos es evaluada con reconocimiento y respeto por la manera de sentir y pensar de los otros miembros del grupo. Es sustancial para el cambio en tanto no signifique conflicto, es decir, no implique daño a las personas, exclusión del grupo o la disolución del mismo. La diversidad y la confrontación son valores que la conducción debe promover a partir del momento en que el grupo adquiere confianza, cohesión y ha crecido su sentido como tal.

En cambio, los juicios sobre el comportamiento de otro miembro o de las personas que le son próximas pueden ser positivos o negativos y su impacto puede ser también positivo (útil) o negativo, si hiere u ofende. Los juicios son peligrosos en este tipo de grupo porque suelen mantener o aumentar las defensas psicológicas y la resistencia de sus miembros. No juzgar es una regla de oro en los grupos instrumentales, de modo que la confianza y la comprensión provoquen efectos beneficiosos de apoyo y cambio. No obstante, no se debe evitar la confrontación de ideas o el establecimiento claro de límites en los actos y opiniones de las personas en los grupos, siguiendo el código ético del trabajo grupal.

Los factores terapéuticos de Yalom

¿Por qué los grupos instrumentales, de apoyo o terapéuticos, psicoeducativos o socioeducativos, aportan beneficios a sus participantes? Una década después de que Irvin Yalom formulara, en 1968 [3], los once factores terapéuticos como agentes mediadores de los resultados de la terapia de grupo, éstos han sido largamente utilizados para la comprensión y la investigación de los grupos aplicados.

Un factor se define como un elemento de la terapia de grupo que contribuye a mejorar la condición del paciente y es una

3 En 1968, Irvin Yalom, J. Tinkleberg, y M. Gilula, citados por Dennis Kivlighan y Stacey Holmes, escriben un manuscrito que no será publicado, *Curative factors in group therapy.* Dos años después, en 1970, aparece la primera edición del libro *The theory and practice of group psychotherapy,* en el que el primero expone su propuesta de terapia existencial de grupo, con una gran influencia en la psicología y la psiquiatría clínica occidentales. En España, actualmente manejamos dos libros de psicoterapia de grupo de este autor: la traducción española de 2000 del libro revisado y publicado en 1998 en inglés, y la edición de 1989 de Irvin Yalom y Sophia Vinogradov.

función de las acciones de los terapeutas del grupo, del resto de miembros y del mismo paciente (Sidney Bloch y Eric Crouch, 1985). Los factores terapéuticos son los siguientes: esperanza, universalidad, información, altruismo, recapitulación del grupo familiar, aprendizaje social, autoconocimiento, cohesión, catarsis y supuestos existenciales. En el factor llamado aprendizaje social se integran los contenidos de dos factores formulados inicialmente por Yalom: la conducta imitativa y el aprendizaje interpersonal, en tanto reúnen acciones propias del acto de aprehender.

La esperanza es un factor mediador presente en todas la terapias, cuyo objetivo es comunicar a los miembros del grupo, desde la congruencia interna del terapeuta, un sentimiento de confianza en sí mismos y en el poder del grupo como agente curativo. La actitud de esperanza y optimismo respecto a la propia mejoría es una clave del éxito terapéutico. El escenario grupal le permite al paciente vivir en primera persona los avances que experimentan otros miembros del grupo y esto influye de manera positiva en sus creencias sobre la eficacia del tratamiento.

La universalidad permite tener contacto con personas que padecen problemáticas similares y, por tanto, darse cuenta de que no están solos, de que sus problemas son generales y otras personas tienen sentimientos parecidos a los suyos. Esto permite atemperar la angustia, la soledad y el aislamiento con la que muchos pacientes acuden a nuestros servicios.

Recibir e intercambiar información es una constante en los grupos psicoterapéuticos. Algunos de éstos hacen hincapié en la instrucción didáctica y explícita por parte de un experto (en los temas relevantes para el grupo), ya sea de técnicas corporales, asistencia judicial, médicos, educadores especializados, asesores sociales o el mismo psicoterapeuta. Se incluyen también los consejos directos o sugerencias que, de manera natural, formulan unos miembros del grupo a otros que están pasando por experiencias similares. Aunque a veces aporten pocos beneficios, no debe desestimarse su utilidad como recurso, porque la misma conducta de dar o buscar consejo suele servir para mejorar y entender las relaciones interpersonales.

El altruismo, como agente mediador, consiste en ayudar y ser útil para otras personas. Al inicio del tratamiento muchos pacientes tienen la creencia de que no pueden ofrecer nada de valor a nadie. El altruismo que se desencadena en el escenario grupal compartido les permite construir una nueva percepción de sí mismos, con un aumento significativo de la autoestima, que forma parte de su «empoderamiento». También les ayuda a distanciarse de su excesiva concentración en sí mismos y de las reflexiones sobre sus problemas.

En la recapitulación del grupo familiar primario, el microcosmos grupal reproduce, de alguna manera, una red de relaciones que pone en juego los aprendizajes relacionales llevados a cabo en el seno del grupo familiar. En la terapia en grupo afloran interacciones con otros miembros tal y como ha ocurrido con algunos de sus familiares. Esto le permite al participante volver a experimentar, interpretar y aprender, de una forma más adaptativa, los patrones de comportamiento para influir de manera positiva en sus relaciones sociales futuras.

El aprendizaje social interpersonal surge en el escenario grupal terapéutico ofreciendo al participante un ambiente de trabajo óptimo para aprender a interactuar de una manera más adaptativa con los miembros del grupo. La observación del comportamiento de otras personas con problemáticas similares y de los estilos de afrontamiento que adoptan puede resultar muy positiva para el participante, ya que le permite incorporarlo en su propio patrón de comportamientos. Constituye una oportunidad para aprender a vivir en armonía con los demás y adquirir habilidades para la resolución de conflictos dentro y fuera del grupo. Los individuos aprenden a juzgar menos y a desarrollar más su capacidad de empatía.

El contexto grupal psicoterapéutico procura dar, recibir y compartir una retroalimentación *(feedback)* honesta por parte de otros sujetos del grupo sobre aquellos comportamientos adaptativos —o no— que han podido influir en sus relaciones sociales. Esta retroalimentación constituye el autoconocimiento en tanto que las «heterovaloraciones» compartidas también incluyen al propio yo. Las observaciones que los miembros realizan al examinarse o explicarse cómo se perciben unos a otros, cómo resuenan en ellos las participaciones o las formas de relacionarse de los demás, supone la autoobservación y su consiguiente valoración. A través del reflejo que facilita el grupo, cada participante puede darse cuenta de su conducta y de cómo ésta repercute en los sentimientos de los otros, en la opinión que éstos se forman de él y en la que tiene de sí mismo. El grupo llega a ser nuevamente un microcosmos social en el que se pueden ensayar cambios y nuevas formas de relación social en un ambiente de más comprensión y seguridad.

La cohesión puede definirse como la relación o vínculo que se crea entre los miembros del grupo, derivada de la experiencia grupal y de los sentimientos que se dan en tal contexto, como la aceptación y la comprensión. Favorece el autodescubrimiento, el autoconocimiento, el riesgo, la expresión constructiva del enfrentamiento y del conflicto y tiene, como explicábamos anteriormente, una correlación positiva con el éxito, además de mejorar los resultados terapéuticos. También presenta una clara influencia en la asistencia, el compromiso y la participación activa de los diversos miembros del grupo.

La catarsis es una emoción intensa que vive el paciente en el contexto grupal y que provoca un cambio en la persona. Un segundo paso sería la integración del suceso catártico y el proceso de su comprensión posible tanto dentro como fuera del grupo. El sentimiento de aceptación que se vive en el grupo permite la aparición de la catarsis individual o colectiva.

Los supuestos existenciales se refieren a acontecimientos vitales como la muerte, el aislamiento, la libertad, la inferioridad o la carencia de sentido vital, entre otros, que tienen un papel primordial en las terapias de grupo. Yalom, que recibe su primera formación en conducción de grupos de encuentro en el entorno del legado lewiniano, se inscribe en las teorías existencialistas sobre el ser humano, cuyo enfoque terapéutico supone elaborar y aceptar esos supuestos como condición humana. De manera que en el escenario grupal se aprende, por ejemplo, que si bien la comprensión, la amistad y el afecto pueden calmar la distonía del desamparo, ésta forma parte del vivir; se puede descubrir la carencia de sentido vital propio y buscar un proyecto más personal y un sinfín de asunciones acerca de las propias creencias, en su mayoría patriarcales, heredadas y compartidas, con las que mujeres y hombres construimos nuestra existencia.

Las investigaciones de los factores terapéuticos de Yalom han constatado su presencia y ordenado jerárquicamente su importancia en función del tipo de pacientes, los estilos de liderazgo, o las fases y tipos de grupos (Dennis M. Kivlighan y Stacey E. Holmes, 2004). En recientes revisiones de investigación (Donelson R. Forsyth, 2001), los grupos de apoyo social y de ayuda mutua siguen siendo considerados grupos terapéuticos, pero se ha iniciado su distinción bajo la hipótesis de que sus mecanismos mediadores pueden no actuar de la misma manera (Linda F. Kurtz, 1997). La cohesión, la esperanza y la universalidad son reconocidos como los más importantes por los participantes; en segundo lugar, la información, el altruismo y la conducta imitativa; y, por último, la recapitulación del grupo familiar original, el trabajo en habilidades sociales básicas, el aprendizaje interpersonal *(feedback),* catarsis y las inquietudes existenciales. A partir de las revisiones de investigación específica, Linda Kurtz (1997) añade la transmisión de un sentimiento de pertenencia (relación con la grupalidad, especialmente en las asociaciones de ayuda mutua) y refuerza las dimensiones de ofrecer apoyo y dar información (altruismo), comunicar conocimiento experiencial y enseñar métodos de afrontamiento (información; también altruismo y aprendizaje social). Observaremos la presencia de los factores terapéuticos de Yalom en los siguientes análisis de los procesos grupales del grupo abierto de apoyo social. E, igualmente, la presencia más relevante de los factores referidos en primer y segundo lugar por Linda Kurtz, que distingue entre grupos de apoyo social y psicoterapéuticos.

4.2 FORMACIÓN DE LA GRUPALIDAD Y FACTORES INICIALES

En los grupos que tienen en común una circunstancia vital estresante o traumática, la participación como expresión de la problemática propia es constante e ineludible al ser la tarea y la razón que une a las implicadas. Nunca es una participación unidireccional de la conducción hacia un miembro o hacia el resto del grupo. Su fuerza reside en la interacción entre iguales.

Los resultados del análisis de las categorías del apoyo social grupal con la plantilla de observación presentada, del total de las dieciocho sesiones del grupo estudiado, nos muestran que todas las mujeres han tenido ocasión de expresar sus problemáticas y de identificarse, y que lo han hecho de una manera bastante equilibrada. Han respondido bien a la facilitación atenta de las conductoras y al cuidado que las propias mujeres tenían para dar espacio y tiempo a todas. Nadie ha querido acaparar el tiempo y la atención grupal. A la vez, han sabido reaccionar a las necesidades urgentes de algunas mujeres. También hemos observado que daban más apoyo quienes estaban mejor y más adelantadas en su recuperación.

En este apartado veremos elementos básicos del inicio y la buena progresión del grupo. Lo que podría ser considerado exclusivamente formal es, en realidad, un conjunto de procedimientos clave para la confianza, que generan implicación y un vínculo que proporciona solidez al grupo como instrumento de recuperación.

Organización funcional, normas e implicación: primera sesión

En esta sesión, la primera del curso después de las largas vacaciones escolares, vemos un ejemplo de la organización del grupo. Las conductoras enmarcan la situación grupal de manera que sea la estructura básica de sesión que se irá repitiendo en procedimientos aunque no en contenidos. Facilitan y regulan la participación cuando, al empezar, explican el índice y los contenidos de toda la sesión y cuando, en el curso de las sucesivas, hacen interpelaciones al discurso de las mujeres, guiándolas y cuidando que todas participen. Las mujeres cumplen estas pautas y atienden sus propuestas casi al pie de la letra en las primeras sesiones.

Regular la participación es una de las funciones principales de la conducción para el buen funcionamiento del grupo: una función activa y continua que disminuye a medida que el grupo se consolida, pero nunca desaparece; porque cuando hay más conocimiento mutuo y cohesión hay, también, más espontaneidad en la expresión y se marca el ritmo del funcionamiento grupal. En sesiones más avanzadas las participantes facilitan la participación en la medida en que pueden dirigir su atención hacía las demás de forma más serena. Se observa, sobre todo, en las mujeres que adoptan roles de liderazgo o protección del grupo.

A lo largo del curso analizado han asistido a este grupo abierto de apoyo once mujeres de diferentes edades y situaciones de violencia. Tienen entre veinticinco y sesenta y cinco años, uno o varios hijos, son de nivel socioeconómico bajo y medio-bajo, cohabitan con la pareja maltratadora o están recientemente separadas. Por lo general, el grueso de participantes nuevas entra en el grupo en septiembre u octubre, después del período estival de vacaciones escolares y laborales. Las siguientes entradas son más esporádicas, pero siempre que es posible se dan después de las vacaciones lectivas (lo habitual es que coincidan con días festivos señalados). Sin embargo, y de forma excepcional, en este curso las entradas han sido más escalonadas. Ha habido un mínimo constante de seis miembros estables.

Todas las participantes tienen una trabajadora social de referencia y orientación que, habitualmente, proviene de los servicios sociales primarios, de los secundarios especializados en salud sexual y reproductiva o de atención a la violencia hacia las mujeres. La mayoría se halla en tratamiento individual psicológico de periodicidad quincenal o superior. Presentamos ahora a tres de ellas; el resto aparecerá a medida que avancen en la sesiones. En las páginas que siguen han sido tomadas todas las garantías de confidencialidad para evitar la identificación, garantizar la seguridad de las mujeres y, a la vez, mantener los elementos significativos.

Lucía tiene alrededor de cincuenta años. Su asistencia es regular. Es la más veterana del grupo: lleva año y medio. Recién separada de un marido psicológica y físicamente violento, pidió entrar en el grupo a través del servicio ambulatorio donde recibe tratamiento psicológico individual. Ha trabajado fuera de casa en diferentes períodos de su vida, pero desde hace un tiempo se dedica al cuidado de la familia. Durante este curso irá apareciendo la violencia de su hijo mayor. Tiene dos hijos más, ambos mayores de edad. Es expresiva y analítica.

Felisa es también una veterana. Pese a sus dificultades de desplazamiento, nunca deja de asistir. Tiene alrededor de cincuenta años y acude regularmente al grupo desde hace un año y medio. Dedica su trabajo al mantenimiento y cuidado de la familia. Se expresa con mucha espontaneidad y está haciendo una importante revalorización de su situación personal al elaborar el abandono del exmarido violento.

Adela tiene unos sesenta años. Lleva un año asistiendo regularmente. Su trabajo ha sido siempre el de ama de casa. Todos sus hijos tienen ya sus propias familias. Es una mujer vital que facilita la participación y cuida del grupo. A comienzos del curso es una de las que se encuentra mejor. Se ha rebelado contra el control, dominación y maltrato psicológico —débil pero constante— del marido. Su liderazgo es bien aceptado por las conductoras y por el resto de mujeres.

Candela tiene cincuenta años aproximadamente. Lleva un mes en el grupo y asiste a muy pocas sesiones. Hace pocos años que, junto con su familia, emigró desde un país de América Latina. Cohabita con el violento y se muestra muy dudosa. Por una parte expresa su malestar ante la situación y, por otra, retrocede ante las disminuciones temporales de violencia de su marido. Viven vinculados a una comunidad religiosa a la cual suelen pedir consejo y mediación: son atendidos por el pastor y, a veces, por un psiquiatra recomendado.

El siguiente fragmento pertenece a la primera sesión del curso. El grupo del curso anterior era compacto y hacía bastante tiempo que estaba formado. De aquellas participantes solo quedan cuatro y una de ellas no asiste porque se encuentra en plena separación y cumple medidas de seguridad. Observamos cómo la conductora toma la iniciativa, da tiempo a la memoria y duelo por el «anterior» grupo y encara el «nuevo» reafirmando las reglas de funcionamiento. Se recuerda a todas y cada una de las participantes del grupo.

Primera sesión del curso

Las mujeres se saludan en el pasillo a medida que llegan. Algunas ya se han encontrado en la calle. Son cuatro: tres veteranas y una nueva. Las dos conductoras las saludan en el pasillo. Aquellas que no se han visto o llamado por teléfono se hacen comentarios sobre las vacaciones, el verano, el calor y las novedades. La sala ya está preparada. Entran todas.

La conductora 1 presenta el estudio que estamos haciendo y los objetivos que tiene, presenta a la observadora, explica qué hará y pide permiso para poder tomar registro. Las mujeres aceptan participar en la investigación y que sus intervenciones sean registradas, silenciosamente, por escrito.

> **Conductora 1**: «Bienvenidas. Haremos memoria de las mujeres que ya han dejado el grupo. Presentaremos a la nueva y después repasaremos los objetivos que cada una quiere conseguir viniendo al grupo este curso.
> »Novedades. Repasamos las mujeres que han dejado el grupo porque se encuentran mejor. Por cierto, a María se le ha muerto el marido... Está mejor, desgraciadamente ha florecido... ya no tiene enfermedades. [Comentarios espontáneos entre sonrisas y resoplidos; Lucía explica que la ha visto por la calle y parecía que le iba bien.] Los hijos se han separado de las respectivas mujeres. Está bien. Sabéis, Josefa sigue con el miedo de qué pasará cuando él salga de la prisión. Ahora él tiene otra pareja. Ella se ha separado y creemos que con la nueva situación ya no necesitará al grupo. Está haciendo ejercicios de relajación también en un grupo. Hizo una evolución positiva de como llegó. [Breves comentarios de las dos mujeres que la conocían.]
> »Más novedades. Rosa ha pedido la separación. Hoy no ha podido venir. Está en una situación muy crítica. Quizá no podrá venir algunos días. La veo a nivel individual [tratamiento psicológico]. No se va de casa, todavía. Él la amenaza de muerte y la presiona mucho, a ella y a los hijos, porque cada vez tiene menos dinero. Es agresivo.

Lucía le ayuda dejándole una casa que ella tiene fuera de la ciudad».

Lucía: «Sí, es una casita fuera de la ciudad. Claro está, es lejos, pero cuando le vaya bien puede ir. Este verano he leído este libro que se llama *Gritos silenciosos* [de Paula Zubiaur, sobre los maltratos y violaciones a mujeres en la guerra de Bosnia]. ¡Uf! Está bien... es duro. Esto de la violencia a las mujeres... en todas partes!».

Conductora 1: «Engracia está mejor. Ha estado poco tiempo en el grupo, pero su evolución ha sido muy rápida. La ayudan mucho el psicólogo y la canguro. Tuvo un episodio fuerte de maltrato, fue a denunciarlo e hicieron un juicio rápido. Ahora tiene una orden de alejamiento que él no cumple y llama a la policía. Están separados. No le pasa la pensión. Ella tiene las cosas claras. Pide la guarda y custodia. No podrá venir, trabaja mucho para ganar dinero. Le decían: "corta ahora, no aguantes, ahora eres joven". Era guapo, pero no le conviene. Cuando se separaba le dijeron: "cuenta conmigo para todo". Está muy agradecida a todas».

[Adela y Lucía intervienen. Explican las conversaciones que tuvieron con ella sobre cómo era su situación.]

Las conductoras, en su rol de promotoras de la actividad conjunta, ponen las normas. Tales reglas, expresadas con la autoridad propia de quien convoca y se responsabiliza del grupo, dan seguridad en un espacio donde se manifestarán sufrimientos y vulnerabilidades. Su cumplimiento aumenta la confianza en el grupo como espacio de recuperación. Las reglas esenciales se encuentran detalladas en el código ético de la especialidad (apartado 1.3 y anexo 1).

Conductora 1: «Hay una posible mujer nueva. El grupo se hace siempre a esta hora los días que se indican en el papel que os daremos ahora. [Se dirige hacia la nueva, Candela.] Aquello que se dice en este grupo no sale de aquí nunca, no se puede contar a nadie, así podemos expresarnos con confianza. Es muy importante. Si no se puede venir algún

> día, hace falta avisar con antelación y explicar el motivo, que explicará a su vez al grupo. Si se quiere dejar éste, no hay ningún problema, solo pedimos que se haga una despedida al grupo y que se den las razones sobre por qué se deja y ya está. El grupo está abierto para esta mujer si quiere volver en otro momento. Hace falta respetar los horarios de entrada y de salida de la sesión».

Al trabajar las normas hablamos de autoridad; ni de autoritarismo ni de directivismo, sino de marco de actuación, de pacto sobre las reglas del juego. Las conductoras valoran que las mujeres las asuman y por ello se mantienen abiertas a su modificación o a añadir alguna nueva si es necesario y coherente con la guía ética y los objetivos del grupo. No puede esperarse que la mayoría de estas normas sean generadas espontáneamente y acordadas por personas que acaban de conocerse.

En el siguiente fragmento observamos cómo, a través del ejercicio de actualización y concreción de objetivos, se centra a las mujeres en la experiencia grupal y se les facilita la implicación individual en la tarea y el escenario.

La sesión continúa. Cada mujer explica cómo se encuentra en ese momento, en qué situación está con la pareja violenta o con las personas con quienes convive y los objetivos que tiene en el trabajo grupal. Las conductoras intervienen preguntando a cada una y facilitando que expliquen los tres apartados. Las ayudan a concretar los objetivos. Las participantes se centran en la tarea de introspección y en la tarea del grupo.

> **Conductora 1**: «Adela, explícanos, hace dos meses que no sabemos nada de ti. Y tenemos que intentar concretar más los objetivos de cada una».
> **Adela**: «La situación no está bien. Yo quiero, mi marido va mejor, pero no lo puedo cambiar. Para él todo está bien y... en cualquier lugar discutimos... gritamos. Yo creo que él está mal, pero según él, no. Ya no tengo fuerzas para hacer que se siente y explicárselo. Sí, es razonable y admite que lo que hace está mal, pero después como si nada. Estoy baja.

Espero que cambie con ayuda psicológica. Hace quince años que estamos casados [dirigiéndose a la nueva]. Hemos ido a hacer un crucero. Ha ido bien porque yo he puesto de mi parte para que fuera bien. Me he vuelto egoísta. Todo el día estábamos de pique, las veinticuatro horas. Me veía baja y me hacía regalos. Me estaba poniendo mal y cada cual hacía la suya. ¡Yo procuraba pasármelo bien y bailaba, bailaba con la música y él seguía "ordeno y mando"! ¡Y yo, ya no! Que yo sea feliz y me abra [a los demás], ¡no le va! [tono de indignación]. Hay parejas que encajan en algo, pero nosotros siempre hemos discutido, desde la boda. Sigue siendo un machista, pero ya no le hago caso. Estoy harta de vigilar y darle "el alto", de decirle que no vamos bien y de hacerle ver. No saco más que discusiones, no hay diálogos, y paso... Yo he cambiado, ya no paso. Estoy bajando la guardia y él se relaja y deja de... vuelvo a dudar si me separo o no, quizá sí, aunque sea doloroso...».

Conductora 1: «¿Cuáles son tus objetivos ahora?».

Adela: «Cuidarme mucho, darme un capricho, pero sin perjudicar. Así no enfermo. [El motivo de llegada de Adela fue una depresión por la cual ya había acudido antes a centros de salud mental y a psiquiatras privados.] A nadie... pero primero yo, ¡nunca jamás como antes!, yo era la última, ¡ahora no! Seré tan egoísta como pueda. De aquí a un tiempo seré más feliz de lo que soy ahora, quiero sentirme bien para no enfermar. Estoy satisfecha de lo que he hecho. Si soy abuela, bien, y si no lo soy, me lo tomaré con naturalidad para no enfermar».

Conductora 1: «¿En qué cosas se concretarían estos objetivos?».

Adela: «Hacer cursos de sevillanas, ir a la escuela de adultos... por la tarde, ¡fuera de casa!».

Conductora 1: «¿Por qué te puede servir el grupo?».

Adela: «Para recuperar los ánimos».

[Se continúa con la explicación de las novedades y concretando objetivos con el resto de mujeres.]

Socialización grupal, participación y esperanza: sesiones tercera y séptima

En los dos fragmentos siguientes observamos las pautas de introducción de una nueva participante y la estructura básica de las sesiones que se repiten. La socialización en el grupo se pone en marcha. La entrada de un nuevo miembro convierte en palabra lo que en otras ocasiones es implícito: el factor mediador terapéutico de la esperanza. Se expresa la confianza en el grupo como agente de cambio y recuperación. Las más veteranas hablan primero, espontáneamente. El factor de la universalidad es expresado por la participante más nueva: sabe que no está sola; la violencia de pareja no es una cuestión individual.

Tercera sesión del curso

> **Conductora 1:** «Lo que teníamos preparado para hoy. Ausencias y después presentar a Luisa, una mujer nueva. Después haremos un ejercicio sobre el emparejamiento. Candela está muy angustiada por su hijo, tiene comportamientos extraños. Se cuestiona su participación en el grupo. Y le hemos pedido que venga, sin compromiso, para explicar cómo está y acabar de decidirse. [Candela vendrá dos sesiones más y tras cuatro sesiones se despedirá.] Rosa acaba de pedir la separación y está fuera de la ciudad para protegerse. Mientras tanto, se busca una casa de acogida. Bien, hoy se incorpora Luisa, nos presentamos. Ella se presentará después y valorará si se compromete o no con el grupo».
> **Adela:** «Desde que me casé estoy con él. Es buena persona, no hay palizas, pero sufro maltratos psicológicos y estoy muy sometida. Tenía depresiones, una detrás otra».
> **Luisa:** «No suelen cambiar».
> **Adela:** «Pero al menos aquí aprendo para mí».
> **Luisa:** «Si lo hubiera tenido antes... Me habría ido bien para entrar en una casa de acogida; ahora ya estoy mejor».

Lucía: «Yo hacía años que soportaba maltratos, mal, intentaba separarme pero no podía. Me metí en el grupo y bien. Aquí he hablado, he llorado, me ha ido muy bien. He visto otras características mías y... se debe seguir».
Marcela: «A mí, maltratos, gritos, insultos... y quería charlar con alguien. Me quedaba callada..., y ahora vengo y me alivia mucho hablar... y saber que no estoy sola. Es un desahogo».

Séptima sesión del curso

Es la segunda sesión tras las fiestas de invierno (vacaciones escolares cortas). Llega una mujer nueva. Son cinco. Entran a la sala. Rosa no ha asistido a las cuatro primeras sesiones; sin embargo, ha estado presente en el grupo a través del seguimiento por parte de las conductoras y de las otras mujeres que la acompañan y la ven fuera del mismo. La conductora sigue la rutina y, antes del ritual de presentación de la nueva participante, repasa las que faltan y si hay información sobre ellas. En el caso de la violencia sexista este seguimiento es importante dado que la situación de riesgo asocia las ausencias al miedo. Las faltas de asistencia como consecuencia de la violencia son aceptadas y comprendidas en estos espacios sin que ello merme la pertenencia al grupo. A su vez, la participante se siente arropada por este seguimiento.

Conductora 1: «Bien, empezamos. Os repartimos los teléfonos de todas menos de las compañeras que se encuentran en las casas de acogida. Desde luego que son confidenciales. Todas habéis dado permiso para darlos. [Las mujeres lo agradecen.] Hoy tenemos la incorporación de una mujer nueva. Se llama Paula».
»Haremos una ronda de presentaciones. También Marcela, que hace dos sesiones que no viene. Decid el nombre, el estado civil, desde cuando estáis en el grupo, por qué habéis venido y para qué».
Adela: «Tengo cincuenta y pico años y hace un año y medio que vengo al grupo. ¿Por qué? Porque tengo un marido

autoritario, machista, celoso y he estado a punto de separarme, pero al final fuimos a un centro de terapia familiar que fue muy mal y ahora solo va a un psicólogo [servicio público especializado en hombres y violencia de género]. Hace treinta y siete años que estoy casada y de maltrato físico no, pero de psíquicos, todos. Y me ha ido muy bien venir al grupo».

Lucía: «Tengo cincuenta años... tenía una situación caótica con mi pareja, vine para coger fuerzas para separarme, pasaron muchas cosas y al final nos separamos. Fui maltratada psíquicamente y menos físicamente, más que nada, era la lengua... me dejaba muy mal. Hace casi dos años que vengo al grupo, apenas me acababa de separar, estaba muy mal... esto te deja muy mal... Va bien venir al grupo, porque lo que nos pasa no lo podemos decir a cualquiera... Ahora estoy mejor».

[Felisa llega empezada ya la sesión. Le piden que siga la ronda. Después hablarán Marcela y Paula.]

4.3 PROCESOS GRUPALES DE APOYO Y TERAPÉUTICOS

En los resultados del análisis de las sesiones, con la plantilla de observación presentada, se muestra que las intervenciones de apoyo son las más frecuentes tras la expresión de la problemática. Por orden de frecuencia destacan, especialmente, las intervenciones de apoyo emocional-cognitivo, luego las de apoyo instrumental y, finalmente, las de apoyo valorativo, que aparecen cuando en el grupo hay más confianza e intimidad, en fases más avanzadas. Conductoras o participantes se reparten su realización según los tipos de intervención aludidos. El aprendizaje social hará que las mujeres del grupo desarrollen todos ellos: son ayudadas y aprenden a ayudar. Pero la frecuencia de las intervenciones por parte de las participantes estará condicionada al grado de control que marquen las conductoras. Pueden bloquearlas o, con la misma autoridad, facilitar al resto de las mujeres la posibilidad de efectuarlo y que el apoyo social fluya en beneficio de la recuperación. En nuestro caso, vemos en diferentes ocasiones cómo las conductoras invitan a las participantes a realizarlo, y también como éstas lo practican espontáneamente cuando el grupo se halla en fases más avanzadas.

En los fragmentos de las sesiones que presentamos para ilustrar los distintos tipos de intervención, hemos escogido aquéllos en los que predomina solamente uno de los tipos. A pesar de ello, las distintas intervenciones aparecen mezcladas. No hemos querido fraccionar excesivamente el diálogo para que pueda entenderse la coherencia de las intervenciones y el devenir de las sesiones, evidenciándose las potencialidades del grupo como escenario privilegiado de cambio e ilustrando las intervenciones de las profesionales. Deseamos, así, disminuir las resistencias y miedos al trabajo grupal.

Apoyo emocional y cognitivo, altruismo y aprendizaje: séptima y novena sesión

El apoyo emocional y cognitivo es aquel que incide directamente en la exploración y expresión de los propios sentimientos e ideas, así como en la acción de dar y recibir emociones positivas de los demás miembros del grupo. Estas intervenciones son las más frecuentes de los tres tipos de apoyo, tanto en las sesiones en que se llevan a cabo ejercicios propuestos por las conductoras como en las que se dedican exclusivamente a situaciones especiales de las mujeres. Las conductoras del grupo, por su rol específico, son las que más a menudo realizan los diferentes tipos de intervenciones de apoyo emocional y cognitivo; especialmente las interacciones de espejo y facilitación de la expresión. Las tareas de animar, tranquilizar y brindar una comprensión explícita se reparten, equitativamente, entre participantes y conductoras. Las intervenciones de identificación y comprensión implícita son, sin embargo, más frecuentes y espontáneas en las mujeres participantes.

En los siguientes fragmentos conoceremos a dos implicadas más del grupo. Marcela tiene alrededor de treinta años y emigró hace poco de un país de América central. Tiene dos hijos pequeños. Su situación legal es irregular —una violencia más dentro de su situación. Trabaja en economía sumergida y busca condiciones laborales que le faciliten la regularidad legal. Paula es joven, muy activa y se expresa con firmeza. Tiene alrededor de veinticinco años y un hijo muy pequeño. Llega al grupo cuatro meses después del inicio del curso escolar. Hace pocos meses que se ha separado de un hombre muy violento y está refugiada. No quiere recibir tratamiento psicológico en la casa de acogida. En el grupo, fuera de la casa, ensaya su apertura. Pasa poco tiempo en él, pero de forma muy intensa.

En el siguiente fragmento de sesión, ilustrativo del apoyo emocional y cognitivo, observamos una secuencia de interacciones que desemboca en uno de los primeros pasos para la recuperación: identificar abiertamente la situación problemática, nombrándola y reconociéndola como violencia, resquebrajando la vergüenza y la culpa. Contribuyen en la sesión todas las participantes. Las mujeres más recuperadas reconocen los sentimientos de sus compañeras en estadios iniciales y algunas muy introvertidas ensayan la apertura pública de su sentir. Se observan, también, los factores terapéuticos de la catarsis como momento emocionalmente intenso y del altruismo, la ayuda de unas a otras desde la experiencia concienciada.

Séptima sesión del curso (continuación)

La conductora ha propuesto una ronda de presentaciones. Las dos veteranas ya se han presentado. Ahora lo hacen Marcela, que lleva dos meses participando pero que solo ha podido asistir a dos sesiones, y Paula, que entra hoy en el grupo.

La conductora facilita la expresión de Marcela, tanto del discurso como de las emociones. La ayuda a desahogarse y a nombrar explícitamente las agresiones como tales. Marcela incrementa progresivamente su vocabulario específico ante la identificación y las expresiones directas de violencia de Paula.

Marcela: «Vine a ver a la trabajadora social, tengo problemas con la hija, la atiendo mal, ella estaba mal. Tengo problemas con los hijos y también con el marido, muchos... muchos, y no se solucionan». [Se pone a llorar.]
Conductora 1: «Explícanoslo, Marcela».
Marcela: «Tengo muchos problemas con la hija de él y trato de ayudarla, pero si pasa algo malo, él lo paga conmigo y recibe el pequeño [hijo de ambos]... son muchas cosas, palabras...».
Conductora 1: «¿Y agresiones?».
Marcela: «Me la dio, también por el niño... gritos, peleas, empujones, y me subió la tensión. Me desmayé y me clavé el borde de una mesa... malas palabras, palabrotas... no sirvo para nada, me dice que me vaya, solo habla de su hija, no de la de los dos... El pequeño se queda sin el padre... pero él no dice "hijo mío" del pequeño... siempre problemas... siempre problemas y discusiones. Yo tengo la comida hecha cuando llega, los baño, trato de que estén bien, pero él siempre dice que no hago nada, que los problemas son míos y que está harto de mí. Yo quiero un techo aunque sea para el pequeño... viene muy nervioso y se descarga conmigo, todo conmigo y el pequeño. A su hija, cuando nos grita, la envía a la habitación. La dueña del piso nos echa fuera y nos presiona. Viene solo cuando estoy yo sola y después dice...». [Llorando acaba el relato, el grupo la escucha atentamente.]
Paula: «Tengo veintiocho años, soy soltera, me estaba buscando para matarme a mí y a mi hijo. Hace cuatro meses que vivo en una casa de acogida. Estoy mejor. No tengo miedo de que venga alguien. Ahora el niño está mejor, mucho mejor».
Marcela: «El pequeño salta, se asusta y llora, lo tiene muy mal. Nos hemos engordado y él tiene su colegio, se relaciona con los otros...».
Paula: «Es violento, mucho, toma drogas...».
Conductora 1: «¿Qué pasó?».
Paula: «Me iba a matar, a echar por el balcón, y pude clavarle un mordisco; caímos, él cogió un cuchillo... "Yo voy a la prisión pero a ti te mato". Me empezó a pegar, a clavar

patadas... todo el cuerpo lleno de moratones tenía, y él se iba riendo: "Esto te lo he hecho yo", decía».
Marcela: «Cuando me ve los brazos me dice: "No es gran cosa, tendría que haberte jodido más..."».
Conductora 1: «¿Qué le podemos decir a Marcela?».
Paula: «Es difícil, te costará y deberás poner mucho de tu parte. Te ayudarán psicólogas, educadoras, todos, no se reirán de lo que haces. Mi hijo tiene mucho miedo de su padre, porque lo tocó, lo cogió por el cuello y lo amenazó. Es difícil dar el paso, pero si lo haces no té arrepentirás. Yo estoy amenazada de muerte por él y por su familia...». [Explica su historia de pareja y de relaciones con la familia de él.]

Paula ha dado consejos de comportamiento (apoyo valorativo) y ánimos (apoyo cognitivo-emocional). Continúa hablando de ella misma. El resto del grupo la escucha y se interesa. El *tonus* emocional sube. Adela, una de las veteranas, capta la tensión de Marcela y hace una interpretación (apoyo valorativo) con una metáfora.

Adela: «Lo hacía solo cuando tomaba drogas?».
Paula: «No, tomaba de todo, drogas, alcohol. Antes de casarnos, no, nada...».
Conductora 2: «Cuántos años tiene él?».
Paula: «Tiene catorce años más que yo».
Adela: «Marcela tiene un nudo en la garganta».

La identificación cambia ahora de dirección, pasa de Paula hacia Marcela y despierta los sentimientos de culpa en Paula. Lucía facilita la introspección con un «espejo» (apoyo emocional-cognitivo).

Paula: «¿Por qué vives con él? Cuando lo dejes, ya verás. Yo me siento culpable».
Conductora 1: «¿Por qué?».
Paula: «Yo le recriminaba que mi hijo no tenía nada para llevarse a la boca porque él se lo gastaba todo en drogas y alcohol».
[Adela le hace una pregunta.]

Paula: «Si me hubiera callado no me habría pegado».
Lucía: «Si no lo hubieras hecho, ¿no te habría pegado?».
Paula: «No... no le gustaba nunca. Que si me ponía escotes, si no me arreglaba, por cualquier cosa. ¡Nada le gustaba! Él había tenido una relación con otra pareja y él era el maltratador».
Conductora 1: «Pensáis en la culpa. ¿Al día siguiente no le habría hecho lo mismo? [Continúa explicando que el alcohol y las drogas son considerados agentes precipitantes de la violencia porque desinhiben, pero en ningún caso son agentes provocadores.] Ellos ya son violentos por sí mismos, y con el alcohol y las drogas, en dosis altas, se dejan llevar».

La conductora ha facilitado la aclaración del análisis colectivo y, después de la confrontación de ideas (culpa), hace una interpretación y da apoyo instrumental de información experta (apoyo valorativo e instrumental).

Vuelve a empezar la secuencia de intervenciones. Las dos mujeres en catarsis necesitan seguir expresándose. Paula parece ser consciente de que está ayudando a Marcela, se identifica explicando su experiencia. Después de esta catarsis emocional la conductora interviene en un nivel más cognitivo, de contención y análisis de su situación. Se preocupa por las estrategias de seguridad de Marcela, que vive con la violencia en casa.

Paula: «Me he separado diez, quince veces. Me llamaba: cambiaré, trabajaré. [Sonríe con sorna mientras lo explica.] Yo me iba a casa de mis padres... No trabajaba. El contrato estaba a mi nombre...».
Conductora 1 [dirigiéndose a Marcela]: «¿Te identificas en algo con Paula?».
Marcela: «Con las comidas, me grita delante de los amigos, me reprocha cosas, me amenaza: "Si encuentro algún trozo de perejil en la cena té lo echaré a la cara", allá, delante de todos; si me lo dijera en privado...».
Conductora 1: «¿Qué frenos tienes ahora?».

Marcela: «Pues el pequeño, y él me dice: "Té irás y estarás sola, y no tendrás...". Ella, mi hermana, es mi escudo porque cuando está, nada, y cuando se va a la iglesia —vamos mucho—, me empieza a gritar y a insultar... [Entra Felisa, que llega tarde debido a las dificultades de transporte y de su propia movilidad.]
Conductora 1 [dirigiéndose a Marcela]: «Ahora tienes frenos para cambiar la situación y también tienes apoyos con tu hermana, especialmente para el niño».
Marcela: «Cuando están juntos, padre y él se abrazan, veo esto, y con la hermana, y veo esto y me da pena... el pequeño... Yo tengo pena de él [del marido] pero él de mí no. Él no trata de que estemos bien, no me está ayudando y yo a él sí, y me pongo peor. Mi hermana me habla de separarme, "si quieres, vamos y ya nos arreglaremos", y todos tenemos límites y yo ya estoy a punto de explotar, quiero evitar los gritos. Cuando pasa mi hermana me va diciendo que no con la cabeza. Yo lo veo igual, que no cambiará. Me dice que yo calle cuando él habla y que no diga nada, pero yo no soy así, tengo derecho a hablar, tengo mi opinión, tengo derecho a... pero yo no contesto, callo, bajo la cabeza [baja su cabeza]. Estoy acostumbrada. La hija de él, Montse, también abusa y se pone como él y su padre no le dice nada aunque yo le diga que no lo haga. Mentimos a mi madre, que está allí [vive en otro país], y mi hermana debe callar... Esto no me gusta».
Conductora 1: «Pensando en vuestras situaciones, ¿recordáis el ciclo de la violencia?».

La conductora inicia otra secuencia al facilitar la expresión cognitivo-emocional del grupo respecto al ciclo de la violencia. El tema había sido introducido antes por Paula, nueva en el grupo. Las mujeres que están mejor son las primeras en explicar sus experiencias en el ciclo.

El siguiente fragmento es el final de una sesión emocionalmente intensa. La conducción centra el tema al colocarse en una posición de análisis más cognitivo para que la participante siga avanzando en su proceso de recuperación. A la vez, facilita la expresión (apoyo emocional-cognitivo) y la participación de todas (interacción grupal). Surgen los miedos de la separación pero también los apoyos instrumentales y de valoración.

> **Conductora 1**: «Creo que podemos ayudar a Marcela a que vaya tomando una postura hacia un lado o hacia el otro, y que [mirando a Marcela] pueda servirte para dar un paso. ¿Qué querrías conseguir?».
> **Marcela**: «¿Qué será lo mejor para el pequeño? ¿Qué pasará si lo hago?».
> **Paula**: «Primero te metía la paliza, al cabo de cinco minutos decía: "Perdona, cariño, no lo volveré a hacer"; y al cabo de dos días, venía y te metía más… Pasaba unas horas, nervioso, molesto, no quería hablarme. No me tenía en cuenta, con caras largas... Yo intentaba hablar con él».
> **Adela** [dirigiéndose a Marcela e interpretando a Paula]: «Ella se rebajaba a hablar con él para suavizar, como si fuera la culpable». [Marcela confirma que lo entiende con la cabeza.]
> **Marcela**: «Mi hermana me dice: "¿No ves cómo te trata?", y yo no sé qué hacer».
> **Paula**: «¿Por qué no vas al EAD [servicio municipal especializado en violencia contra las mujeres]? [Marcela afirma con la cabeza.] Él acabará tocando al pequeño, y si lo toca a él, te toca a ti».
> **Marcela**: «Sí, sí, me toca [confirma con la cabeza]».
> **Paula**: «Para tu hijo el día de mañana será un trauma».
> **Marcela**: «"La próxima vez te encontraré muerta", me dice mi hermana».
> **Paula**: «Los maltratadores tardan siete años de terapia. Los médicos lo dicen, y hasta que no inician otra relación con otra mujer, no se sabe si está maltratando».

La conducción aporta criterios de valor para tomar decisiones (apoyo valorativo). Adela interpreta a Paula para hacer una aclaración a Marcela. Paula le ofrece recursos y también la confronta.

Las veteranas, Adela y Lucía, la aconsejan sobre comportamientos y criterios de valoración. La animan, tranquilizan y acompañan (apoyo emocional).

> **Conductora 1**: «¿Qué beneficios le aporta tu marido, su padre, a tu hijo?».
> **Marcela**: «Solo le aporta a "su" hija... al pequeño, nada solo a su hija. Su hija se ríe cuando su padre me insulta... y lo ve mi hermana [llora]».
> **Adela**: «No sé... hace falta verlo claro, si tú te separas te costará, pero después dirás: "Mejor". Después de siete meses estarás muy bien. Yo veo que ahora eres joven y tienes futuro».
> **Lucía**: «Los niños sí que necesitan a los dos, pero lo que es peor son las malas convivencias».
> **Adela**: «Está haciendo sufrir a tres y ve que calláis, se va aprovechando».
> **Paula**: «Si no tomas una decisión, la cosa irá a más y hasta que haya sangre».
> **Paula**: «La niña no te la quitará». [Paula explica que la familia de su marido tiene dinero y que la desacreditaban ferozmente como madre mientras que, ahora, profesionales expertos han hecho un informe sobre lo bien que está su hijo. Explica el miedo que tenía a que le quitasen al hijo si huía de la casa familiar.]
> **Conductora 1**: «La decisión la tomas tú en el momento que consideres más apropiado y nosotros te ayudaremos, pero eres tú quien debe tomar la decisión. Te daremos direcciones de recursos, servicios, y sola no estarás, además de tu hermana».

La conductora confía en Marcela, respeta su proceso y la ampara a través del grupo. Explica cómo los maltratadores usan la amenaza para retener a la mujer y mantener su dominio sobre ella. Moviliza la consulta de Marcela al servicio especializado de mujeres. Las participantes siguen alertando de los peligros de continuar en esta situación. Marcela pone límite a la sesión cuando dice que le duele la cabeza.

Apoyo instrumental, información y universalidad: sesiones sexta y decimoctava

Las intervenciones de apoyo instrumental son bastante frecuentes si se consideran las cognitivo-emocionales y las valorativas. Son aquellas interacciones que, desde la profesional o desde la par considerada experta por su experiencia, dan información sobre el fenómeno que ocupa al grupo y sobre estrategias de actuación. Son más frecuentes éstas últimas que las que informan sobre recursos específicos o proporcionan ayuda tangible.

Se observan estas interacciones en los siguientes tres fragmentos de sesión, bien entre conductoras y participantes, bien entre iguales. El primer fragmento trata de los conflictos ante las contradicciones de los hijos; el segundo, de la angustia de tener que ver nuevamente al violento; y el tercero versa sobre el abuso económico. En todos ellos emerge, también, el factor terapéutico de la universalidad.

Escuchamos a tres participantes. Rosa, conocida por referencias en anteriores sesiones, puede volver al grupo porque su situación de separación es menos peligrosa. Tiene alrededor de cuarenta y cinco años, lleva siete meses en el grupo y asiste con regularidad. Tiene varios hijos; dos de ellos son menores de edad. Su trabajo es estable y bien remunerado, correspondiente a su formación universitaria. Es muy activa en el grupo y, en el momento en que esté más recuperada, lo co-liderará junto con el resto de veteranas. Lucía, Felisa, Adela y Rosa, las más antiguas, recibirán el alta al final del curso y están de acuerdo con ello. Continúan en contacto. Algunas de ellas, a lo largo del proceso grupal, llegan a ser amigas íntimas y sus familias también.

Montserrat llega al grupo después de cuatro meses del inicio del curso escolar y permanece tres meses. Tiene alrededor de treinta años. Ha huido recientemente del domicilio conyugal y se aloja en casa de familiares. Su asistencia es irregular. Su presencia es activa y a la vez prudente. Poco a poco logra abrirse, explicar la violencia vivida y aquello que más le preocupa: el peligro de que su hijo se relacione con la familia de él por sospechas de abuso sexual del abuelo. Encuentra un trabajo de mañanas y tardes. Es una mujer con altas aspiraciones laborales por su elevado nivel de formación. Vive su paso por los servicios sociales con incomodidad, como plataforma institucional más que como lugar de crecimiento personal.

Mireia es una mujer joven, de aproximadamente treinta años. Está separada con una orden de alejamiento, pero es acosada durante bastante tiempo por su exmarido violento, que salió de la cárcel. Su asistencia es constante aunque irregular, porque trabaja como autónoma, mañanas y tardes, y se escapa cuando puede. Sin embargo, está motivada. Expresa su problemática y apoya a las demás. Es siempre bien recibida por el grupo, que comprende sus circunstancias. No altera la dinámica habitual. Tiene un rol colateral. Permanece en grupo un año y tres meses.

Sexta sesión [4]

Los conflictos surgen ante las contradicciones de los hijos cuando las mujeres se enfrentan al padre violento. Suelen ser motivo de preocupación cuando ya se encuentran mejor. Aunque sea la sexta sesión del curso, el grado de intimidad es alto porque en la sesión predominan las mujeres que llevan más de un año en el grupo. El apoyo es fluido, tanto entre iguales como entre conductoras y participantes.

Con motivo de las fiestas de invierno, la conductora propone que las mujeres expliquen cómo han ido y si se han visto. Lucía y Rosa se han llamado por teléfono. Lucía ha tenido actividades sociales. Adela está contenta. Rosa cuenta con alegría que ha sido una de las mejores Navidades en muchos años pese a que tenía lejos a uno de los hijos. Explica que la expareja no ha obedecido la orden judicial de irse del piso familiar ni la de llevar al hijo a vivir con su madre. Lucía manifiesta las dificultades con sus hijos cuando se relacionan con el padre.

4 Esta sesión es anterior a la última explicada en el apartado precedente.

Rosa: «No entiendo lo de mi hijo. Me han dicho que quizá se están replanteando el régimen de visitas con las nuevas denuncias de incumplimiento. Los hijos son crueles... o no lo entienden... Me ha dicho el mayor: "Oh, madre, deberá darte seiscientos euros, podrá?" El padre lo está vendiendo todo a la inversa... y los hijos van hacia aquello que más calienta». [Como se verá más adelante, él ha dejado deudas a nombre de ella.]
Felisa: «Mi hijo va con su padre porque le recarga el móvil, pero cuando le habla mal de mí... ¡ay!».

Rosa expresa el problema. Felisa se identifica pero también aporta otra mirada, positiva. La conductora hace un apoyo instrumental dando información sobre el conflicto con los hijos. Facilita la introspección, la empatía y la comprensión. Después Rosa confronta a Felisa, que aclara sus sentimientos. Aflora también la alegría.

Conductora 1: «Existe lo que se llama conflicto de lealtades, el hijo, a pesar de los desaires del padre violento, aunque crea que podrá, no puede, puesto que se encuentra entre dos frentes». [Continúa explicando.]
Rosa: «Sí, me lo dijo antes de entrar al juicio: "Yo no quiero que mi padre vaya a la prisión; tú te separarás igualmente...", y declaró que sí, que la madre traía la economía familiar. "Pero no diré que vi que te pegaba", y dijo que no, ¡que nunca lo vio!». [Habla con tensión.]
Lucía: «Los hijos te ven como la mala, no sé si él sabe dar más pena o qué...».
Rosa: «Tiene ganas de estar con nosotros [la madre y los hermanos] pero también quiere estar con el padre». [Más adelante, después de acabar los estudios y ponerse a trabajar, este hijo entra en depresión. Su madre, atenta, le propone ser ayudado y será orientado por la psicóloga del servicio.]
Conductora 1: «¿Cómo se puede sentir un hijo que cree que es responsable de que su padre esté en prisión?». [Se producen diálogos simultáneos y la conductora llama la atención.]

Felisa: «Yo lo entiendo, pero me da rabia... Acaba quitándome el día que más me gusta estar con mis hijos. Les propuse que invitasen a su padre a la fiesta porque me sabía mal que estuviera solo, yo creo que él tiene derecho. Si no, se quedaba solo con la familia de ella».
Conductora 1: «¿Tus hijos tenían ganas?».
Felisa: «Sí, quizá porque me lo hizo a mí, mi vida me la ha destrozado, pero la de mis hijos... no».
Rosa: «¿Mis hijos qué hicieron? Dejaron al marido solo y se fueron a casa de un amigo; yo les dije que eso no se hacía, que era su padre».
Conductora 1 [dirigiéndose a Felisa]: «Me preocupa que pongas la necesidad de tu marido por delante de la tuya».
Felisa: «Tú sabes que no le he olvidado, pero también lo hago para que lo conozcan de verdad... para que se den cuenta de quién es realmente».
Rosa: «¡Ah! ¿Tú lo haces por eso?». [En tono socarrón; todas se ríen.]
[Felisa explica que se dieron cuenta de que su padre les daba las sobras de los turrones que no se había comido la otra familia con la que ahora vive. Estallan las carcajadas.]

Novena sesión

El siguiente fragmento tiene que ver con las estrategias de las mujeres para enfrentar la angustia que les provoca verse obligadas a estar de nuevo cerca del violento, y de las violencias que éste continúa realizando a través del sistema judicial[5].

La conductora 2 explica que la conductora 1 se encuentra de baja. Hacen el repaso de ausencias. Candela deja el grupo y vendrá a despedirse. Mireia tiene un trabajo que la obliga a estar ocupada por la tarde en diversas ocasiones y, por eso, su asistencia será irregular. Lucía pregunta por Marcela. La conductora 2 ex-

5 Denuncias a la mujer por maltratadora, entre otras cosas. Es necesario aclarar que, socialmente, no se habla de estas denuncias como denuncias falsas.

plica que Marcela se está moviendo para resolver su problema de vivienda, puesto que debe marcharse de donde vive. Empieza el ejercicio de ideas previas en relación a la violencia. Hablan de las estrategias de presión que practican los exmaridos para que ellas dejen de trabajar fuera de casa (en relación a los ingresos económicos y las relaciones sociales propias), cuando Paula, refugiada en una casa de acogida, hace una petición espontánea. La conductora la atiende y le da tiempo. Le proporciona a Paula apoyo instrumental: estrategias concretas para enfrentarse a la situación. Felisa se identifica con su angustia y expresa su vivencia. Montse se identifica con la situación.

> **Paula**: «Le veré en el juicio, ay... ¿Qué puedo hacer para que no me impacte tanto?».
> **Conductora 2**: «Te influye lo que pienses ahora. "¿Se tirará contra mí? ¿Me mirará con odio?" ¿Vas con protección?».
> **Paula**: «Sí, con bocados». [Se expresa con desparpajo.]
> **Conductora 2**: «Respira a fondo para que la taquicardia no te invada».
> **Felisa** [explica su visita al juzgado]: «Me decía, si lo veo, no sé lo que haré. Fui con muchas valerianas, estuve a punto de desmayarme y pedí para firmar y marchar; insistí y finalmente lo hice, le pregunté a la abogada si podía fiarme de ella y me dijo que sí. Al salir le dije a su abogado que me diera la llave de casa. Fui al bar a tomar un café y empecé a llorar y llorar hasta que el camarero me pidió una ambulancia».
> **Montse**: «Debo pasar por el mal trance el jueves».
> **Paula**: «¿Por la niña?».
> **Montse**: «Sí. Me ha denunciado por maltratar a la hija».
> **Paula**: «Yo no le vi en el primer juicio. Al día siguiente la abogada me explicó que se puso chulo con la jueza. Finalmente la amenazó con que si entraba a su casa a recoger las cosas... Tengo miedo, tengo miedo».
> **Montse**: «No te hará nada, tú vas protegida al juicio».
> **Paula**: «En el juicio dijo de todo, que yo pinchaba a mi hijo, que lo maltrataba. Me dolió mucho aunque no sea verdad. Cuando llegué a la casa de acogida me cogí de la directora y lloré».

Conductora 2: «No le mires a él, mira a la jueza como punto de referencia. Si le miras directamente intentará intimidarte».
Paula: «Pero solo de saber que está, ya me crea mala energía».
Lucía [dirigiéndose a Paula]: «Piensa en tu hijo y en que no le puedes dejar con su padre».
Rosa [dirigiéndose a Paula]: «A mí me enviaron un escrito que me ha ayudado mucho; cuando leas esto verás cómo te da fuerza. Que no pueda contigo otra vez, piensa en tu hijo».
Lucía [dirigiéndose a Paula y Montse]: «Y tú eres joven. Tienes derecho a vivir tranquila, sois jóvenes, las mayores ya hemos sufrido demasiado, y hemos tenido que aguantar más. Vosotros sois jóvenes».

El grupo se vuelca en Paula y Montse empleando apoyo instrumental y también apoyo emocional: rebajan la tensión, dan ánimos y consejos. Al final, Felisa hace una petición de ayuda instrumental al grupo. Luego, más positiva y con su habitual tono de humor, habla sobre el día de la boda de su hijo, en la que se sentó cerca de su exmarido. Narra las estrategias que usó y su contención para no perjudicar a su hijo en la celebración de su matrimonio.

Durante la última parte de la sesión se dedica un tiempo a las situaciones especiales. Se repite la dinámica: Paula y Montse, jóvenes, se apoyan mutuamente; Lucía y Adela, de más edad, refuerzan esta díada y les desean suerte. Felisa pregunta al grupo si tienen ropa de niño pequeño para una amiga suya. En la siguiente sesión, Paula y Montse explicarán cómo fueron las cosas en el juicio.

Decimoctava sesión [6]

En el próximo fragmento conocemos a Eva, que entra en el grupo un mes antes de acabar el curso escolar. Tiene alrededor de treinta años e hijos pequeños. Ha salido recientemente de una casa de

6 Es la última sesión del curso.

acogida en la que entró después de separarse del marido violento, siete meses antes. No tiene contacto con él. Asiste al grupo con regularidad durante un año y seis meses. Éste le proporciona apoyo para su proceso de recuperación. Sus preocupaciones más relevantes son el reencuentro con el violento en los juicios pendientes, reconstruir su vida, especialmente la relación con sus hijos, e independizarse económicamente.

En este fragmento se observa otro tipo de apoyo instrumental, esta vez entre iguales, cuando Eva da información de experta a Rosa sobre el manejo judicial del maltrato económico. En términos de Yalom, estas intervenciones reflejan los factores terapéuticos de información. El intercambio es «empoderador» y fructífero para ambas, dadora y receptora. Se forma una díada que las conductoras permitirán que dure más de lo habitual puesto que esta información es importante para todas.

> **Rosa:** «Me han declarado morosa por deudas de mi marido». [Ha descubierto que él había falsificado su firma para pedir un préstamo.]
> **Eva:** «Yo también [sonríe con sorna]».
> **Rosa:** «Es una sentencia firme, saldrá dentro de poco y [él] ha empezado a trabajar, pero no ingresa. Y no tengo tanto dinero para abogados».
> **Eva:** «Lo de morosos se puede sacar; a mí me pasó y mi abogado dijo que se podía conseguir con pruebas... Me dejó una deuda de seis millones de pesetas. Y el piso está embargado».
> **Rosa:** «A ver, explícamelo».
> **Eva:** «Con aquella carta vas al abogado y éste demuestra que el moroso es él».
> **Rosa:** «¿Te sacan el piso?».
> [Se explican con detalle las incidencias que han sufrido y cómo se puede gestionar. Surgen otros ejemplos de deudas que uno de los maltratadores ha contraído con la tarjeta de crédito común.]

Apoyo valorativo de orientación, confrontación y catarsis: duodécima sesión

El apoyo valorativo se caracteriza por ofrecer una calificación de los hechos, estados, situaciones y decisiones. Es una intervención que orienta vitalmente a la persona hacia una dirección determinada de acuerdo con unos valores y no con otros. La valoración proporciona criterios, sean implícitos o no, a quienes la reciben y la realizan. En el análisis de las dieciocho sesiones se advierte que las intervenciones de apoyo valorativo, en sus diversas categorías, son también bastante frecuentes, pero menos que el apoyo cognitivo-emocional. Aparecen sobre todo cuando hay más confianza: el grupo está más maduro y son sesiones especialmente intensas o, como en el caso del grupo abierto, hay mujeres más adelantadas en su recuperación que pueden intervenir desde este nivel, aunque no sean sesiones tan avanzadas.

En la siguiente sesión predomina el apoyo valorativo en una situación de crisis. Se percibe abiertamente el factor mediador de catarsis y el aprendizaje social de las participantes a través de la retroalimentación en comportamientos peligrosos y poco adaptativos.

En esta sesión conocemos a Ana. Lleva un mes en el grupo. Tiene aproximadamente cincuenta años y se encuentra en plena crisis de malestar por la violencia del marido con el que cohabita. Permanece en el grupo casi dos años. Sale de él separada de la violencia y reconstruyendo su vida.

Duodécima sesión del curso

La conductora 1 hace el repaso de ausentes. La conductora 2 no ha podido asistir. Propone una ronda de diez minutos para que se expliquen las novedades o las situaciones especiales. Rosa explica que tiene muchos problemas económicos porque su exmarido le dejó deudas. Está muy enfadada. Lo ha denunciado y su abogado lleva el caso. También está preocupada por la ambivalencia de su hija respecto a las visitas al padre: de hecho, no lo quiere ver. A Lucía le preocupan las actitudes violentas y machistas que su hijo tiene con ella y con las hermanas y el hecho de que no se deje ayudar. Ana expresa su aburrimiento con el marido. Dice que está menos hostil, que no le falta tanto al respeto, que se encuentra mejor aunque no bien del todo. Desea marcharse pero no sabe dónde ni cómo. Lucía y la conductora le facilitan la introspección y la expresión emocional de esta insatisfacción, así como un análisis desde la distancia. Paula, que ha estado muy callada e inquieta hasta el momento, expresa abiertamente su crisis con toda sinceridad y vehemencia, aunque también con angustia. Primero manifiesta su malestar proyectándolo hacia la casa de acogida; después explica que quiere volver con su exmarido maltratador. El deseo y la propuesta de Paula son muy arriesgados, porque significaría riesgo y retroceso. Genera sorpresa y miedo en el grupo.

La conductora coloca al grupo en posición de análisis para contenerla y ayudarla. Rosa, que está mucho mejor después del período de separación, ejerce de facilitadora: se identifica, comprende (apoyo emocional y cognitivo) y después confronta (apoyo valorativo).

> **Paula**: «Estoy muy baja. Quiero arreglar las cosas con él. Hace siete meses que no le veo y si él vuela y la quiere a ella... Con tratamiento psicológico para él, yo vuelvo con él. Pasa el tiempo y cada vez tengo más mala leche. Estoy harta de estar en la casa de acogida. Se meten mucho en tu vida privada e íntima, y no aguanto más. Le vi en un punto de encuentro [espacios de seguridad para visitas de maltratadores a sus hijos] y me saltó el corazón. Él no me dijo nada, pero mi corazón saltó. La niña no quería verle».
>
> **Conductora 1**: «¿Qué pensáis las demás?».
>
> **Rosa**: «Si tuvieras una casa para ti, ¿té irías con él?».
>
> **Paula**: «Sin tratamiento psicológico, no. Si él quiere y la hija también, y hace el tratamiento psicológico, yo vuelvo con él. Estoy harta de la casa».
>
> **Rosa**: «Yo te imagino en esta situación. En la casa debes respetar unos horarios, tienes poca intimidad, estás en una

habitación y debes seguir unas normas y convivir con otros que también tienen sus gustos».
Paula: «No puedo más. Hacen las mil y una por saber de mi vida privada... Violan tu vida privada».
Rosa: «Te entiendo. Cuesta adaptarse a una casa de acogida cuando antes has vivido en tu piso».
Conductora 1: «Es su función, ayudarte, saber de ti para poder hacerlo y realizar un seguimiento. No hay nada en contra. Es su función como profesionales».
Rosa: «Son cuestiones de seguridad. Es así». [Las normas de seguridad de una casa de acogida impiden incluso los contactos telefónicos y que los violentos puedan conocer la dirección de la casa donde viven mujeres con los hijos e hijas.]
Paula: «No puedo más».
Conductora 1: «¿Es que en la casa no ven...? Son paranoias [continúa explicando]».

Aquella Paula firme, que en sesiones anteriores aconsejaba dejar al violento, reconocía sus abusos y los ciclos de la violencia, se encuentra ahora en crisis y la expresa con insistencia. También manifiesta sentir culpa y miedo de la violencia. La separación psicológica de Paula es todavía exigua y aún no confía lo suficiente en sí misma. Aunque no lo expresa directamente, es probable que tenga miedo del futuro próximo, incierto y nuevo para ella, y duda de poder salir adelante sola, con su maternidad. No tiene red social de apoyo. Se aferra a cualquier posibilidad.

La conductora continúa la contención y facilita el apoyo desde todas las participantes. Rosa y ésta le dan apoyo valorativo: confrontan directamente sus ideas, incluso sus sentimientos, y la orientan con interpretaciones sobre sus vivencias, criterios de valor y consejos directos de comportamiento. El apoyo de una igual con experiencia previa, en una situación tan crítica, aporta una dosis extra de comprensión, distinta de la que ofrece la profesional.

Paula: «Sí, sí que le ven. Yo quiero hablar con este señor. Si quiere cambiar y hacer un tratamiento y quiere ver a su hija. Yo veo lo de Adela, que le va de fábula».
Conductora 1: «No compares, es diferente, Adela no ha tenido maltrato físico».
Rosa: «Por eso, si tuvieras una casa... estás deseando salir de la casa de acogida y yo lo entiendo».
Paula: «Si yo no estuviese en la casa, le vería».
Conductora 1: «Recuerda que este hombre te ha maltratado física y psicológicamente y no tengo paranoia».
Paula: «He pedido a la casa que le digan a él que si quiere vaya a tratamiento».
Conductora 1: «No es un problema de tratamiento solo».
Paula: «Hay recursos y él no lo sabe».
Conductora 1: «No es eso, si estuviera motivado se movería para obtener recursos. Ha de existir una necesidad de cambiar y después buscarla y mantenerse. Y tú eres la menos indicada ahora para ayudarle. Hay profesionales que cobran por ayudar».
Paula: «A veces se ha de abrir los ojos a las personas».
Conductora 1: «Estás a un pelo de la recaída».
Paula: «No puedo más, me quiero ir de la casa, me quiero ir».
Conductora 1: «Puede ser una excusa».
Paula: «No quiero volver con él hasta que no esté en tratamiento».
Rosa: «Cada cual es libre. Yo he estado esperando veintiséis años a que cambiara y no ha cambiado. Si quieres salir, sal. Pero, atención, no tengas contacto con él. Si hay maltratos físicos, los contactos en la plaza más céntrica».
Conductora 1: «Escucha, no es que tengan ganas de fastidiarte a la casa de acogida».
Paula: «¡Yo creo que sí!».

Todo el grupo —y también Ana, recién llegada— enfrenta el grito de socorro de Paula. Surge el apoyo valorativo. La ayudan a valorar su situación velando por su integridad y la de su hijo; la ayudan, también, a valorar sus propuestas y le proponen otras más plausibles. La aconsejan, frenan, alertan, retan y alientan a buscar soluciones y a ser independiente. Se observa también el apoyo instrumental y de información cuando le explican qué recursos puede usar.

> **Ana**: «¿No habría posibilidad de pisos de alquiler?».
> **Conductora 1**: «Hay recursos, pero se deben tener garantías». [Se refiere a los pisos puente, o pisos tutelados por educadoras, para los momentos que van entre la salida de la casa de acogida y la independencia definitiva.]
> **Rosa**: «Yo estaba mal y me lo quitaron todo, después lo he ido recuperando... pero tú es a la inversa: primero debes ser tú y después los otros. Él, que mire por él. Él se debe decidir por él. Tú mira lo de independizarte».
> **Ana**: «Las mujeres...».
> **Paula**: «Yo quiero hablar con él».
> **Conductora 1**: «Escríbele una carta y envíasela».
> **Paula**: «Eso no sirve. No con su madre, ella no me quiere y él hace lo que la madre quiere. Quiero hablar a solas».
> **Conductora 1**: «Piensa que un maltratador no se cura de la noche a la mañana».
> **Ana**: «Conozco a una mujer que lo pasó mal en la casa de acogida y después vio que bien... Salió poco a poco».
> **Paula**: «A mí, lo que me ayuda a mantenerme allí son dos amigas».
> **Conductora 1**: «Busca un piso compartido con ellas, te ayudarán a pagar gastos, etcétera».
> **Paula**: «Yo sé cómo soy, no podría».
> **Rosa y Ana**: «¡Perderás todo lo que has conseguido!».
> **Conductora 1**: «Consolida el trabajo, el piso y después te vas de la casa. Te ayudarán».
> **Paula**: «Me arrepiento de haberle denunciado... de haberme marchado. Yo quiero al padre de mi hijo».
> **Conductora 1**: «Y crees que él siente lo mismo».
> **Lucía**: «Ellos solo van a lo suyo. No miran por nadie».
> **Paula**: «Si me dice que sí y hacemos terapia de pareja, entonces podríamos volver a empezar».

> **Lucía**: «¡No lo hará! No lo ha hecho hasta ahora, ¿por qué debería hacerlo ahora?».
> **Paula**: «Yo creo en el cambio de las personas. Se ha de abrir los ojos a las personas».
> **Conductora 1**: «Cambiar sin motivo, no lo he visto nunca en veinte años de profesión, por nadie. Si no te ha dicho nada, es que no tiene ninguna intención».

Paula insiste en que quiere verlo y hablar con él; se resiste enfáticamente a cambiar de parecer. Salen a la luz fantasías, autoengaños y miedos: todos los argumentos posibles. Dice estar enamorada. Lucía y Montse le advierten de que si ella le habla en estos términos, él la seducirá otra vez, pero no será verdad. Rosa le recuerda que debe velar por su hija o bien, mientras intenta lo anterior, buscar a quien pueda cuidar de ella. Paula reacciona firmemente; dice que no dejará que le quiten a su hija. Rosa le plantea el riesgo de que la echen de la casa. Paula pide hablar con él en los servicios sociales. Las conductoras le niegan con firmeza tal posibilidad puesto que pondría en riesgo a las mujeres que acuden al servicio. Le recomiendan terapia individual psicológica, pero a ella no le gusta ni ha aceptado la de la casa de acogida. Se acaba el tiempo. La Conductora 1 da por finalizado el tema después de la síntesis de Rosa, una intervención espejo (apoyo cognitivo-emocional) e interpretativa (apoyo valorativo).

> **Rosa**: «Te estás preocupando por él cuando tú estás empezando a andar. Cuando estás sin él te encuentras eufórica, dentro de la casa te vuelves a sentir segura y tienes ganas de salir porque estás bien. Es como el hospital. Pero después vienen los momentos duros. [Le aconseja (apoyo valorativo de orientación).] Tú empiezas ahora con un piso y vas tirando con tu trabajo… Cuando veas que vas tirando, despacio, entonces verás cómo todo irá bien [la comprende (apoyo emocional)]. Sé cómo estás, te entiendo, el corazón te va a cien por hora, pero has de ir tirando despacio para ti, para sentirte bien… las prisas no son buenas».

La conductora acaba la sesión calmando al grupo (apoyo cognitivo-emocional). Se dirige suave y cariñosamente a Paula: «Todo sale, despacio, poco a poco. Todo sale...».

El escenario grupal ha puesto en marcha todas sus estrategias terapéuticas y de apoyo para contener la angustia, mitigar el sufrimiento, evitar las reacciones más peligrosas y no adaptativas. Ni las conductoras ni las participantes niegan el sentir expresado por la mujer, ni siquiera cuando ella busca vericuetos posibilistas para contener su desesperación. Todas las participantes del grupo enfocan su esfuerzo en su compañera; tampoco han hablado de su experiencia en situaciones semejantes. Paula sale apuntalada, el grupo ha reforzado sus motivaciones y objetivos y ha confrontado las reacciones que suponían un riesgo para ella. Ella no reacciona en esta sesión. Lo hará de forma positiva más adelante, dos sesiones después.

El grupo de apoyo social tiene efectos sanadores, terapéuticos. Sin embargo, se centra en la forma en que las personas enfrentan la problemática común más que en la modificación de estructuras emocionales. Por tal motivo, es un tipo de grupo en el cual se dan más «autovaloraciones» que «heterovaloraciones» entre los miembros. En el caso de producirse éstas, son acotadas por la conducción, pues se facilitan por algún motivo concreto. Resulta más habitual que aparezcan «heteroevaluaciones» de personas de fuera del grupo y próximas a las mismas mujeres. En los grupos de apoyo social las confrontaciones y los conflictos interpersonales son menos frecuentes que en los grupos directamente terapéuticos puesto que, en éstos últimos, las ocasiones de valoración y las relaciones o percepciones entre los miembros son manifiestamente exploradas en beneficio de sus objetivos específicos.

4.4 DESARROLLO DE LA GRUPALIDAD

En este apartado reemprendemos las dimensiones de grupalidad del modelo de evaluación con las correspondientes categorías de la plantilla de observación. El ejercicio y sentido de comunidad y la conciencia de grupo son características propias de los niveles medianos y altos del desarrollo de la grupalidad, siendo constitutivos del factor mediador de Yalom: la cohesión.

Comunidad de grupo y cohesión: décima sesión

En el siguiente fragmento observamos muestras de la categoría «comunidad», en la medida en que las mujeres comparten espontáneamente sentimientos e ideas, bromean, reniegan, reivindican o se compadecen. Aflora aquello que tienen en común. Es una sesión con una participación muy equilibrada por parte de todas sus miembros.

Décima sesión del curso[7]

La conductora empieza con la secuencia inicial habitual: repaso de las ausencias y el índice de la sesión. Lucía explica por qué no viene Adela y también las actividades comunes que llevan a cabo en el centro social del barrio, especialmente el taller de herramientas personales (grupos de prevención con perspectiva de género organizados por el servicio municipal de atención e información a las mujeres). La conductora 1 anuncia la continuación de la sesión anterior: la puesta en común de los objetivos individuales, de pareja y de los indicadores de cambio. Se habla sobre las ideas preconcebidas del maltrato a las mujeres y, al final, se dedica tiempo a Paula, Montse y Marcela por sus situaciones especiales.

Una vez concluidos los dos primeros ejercicios y mientras la conductora 2 acaba de escribir en la pizarra los resultados cuantitativos globales de cada mito, las mujeres exponen sus incidencias. Paula y Montse, que habían pedido ayuda al grupo para enfrentarse al maltratador en el juicio, explican las incidencias vividas. Montse está contenta, no miró nunca al exmarido, ni cuando él la desafió directamente; miraba siempre al juez, como le habían

7 Dos sesiones antes de la analizada en el anterior apartado.

recomendado. Rosa comparte los miedos de uno de sus hijos a ser como el padre y comienza un intenso diálogo e identificaciones en relación a los hijos varones que tienen comportamientos autoritarios o violentos y sus ambivalencias. La conductora realiza el cierre de este tema y retoma el ejercicio de los mitos.

Conductora 1: «¿El maltrato es por culpa del alcoholismo?».
Lucía: «No… Sí que tiene que ver, pero no siempre».
Paula: «No todos».
Rosa: «Un alcohólico gracioso hace gracias, un alcohólico con mala leche, maltrata». [Ríen todas.]
Montse: «El mío, nada… ¡y mira cómo pegaba!».
Rosa: «El mío cuando bebía estaba más tranquilo, más apaciguado».
Conductora 1: «¿Por qué creéis que se dice que el alcohol tiene que ver con el maltrato?».
Lucía: «Se crecen, se creen más dioses».
Rosa: «Sin controlar, lo hacen más».
Conductora 1: «Estar más desinhibidos los puede ayudar».
[Felisa, Rosa, Lucía y Paula explican consecuencias y contradicciones de los maridos violentos cuando iban borrachos. La conductora resume lo que se ha dicho.]
Conductora 1: «El maltrato es más frecuente en familias problemáticas».
Lucía: «Depende del caso, porque las familias problemáticas pueden serlo porque hay maltrato. Se invierte. Se da más este último caso».
Rosa: «La familia de mi marido, "chapó" con los hijos. El ambiente que él ha vivido no ha sido éste de maltrato».
[Lucía y Felisa explican las agresiones en las familias de su marido.]
Montse: «Él ha repetido muchos comportamientos que ha vivido en su casa… Ha sido retomar el contacto más directo con su familia y ha sido igual pero peor. Si de pequeño ha visto gritar, pegar, portazos… lo repites si después no te autocontrolas».
Conductora 1: «Si después no se dan cuenta y no cambian su comportamiento, pueden reproducirlo».

Montse: «Él no ha reconocido que tiene un problema y nunca ha querido ir a un psicólogo pese a mi insistencia». [Sigue este hilo durante toda la sesión y, siempre tras temas parecidos o explicados en tono íntimo, habla del abuso sexual en la familia de él. En un momento de mucha complicidad grupal, profundiza en el tema.]

Paula: «Yo vengo de una familia maltratadora y a mí me maltrataron. Yo he visto esto y no he maltratado ni a mi marido ni a mi hija. Ser consciente de que esto está mal, que hay otros modelos… otras maneras de tratar, hace que lo hagas de otra manera».

Conductora 1: «Decimos que reproducimos modelos. Ella, Paula, nos muestra un modelo que no reproduce el maltrato porque no lo quiere, la voluntad, la conciencia, y si hay mala leche, pronto… pues se pueden frenar y buscar alternativas». [Comienzan otra idea previa: el maltrato se da porque no tienen trabajo].

Rosa: «Me daba vergüenza explicar lo que me hacía mi marido».

Felisa: «Nos dicen que somos mentirosas porque siempre hemos dicho que no, que no, que iba bien, y para postres, además, nos llaman mentirosas… ¡Como siempre estábamos calladitas! ¡Claro está!».

[Explican frenos y prejuicios encontrados en el mundo judicial. Se crea un ambiente de afinidad. El tono reivindicativo va en aumento. Puede verse cómo la conciencia de grupo como mujeres se manifiesta en el uso de la primera persona del plural. Aparece la complicidad.]

Conductora 1: «¿Las mujeres maltratadas están enfermas?».

Montse: «Acabamos enfermas, ¡no somos enfermas!».

Felisa: «Yo estoy bien, ahora. El médico me ha contestado que sí a mi pregunta de si los problemas del alma se ven reflejados en el cuerpo. Ya no tengo reuma».

Conductora 1: «Se acaba haciendo un diagnóstico distinguiendo diferentes enfermedades».

Paula: «Cuando a veces no me dejaba comida… y acabé delgadísima, anoréxica».

Lucía: «O te cogen por la cabeza».
Paula: «O si te pasas las noches llorando te dicen que estás loca: estás deprimida por la situación, ¡claro está!».
Felisa: «Te vuelves… ¡enferma!».
Conductora 1: «Un día hablaremos del síndrome de la mujer maltratada, de los problemas de salud que se derivan».
[Se observa cómo, espontáneamente, surgen respuestas corales, al unísono.]
Conductora 1: «¿Los hombres violentos pierden el control?».
Todas: «¡Sí!».
Conductora 1: «¿Son machistas?».
Todas: «¡Sí!». [Sonríen con mutuas miradas de asentimiento.]
Conductora 1: «¿Están enfermos?».
Paula [salta enseguida]: «¡No!».
El resto [reafirmando a Paula]: «¡No!».
Rosa [en tono sarcástico]: «De haberlos, "haylos", de buenos, pero ¿dónde están?».
Lucía: «Ya ayudan algunos chicos, no tanto como habrían de ayudar».
Rosa: «He visto gente joven muy extremista. Mi padre ayudaba y cuidaba a mi madre. Yo voy, caí enferma y mi marido cerró la puerta y me dejó sola».
Felisa: «Yo fui con la mano quemada y sin mi marido al hospital porque él estaba viendo el fútbol. La doctora me dijo que cómo era que iba sola… La siguiente vez él vino, pero al salir del hospital me dijo que cogiera otra calle».
Conductora 1: «Los hombres pueden ser machistas, pero también querer y arremangarse si hace falta». [Diferentes mujeres explican momentos en que estuvieron enfermas y no las ayudaron ni cuidaron, ni siquiera para pedir una ambulancia.]

Se observa aquí una «narración coral»: las participantes van hilando una expresión colectiva común cuando, espontáneamente, continúan la misma idea, una detrás de otra.

Rosa: «Yo sentía la rabia que me tenía».
Paula: «Como si te lanzaran algo».

> **Rosa**: «Interiormente se reía de mí, se notaba».
> **Paula**: «Se respiraba mal ambiente en casa».
> **Montse**: «Expliqué aquello del abuso sexual del abuelo, y su hijo dijo que solo se había insinuado y como que era diabético, estaba enfermo, pues había hecho eso… El silencio nos hace culpables».
> **Paula**: «O una razón que te haga abrir los ojos: a mi hija le dio un ataque de histeria tremendo… y esto me ayudó a escapar, no sabía dónde ni cómo, y acudí a la asistenta… ya me vio cómo venía y me dio una dirección».
> **Rosa**: «Los hijos ayudan a salir, pero también a aguantar».
> **Conductora 1**: «La figura del padre… Se habla mucho pero, claro está, ha hecho daño, ha generado miedo, dolor ».
> **Montse**: «Sí, pero cuando ves la carita que ponen al ver a su padre…». [Lo caricaturiza con gestos y todas sonríen.]
> **Conductora 1**: «Pero, ¿qué padre se lleva dentro? ¿O es suficiente con llevar la silueta del padre si se lleva dentro uno dominante, autoritario, nada de afecto…? El machismo supone una relación desigual de dominación del hombre sobre la mujer, que es una mala base para las relaciones».

La conductora ha señalado la idealización del padre y sigue dando pautas para un análisis distanciado y crítico de las relaciones violentas patriarcales. Todas las mujeres dan su parecer sobre el machismo y su reproducción, piden más acciones para que la idea cale más hondo, y explican cómo se encara a los hombres machistas. Opinan sobre cómo cambiar a los que ejercen violencia. Hablan de la independencia de las mujeres, de los medios que hay y de los significados que tenían y tienen algunas palabras peyorativas contra ellas como, por ejemplo: «pendón», «mujer sospechosa» si es soltera o «mala mujer» si es casada, porque «salía mucho y con quien quería». El discurso colectivo es ágil y mantiene un tono reivindicativo, crítico y, en ocasiones, jocoso. El ambiente de complicidad y de comunidad vivido se refleja en el siguiente final de sesión.

Las participantes no se levantan pese a que la sesión se da por finalizada. Felisa ofrece un regalo al grupo: lee uno de sus escritos personales. Lo ha hecho ahora y lo hará en otras ocasiones. La escuchan con atención y respeto. Es un texto de lamento, de serena tristeza y también de esperanza. Las mujeres se van, arrastrando los pies. Se respira un tono afectivo reconfortante. La conductora tiene que «echarlas». Salen charlando todas y entran juntas al ascensor. No caben. Bajan en dos momentos. Les cuesta separarse. Se esperan en el vestíbulo para irse juntas. Se entretienen en el portal del centro, charlando, compartiendo. Caminan un trecho de calle así para, después, coger cada una su camino.

Estos fenómenos grupales, que denotan un nivel medio-alto de madurez, no pueden ser forzados por la conducción del grupo puesto que no tendrían una base real fundamentada. Aun así, deben ser promovidos o señalados por aquélla para llevar al grupo a tomar consciencia de sus afinidades. No se trata de crear un grupo artificioso o que pase por encima de sus individualidades, pero sí de que conozcan sus coincidencias y objetivos comunes y cuiden la fuerza cooperativa del grupo. Crear grupalidad no significa crear dependencias hacia el grupo o hacia la conducción (para las normas éticas, véase el apartado 1.3 y el anexo 1). Promover y reforzar la cohesión de un grupo de apoyo social es apostar por aumentar sus efectos beneficiosos.

Conciencia de grupo y catarsis colectiva: decimoséptima sesión

La conciencia de grupo, como característica de la grupalidad —complementaria de la de comunidad—, consiste en colocar a éste como sujeto y objeto del discurso. No todos los grupos o personas que permanecen juntas en algo llegan a tal conciencia, puesto que aparece después de bastantes sesiones, cuando los participantes saben que el grupo va a durar bastante tiempo. En las sesiones explicadas hemos visto manifestaciones del sujeto grupo. Veamos algunos ejemplos:

a) Adela hablando en primera persona del plural cuando consolaba a Felisa en la tercera sesión: «Que sepas que te queremos y te comprendemos»; o recibiendo a Lucía en la decimoctava sesión: «Te echábamos de menos, tú siempre tan puntual». O bien Felisa, cuando al celebrar la novena, explica las dificultades del trayecto para llegar al grupo: «Voy a tantas cosas, la psicóloga, el cursillo, los médicos y tengo que ir al dentista. Al balneario es donde tendríamos que ir todas!».

b) Los regalos que Felisa hace al grupo: un pequeño lazo lila en la cuarta sesión, el 25 de noviembre, Día Internacional contra la Violencia contra las Mujeres. O las narraciones y poesías de la décima y decimoséptima sesión. O los chicles que Rosa trae al grupo y reparte en la decimoctava.

c) La decimoctava y última sesión del curso, en la las conductoras expresan: «Vamos a ver dónde estamos y hacia dónde queremos ir». O donde Ana y la conductora despiden a Adela diciendo: «Nos iría muy bien que vinieras alguna vez» o «te llamaremos para alguna situación o actividad que creamos interesante».

Son las veteranas del grupo y las conductoras quienes realizan más intervenciones de desarrollo grupal. Pero en el último período del curso, el de consolidación y reflexión, las expresiones espontáneas de grupalidad son mucho más frecuentes, especialmente en las mujeres de asistencia regular, sean o no veteranas.

En referencia a la conciencia de grupo como objeto del discurso, en el espacio analizado se habla explícitamente del grupo y se evalúa en diferentes ocasiones: cuando se presenta una participante nueva, en el momento de la evaluación de final de curso y en el reencuentro de fin de año entre participantes antiguas y actuales (explicado en el apartado 3.1). Estos momentos sirven para renovar la validez del grupo, reafirmar los compromisos individuales y reforzar el sentimiento de grupo.

En el siguiente fragmento, que pertenece a la penúltima sesión del curso y muestra la anunciada despedida de algunas de las mujeres más veteranas, observamos un episodio de conciencia de grupo: Felisa da un regalo al grupo. Es, a su vez, un episodio de sentido de comunidad; las mujeres comparten espontáneamente la misma emoción. Advertimos el factor mediador de catarsis individual y colectiva.

Con la escucha, las participantes comparten la pérdida de Felisa. Con su silencio, respeto y reconocimiento congregan al grupo reparador. Felisa ha ido encarando su vida en soledad y ha elaborado el duelo por el amor perdido, por el ideal romántico de amor y de pareja en que había creído, que había deseado para su vida y que se ha frustrado, reparando la herida del dolor evitable y del abandono. Éste es uno de los elementos clave de la separación psicológica de la pareja violenta.

Decimoséptima sesión

Las mujeres se presentan ante una nueva incorporación. Inician el ejercicio de abuso ambiental. Participan todas con mucha fluidez, identificando comportamientos que tienen o habían tenido las parejas violentas. Dicen darse cuenta de la ceguera que se puede manifestar en ciertos momentos al no nombrar esos actos como violencia. La conductora las exime de culpa al aludir al estado de confusión típico en estas situaciones de violencia. Eva, la participante nueva, explica sus preocupaciones: quiere encontrar trabajo, continuar criando a su hijo, reencontrarse con el exmarido violento en los juzgados y mejorar las relaciones con su hijo. Recibe apoyo de todas las mujeres, que analizan su malestar y facilitan la identificación de sentimientos y de ideas preconcebidas. La informan y la animan. Felisa explica la relación satisfactoria —y muy mejorada— que tiene con su hija. La conductora refuerza esta actitud.

La conductora 1, para acabar la sesión, pide a Felisa que lea un fragmento del diario que antes ha mostrado al grupo.

> **Felisa:** «Yo no quería venir al grupo. Con algo de autoestima yo ya tenía lo suficiente, pero me ha ido muy bien, ahora hace dos años. Y estaba bien ciega, no veía cómo me ha ido de bien. [Lee el poema.]
> »Llegará un día por fin / que tú me pidas perdón / por la traición que me hiciste / y que a mí me destruyó. // Mi vida cambió un día, / desde que te conocí / creía que sería muy buena / y que me harías muy feliz, / creía que eras mi esposo

/ mi amigo, mi amante, mi hermano, / la persona que más he amado. // No estuve con nadie, me dediqué solo a ti, / tenía momentos muy malos / y momentos muy felices. // Yo era Caperucita / tú eras el lobo feroz / y cuando pasó un buen tiempo / el lobo la devoró. // No se comió toda su carne / pero sí se comió su corazón, / aquel corazón que un día / al lobo confió / sin saber que a ella, este lobo / tanto, tanto maltrató. // La dejó tan derrotada, / la dejó triste y callada / y sin ganas de vivir. // Tanto, tanto que yo le amaba / que cuando fui mayor, / cuando yo ya no valía, / el lobo a mí me dejó / y me dijo, "anda guapa, / búscate otro camino, / a mí no me importas tú", / y con otra se fue / y dejó a Caperucita / aparcada en un rincón. // Ahora Caperucita lucha, lucha / sin descansar para curar las heridas / que dejó el lobo al marchar. / Aquello que ella un buen día / le brindó a su corazón, / aquel corazón cansado de tanto, tanto, luchar / sin saber que aquel lobo / nunca la supo a ella amar.»
[Silencio íntimo, pensativo. Ana, que aún convive con el agresor, llora calladamente. Aplauden y escuchan.]
Ana: «¡Es mi dolor!».
Conductora 1: «¿Te has identificado?».
Ana: «Sí». [Triste, secándose las lágrimas.]
Conductora 1 [dirigiéndose a Felisa]: «Estás con tu hija».
[Felisa lee otro poema sobre la hija y la maternidad.]
Conductora 1: «Precioso».
Adela: «Precioso».
Ana: «Muy guapo».
Conductora 1: «Te ayuda mucho, ¿verdad?».
Felisa: «Sí, éste es mi psicólogo».

Para finalizar las categorías de análisis de la grupalidad, debemos hablar de las interacciones grupales negativas. En el análisis de las dieciocho sesiones no se han observado interacciones negativas u obstaculizadoras como exhibición y demanda de atención constante, agresión, negativismo o desacuerdo permanente, competitividad entre miembros o intentos de dominación o manipulación. Éstas podrían llegar a representar un conflicto si las conductoras no las detectaran y abordaran. Cuando alteran el clima de trabajo, dichas situaciones deben ser elaboradas rápidamente en el seno del grupo. En el caso del grupo evaluado en este libro, será en el curso siguiente cuando una de las nuevas participantes intervenga en tono irritado e inquisidor al compararse con una participante veterana. Las conductoras harán aclaraciones. La mujer reaccionará y disminuirá progresivamente ese tono y, finalmente, se añadirá a la expresión positiva habitual del grupo. Las conductoras, posteriormente, atenderán a la mujer de manera individualizada, proponiéndole que continúe en tratamiento individual y postergue su participación en el grupo.

Nivel de desarrollo grupal - NDG

La grupalidad ha sido medida también cuantitativamente con la escala NDG adaptada a los grupos de apoyo en la intervención social (apartado 1.6, anexo 2). Hemos evaluado si el grupo tenía de verdad el nivel de grupalidad que percibíamos y si era suficiente para garantizar la efectividad del trabajo grupal, tal y como indica la investigación sobre grupos experienciales y terapéuticos (apartados 1.2 y 1.3). Los resultados puntúan un nivel de desarrollo grupal notablemente alto, de 4,28 (en una escala de entre 1 y 5). Aun siendo un grupo abierto, éste goza de los requisitos de cohesión grupal propios de los que son cerrados experienciales y terapéuticos. Los resultados del NDG indican que se trata de un grupo con cohesión, voluntad de unidad y cuidado de sí. Hay buenas relaciones personales, dirigidas a que aquél funcione y consiga sus objetivos; hay confianza en él, en el valor y sentido de la tarea que permite elaborar sus situaciones de violencia. La coincidencia de motivaciones para asistir al grupo es alta. Las participantes valoran muy positivamente el interés que existe por dar y recibir ayuda. Creen que el grupo atiende sus necesidades, reconocen su notable influencia en la vida de sus miembros y se sienten orgullosas de pertenecer a él.

4.5 IMPACTO DEL GRUPO EN LA RECUPERACIÓN DE LAS PARTICIPANTES

Los resultados en la recuperación de las mujeres comparan la evaluación inicial y la final una vez transcurrido un año, tanto si aún participan en el grupo como si no. Entre la evaluación inicial y la final el tiempo de estancia en el mismo ha sido diferente. Para cuatro mujeres se trata del último de los dos o tres años de participación en el grupo. Para otras cuatro se trata de su primer año. Las dos restantes solo han permanecido cuatro meses. Las diez mujeres de la muestra evaluada tienen entre veintiuno y sesenta y cinco años y son, en su mayoría, autóctonas —solamente dos proceden de países extracomunitarios. Presentan gran diversidad en los niveles de estudios y en los estados civiles: casadas, solteras, separadas de hecho o legalmente; viven en familia nuclear, con o sin hijos, o bien monomarental. Todas reciben atención social y jurídica y el 70%, además, tratamiento psicológico individual, con sesiones quincenales o mensuales en servicios públicos.

Los resultados conseguidos dan cuenta del impacto de la intervención grupal en sus participantes. Un impacto que también incluye, inevitablemente, las propias condiciones vitales y los tratamientos sociales y psicológicos recibidos. Para la evaluación se utilizó el modelo de evaluación psicosocial y los instrumentos referidos en el apartado 1.5 del capítulo 1. En el análisis comparativo estadístico se han aplicado las pruebas no paramétricas para muestras pequeñas y apareadas.

Si se comparan los resultados con los de otras investigaciones (apartado 1.3), observamos que son similares, pues las mujeres incrementan significativa y positivamente su estado general y el apoyo social. En nuestro caso, con una intervención grupal entre cinco y seis meses más larga (de seis a ocho sesiones más), vemos que las mujeres llegan a sufrir menos violencia de pareja o reducen su impacto. Por otro lado, las que presentan violencia crónica y permanecen más de un año realizan progresos importantes, llegando a separarse de la pareja y a liberarse de la violencia. Estas comparaciones son tentativas por la diversidad de criterios de comparabilidad (periodicidad de las sesiones, tiempo total, momento inicial en que se encuentran en relación a la violencia recibida, etcétera). En resumen, insistimos en la evidente necesidad de más y mejor investigación.

La violencia recibida y su desaparición

La severidad de la violencia recibida es muy diversa y la desaparición de la relación violenta ha sido muy notable. En el momento de la evaluación final, la violencia física casi no existe y la no física todavía está presente en casi la mitad de los casos, en intensidades medias o bajas. Las mujeres se han separado del violento y de la violencia, han puesto límites psicológicos y físicos a la situación y han usado las defensas judiciales y algunos recursos sociales disponibles. Los maltratadores ejercen también menos maltrato porque tienen un acceso más difícil (mujeres refugiadas) o menor a su «objeto» de violencia, a la vez que no son tan impunes judicialmente ni —a veces— socialmente[8]. El impacto vivencial específico de toda esta violencia, en el momento final de la evaluación, permite ser optimistas puesto que el promedio es de un nivel medio o bajo y ha disminuido significativamente. Las mujeres se encuentran más seguras y se sienten menos programadas y controladas por el maltratador; la vergüenza y el miedo han disminuido. En algunos casos incluso ha desaparecido.

Cambios en el perfil psicosocial

El grupo abierto de apoyo psicosocial se propone como objetivo que las mujeres recuperen la red de apoyo social y superen las secuelas psicológicas, físicas y sociales de la violencia (véase el capítulo 3.1), ya que presentan un impacto psicológico importante y duradero en su salud e inclusión social. Según la gravedad de la

8 De los diez casos del grupo, tres de ellos se encuentran en la cárcel, tres pendientes de juicio y cuatro sin ninguna sanción legal ni social.

violencia, se calcula un promedio de nueve años de permanencia de los síntomas (Amparo Arroyo, 2002). Después de un año de paso por el grupo, los cambios en el perfil psicosocial de las participantes evaluadas son positivos. Los síntomas de sufrimiento han disminuido, aunque todavía persisten. Los síntomas de estrés postraumático se han reducido significativamente pero los niveles de ansiedad y depresión se han mantenido entre la evaluación anterior y posterior. Solo tres mujeres muestran aumentos relacionados con la presencia de violencia y de enfermedades crónicas. La primera de ellas, después de casi dos años sin apenas recibir violencia por parte de la expareja, ahora la recibe de un hijo; la segunda tiene persistentes dolores físicos, diagnosticados como fibromialgia en el mismo momento de la evaluación post-grupo. Y la tercera ha aumentado su ansiedad y depresión debido a que se encuentra en plena —y precipitada— separación física porque su marido ha intentado asesinarla, mientras que en la evaluación inicial, aunque cohabitaba con él, recibía menos violencia y tenía más esperanza.

Los aspectos psicológicos positivos que encontramos, en niveles medios, son: aumento de la autoestima, percepción de control de la propia vida, habilidades de relación social y bienestar psicológico subjetivo. En el conjunto de la muestra el aspecto que más ha mejorado ha sido la percepción de control interno de sus vidas. El resto ha tenido variaciones, tanto en sentido positivo como negativo, exceptuando a las dos mujeres en situación de violencia. La autoestima se encuentra en niveles medios o altos: ha aumentado en todas ellas a excepción de los tres casos anteriormente citados. La salud física y psicosomática ha mejorado en general, aunque en algunos casos ha empeorado.

La integración social relacional se ha mantenido y los casos en que se dependía del apoyo de los servicios sociales han sido mayoritariamente sustituidos por la familia o por las amistades. En la evaluación inicial las profesionales de los servicios son valoradas como un apoyo próximo y fuerte; pero una buena evolución de la mujer hace que desaparezcan como dadoras significativas de apoyo. Y así ha sido, exceptuando a una mujer sin ninguna red social de apoyo. Uno de los objetivos del grupo es que las mujeres se den apoyo externo fuera del grupo. Observamos que la relación entre las participantes giraba alrededor de las actividades del grupo, y que fuera del mismo se han relacionado en díadas de edades próximas y han buscado más relación a medida que percibían que dejarían el grupo. Las más veteranas han generado fuertes lazos de amistad en su vida cotidiana.

La independencia económico-laboral y de vivienda, en cambio, sigue siendo la misma que en la evaluación inicial: entre precaria y media-baja. Predomina un perfil de precariedad y economía sumergida (66% de las mujeres), con ingresos propios menores a cuatrocientos sesenta euros, incluyendo subsidios sociales.

Las trayectorias de recuperación

En cuanto a la recuperación como proceso (apartado 1.4 y anexo 7), las participantes evaluadas han hecho avances significativos en relación al alejamiento de la violencia y han evolucionado en las fases de recuperación. El contacto con el maltratador por iniciativa de la propia mujer es mucho menor y, si se quebrantan las órdenes de alejamiento, buscan medidas de protección. El motivo principal de contacto está representado por las visitas obligadas judicialmente de los hijos e hijas a los padres y, en algunos casos, porque aún se cohabita. En cuanto a la separación legal, la mayoría se halla en trámites de separación.

Con diversidad de ritmos, dos tercios de los casos han pasado, durante un año, de una fase de recuperación a la siguiente. El resto se ha mantenido, aunque superando riesgos propios de la fase en que se encuentra o consolidando la última, relativa a la reconstrucción de la propia vida. A modo de ejemplo, rescatamos las trayectorias de tres de las participantes en las sesiones relatadas, con perfiles muy heterogéneos.

Paula es una mujer joven, tiene veinticinco años y vive en una casa de acogida. Ha acudido al grupo después de un gravísimo episodio de violencia contra ella y su hijo. La violencia, además de verbal, social y económica ha sido, habitualmente, también física. Fue derivada al grupo porque se mostraba reticente a recibir tratamiento psicológico individual en la casa de acogida. Recibe orientación de la trabajadora social. Aun con las medidas de seguridad de los puntos de encuentro para las visitas, obligadas por los jueces, de los hijos con el padre violento, ella ha visto alguna vez al antiguo marido. Es introvertida pero llega a implicarse en el grupo (apartado 4.4, sesiones sexta, séptima y novena). Cuando ingresa se encuentra en una fase 3 de recuperación (inicio de la ruptura psicológica y primeros «empoderamientos»). El paso por la casa de acogida y por el grupo se refleja en el análisis que ella misma hace de la situación de violencia. Cuando se marcha de éste, al cabo de cuatro meses y una asistencia regular de tres meses, continúa en la misma fase. Aun así, su paso por el grupo no ha sido en vano.

Paula se ha separado precipitadamente de su pareja por razones de supervivencia y está elaborando psicológicamente su situación actual y pasada. Se rebela contra el abuso pero a la vez tiene sentimientos de pena hacia la pareja y se cree en la responsabilidad de ayudarlo. Ha tenido una crisis de retorno y el grupo la ha contenido (sesión duodécima, apartado 4.4). Todavía no ha ganado espacios de autonomía y las decisiones no son propias; no expresa sentimientos de incapacidad, pero siente miedo ante un futuro incierto y solitario. No está deprimida, pero sabe que no cuenta con apoyo social natural. Dos sesiones después de la crisis, Paula debe abandonar el grupo para aprovechar una oportunidad laboral. Ante la situación de gran precariedad, continúa utilizando los recursos y orientaciones sociales de los servicios especializados de atención a las mujeres en situación de violencia. Pasados los seis meses reglamentarios, vive temporalmente en un piso tutelado de transición.

Marcela es una mujer joven de treinta años, con hijos. Hace poco tiempo emigró de una país de América Latina y está tramitando los requisitos exigidos por la ley de extranjería. Acude a servicios sociales por necesidades familiares de supervivencia y problemas con una hija. La orienta la trabajadora social referente, que detecta violencia y la deriva al grupo. Su paso por éste es fugaz pero efectivo, pasa de la fase 1 a la 4. Cuando se incorpora apenas empieza a identificarse como maltratada (fase 1). Cohabita con su marido violento y acude al grupo a escondidas. No denomina la violencia ni tiene conciencia de su gravedad. Muestra sentimientos de culpabilidad y también de pena por él; se siente responsable de ayudarlo. Enseguida expresa su situación de insatisfacción y dolor con la pareja, describiendo el comportamiento de él con el vocabulario propio de la violencia (sexta sesión, apartado 4.4). Un cambio forzado de casa la lleva a otra ciudad y deja de asistir a las sesiones. En la última (la séptima, apartado 4.4) se rebela contra la situación de violencia en el espacio de seguridad que representa el grupo. Al cabo de cuatro meses vuelve a éste para despedirse y nos explica los sucesos acaecidos al regresar a casa después de su última participación. Marcela pone límites a la violencia de él: se rebela, le exige buen trato y ante su mofa hace las maletas para marcharse de casa, aunque sin prever dónde ir. Él le promete controlarse y ella mantiene una atenta vigilancia: cuando empieza a pasarse, lo frena. La violencia disminuye, pero ella debe mantenerse continuamente alerta. Su malestar por la situación de sometimiento violento es claro y expresa su insatisfacción reiteradamente: «Yo no le aguanto esto, yo no quiero vivir así». Está pendiente de la legalización y de consolidar el trabajo que ha conseguido, donde ha encontrado apoyo. Además tiene una hermana que es su única familia en España.

Al cabo de nueve meses de haber llegado, Marcela se encuentra en una fase 3 de recuperación y empieza a cuestionar los comportamientos y los sentimientos que le provoca la relación de pareja: responsabilidad por la relación, sentimientos de incapacidad, desvaloración de sí misma y sumisión. Ha ido reconquistando espacios de autonomía en la relación de pareja y empieza a poner límites a la relación de abuso. Siente culpa por el mal que él les hace a ella y a los hijos. Al cabo de doce meses de haber entrado en el grupo, realiza una evaluación final, aunque haya asistido solo la mitad del año. La disminución de la violencia se ha mantenido, tanto hacia ella como hacia los hijos, y hay menos discusiones. El abuso económico ha disminuido: él contribuye más, al menos paga el piso (la ropa y la alimentación de toda la familia las paga ella). No se siente tan prisionera, atemorizada ni avergonzada. Comienza a entrar en una fase 4, aumenta los espacios de autonomía, recupera su red y las relaciones sociales; pero él sigue controlando sus movimientos. La llama por teléfono constantemente si sale de visita o de excursión, y también durante la entrevista. Aunque debe estar muy alerta, es más inmune a sus humillaciones y desprecios. Ha mejorado la confianza en sí misma y tiene menos problemas de salud, aunque cuando discuten se le altera la tensión y se marea. Hace proyectos propios de futuro: el trabajo le funciona y está pensando en formarse en geriatría. Quiere mejorar su situación respecto a la vivienda: toda la familia vive en una habitación y el resto de los ocupantes del piso son hombres solos. Manifiesta que a veces él se vuelve a poner como antes y que querría separarse porque «para ir a cualquier lugar y que me diga cosas prefiero estar sola. Hay momentos en que estamos bien, otros, no... Nunca como antes, no, él me torturó. Me dice: "Perdóname, perdóname". Yo no estoy con ánimos de aguantar. Cuando tenga trabajo seguro y papeles... No, no, yo no!». También expresa miedo: «Tengo miedo de que vuelva a pasar aquello, tengo miedo por mi hijo».

El lugar donde vive ahora y los horarios laborales no le permiten asistir a este grupo ni a ningún otro, pero sigue en contacto con la trabajadora social. Marcela prepara el camino para seguir evolucionando, todavía con ambivalencia. Por una parte, tiene fuerza como para recuperar una vida sin dolor, con respeto y en libertad; por la otra, sus condiciones sociales son duras, tiene miedo y cree necesitar del padre para la crianza.

Rosa, de alrededor de cuarenta y cinco años, tiene hijos grandes y pequeños y un trabajo estable, fruto de su formación universitaria. Acude a los servicios sociales obligada por la Dirección General de Atención a la Infancia por conflictos con su hija. Recibe orientación social para atender a su hija, donde enseguida se detecta la violencia de pareja en la familia. Recibe, además, orientación y tratamiento psicológico y social individual y grupal. Permanece en el grupo un total de dos años y tres meses.

Cuando entra en éste cohabita con el marido maltratador y se ve incapaz de salir de la situación de violencia; tiene mucho miedo de él. No ha explicado a nadie su situación por vergüenza. Durante su estancia en el grupo pasa por la fase 2, de identificar y nombrar la violencia que recibe, y por la fase 3, de ruptura psicológica, cuestionamiento de la insatisfacción, de la relación y de los sentimientos de culpa. Toma conciencia de que no debe seguir eludiendo la situación. Expresa su rabia. Logra ganar control sobre la relación, su propia vida y pone límites para que el impacto de la violencia sea menor. Ella misma dice, en una sesión de evaluación, que el grupo le hace darse cuenta de que se está engañando y de que, si otras lo han conseguido, ella también puede liberarse de esa situación. Atraviesa la fase 4: empieza a ver posible el abandono de dicha situación y la superación del miedo a un probable incremento de violencia en el momento de la separación. Tres meses antes de la evaluación inicial para medir los resultados de la recuperación, prepara la separación física. Previamente asesorada por abogadas y por las psicólogas, se marcha de casa al llegar la demanda de separación al domicilio; ya tenía las maletas hechas.

En ese momento abandona temporalmente sus rutinas cotidianas por razones de seguridad y se desplaza fuera de la ciudad, a vivir en casa de una amiga (participante del grupo). A su vuelta a las sesiones, hace partícipes a las compañeras de su liberación, su alegría, su nueva tranquilidad y la de sus hijos (sesiones sexta y séptima, apartado 4.4). En su trayectoria de recuperación, Rosa está ya separada psicológicamente cuando realiza la separación física. En la evaluación inicial se detecta que se encuentra iniciando la fase 5, de reconstrucción psicosocial de su vida y la de sus hijos. Esta fase es muy extensa en el tiempo.

Un año después de la evaluación inicial, y con casi dos años en el grupo, la evaluación final indica que está concluyendo con satisfacción la fase 5, y que esto incluye el bienestar de sus hijos e hijas. A lo largo del último año, ha puesto límites personales a la violencia del marido y ha denunciado cuando él no ha cumplido los pactos de separación, ayudándose con recursos judiciales. Se enfrenta activamente a las deudas económicas a su nombre, contraídas por él. Por otro lado, su autoestima, su autonomía a la hora de tomar decisiones y su salud han mejorado muchísimo. Rosa recibe el apoyo de su familia y de la de él. También consolida nuevas rutinas cotidianas y, más adelante, tiene fuerzas para ayudar a sus hijos a reconstruir las suyas. No sufre más violencia física pero sí algo de violencia psicológica, traducida en obstáculos ante los asuntos judiciales y manipulación de los hijos. Poco a poco, y a pesar de las visitas al padre, vela por las nuevas relaciones familiares, para que resulten saludables para ella y sus hijos. Sus visitas al tratamiento individual son esporádicas, de seguimiento, pero busca ayuda psicológica para su hijo, que ha caído en una depresión. Al cabo de cuatro meses, al final de curso, Rosa es dada de alta del grupo y se muestra de acuerdo. Ahora vive una vida sin violencia afectiva, y sus hijos también, en la medida que a ella le corresponde.

5. Otros protagonistas de la misma violencia

¿Solo las mujeres sufren la violencia machista? ¿Pueden los hijos e hijas reproducir estas pautas de violencia? ¿Los hombres que ejercen violencia hacia sus parejas pueden cambiar? Los hijos expuestos a la violencia del padre —directa o como testimonios— se convierten en nuevas víctimas, portadores también desde sus primeros aprendizajes, desde sus raíces, de elementos sexistas y agresivos altamente dañinos.

Presentamos dos espacios y momentos diferentes que merecen una misma e imprescindible atención. En primer lugar, una intervención grupal de acompañamiento y detección con los hijos de madres que, en ese mismo instante, se encuentran en el grupo de atención a mujeres. En una línea socioeducativa, sus ejercicios nos muestran cómo se trabaja para extraer los efectos de los maltratos, compartirlos, sentirse escuchados, comprendidos y buscarles alternativas. De lo que podría ser solo una guardería se pasa a una intervención educativa, de orientación, detección y seguimiento de la que vale la pena aprender. En segundo lugar, se presenta una experiencia grupal de corte más psicoterapéutico que se centra en la recuperación de los efectos de la violencia en los hijos y en la relación materno-filial. Madres, hijos e hijas comparten grupos, conocen a fondo las dos vivencias, buscan espacios comunes para reencontrar la manera de no traspasarse culpas y dolores, sino afectos y vínculos positivos de crecimiento.

Tampoco podemos dejar de lado, entre los otros protagonistas de la violencia sexista de pareja, a aquellos que la ejercen. La intervención grupal con hombres tiene dos importantes particularidades: la voluntariedad y el enfoque técnico. Los hombres acuden voluntariamente al tratamiento social, no están obligados por ninguna sentencia, ni su alternativa es la cárcel o la reducción de pena. La mayoría quiere ir para no perder a su pareja actual o futura. Por otro lado, nos introduce en el enfoque psicosocial del tratamiento a maltratadores, que va más allá del control de la ira y trabaja para un cambio más profundo, dirigido a masculinidades alternativas y no patriarcales hegemónicas. Hacerse responsables de la violencia ejercida y reconocer sus propias emociones permite a los hombres mirar el dolor que han generado y ver a «su» mujer como sujeto independiente.

Esta intervención promueve identidades flexibles —abiertas a necesidades afectivas sin que ello signifique un signo de debilidad— y el reconocimiento de las mujeres como iguales. Estamos ante una intervención que promueve el cambio de las relaciones entre los géneros. Los participantes, al igual que en los grupos de mujeres, desean continuar con los grupos: la intervención se les hace corta. La importancia de estas intervenciones en el contexto global del problema es altísima, por participar en ellas quienes particularmente ejercen la violencia y por la dificultad de erradicar valores machistas transmitidos desde la infancia, que han sido apoyados por la permisividad de una sociedad sexista que, hasta hace muy poco, ha mirado hacia otro lado.

5.1 GRUPO SOCIOEDUCATIVO CON LOS HIJOS E HIJAS DE LA VIOLENCIA: ACOMPAÑAR Y ELABORAR

Laura Córdoba del Águila

Hijos e hijas en el contexto familiar violento

Cuando hablamos de violencia sexista nos remitimos a la que ejerce el género masculino cuando, al relacionarse con el sexo femenino, muestra dominación y poder, coarta y coacciona la capacidad de actuación y decisión, insulta y degrada física, psíquica, sexual o económicamente. Si además estas relaciones de dominación se dan en el contexto familiar, la cultura de la relación que se construye queda impregnada en la psique del niño y la niña, por lo que la posibilidad de repetir estereotipos de género, en ambos sexos, es más que probable, aunque no determinista. El entorno familiar es el primer eslabón del proceso de socialización de la infancia y las pautas de comportamiento de los adultos son un modelo. Es por este motivo que la reproducción del rol de víctima o de agresor son indistintamente asumidos por los hijos, e incluso se manifiestan según el contexto en que se actúa.

A lo largo de los casi once años de experiencia del tratamiento de la problemática en grupos de niños y niñas de entre cuatro y cinco y de entre doce y trece años, hemos podido comprobar cómo los niños sumisos en el contexto familiar eran altamente agresivos con sus iguales en la calle o en la escuela. Asimismo, chicas adolescentes que en sus relaciones de noviazgo eran muy sumisas se mostraban agresivas en las mantenidas con sus madres o líderes dominantes en sus grupos de iguales. En un entorno familiar donde las relaciones de dominación condicionan la convivencia imperan estilos de vinculación rígidos en los que no se favorece el diálogo ni la comunicación. Sin embargo, los menores de esas mismas familias al ser escolarizados —o al acudir a actividades extraescolares en centros recreativos, casales o asociaciones deportivas— observan otras maneras de relacionarse: otros modelos y otros adultos. Justo en este momento lo que era vivido como «la normalidad», por comparación, deja de serlo y lo que ocurre en el entorno familiar pasa a ser «secreto», algo que ocultar o, por lo menos, que no es agradable divulgar o rememorar. Pero, en ocasiones, el fuerte sentimiento de pertenencia al grupo provoca un alarde de orgullo y se defiende la violencia y la agresividad como método legítimo para resolver los conflictos (Graciela Ferreira *et al.*, 1998).

Con todo esto, ¿qué efectos tiene en la infancia la vivencia de la violencia sexista en las relaciones de pareja? El cuadro sintomatológico es complejo. La misma causa puede expresarse mediante comportamientos contrarios y extremos (I. Zubizarreta, 2004). A nivel cognitivo y conductual, suelen ser niños con dificultades para concentrarse, con pocos recursos para resolver los conflictos. Pueden ser excesivamente pasivos o agresivos, dependientes de los adultos o hiperactivos en sus acciones. A veces son transgresores, manifiestan poco respeto por la norma o, por el contrario, se muestran excesivamente pendientes de ella, por miedo a la represalia que están acostumbrados a recibir, de manera arbitraria, en el contexto familiar. Pueden tener dificultades para empatizar, poca conciencia de los límites propios y ajenos y dificultades en el control de sus impulsos. También pueden presentar bajos rendimientos escolares y falta de responsabilidad; o todo lo contrario: es decir, ser niños hiperresponsables y muy exitosos a nivel escolar.

En cuanto a la salud física o psíquica, suelen padecer trastornos del sueño (pesadillas o insomnio) y de la alimentación (inapetencia, dolores abdominales, etcétera) que se relacionan con estados ansiosos, depresivos y de estrés emocional, provocados por el desconcierto y el miedo. También son frecuentes los trastornos psicosomáticos relacionados con dificultades en el control de los esfínteres (enuresis, encopresis). Suelen mostrar bajos niveles de autoestima, en muchas ocasiones porque su entorno más próximo no los ha reconocido ni valorado (Rosa Patró y Rosa M. Limiñana, 2005). Cuanto más duradera es la vivencia de la relación de violencia en el entorno familiar, más se deterioran los vínculos afectivos entre los niños y ambos cuidadores (padre-madre, madre-nueva pareja de la madre). En ocasiones, en edades preadolescentes (diez a trece años) o en la adolescencia misma, los sentimientos de «culpabilización» hacia la madre o la no comprensión de su posición en el conflicto, hacen aflorar o aumentar las conductas agresivas.

En resumen, entre los indicadores sobre la infancia que vive en un contexto de violencia de género, nos centramos en los siguientes:

a) la arbitrariedad en el juicio de la acción, dependiendo del género del sujeto que la realiza o juzga;

b) los mensajes recibidos, ya sean actuaciones o verbalizaciones violentas, por pertenecer a un sexo u otro se van interiorizando desde la primera infancia, bien por recibirlos de manera directa o bien por ser testigos de dichos mensajes;

c) la interiorización registrada puede ser reproducida en diferentes roles, victimista o agresor, en función del contexto donde el niño se desarrolla y socializa;

d) la percepción de la arbitrariedad y la violencia que se vive provocan, en unos casos, sentimientos de desconcierto o vergüenza y, en otros, la identificación y justificación del comportamiento violento;

e) vivir en un contexto familiar donde existe violencia de género provoca cuadros de síntomas psicosomáticos que condicionan la vida de los niños (Jorge Corsi, 1994).

Desde estas premisas, abordar los sentimientos, emociones y malestares en edades tempranas permite al niño contar con una válvula de escape y tener la oportunidad de expresar, de ser considerado un sujeto con voz propia que opina sobre la realidad en que vive. Al dejarlo expresar sus vivencias, emociones y valoraciones tendrá más oportunidades de re-valorar y elaborar psicológicamente el impacto de éstas en su comportamiento y en su vida. Abordar esta problemática en grupo permite al niño expresarse en un medio natural, ya que pasa la mayor parte de su tiempo socializado en diferentes grupos, ya sea con los compañeros de clase, los amigos del parque o el equipo deportivo.

El grupo y sus objetivos

El grupo socioeducativo que presento permite a los niños y las niñas mejorar su confianza y su sentido de pertenencia e identidad. Les da la oportunidad de asumir roles y funciones así como de adquirir responsabilidades de las que deberán responder, ante sus compañeros, en función del interés y objetivo común. Este tipo de interacción proporciona al individuo nuevas formas de pensar, sentir y actuar, lo que le permite abordar la aparición de comportamientos desajustados y trabajarlos, cuestión que en el espacio terapéutico individual es difícil que surja. La intervención grupal va dirigida a una población escolar amplia, de entre cuatro y cinco años hasta entre doce y trece, y deja este abanico abierto, pues la evolución y desarrollo del niño no es lineal y depende, en gran parte, del entorno y la estimulación recibida. Niños de cuatro años se han integrado a la dinámica grupal perfectamente en la medida en que llevaban un amplio bagaje de socialización (guardería, parvulario), mientras que otros mayores, al separarse de la madre cuando ésta entra en su grupo, todavía sienten la «angustia de separación» propia de edades más tempranas. Este grupo acoge a los hijos de las madres que acuden al de atención a mujeres en situación de violencia.

Cuando en el año 1997 nació en el distrito de Nou Barris de la ciudad de Barcelona el primer grupo de apoyo psicosocial a mujeres que sufren violencia doméstica, llevado desde los servicios sociales de Atención Primaria, se creó un espacio de guardería para los hijos de estas mujeres debido a que:

a) quienes acudían al grupo necesitaban una excusa para poder ausentarse de la casa, y decir a sus maridos o compañeros que llevaban a sus hijos a una ludoteca permitía el acceso a su grupo;

b) la red de apoyo social era escasa o inoperante: o no había familiares a quien confiar la custodia de los hijos o no se contaba con el apoyo a la iniciativa de participar en el grupo.

A partir de la observación en este espacio de juego libre, se constató que los niños llegaban con una carga emocional muy alta a causa de haber experimentado la violencia, que expresaban abiertamente. También mostraban cuadros sintomatológicos preocupantes. Por todo esto, la atención pasó de ser un espacio de guardería y entretenimiento a ser una oportunidad educativa especializada. Facilitar la contención de la angustia, la explicación de lo que pasaba y tener la oportunidad de vivir y aprender otras maneras de ofrecer alternativas a la violencia era un reto que respondía a la necesidad de la infancia que vive en este entorno de violencia afectiva, fuese maltratada directa o indirectamente.

Partiendo del hecho de que cualquier intervención profesional puede tener un efecto terapéutico, la fórmula del grupo socioeducativo —frente a la del psicoterapéutico, más centrado en los cambios de las estructuras internas a nivel afectivo-emocional— ofrece formar parte de una experiencia de socialización alternativa con hábitos y valores igualitarios. Este tipo de grupo permite a los implicados definir las normas y las actividades, es decir, mantener una actitud activa y participativa que se inicia en sus intereses y los obliga a profundizar y conectar con las cosas que les gustan o disgustan, que les emocionan o inhiben, o con aquello en lo que son habilidosos o patosos. Desde la verbalización tendrán que pactar y consensuar, lo que requiere ejercitar la empatía y la escucha. Se trata, en definitiva, de poner en marcha el entrenamiento de las capacidades y habilidades sociales y emocionales, desde la interacción con los iguales y el adulto conductor como regulador que se convierte a su vez en modelo alternativo. La intervención más terapéutica del proceso es la interacción entre los diferentes miembros del grupo ante un conflicto o la explicación de una situación preocupante o emotiva. El hecho de que un igual se interese, es decir, que muestre un apoyo incondicional por aquello que les preocupa, anima a compartir experiencias y a buscar soluciones.

Ante el relato de un problema o conflicto por parte de uno de los participantes, el profesional de la conducción facilita la interacción lanzando preguntas abiertas, dirigidas a todos, y esperando que se establezca el debate: «¿A los demás os pasado esto alguna vez?»; «¿qué hicisteis para resolver el tema?»; «¿con quién habéis hablado de esto?»; «si volviera a pasar, ¿qué haríais?»; «¿cómo podemos ayudar a "David" con lo que le está pasando?». Normalmente los participantes se interesan mostrando comprensión y afecto, a la vez que reciben la misma atención y cuidado de sus compañeros. Cuando la capacidad de expresión verbal se halla reducida, por excesiva timidez o bloqueo, las técnicas proyectivas ayudan a hacer aflorar los conflictos internos y las preocupaciones; por ejemplo: «Imaginad cómo serían cada uno de los miembros de su familia si fueran animales y de qué modo se comportarían». Otras actividades como el teatro y el juego simbólico favorecen, en gran medida, la consecución de los fines que exponemos a continuación.

Los objetivos que queremos conseguir a largo plazo y que nos orientan en el trabajo de educadores en cada sesión son:

a) crear un espacio de confianza donde los niños y las niñas puedan comentar sus necesidades, inquietudes, preocupaciones y angustias;

b) abordar los sentimientos de culpa que generan las situaciones de violencia de género y/o ruptura de la pareja;

c) potenciar la adquisición de roles de género igualitarios;

d) fomentar valores de cooperación y colaboración a través de la búsqueda del consenso, la comunicación asertiva y la escucha activa del otro;

d) trabajar el concepto de las figuras parentales diferenciando «lo real» (cómo son) de «lo ideal» (cómo me gustarían que fueran);

e) desarrollar la imagen positiva de los participantes (autoestima) y de sus capacidades (habilidades sociales y cognitivas);

f) detectar sus necesidades y conectarlos con la red de recursos del entorno de tiempo libre (equipos de deporte, bibliotecas, ludotecas), salud (salud mental infantil) o aprendizaje (refuerzo escolar, logopedia).

Estos objetivos son trabajados a través de actividades específicas como, por ejemplo, inventar un juego de mesa que gire alrededor de los sentimientos: se construye un tablero con casillas numeradas, se decora y se piensan las normas, una de las cuales puede ser, «cuando se cae con la ficha, después de tirar el dado, en la casilla veinticinco, el jugador tiene que explicar cuándo lloró por última vez». Así, desde un ambiente distendido y lúdico, se abordan los sentimientos vividos.

Asimismo nos planteamos unos objetivos específicos referidos a logros a corto plazo, relacionados con la consolidación de la dinámica grupal y el ritmo de la estructura de las sesiones. En este sentido, y sobre todo en las primeras sesiones del grupo, buscamos:

a) cohesionar el grupo a través de actividades de conocimiento de los participantes y estableciendo las normas de convivencia;

b) potenciar los hábitos de trabajo en grupo (el reparto de las tareas) y las responsabilidades de los diferentes miembros (orden, cuidado y limpieza del material y la sala, entre otras).

Criterios generales de funcionamiento

El grupo está compuesto por niños y niñas, con un mínimo de tres participantes y un máximo de doce, que se encuentren entre los cuatro y cinco años, y los doce y trece. Cuando se da la circunstancia de que hay menores de cuatro años o que, dentro de las edades del grupo, presentan alguna característica que dificulta su integración en la dinámica grupal, se compensa con el apoyo y colaboración de un voluntario o profesional que, conjuntamente con el conductor, permite que todos los miembros participen en las actividades y dinámicas programadas siguiendo su propio ritmo. A lo largo de los años de experiencia del grupo socioeducativo han participado niños y niñas de diversas procedencias y culturas (autóctonos, ecuatorianos, marroquíes, colombianos). Esta cuestión la hemos incorporado como un elemento enriquecedor que ayuda a entender la diferencia, ya que tanto los estereotipos de género transmitidos o vividos, como los parámetros violentos, son muy parecidos y extrapolables en todas las culturas.

Para participar en el grupo socioeducativo hace falta que algún profesional de otro servicio (escuela, equipo de salud, ambulatorio, servicios sociales, equipos de atención a la infancia en riesgo social) al que el niño o la familia acuden, proponga la participación y realice la derivación. Ésta última tiene como objetivo explicar la situación actual del niño que tiene que incorporarse y los síntomas detectados, que en muchas ocasiones son obtenidos por entrevistas mantenidas con las madres. Normalmente son ellas quienes han realizado una demanda explícita de ayuda por la situación de violencia (relación abusiva por parte del marido o compañero) que se vive o se vivió en el domicilio. Una vez que la familia ha aceptado empezar el proceso grupal, hay que trabajar el mensaje que se le dará al niño, el motivo de su asistencia a este colectivo o actividad. Ésta es una situación difícil para las madres, que algunas veces minimizan los efectos de la violencia: «Es pequeño y no se entera porque no nos ve discutir». Otras, en cambio, se muestran muy preocupadas por las secuelas que pueda tener el hijo o la hija por lo que ha visto y oído: «Pregunta mucho, "¿por qué te pega papá?"»; «tiene miedo»; «no quiere que esté sola en casa con el padre». Ayudar a las madres a ordenar el discurso explicativo de lo que ocurre las hace conectar con sus propios miedos, por ello trabajamos primero individualmente con ellas y después con los dos. En caso de que la madre manifieste dificultades o de que el mensaje quede confuso, el profesional realiza las aclaraciones pertinentes.

Una vez se ha aceptado la participación en el grupo, el niño se incorpora y se inicia la fase de presentación, en la cual tendrá que explicar el motivo de su asistencia y compartirlo con el resto de los miembros del mismo. Es importante trabajar al principio para conseguir la complicidad necesaria que hará que este espacio sea diferente a los ya conocidos, ya que tendrá la posibilidad de hablar de aquello que ocurre en casa sin ser marcado o diferenciado. Los encuentros pueden ser quincenales o semanales, pero para los niños de estas edades es más estructurante que sean espacios semanales y en horario extraescolar. La duración es de dos horas, aproximadamente, lo que permite realizar otras actividades dentro o fuera del centro de servicios sociales, si así se programa.

Resulta conveniente disponer de una sala amplia que permita distribuir diferentes apartados: uno con mesas y sillas donde poder hacer manualidades, murales, carteles, etcétera; otro espacio libre de muebles donde poder hacer ejercicios de expresión corporal, teatro, marionetas, juego simbólico, imitaciones, actuaciones artísticas. Todas estas actividades favorecen la expresión libre de los participantes, potencian la creatividad y, en la mayoría de los casos, facilitan el trabajo de las habilidades y competencias sociales, mejorando la autoestima y el bienestar emocional.

Las normas que han de regular el espacio grupal son elaboradas por los participantes, a propuesta de las conductoras, en las primeras sesiones. Se busca la coherencia y el consenso. Por este motivo, si alguna propuesta de norma se halla fuera de lo razonable es discutida y sometida a votación. Una regla que no favorezca el respeto, la tolerancia y la convivencia no será admitida. Estas normas deben estar presentes en el momento en que se lleva a cabo el grupo (un cartel que se pone y se quita cada vez) y también deben poder orientar a los participantes en caso de incumplimiento o conflicto, para favorecer la reflexión. Si se incorpora un nuevo miembro se le explica el proceso de la elaboración de aquéllas, se comparten y se le invita a completarlas.

Las sesiones en el grupo socioeducativo mantienen un ritmo simbolizado por tres momentos diferentes. Primero el ritual de inicio: los participantes llegan al grupo, se saludan y comentan cómo les ha ido durante el tiempo que no se han visto. Es el instante de compartir nuevas experiencias o situaciones vividas. Muchas veces la tertulia se hace en torno a la merienda, que a veces tiene carácter festivo: un cumpleaños, un santo, unas buenas notas en un examen. Se explican las ausencias y sus motivos. Es muy importante controlar este aspecto porque, a veces, detrás de ausencias repetidas puede haber un conflicto no resuelto que es importante que aflore. Después se desarrolla la actividad programada: se trabaja con actividades planificadas de una sesión a otra, que se engloban en un proyecto y permiten llevar a cabo su consecución. Por último, el cierre de la sesión: es el momento de recoger, ordenar y limpiar la sala y el material utilizado. También es la hora de evaluar la misma. Se hace una valoración de la actividad y de cómo se han encontrado, y se propone a los participantes que piensen en cómo continuarán la próxima sesión.

Dinámica grupal y su conducción

El método participativo pretende buscar el consenso entre todos los miembros, tanto en las actividades que se llevan a cabo como en la normativa y pautas que regulan el espacio de convivencia, y se relaciona siempre con los objetivos educativos y de contención que se quieren trabajar. Es muy importante, en el momento en que se configura el grupo, hacer una exploración en profundidad de los temas, aficiones, intereses que motivan, ilusionan y atraen a los participantes. En este momento las preguntas abiertas como: «¿Qué es lo que más me gusta hacer?» o «¿qué actividades me gustaría hacer en este espacio?», dan paso a una «lluvia de ideas» con la que rellenar una hoja en blanco. Es el inicio de lo que acabará configurando la programación de un proyecto: un conjunto de actividades que ha de tener un inicio y un fin y que ha de poder integrar los intereses de todos.

Veamos algunas de las sesiones y dinámicas grupales que suscitaron. En la primera se ilustran la estructura habitual de aquéllas y la función de contención. En la segunda se muestra cómo puede ser abordado en el grupo el conflicto externo y el interno.

En la tercera se ejemplifica la expresión de un conflicto de lealtades y cómo se planteó desde el grupo socioeducativo.

Tercera semana de enero

> **Actividad programada**: pensar y realizar un personaje en barro o plastilina para el cuento. Ponerle nombre y explicar qué características tiene, qué hace y cuál va a ser su función dentro del cuento.
> **Inicio**: saludos y comentarios. Isabel dice que se encuentra un poco triste porque su profesor le ha dicho que ha bajado las notas y está distraída. Alberto y Daniel se identifican con ella, ya que en algunos exámenes también han tenido dificultades. De repente entra Joseph, que trae un juguete en la mano. A todos les gusta el juguete e interactúan con él: «¡Qué bonito!». «¿Dónde lo has comprado, Joseph?». «En el mercado». «¿Me lo dejas?». «Sí». «¿Quién te lo ha regalado?». «Mi padre». Entonces dice: «Papá me pega, papá me pega aquí». Sus compañeros de grupo dejan de jugar y le hacen otras preguntas: «¿Cuándo te pega?», «¿por qué lo hace?».
> **Desarrollo**: Joseph explica su relato. Había estado durante el fin de semana con su padre en casa de los abuelos. El domingo por la mañana habían salido a pasear y su padre le había comprado el coche, pero después se había enfadado mucho con él y le había pegado en el culo de una forma tal que se quedó bastante impactado. Para Joseph había cosas que podía entender (dolor físico, rabia) y otras que lo sobrepasaban. Mientras, sus compañeros de grupo también explican sus experiencias y sentimientos («yo lloraba», «se lo decía a mi madre», «doy patadas») ya que a ellos también les había pasado a veces lo que Joseph acababa de contar. De este modo, Joseph baja pronto su nivel de ansiedad, se interesa por la actividad que se está realizando y también quiere hacer su figura de barro: una tortuga que, cuando quiere ser muy rápida, se tumba y patina con el caparazón. Clara realiza una seta mágica que puede hablar. Isabel fabrica un personaje

fantástico llamado «Toguepy» que describe como de sexo femenino, pequeñita pero muy inteligente (características muy similares a las propias). Daniel moldea a dos hermanos: «Hadoc» es el bueno, porque el amor y cariño de sus padres lo transformaron en lo que es, mientras que el «Hombre de la Luna» es el malo que, rechazado por aquéllos, se convirtió en un personaje malvado que ha dado poderes a dos fantasmas con los que asusta a todo el que entra en la «Mansión Encantada» [1].

Cierre: limpieza y orden de la sala. Daniel y Alberto limpian la mesa del barro acumulado; Clara, Isabel y Joseph guardan las figuras y el material en el armario. Al día siguiente construirán los escenarios (dibujar y pintar). Se muestran muy contentos, sobre todo Daniel, que tenía cierto miedo a experimentar con el barro y ha supuesto al final para él una experiencia positiva.

En esta sesión resultó muy importante la función de contención realizada por todos los miembros que configuran el grupo, tanto conductoras como participantes, según las necesidades expresadas. Esta función se da cuando alguien del grupo llega con un estado emocional alterado (ansioso, triste, rabioso, agresivo, nervioso) y, a través de su relato, expresa algún hecho que le ha sucedido o siente y le produce un gran malestar. Cualquier fenómeno, una pelea en el patio del colegio, una llamada de atención del maestro por un bajo rendimiento, una discusión o rabieta con la madre, presenciar un episodio violento en casa, etcétera, permite expresar y poner palabras a los sentimientos y emociones que siente. Al hacerlo en grupo, los mensajes de apoyo, reconocimiento y comprensión que se hacen los miembros entre ellos permiten al individuo calmarse y, a su vez, favorecen el pensamiento empático puesto que, en la mayoría de los casos, cada uno conecta con experiencias y sentimientos parecidos.

1 Historia que estaban creando entre todos.

Primera semana de febrero

> **Actividad programada**: dibujar y pintar los escenarios de la historia en función de la acción pensada: «Un grupo de personajes que han sufrido una mutación genética decide convertirse en un equipo que resuelve misterios y averiguar qué pasa en la Mansión Encantada».
> **Inicio**: los participantes han traído cartones para elaborar los escenarios. Cada uno explica cómo los ha conseguido: «En la tienda de electrodomésticos que hay al lado de casa»; « me lo han dado en la librería»; «estaba en casa».
> **Desarrollo**: mientras se dibuja y pinta la Mansión, Isabel empieza a comentar que en el colegio ha tenido un problema y se siente muy triste: «su mejor amiga no quiere jugar con ella y les prohíbe a las otras niñas que lo hagan».
> **Cierre**: limpieza y orden de la sala. Al día siguiente harán las fotografías que servirán de ilustraciones para el cuento.
> **Evaluación**: se sienten orgullosos. Cuando salen las madres, las invitan a entrar y les explican sus progresos. La conductora habla con Isabel y con su madre del malestar que ha comentado antes. La madre dice que tiene una entrevista con el tutor y que juntas le contarán los incidentes que ocurren en el patio. Isabel se siente reforzada por su madre y, si ella la acompaña, cree que podrá hablar con su profesor sobre su malestar.

En esta sesión la función de resolución de conflictos se dio de manera no violenta. Los conflictos, entendidos como situaciones difíciles, se pueden dar in situ (dentro del propio grupo) o bien en otro entorno (la calle, el patio del colegio, el domicilio familiar). Cuando ha pasado fuera del grupo, se convierte en la evocación de uno de los miembros, en un relato, según su interpretación de la situación. Muy frecuentemente se abordan situaciones de violencia física o verbal vividas con los compañeros del colegio, que han acabado en peleas con consecuencias negativas para todos. También suelen aparecer situaciones de despecho, como en el caso de Isabel: «No me dejan jugar con ellas»; «me quedo sola a la hora del patio»; «me dicen que soy tonta y aburrida». Todo esto es transmitido con mucha inquietud, soledad e impotencia. En cada uno de los contextos expresados no es tan importante el hecho que los ha provocado como lo es facilitar, a quien los relata, la posibilidad de mostrar sus sentimientos, como se observa en este intercambio con Isabel: «¿Cómo te sentiste?». «Me siento triste, no me gusta que me insulten porque yo no les he hecho nada». «¿Cómo es que te importa tanto lo que te dicen?». «Son mis amigas, si no juego con ellas me quedo sola en el patio». Es importante con quién se cuenta para que ayude cuando sucede algo en ese contexto. Isabel dice: «No se lo he contado a nadie». Así se reflexiona, colectivamente, sobre cuál es la mejor manera de actuar en esas situaciones.

El aprendizaje que se produce tiene diferentes fases: primero, expresar las dificultades, lo que lleva a la reflexión de lo ocurrido; después, compartirlo con los demás buscando la empatía y su expresión: «Te entiendo porque a mí también me pasa»; por último, buscar soluciones o escuchar las que otros han intentado y han dado resultado, para no caer en la provocación o en la desesperanza. En esta sesión que venimos describiendo, Daniel propuso: «¿Has hablado con tu profe? Yo creo que nadie tiene derecho a prohibir a los demás con quién tienen que jugar en el patio, y él tiene que saber lo que está pasando»; Alberto recomendó: «¿Por qué no buscas amigas que te quieran de verdad y no te insulten?». Este proceso es activo y los miembros del grupo se ayudan en la búsqueda de soluciones asertivas.

Cuando el conflicto ocurre dentro del grupo quiere decir que se ha producido una conducta abusiva de un miembro sobre otro; se ha faltado al respeto y hay que restituirlo. El procedimiento obliga a paralizar la actividad que se está realizando y, después a escuchar a las partes, hacer aflorar los sentimientos y reflexionar sobre ello estableciendo un diálogo o haciendo observaciones del tipo: «¿cómo se sienten?», «¿por qué no pueden aguantarse?». Si han podido valorar si era mal intencionado o una broma, si siempre se actúa del mismo modo, ¿qué ha llevado a la respuesta agresiva? Cabe, finalmente, recordar las normas elaboradas por todos (en los grupos siempre se propone que sean espacios donde no se puede pegar ni insultar a nadie) y pensar una reparación: una disculpa, una señal de afecto o comprensión, un compromiso de respeto a todo el grupo (José Antonio Marina, 1996, 2004).

Veamos, en la siguiente sesión, un trabajo creativo de narración. También comprobaremos cómo puede detectarse y manejarse el conflicto de lealtades, muy común en los casos de violencia y separación.

Tercera semana de febrero

Actividad programada: realizar las fotos para poder hacer las ilustraciones del cuento. Acabar la redacción de la historia.
Inicio: se saludan y hacen comentarios sobre cómo les ha ido en las semanas que no se han visto. Se plantea el orden en que se realizará la actividad: primero acabar la historia para luego decidir las ilustraciones.
Desarrollo: mientras se montan los escenarios para hacer las fotos, la conductora le pregunta a Isabel cómo ha ido la conversación con su profesor. Ella contesta que las cosas están mejor, que su profesor no sabía nada y que les está ayudando a todos (se refiere a toda la clase) a relacionarse mejor entre ellos. Pero Isabel no parece del todo contenta. La conductora le pregunta: «¿Hay alguna cosa que te preocupa, Isabel?». Entonces ésta explica que su madre y su hermana (una adolescente con bastantes dificultades en la escuela, que ha sufrido acoso por parte de su novio cuando quiso dejar la relación y que denunció al padre de Isabel por agresión, lo que produjo la separación de la pareja) discuten constantemente. A Isabel no le gusta el comportamiento de su hermana: «Vuelve tarde a casa», «no puedo dormir hasta que ella llega por la noche»; se siente agredida por su hermana y siente que su madre sufre. La conductora le pregunta: «¿Tú sabes por qué tu madre y tu hermana están tan enfadadas?». Isabel se queda pensativa y responde: «A mi hermana le molesta que mi padre venga a casa el fin de semana que ella está con su padre», y continúa diciendo: «Mi padre no quiere a mi hermana; el otro día estábamos en la calle y cuando pasó por delante, mi padre la escupió».

Cierre: limpieza y orden. En la siguiente sesión se realizará el montaje de la historia y la personalización de la tapa del cuento.
Evaluación: la realización de las fotos ha sido divertida porque han tenido que buscar maneras y recursos para que las imágenes recogieran el contenido del texto.

El grupo escucha con atención el complejo discurso de Isabel, que se halla inmersa en un conflicto de lealtades producto de una relación triangulada. ¿Al lado de quién debe colocarse? ¿Quién es el bueno y quién es el malo? Isabel quiere a su padre y a su hermana, siente una gran incomprensión por el comportamiento de ambos, y a su vez sufre por la madre, que se encuentra triangulada en la relación entre su compañero, y padre de su hija pequeña, y su hija adolescente de la que es responsable. No sabe cómo ubicarse en el sistema y recurre a sufrir como lo hace su madre, con la que mantiene una relación muy simbiótica y simétrica (John Bowlby, 1986; Lawrence E. Shapiro, 1997).

Los mensajes hacia Isabel, por parte de la conductora, se basaron en la necesidad de reconocer su sufrimiento y en reconocer que en verdad se encontraba en una situación difícil, pero que seguramente ella no podía resolver el conflicto que los otros tenían. También la tranquilizó en relación a su triangulación, tener que juzgar el comportamiento de las partes o tener que escoger, ya que, como es lógico, ella quiere a su padre, y quiere verlo y estar con él, pero también quiere a su hermana y le gustaría que fuera más afectiva con ella. Además, la orientó para que pudiera expresarle a su hermana su deseo de compartir más espacios ella, de manera abierta, e incluso que ella misma le propusiera alguna actividad en concreto; en este momento concreto, conectó con algo que tenían pendiente: estaban realizando, desde hacía meses, un mural a medias con fotos de las dos, que no habían acabado y por lo cual, le propondría terminarlo durante el fin de semana.

El trabajo grupal ha de permitir que afloren las inquietudes emocionales y los conflictos relacionales para poder compartirlos, elaborarlos, y superarlos.

Evaluación y resultados

La evaluación es continuada y sistemática, por lo que ha de recoger el proceso individual de cada miembro en su participación en el grupo, la dinámica grupal que se establece en cada una de las sesiones y el nivel de satisfacción de los participantes durante y al finalizar el mismo.

Efectuamos un registro y evaluación de la sesión grupal. A lo largo de las sesiones las profesionales conductoras del grupo realizamos una escucha activa de las interacciones que se producen entre los participantes y también con los adultos, así como una observación sistemática de la evolución que se produce a lo largo de las sesiones. Por esta razón, es conveniente idear plantillas que recojan dicha información. Los ítems que han resultado de utilidad, a largo de estos años, han sido los siguientes:

a) Relación con los adultos, donde a su vez se recoge la que establece cada participante con las profesionales y cómo repercuten en la dinámica: dependencia, independencia, llamadas de atención, conducta desafiante.

b) Dinámica grupal, donde se recogen las interacciones, los conflictos que se han producido, cómo se han reconducido o resuelto éstos, cuándo se ha dado apoyo y contención emocional, quién ha ayudado a quién, qué acuerdos se han tomado y qué resistencias se observan.

c) Grado de aceptación de la actividad propuesta: alto, medio, bajo y sus motivos.

d) Grado de participación de los miembros del grupo: alto, bajo, medio.

e) Grado de consecución de los objetivos, tanto los específicos como los generales.

f) Control de la asistencia: quién ha asistido, quién no, quién se excusa, qué razones se dan para justificar la ausencia.

La plantilla de observación individual, complemento del registro de la sesión grupal, recoge el comportamiento, el estado de ánimo a lo largo de la sesión y el tipo de participación. Se trata de una plantilla cerrada que refleja la variabilidad de la situación anímica de los participantes y permite, a lo largo del proceso, valorar su evolución. Cada uno de los ítems que se definen deja un apartado para registrar otros comportamientos (Neus Roca, Montse Paíno, Laura Córdoba, Matilde Albarracín y Joana Espín, 2007).

Evaluación de la satisfacción de los y las participantes

Cuando se acaba el proceso grupal, es conveniente evaluar el nivel de satisfacción de los participantes a través de un cuestionario que recoge los siguientes ítems:

1. ¿Qué te ha parecido asistir a este grupo? ¿Cómo lo valoras?
2. ¿Cómo te has sentido en él?
3. ¿Qué actividad o sesión grupal te ha gustado más? Explícala.
4. ¿Qué actividad o sesión te ha gustado menos? Explícala.
5. ¿Qué piensas de los/las educadores/as del grupo?
6. Explica tres cosas que te gustaría hacer en el grupo si volvieras a participar.

La edad determina la manera de pasar el cuestionario. Cuando los niños ya saben leer y escribir con fluidez, es importante que sean ellos, en un espacio de reflexión y tranquilidad, quienes lo puedan rellenar. Cuando tienen de cuatro a seis años, es conveniente realizarlo de manera oral y, entretanto, las profesionales recogemos las respuestas que los participantes relatan mientras hacen un dibujo de la sesión que mejor recuerdan, de la actividad que les gustó más o de la que les gustó menos. La verbalización de la satisfacción nos permite observar qué ha supuesto emocionalmente el espacio grupal para los participantes y si la vivencia les ha aportado una mejora en el estado de ánimo o un aprendizaje en la resolución de los conflictos cotidianos. Al mismo tiempo, nos permite verificar la efectividad de la metodología utilizada.

La evaluación del desarrollo individual de cada participante es un proceso continuado que se observa a lo largo de las sesiones y se recoge en cada una de ellas. Al final de un período de participación largo como, por ejemplo, un curso escolar o un año completo, es el momento de valorar los progresos realizados. Cuando los implicados llegan al grupo, expresan sus vivencias y opiniones sobre la violencia, los conflictos parentales, de los padres y las madres entre ellos y entre iguales, las valoraciones sobre el sexo contrario, etcétera. Algunos de los cambios más significativos suelen darse en la concepción y valoración de los estereotipos de género, como algunos comentarios realizados por niños: «Yo no juego a balonvolea porque es un juego de niñas»; «no voy a fregar el suelo porque es cosa de mujeres»; «quien llegue primero es hombre y quien llegue último es mujer (cuando solo hay varones en el grupo)»; «no quiero limpiar los vasos, mi padre no lo hace nunca en casa». Todas estas actitudes, que implican menosprecio y rechazo a las tareas domésticas y al sexo femenino, dejan de ser realizadas de manera natural y cotidiana dentro de la dinámica grupal; incluso se rechazan las valoraciones anteriores: «Es que antes decía tonterías».

En cuanto al uso o visualización de la violencia, dejan de practicarla como método habitual de resolver los conflictos; en cambio, elaboran frases como: «Cuando mi madre se enfada conmigo siento ganas de pegarle pero me digo: "¡Juan, no!", y me controlo»; o del tipo: «Cuento hasta diez»; «me cojo los brazos fuerte, fuerte». Han aprendido a desarrollar estrategias de represión y de contención de la violencia en sí mismos (Lawrence E. Shapiro, 1997), o bien a contar con el adulto referente que se halle en los contextos donde interactúan: «Se lo digo a la señorita»; «le pido ayuda al monitor del comedor».

Existen tres motivos básicos por los que a un niño o a una niña se le da de alta en el grupo. Uno es haber concluido un período largo de participación (dos cursos escolares) y haber conseguido cambios en el estado de ánimo y la manera de hacer, como por ejemplo: mostrarse más tranquilo y relajado, ser capaz de expresar situaciones de conflicto cotidianas desde la reflexión y el análisis, haber adquirido cierta capacidad de pedir ayuda en momentos de conflicto, y también cierta capacidad de contener la conducta agresiva. En estas situaciones se orienta a los niños a que incorporen —o continúen haciendo— distintas actividades lúdicas propias de su edad y sus intereses.

Otro motivo de alta es priorizar otro tipo de tratamiento, más individualizado e intensivo (terapia psicológica individual). Esta opción se da, básicamente, en niños excesivamente angustiados, a los que el grupo socioeducativo no favorece ni tampoco ellos al resto de participantes del grupo. Cuando un niño acude al grupo y se muestra agresivo con los compañeros, transgrede las normas, rompe o se lleva el material sin permiso, muestra rabia, angustia y no consigue encontrar un espacio de contención, es conveniente que abandone porque éste solo le sirve para repetir y perpetuar la conducta agresiva [2]. El tercer motivo es la existencia de variaciones en la situación familiar como, por ejemplo, el ingreso en una casa de acogida, cambios de domicilio, que la madre acabe su participación en el grupo y no haya nadie que pueda acompañar al niño al espacio grupal, etcétera. Esta salida del grupo es repentina y no permite concluir la atención necesaria. Por tal razón es necesario asegurar la continuidad del proceso en otro lugar con la orientación correspondiente.

La intervención grupal es una parte del tratamiento de un individuo. Por eso se deben observar los progresos realizados no solo en el grupo, sino también en el resto de los entornos donde el individuo se encuentra y se socializa: la familia, la escuela y el centro de tiempo libre. Se hace necesaria la coordinación con los servicios y los profesionales a los que acuden los individuos objeto de tratamiento, tanto para valorar los efectos como para introducir posibles cambios, lo que equivale a actuar como una red que sostiene al individuo y favorece su «empoderamiento».

2 En las diez ediciones del grupo, solo en una ocasión un niño tuvo que abandonar este espacio socioeducativo, ya que sus actuaciones violentas y amenazantes perturbaban la integridad física y psicológica de los otros participantes. Este abandono fue temporal y condicionado a la intensificación de la terapia psicológica individual que ya realizaba el niño (pasó a ser semanal), después de una coordinación entre la educadora –conductora del grupo– y el psicólogo referente del tratamiento psicológico.

5.2 GRUPO DE TRATAMIENTO A MADRES, HIJAS E HIJOS DE LA VIOLENCIA DE GÉNERO

Montserrat Plaza Aleu y *Fina Roche Ramón*

CONTEXTUALIZANDO EL TRABAJO

Las madres de los niños y niñas que han sufrido situaciones de violencia de género en el ámbito familiar requieren una atención y un acompañamiento que pasa por una doble dirección. Por un lado, como mujeres víctimas de esta violencia, por lo que es recomendable que realicen un trabajo personal para reparar los daños producidos por la relación violenta; por otro lado, como madres, por lo que es necesario que inicien un proceso de recuperación.

El trabajo con las madres víctimas de violencia de género en el ámbito familiar debe permitirnos a los profesionales seguir un hilo argumental que las conduzca desde su rol de mujeres maltratadas hasta su rol maternal ante los hijos y las hijas. Es importante que no sientan cuestionado su rol materno y que puedan mirar la situación de violencia también desde los ojos de sus hijos; para ello se requiere que los profesionales nos aproximemos a sus miedos con una actitud cercana y respetuosa.

El tratamiento que presentamos se desarrolla, básicamente, a través de grupos terapéuticos. La intervención grupal se da en un contexto protegido y de confianza en el que, como si se tratara de un laboratorio, las personas participantes pueden ensayar el desarrollo de sus capacidades, sus miedos, sus limitaciones y todas aquellas experiencias con las que se encuentran en el día a día. Mirarse a sí mismas y mostrarse ante los demás tiene un doble efecto terapéutico: aprender a aceptarse, ganando en confianza y asertividad y mejorando las relaciones con los demás, ya sean iguales o figuras de autoridad. Por todo esto, la intervención grupal constituye uno de los escenarios idóneos para conseguir la reparación del daño causado por la violencia de género en el ámbito familiar.

En lo referente al trabajo con la infancia, se necesita tener en cuenta que algunos menores expresan verbalmente —y con suma claridad— muchas de las experiencias vividas, así como las emociones que les despiertan éstas. Profundizar en los sentimientos y trabajar la «desculpabilización» produce un efecto terapéutico que repara parte del daño que causó la violencia, no solo en el menor que relata, sino en todo el grupo. Los diferentes testimonios de los miembros de aquél contribuyen a «desestigmatizar» al menor, a que deje de sentirse diferente por la situación vivida y a adquirir una visión realista de sus figuras afectivas de referencia. El grupo de iguales es un espacio para compartir donde cada uno, a su ritmo y con sumo cuidado y delicadeza, puede aceptar que no es culpable de la situación de violencia y que la razón por la que se produjo le es ajena. El grupo es un contexto de iguales en el que los menores no se sienten extraños ni solos y pueden abrir paulatinamente su confianza, compartir experiencias y aprender a integrar las de los demás.

El hecho de trabajar conjuntamente con las madres y sus hijos fortalece el vínculo materno-filial y constituye un escenario de aprendizaje que mejora algunas interrelaciones, a la vez que valida y apoya aquéllas cuyo funcionamiento es positivo. La experiencia grupal significa, entonces, un proceso de «des-aprendizaje» de las relaciones basadas en el miedo y en el abuso de poder, de recuperación de la confianza y el respeto a las propias necesidades y a las de los otros. Es un proceso de aprendizaje que pasa, irremediablemente, por reparar el daño tanto en las mujeres como en los menores, por recuperar el control de la propia vida y poder así acompañar un crecimiento saludable y rico en experiencias positivas. Pasa, en definitiva, por la recuperación y el fortalecimiento paulatino del vínculo afectivo.

El trabajo que desarrollamos y presentamos en este apartado se realiza en el Servei públic d'atenció a nens i nenes del Servei municipal de suport a l'atenció a la violència de gènere en l'àmbit familiar (SAN, Servicio de Atención a Niños y Niñas, del Servicio Municipal de Apoyo a la atención a la violencia de género en el ámbito familiar) del Ajuntament de Barcelona, gestionado por la Fundación Instituto de Reinserción Social-IRES, comprometida con la erradicación de la violencia de género y, desde el año 2002, con la intervención en hijos de mujeres que han vivido estas situaciones de violencia.

Consecuencias de la violencia sexista en el vínculo materno-filial

El vínculo materno-filial resulta muy dañado dentro de un contexto de violencia de género en el ámbito familiar. Las mujeres que viven estas situaciones sufren un gran deterioro de la imagen que tienen de sí mismas, pueden presentar sintomatología depresiva y ansiosa y también sentimientos de culpa e incomprensión. En ningún momento se puede olvidar el hecho de que una mujer, al verse cuestionada como madre a raíz de la violencia recibida (desprecios, humillaciones y desautorizaciones delante de los hijos), aumenta su sentimiento de culpa, de impotencia y la sensación de ser una mala madre, con el consecuente impacto que esto tiene en la imagen de la propia mujer. Todos estos daños repercuten, también, en la relación con sus hijos, ya que ellos también perciben las sensaciones de inseguridad, miedo, desprotección y confusión.

Los hijos e hijas de mujeres que han vivido situaciones de violencia de género son siempre víctimas directas de dicha violencia. Es bueno tener presente que estos niños se han desarrollado en un entorno donde las relaciones afectivas y personales pueden estar muy deterioradas, donde el sentimiento básico de confianza se ha quebrado y el entorno protector se ha convertido en un espacio hostil. Su cotidianidad se tiñe negativamente de un color que incide directamente en su desarrollo. Son testigos directos de relaciones donde el abuso de poder suple a la confianza, donde la expresión de los sentimientos queda bloqueada, donde la madre es desautorizada y la imagen de vulnerabilidad e impotencia de ésta se les queda impresa en forma de relación totalmente hostil.

Es imprescindible, por todas estas razones, que la madre recupere el papel como referente vital para sus hijos e hijas, que se convierta en la persona adulta que les proporcione seguridad y protección, que les muestre nuevas formas de relacionarse basadas en el respeto y que fomente la confianza. A su vez, es imprescindible que estos niños puedan recuperar e integrar una visión de protección y seguridad respecto de la figura materna y que su aprendizaje del respeto de los límites se sustente en la confianza y el afecto y no en el miedo y el abuso de poder.

Para cualquier hijo e hija, las personas adultas que los cuidan (habitualmente las madres y los padres) son sus referentes de seguridad, protección y amor (John Bowlby, 1998). En los contextos familiares donde existe violencia de género, estas emociones, tan básicas para el buen desarrollo emocional de cualquier persona, se ven dañadas. Un espacio que debe transmitir seguridad, cuando se usa la violencia de género, se convierte en un lugar hostil, desprotegido o de riesgo —a veces físico, siempre emocional.

La mayoría de las madres que se encuentran en estos contextos hace lo imposible por proteger a sus hijos. Sin embargo, no les es nada fácil porque, entre otras cosas, les resulta muy difícil explicarles las situaciones que han vivido. De todos modos, les duele más aún escuchar cómo los niños cuentan lo que sienten; les cuesta reconocer que el daño que ellas han recibido también lo han recibido ellos, ya que esto aumenta el sentimiento de culpa por no haber podido protegerlos. Estas madres, a pesar del deterioro emocional que sufren, siguen siendo para sus hijos una pieza clave en su desarrollo.

En algunas ocasiones la relación materno-filial se halla tan dañada que los niños encuentran, por múltiples razones, gran dificultad para comunicar su vivencia, entender lo que está pasando y, en consecuencia, identificar y expresar lo que sienten. A menudo dicha dificultad deriva en comportamientos de carácter agresivo dirigidos a veces a sus iguales y, en la mayoría de los casos, hacia la propia figura materna. La falta de expresión de emociones también puede derivar en una introspección excesiva, en la adopción de un rol sumiso o en un esfuerzo para aparentar ser el niño perfecto a quien no le sucede nada. La imposibilidad para expresar lo que sienten puede llevar a enfriar la relación y a que madres e hijos parezcan habitar en mundos distintos. Aun así, los hijos tienen presentes a sus madres y saben que los protegen y que pueden contar con ellas.

La situación de violencia separa ambos mundos. Cuando consiguen acercarse, a través de la intervención psicoeducativa, las madres se convierten en un factor irreemplazable para la recuperación de sus hijos e hijas. Esta tarea consiste en acompañar a la madre en su proceso personal, en la mirada y la comprensión de lo vivido, en la asunción de un papel activo que repare el daño causado por la historia de violencia tanto en ella como en sus hijos, para recuperar de esta manera el control de su propia vida y reforzar el vínculo materno-filial. A pesar de todas las dificultades y de la indiscutible necesidad de atención, estas mujeres son el referente adulto para sus hijos. No se puede plantear una intervención terapéutica con los niños sin la atención paralela de sus madres. Estos menores necesitan reparar o recuperar (según el caso) el vínculo con la persona que los protege, los cuida y escucha sus necesidades: su madre.

Para los niños y niñas reparar el daño causado por la violencia de pareja precisa de un proceso terapéutico específico. Los profesionales se encuentran con pequeños que pueden haber integrado como normales conductas que responden a patrones violentos o que han visto y vivido la desautorización de la madre como algo cotidiano. Son niños cuyos sentimientos han quedado bloqueados por el miedo, el sentimiento de culpa o la vergüenza; en definitiva, por el dolor. En su proceso requieren una atención que respete su intimidad y su vivencia de la historia familiar hasta el momento en el que estén preparados para confiar y poder compartir lo vivido (Boris Cyrulnik, 2002). Solo así, pueden entender el espacio profesional como un espacio protegido, de cuidado y confianza. Dos aspectos básicos deben considerarse en la intervención: por un lado, la reparación del daño y la recuperación de habilidades y estrategias para un mejor bienestar y, por otro lado, el aspecto preventivo. El objetivo es anticipar futuras relaciones de violencia de género proporcionando nuevos modelos de relación entre adultos, buscando alternativas a la violencia y trabajando para la equidad (Linda Baker y Alison Cunningham, 2004).

Objetivos comunes y específicos

La intervención grupal en un contexto de violencia de género requiere, por un lado, unos objetivos comunes a desarrollar paralelamente en los grupos de madres y en los de sus hijos e hijas y, por otro lado, unos objetivos relativos a la especificidad de cada grupo.

Los objetivos comunes se centran en:

a) ofrecer un ambiente relacional basado en el afecto, el respeto y la no violencia;

b) facilitar procesos grupales que permitan explicar las experiencias vividas para darles sentido y poder tomar conciencia;

c) fortalecer y/o reparar el tipo de vínculo entre la madre y sus hijos;

d) aprender o fomentar estrategias de autoprotección y autonomía;

e) mejorar la autoestima, el estado de ánimo y la estabilidad emocional.

Los objetivos para la intervención con las madres se centran en:

a) explorar la historia de vida para reflexionar sobre sus experiencias infantiles e identificar los recursos, habilidades y estrategias marentales que no pudieron adquirir;

b) modificar los estereotipos de género y los mitos sobre las relaciones de pareja;

c) revertir el carácter normalizado de las conductas y actitudes violentas;

d) acompañar a las madres para que puedan ver las consecuencias que ha tenido la violencia en sus hijos e hijas;

e) optimizar la comunicación de las madres con sus hijos para garantizar la explicitación de la incondicionalidad de los afectos y romper tabúes;

f) fomentar la plasticidad de aquéllas para que puedan adaptarse a los recursos y necesidades evolutivas de sus hijos e hijas, favoreciendo su autonomía;

g) trabajar con las dificultades que presentan a la hora de satisfacer las necesidades de sus hijos para buscar estrategias de mejora;

h) favorecer los estilos comunicativos;

i) acompañar en la elaboración de explicaciones realistas y útiles a sus hijos sobre la historia vivida;

j) acompañar en la reconceptualización de la figura de la madre y del padre ante los hijos.

Los objetivos para la intervención con el grupo de menores se concretan en:

a) poner nombre a la experiencia de violencia vivida y mejorar la capacidad de expresión de dicha experiencia;

b) acompañar en la comprensión realista de la situación de violencia vivida;

c) identificar conductas y actitudes violentas y revertir su carácter normalizado;

d) facilitar la expresión de las emociones derivadas de dichas conductas y actitudes;

e) acompañar los diferentes procesos de pérdida y separación en los menores;

f) trabajar la «desculpabilización»;

g) favorecer el aprendizaje de estilos comunicativos basados en el diálogo y la escucha activa del otro;

h) aprender a relacionarse de una manera igualitaria y no con relaciones de abuso de poder.

Criterios generales de funcionamiento

Previamente a la intervención grupal realizamos un primer bloque de acogida con cuatro o cinco entrevistas individuales. La acogida es un espacio que nos permite crear el vínculo con el menor, explicarle quiénes somos, por qué se encuentra aquí y cuáles son las cosas que se trabajarán para que pueda sentirse mejor. Una vez contextualizado el espacio y sus protagonistas, exploramos la vivencia que el menor tiene de lo ocurrido, el sentimiento hacia sus referentes afectivos y, sobre todo, el vínculo con la persona protectora que no ha ejercido ni ejerce la violencia. Tras haber creado el lazo de unión con los menores, entendemos el contexto grupal como el espacio idóneo para trabajar las secuelas derivadas de la violencia en el ámbito familiar. A lo largo de la intervención grupal ejecutamos un seguimiento individualizado con aquellos menores con los que entendemos que es necesario, para reforzar y profundizar las vivencias que han explicitado en el grupo y que, por su complejidad e impacto emocional, precisan de un espacio individual.

La intervención grupal se estructura en bloques temáticos y cada uno de ellos, a su vez, se divide en un número determinado de sesiones, con periodicidad semanal y una duración de hora y media. Se estima que la temporalización idónea para trabajar terapéuticamente los contenidos previstos es de un año (veinte sesiones aproximadamente), si se tienen en cuenta los períodos vacacionales escolares. Se recomienda que el grupo no supere los ocho participantes para poder acompañarlos a todos y garantizar tiempo suficiente durante la sesión para trabajar los contenidos y contener las emociones que vayan apareciendo. Es ideal que los dos grupos sean conducidos por dos profesionales del campo de la psicología, la educación social o el trabajo social y que tengan experiencia en violencia de género e infancia y adolescencia; profesionales de ambos sexos que favorezcan el trabajo con modelos alternativos de referencia y de relación, tanto con los iguales como con las figuras de autoridad. Contar con la presencia de profesionales de ambos sexos facilita la recuperación y la integración de la confianza en la figura masculina, ya que se da la posibilidad de relacionarse con dicha figura en un contexto protegido, donde el acompañamiento de las situaciones vividas se realiza desde el respeto y el cuidado y no desde la violencia y el abuso de poder. Es importante que las madres acompañen a sus hijos e hijas en el proceso de recuperación y, por este motivo, los diferentes contenidos se deben abordar de forma paralela.

La intervención en los grupos de madres tiene como objeto facilitar la reflexión sobre la historia vivida y sobre la situación actual. Al mismo tiempo debe garantizar la expresión y el contacto emocional. Conviene que el trabajo no se quede solo en el terreno racional sino que se puedan trabajar todas las emociones implicadas a lo largo del proceso terapéutico.

Dividimos la estructura general de las sesiones en el grupo de mujeres en tres bloques. Al principio dejamos un espacio para que las madres puedan explicar cómo ha ido la semana, con qué situaciones se han encontrado y cómo las han resuelto. También para que cuenten cómo salieron ellas y sus hijos e hijas de la última sesión. La parte central la dedicamos a trabajar uno o varios temas propuestos por las conductoras del grupo, facilitando la participación de todas las mujeres. La parte final de la sesión la destinamos a cerrar el tema y recoger cómo se han sentido durante la hora y media de trabajo.

Los grupos de los menores los organizamos por franjas de edad[3] y los hacemos coincidir en el tiempo con las sesiones de las madres. Estas franjas son: de cuatro a cinco años, de seis a ocho, de nueve a once, de doce a catorce y de quince a dieciocho años. La programación de actividades para cada uno de los bloques temáticos se realiza atendiendo a cada una de ellas porque, si bien los contenidos son los mismos, los lenguajes utilizados para cada uno de los bloques se adecuan al momento evolutivo del menor (Jennifer Freeman, David Epston y Dean Lobovits, 2001). Los lenguajes artísticos, así como algunas de las diferentes técnicas «arterapéuticas», constituyen un valioso vehículo para trabajar los contenidos de las sesiones. Del mismo modo que el juego, tanto desde una perspectiva lúdica como desde una perspectiva terapéutica, transversaliza toda la intervención (Violet Oaklander, 2005).

Consideramos de gran importancia realizar sesiones individuales con los miembros de ambos grupos. El objetivo de estas intervenciones es acompañar situaciones que se han detectado en las diferentes sesiones y que necesitan de un soporte más específico. Igualmente importante es realizar sesiones conjuntas con la madre y el menor cuando la situación lo requiere.

Contenidos

Dada la importancia de la madre como figura de referencia protectora y afectiva para el menor, entendemos que es imprescindi-

3 Esto implica que los grupos de madres, que son paralelos, se organizan en función de la edad de los hijos.

ble la elaboración de contenidos específicos para la intervención grupal con ella, que contemplen los siguientes aspectos: creencias, mitos y justificaciones normalizadoras de la violencia; identificación de posibles transmisiones generacionales en la familia de origen y recuperación de estrategias afectivas y educativas sanas existentes; roles de género aprendidos y transmitidos; rol materno versus rol de pareja: diferenciación de las emociones relacionadas con uno y otro; necesidad de establecer límites a los hijos e hijas. Otros contenidos también se trabajan en las sesiones con los niños. Estos temas son: cohesión grupal; identificación y expresión de emociones; autoimagen; resolución de conflictos (con las madres, a través del trabajo de los límites); familia.

El contenido de las sesiones con los niños lo dividimos en cinco bloques temáticos: cohesión grupal, familia, emociones, resolución de conflictos, historia de la violencia y autoimagen.

En el bloque sobre cohesión grupal la confianza y el vínculo con las conductoras y las otras personas del grupo son básicos y requieren tiempo. De la misma manera, es importante fomentar el sentimiento de pertenencia de cada miembro y la creación de vínculos entre iguales. La creación de normas comunes hace posible un funcionamiento grupal basado en el respeto y en la resolución de conflictos de manera no violenta.

En el bloque sobre la familia, el trabajo explora tópicos y fantasías sobre las figuras materna y paterna de los diferentes miembros del grupo y los comportamientos de cada menor con estas figuras. También contempla diferentes posibilidades de funcionamiento en el ámbito familiar, amplía la mirada a figuras afectivas positivas de referencia en familias extensas y refuerza lo más posible el contexto protector y afectivo actual del menor.

El bloque temático sobre las emociones se dedica a aprender a manejar las emociones, especialmente aquéllas en las que existe mayor dificultad. Éste es, sin duda, uno de los momentos más complejos de la intervención grupal. En numerosas ocasiones, por la situación de violencia vivida, resulta muy difícil identificar lo que los niños sienten, ponerle nombre y expresarlo. A esta dificultad propia se le añade la de entender lo que sienten los demás, lo cual produce deterioros continuos en la comunicación y un sufrimiento añadido que lleva al silencio o, en muchas ocasiones, a formas violentas de expresión.

En el bloque sobre resolución de conflictos se trabaja desde la experiencia vivida en los diferentes contextos donde se relacionan los menores. Se plantea un doble objetivo: explorar en el espacio psicoeducativo grupal las diversas maneras que los menores utilizan para resolver los conflictos, atendiendo especialmente al origen de dichos comportamientos, y buscar nuevos modos de afrontar situaciones conflictivas, trabajando distintos indicadores según la edad.

Por último, en el trabajo sobre autoimagen el objetivo básico es estimular los recursos naturales y plantear, a través de distintas actividades, experiencias que les permitan a los niños y niñas contactar con su mundo interno y el de los demás (Jorge Barudy y Maryorie Dartagnan, 2005). Se busca que puedan identificar sus capacidades, habilidades, aptitudes y actitudes, aprender a manejarlas y desarrollarlas según sus propias necesidades; que puedan mostrarlas frente a los demás, sentirse seguros y cambiar poco a poco la imagen adquirida hasta el momento por otra más comprensiva, asertiva y agradable.

Fases y dinámicas grupales

Dividimos la intervención grupal con las madres en dos fases: en la primera se trabajan aspectos relacionados con la historia de violencia; en la segunda se trabaja explícitamente en el rol como madres. Los temas de la primera fase son la identificación de los diferentes tipos de maltrato, el ciclo de la violencia y sus consecuencias en las mujeres, sus hijos e hijas. Los de la segunda fase consisten en la explicación de la violencia vivida a sus hijos e hijas, el reconocimiento de la incidencia de la violencia en los menores y la posibilidad de buscar estrategias para promover y reforzar el vínculo materno-filial.

Hay que tener en cuenta que, aunque se debe atender a las mujeres como madres, en muchas ocasiones es necesario un tiempo y un espacio de adaptación antes de entrar a trabajar la marentalidad. En la primera fase, además de los contenidos planteados, buscamos objetivos tales como tener confianza, sentirse seguras, hablar de su historia de violencia delante de otras mujeres y poder dirigir la mirada hacia el impacto de la violencia en los hijos. El grupo funciona como un puente entre el rol de mujer y el de madre en el que, al final, las mujeres pueden ver las consecuencias de la violencia en los menores, son capaces de identificar la importancia de hablar con ellos, escuchar sus emociones y proporcionarles un espacio terapéutico. Esta primera fase es necesaria porque, en muchos casos, debido a la situación de violencia vivida, las mujeres solicitan ayuda con un daño personal importante y el solo hecho de enfrentarse a determinadas situaciones de relación con sus hijos las bloquea emocionalmente.

Esta primera fase es, entonces, un espacio para acompañar a las mujeres en la toma de contacto con sus vivencias de maltrato, en la comprensión del ciclo de la violencia y en la manera en que lo vivieron y experimentaron ellas y sus hijos. Debe ser un espacio que facilite la identificación con las otras madres, donde se pueda compartir una base emocional, de confianza y «desculpabilización» y aprender a expresar las emociones (rabia, tristeza, miedo e impotencia).

La segunda fase tiene como objetivos recuperar y fortalecer el vínculo materno-filial y crear un espacio de acompañamiento para que las madres puedan apoyar el proceso de recuperación de sus hijos. Para ello, las líneas de intervención son las siguientes:

a) el papel de la familia de origen de las mujeres;

b) la transmisión generacional y la recuperación de estrategias afectivas y educativas existentes;

c) el acompañamiento a los hijos para que puedan identificar y expresar sus propias emociones después de que ellas hayan podido hacerlo con las propias;

d) los roles de género aprendidos y transmitidos;

e) la diferenciación de las emociones vinculadas al agresor, en su rol de pareja, de las vinculadas a su rol paterno;

f) la necesidad de establecer límites;

g) el sistema familiar y el posicionamiento de cada miembro (madre, padre, hijos e hijas) en diferentes momentos de la historia de violencia.

Estas dinámicas se realizan a través de la elaboración del discurso de las propias madres, de dibujos que facilitan la expresión emocional, de juegos de rol que ensayan nuevas formas de relación con los hijos y con las hijas y también a través de otras técnicas terapéuticas que se requieran en función de las necesidades de cada grupo. Como complemento a la intervención grupal, existen espacios individuales para las madres donde se refuerzan los aspectos trabajados en el grupo o se plantean nuevas cuestiones para seguir avanzando en el proceso. La combinación de ambos tipos de intervención resulta la opción más óptima en el proceso de recuperación.

Ilustramos las técnicas grupales con el desarrollo de una actividad psicodramática empleada en un grupo de madres.

Gabriela es una mujer de cuarenta y tres años. Tiene una hija de cinco, Rosa, y otra de diez, Antonia. Actualmente se encuentra en proceso de separación. Viene a los grupos de madres desde hace seis meses.

Estamos trabajando la expresión de emociones. Proponemos a las madres diferentes situaciones en las que sus hijos necesiten expresar lo que sienten y damos un tiempo para que construyan una breve escena.

> **Terapeuta**: «Gabriela, ¿quieres empezar tú?».
> **Gabriela**: «Rosa es una nena preciosa, habla mucho, siempre me dice lo que le pasa, no tiene problemas para expresar lo que siente. Antonia, sin embargo, es muy fría, siempre está enfadada y no trata bien a su hermana».
> [Colocamos dos sillas en la sala. En una de ellas sentamos a Laia, «co-terapeuta» de fieltro, moldeable y silenciosa, y la otra la dejamos para Gabriela.]
> **Terapeuta**: «Así pues estás con Rosa en el salón de casa y te explica un montón de cosas, también que está triste».
> **Gabriela**: «Sí, ella no tiene problema en explicar lo que siente».
> **Terapeuta**: «¿Y tú cómo haces cuando ella te habla? Imagina que Laia es Rosa».

[Gabriela, sin ninguna dificultad, toma a Laia por la cintura y la sienta en sus rodillas, le acaricia el pelo, le habla y le da besos en la cabeza.]
Gabriela: «Funciona así, siempre acabo haciéndole cosquillas».
Terapeuta: «¡Qué bien, Gabriela!».
[A continuación cambiamos a Laia de lugar y la sentamos en otra silla.]
Terapeuta: «Bien, Gabriela, ahora estás de nuevo en el salón y miras a Antonia, parece triste. ¿Cómo es con ella? Imagina que Laia es Antonia».
[Gabriela se queda parada, la mira, mueve los brazos hacia Laia, pero no puede tocarla. Nos mira. Se emociona.]
Terapeuta: «¿Qué ocurre, Gabriela?».
Gabriela: «Me gustaría abrazarla, pero no puedo. Estoy pensando nunca lo hago... Antonia es preciosa... Yo soy tan fría».

Concluimos la sesión invitando a Gabriela a que se siente junto a Laia y la tome de la mano. Seguimos trabajando escenas con el resto de las madres durante varias sesiones. Al final comenzamos con el trabajo con las familias de origen.

La intervención grupal con los hijos corre paralela a la segunda fase de la intervención con las madres y se realiza en espacios diferenciados para garantizar que tanto unos como otros tengan un espacio propio con sus iguales. Además de estos apartados diferenciados, a lo largo del proceso grupal se contempla la posibilidad de realizar algunas dinámicas conjuntas. Las sesiones de este tipo permiten al equipo, por un lado valorar las dificultades y los puntos fuertes en las relaciones materno-filiales y, por el otro, crear un espacio donde se facilite la comunicación y expresión emocional entre las madres y los hijos, en un contexto protegido y acompañado por el equipo de profesionales expertos.

En los grupos de infancia, durante las primeras actividades encaminadas a la cohesión grupal se trabaja con el dibujo y la pintura. Ambos lenguajes permiten al menor empezar a conectar con su mundo y el de los demás sin sentirse invadido, respetando su ritmo y su espacio. El proceso de cohesión grupal comprende la confianza como ingrediente básico, tanto en los terapeutas como en los restantes miembros iguales del grupo. Es aquí donde cobran protagonismo las actividades lúdicas encaminadas a sentirse confiados. Veamos el ejemplo de una ilustración.

Nos sentamos en círculo sobre la alfombra de la sala. Cada niño tiene un rectángulo grande de papel, colores y diferentes objetos en el centro. Con todo ello construyen su casa y la preparan para la visita de los demás miembros del grupo. Ángel tiene cuatro años y está sentado sobre su rectángulo-casa.

> **Ángel**: «Yo no quiero que vengáis».
> **Terapeuta**: «¿Por qué no, Ángel?».
> **Ángel**: «Porque no». [Contesta un poco enfadado.]
> **Terapeuta**: «¿Qué podríamos hacer para que Ángel confiara en nosotros y nos dejara entrar en su casa?».
> **Rosa** [una niña de cinco años]: «Podéis venir a la mía y os la enseño».
> **Terapeuta**: «¿Qué te parece, Ángel, vamos primero a casa de Rosa?».
> [Ángel asiente con la cabeza y nos movemos todos hacia allí. De vuelta a su casa parece que todavía no está muy convencido y le proponemos llamar primero a su puerta.]
> **Terapeuta**: *«Toc, toc.* Hola, soy B, ¿me dejas entrar? Me gustaría jugar contigo en tu casa».
> [Parece que a Ángel le sentó bien lo de pedir permiso. Fuimos llamando a su puerta uno a uno hasta que nos dio el visto bueno. Después hicimos el recorrido por todas las casas del grupo. Ángel era el primero que llamaba a la puertas.]
> **Ángel**: *«Toc, toc* ¿Puedo entrar?».

A medida que avanzan las sesiones y el grado de confianza aumenta, la disponibilidad para entrar en contenidos más complejos es mayor y los resultados más satisfactorios. Es el momento de trabajar con las figuras familiares desde un lenguaje simbólico de representación, lo que permite entrar en el mundo familiar concreto de cada menor, en la vivencia del lugar que siente que ocupa (Baker y Cunningham, 2004b) y, especialmente, en las emociones que le despierta. Veamos dos breves ilustraciones sobre el trabajo emocional en un grupo de diez a trece años.

Jordi es un niño de once años que visita a su padre cada quince días y al que le cuesta mucho hablar en el grupo de lo que allí ocurre. Proponemos como actividad hacer un pequeño teatro con las cosas que nos pasan en el día a día. Cada menor construye su propia historia. Para ello elaboramos primero un guión, elegimos los personajes, buscamos los diálogos y preparamos la escenografía. Jordi elige a Pau, otro niño de once años con el que ha establecido un gran vínculo.

> **Jordi**: «Tú tienes que entrar haciendo mucho ruido». [Dirigiéndose a Pau, tirando cosas y tropezándose.] «Yo estoy aquí tumbado en la cama y hago como que no oigo nada.» [Empieza la escena.]
> **Pau**: «¿Es que tu padre bebe?».
> **Jordi**: «Sí».
> **Terapeuta**: «¿Cómo te sientes?».
> **Jordi**: «Bien, yo me tapo hasta arriba con la sábana y hago como que estoy dormido».
> **Terapeuta**: «¿Y esto es así cada fin de semana?».
> **Jordi**: «Más o menos, pero ahora no me pega, a mí solo me pegó una vez, a quien pegaba es a mamá».
> **Terapeuta**: «No debe ser fácil, Jordi, y has sido muy valiente al contarlo. ¿Queréis decirle algo a Jordi?».
> [Uno a uno le van dando ideas sobre lo que ellos harían en una situación así.]
> **Pau**: «Llévate tu libro preferido y lee con una linterna».
> **Mónica**: «Yo te puedo pasar una música».
> **Antonia**: «Tápate los oídos. Díselo a tu madre y que no te lleve».
> [La sesión termina explicitando la importancia de expresar lo que les pasa, lo que sienten, aunque crean que no se puede hacer nada, porque compartirlo ayuda.]

En un contexto de violencia de género como el que nos ocupa, el trabajo con las emociones adquiere una importancia especial. La mayoría de estos menores han vivido en un ambiente hostil en el que han aprendido que la rabia, por ejemplo, es una emoción negativa que se emplea para imponerse sobre el otro y, en muchas ocasiones, para agredirlo, ya sea física o verbalmente. Otros menores han decidido ocultar su tristeza para no ser un motivo más de preocupación y sufrimiento para la madre y el resto de la familia que no ejerce la violencia. El miedo es una emoción que permite aprender a afrontar situaciones, a superarlas, a crecer en seguridad y confianza. En un contexto de violencia, se tiene miedo a la agresión real, ya sea física, psicológica o sexual.

El contexto grupal es un espacio protegido en el cual se trabaja para facilitar la expresión de las emociones, especialmente de las que podríamos llamar emociones conflictivas, recuperando la necesidad de dicha expresión y validando todos los sentimientos que en ellas subyacen. Además de los elementos ya mencionados para otros bloques temáticos, introducimos aquí materiales tales como la arcilla y la escultura, y también técnicas como la narrativa, el trabajo corporal y la dramatización. Cada una de las vivencias internas debe afrontarse con tareas terapéuticas distintas (Jorge Barudy, 1998; Violet Oaklander, 2005) ajustadas a las necesidades de las personas a las que se atiende. Veamos dos ilustraciones con jóvenes de quince y dieciséis años, trabajando con dramatización y con arcilla.

Carla es una chica de quince años que pasa un fin de semana con su padre dos veces al mes. Tienen buena relación. Durante la semana y un fin de semana de cada dos vive con la madre.

> **Carla**: «Estoy harta de que discutan, de que no se hablen, no entiendo a mi madre, denuncia a mi padre continuamente. [Cada vez que Carla regresa de las visitas con el padre la agresividad hacia su madre es mayor; la insulta, la acusa de arruinarle la vida al padre.] Es como un círculo, al final cojo la puerta y me voy. Me quedo fatal, no quiero tratar así a mi madre pero no me puedo controlar».

[Le proponemos jugar a las esculturas, para entender cómo se siente ella. Coloca al padre en una punta y a la madre en la otra y sin mirarse.]
Terapeuta: «Y tú, Carla, ¿dónde sientes que te colocarías?».
[Se va rápido al lado de su padre. Silencio. Vuelve y se coloca al lado de la madre. Sale rápido de ahí y empieza a reírse, nerviosa.]
Terapeuta: «¿Qué te pasa Carla, cuál es el problema?».
Carla: «No sé dónde estoy, me gustaría que estuvieran juntos».
[Carla es consciente de que ésta es una posibilidad inexistente, aunque el deseo es otro.]
Terapeuta: «¿Cómo tendría que ser para que tú te sintieras bien?».
Carla: «Me gustaría poder estar con los dos, pero que no me hablen de sus problemas, que me dejen en paz».
[La invitamos a moverse de nuevo, con este deseo, y se coloca al lado de su padre.]
Terapeuta: «¿Qué tal?».
Carla: «Me habla de mi madre, que le arruina la vida. Uuuff».
Terapeuta: «Vale, ahora prueba otro lugar». [Se coloca junto a la madre.]
Carla: «Uuuff. Ella no dice nada y cuando le digo que me explique qué pasó, por qué denunció a papá, me dice que no se llevaban bien».

Acabamos la sesión acompañando a Carla a ponerle palabras a sus necesidades. Quiere saber; nadie le ha explicado lo que ha pasado en realidad. Realizamos varias sesiones individuales con la madre para que pueda abrir un espacio de diálogo con su hija sin hacerse daño. El dolor y la rabia de aquélla por su propia historia de violencia le impedían acompañar a su hija en el padecimiento y la ira de ésta.

Ramón es un chico de dieciséis años. Cada vez que se le hace una pregunta sobre cualquier cosa, contesta: «Depende», y añade luego dos o tres respuestas posibles. Estamos trabajando el bloque de las emociones y proponemos al grupo una actividad con arcilla, pura sensación, sin usar cabeza, solo sentir; ésa es nuestra consigna. Por supuesto, esperamos la respuesta de Ramón.

> **Ramón**: «Pero claro, eso de sin cabeza… depende. El sistema nervioso envía señales a los sentidos».
> **Terapeuta**: «Bien Ramón, estamos de acuerdo, pero hoy le vamos a dar vacaciones al pensamiento».
> [Todo el grupo comienza a trabajar con la arcilla. Ramón está intranquilo y coge fuertemente el taco de fango. Lo trocea en un montón de partes, todas ellas muy bien moldeadas, sin aristas y —como bien explicará después— cargadas de significado.]
> **Terapeuta**: «Bien Ramón, te toca, ¿cómo ha sido la experiencia?».
> [Comienza un discurso explicativo de todas y cada una de las figuras que ha elaborado, excepto de una. Es un rectángulo duro y compacto que pesa casi dos kilos. Dejamos de lado las piezas con sentido y nos centramos, con su permiso, en la que solo es un trozo grande de arcilla. La toma en la mano y le invitamos a que se la pase al resto de los compañeros. Todos sonríen.]
> **Alba**: «Vaya, sí que está duro. Aquí no hay quien entre».
> **Carla**: «Habría que utilizar un taladro para ver qué hay dentro».
> **Terapeuta**: «¿Cómo estás, Ramón? Este pedazo de arcilla, ¿significa algo para ti?».
> **Ramón**: «Depende».
> [Le invitamos a tomarlo nuevamente con las manos para que lo mire, lo sopese y sienta que tiene que ver con él. Silencio.]
> **Terapeuta**: «Te ha cambiado la expresión, Ramón. ¿Cómo estás?».
> **Ramón**: «A veces me siento así, como un muro».
> **Terapeuta**: «¿Qué te apetecería hacer con él?».
> **Alba**: «Yo haría un montón de agujeros para que entre el aire».
> **Ramón**: «Lo quiero romper».
> **Terapeuta**: «¿Eso qué quiere decir?».

Ramón: «Que quiero expresarlos».
Terapeuta: «¿Necesitas ayuda?».
Ramón: «No».
[Ramón se pone en pie y deja caer una y otra vez el muro de arcilla contra el suelo. La sesión acaba. Recogen los trozos del muro y los guardan en una caja.]

Ramón fue abandonado por su padre biológico durante ocho años y vivió una situación de violencia con la segunda pareja de la madre hasta los quince años. Además de la intervención grupal realizamos un acompañamiento individual donde se van restaurando algunos de esos pedazos guardados del muro.

Alrededor de la decimotercera sesión, cada miembro del grupo ha recorrido una serie de situaciones y vivencias que le permiten tener no solo un autoconocimiento sino, además, una visión más realista de las personas que forman parte de su vida diaria y de cómo se desenvuelven. Las actividades que hay que realizar ahora ayudan a describir esta nueva realidad, ya sea por medio de la escritura, la poesía, el cuento o, a veces, la combinación de todas ellas.

Las últimas sesiones de la intervención grupal se centran en el trabajo con la autoimagen. Las actividades se basan en técnicas mayoritariamente corporales y sirven para afinar la escucha de las necesidades propias, para aprender a cuidarse y respetar a los demás.

Al igual que en las sesiones grupales de cada subgrupo, estructuramos las que son conjuntas en función de un programa de actividades acorde a los contenidos de los bloques temáticos. A lo largo de un año, y hasta la finalización del proceso terapéutico de hijas, hijos y madres, realizamos sesiones conjuntas una vez al mes, después de cada bloque temático. Las actividades de la primera de ellas se encaminan a la presentación de ambos grupos, buscando facilitar un espacio común donde explicar al otro lo que se hace y su finalidad. El equipo terapéutico es muy consciente de la importancia que este encuentro supone. Los menores muestran gran curiosidad por lo que hacen las madres cuando se reúnen y, evidentemente, las madres tienen la misma —o mayor— curiosidad por lo que hacen sus hijos en las sesiones, a lo que añaden, además, el sentimiento de preocupación por su bienestar. Sin olvidar los lenguajes, la edad y el respeto a la confidencialidad de los dos grupos, la conjunta es un espacio único para evaluar los procesos terapéuticos y observar el vínculo materno-filial.

El programa de actividades para estas sesiones contempla técnicas «arterapéuticas», lenguajes artísticos y la utilización de diferentes materiales. Así pues, se trabaja con la plástica y la pintura, con el dibujo y los símbolos, con la escultura, la escritura, el movimiento corporal, la música y la palabra. Todo ello apunta a fortalecer el vínculo entre la madre y su hijo o hija, a revisar las carencias y capacidades que se han de trabajar y a validar y apoyar todos los puntos fuertes de la relación materno-filial.

Evaluación y resultados

La recuperación de las madres y de sus hijos e hijas es un proceso lento que requiere de intervención especializada y del trabajo en red, entre otras muchas cosas. Partiendo de los objetivos comunes planteados, los indicadores que pueden ayudar a evaluar de forma genérica los resultados del tratamiento son los expuestos en el siguiente cuadro.

Objetivo	Indicadores en las madres	Indicadores en los menores
Ofrecer un ambiente relacional basado en el afecto, el respeto y la no violencia.	Presencia de expresiones afectivas con las otras personas del grupo. Ausencia de conductas y expresiones basadas en la violencia.	
Facilitar procesos grupales que permitan explicarse las experiencias vividas para darles sentido y poder tomar conciencia.	Durante las dinámicas se puede observar una alta interacción entre las personas participantes.	

	A medida que avanzan las sesiones, los y las miembros del grupo relatan o expresan experiencias de violencia vividas así como las emociones relacionadas.	
Fortalecer y/o reparar el tipo de vínculo entre la madre y sus hijos e hijas.	Asunción de modelos educativos basados en un vínculo seguro. Disminución de conductas basadas en vínculos inseguros o ambivalentes.	Expresiones que muestren un aumento de la confianza con la madre. Relatos donde la madre aparezca con conductas y actitudes de proximidad.
Aprender o fomentar las estrategias de autoprotección y autonomía.	Aumento del uso de recursos jurídicos y sociales que le ofrezcan contención y apoyo. Mayor capacidad de poner límites a las actuaciones invasivas del agresor.	Aumento de la comunicación con la madre sobre situaciones de violencia pasadas o presentes. Aumento de las estrategias de resolución o evitación de conflictos durante las visitas con el padre.
Mejorar la autoestima.	Aumento de la capacidad para tomar conciencia de las aptitudes que tienen para hacer frente a la situación que están viviendo. Disminución de los sentimientos de desvalorización y culpa, consecuencia de la violencia vivida.	
Mejorar el estado de ánimo y la estabilidad emocional.	Una mejor autopercepción sobre el estado anímico. Una mejor percepción de las madres sobre el estado anímico de sus hijos e hijas.	Una mejor autopercepción sobre el estado anímico. Una mejor percepción de los menores sobre el estado anímico de sus madres.

Establecemos los siguientes indicadores de evaluación en función de los objetivos planteados al principio del capítulo para la intervención con las madres:

Objetivo	Indicadores
Explorar la historia de vida de las madres para reflexionar sobre sus experiencias infantiles e identificar los recursos, habilidades y estrategias marentales que no pudieron adquirir.	Narración de situaciones de negligencia y/o violencia en sus familias de origen. Identificación de los recursos educativos que no pudieron aprender de aquéllas.

Modificar los estereotipos de género y los mitos sobre las relaciones de pareja.	Cuestionamiento de creencias tradicionales sobre las relaciones de pareja y el amor, así como de los estereotipos y roles de género.
«Desnormalizar» las conductas y actitudes violentas.	Cuestionamiento de las conductas y actitudes violentas, disminución de las justificaciones de dichas actitudes y conductas.
Acompañar a las madres para que puedan visualizar las consecuencias que ha tenido la violencia en sus hijos e hijas.	Expresar lo que les sucede a los hijos e hijas conectándolo con la historia de violencia vivida.
Optimizar la comunicación de las madres con sus hijos e hijas para garantizar la explicitación de la incondicionalidad de los afectos y romper tabúes.	Disponibilidad de la madre para sostener las situaciones que viven sus hijos e hijas. Aumento de las estrategias de las madres para promover la confianza con sus hijos e hijas.
Fomentar la plasticidad de las madres para que puedan adaptarse a los recursos y necesidades evolutivas de sus hijos e hijas favoreciendo la autonomía de los menores.	Las madres adaptan las respuestas a las necesidades del menor en función de la edad de éste.
Trabajar con las dificultades de las madres a la hora de satisfacer las necesidades de sus hijos e hijas para buscar estrategias de mejora.	Identificación de las dificultades en la relación materno-filial. La respuesta de las madres concuerda con las necesidades detectadas en los niños y niñas.
Mejorar los estilos comunicativos.	Expresión asertiva de las emociones durante las sesiones. Relato que muestra la capacidad de escucha y contención emocional de los niños y niñas.
Acompañar en la elaboración de explicaciones realistas y útiles a sus hijos e hijas sobre la historia vivida.	Mayor capacidad de relacionar las experiencias propias con las explicaciones sobre la violencia de género. Disminución de las dificultades para separar en el agresor el rol paterno del de pareja.
Acompañar en la reconceptualización de la figura de la madre y del padre ante los hijos e hijas.	Diferenciación entre los roles que les corresponden y los que asumen, para cubrir las necesidades no atendidas por parte del padre.

Establecemos los siguientes indicadores de evaluación en función de los objetivos planteados al principio del capítulo para la intervención con los menores:

Objetivo	Indicadores
Poner nombre a la experiencia de violencia vivida y mejorar la capacidad de expresión de dicha experiencia.	Mayor capacidad de relatar los episodios de violencia vividos. Mayor capacidad de identificar y expresar la emociones propias y ajenas relacionadas con estos episodios.
Acompañar en la comprensión realista de la situación de violencia vivida.	Relatos con una atribución realista de las responsabilidades por la violencia vivida.
Identificar conductas y actitudes violentas y desnormalizarlas.	Mayor cuestionamiento de las conductas y actitudes violentas. Disminución de las justificaciones de dichas actitudes y conductas.
Facilitar la expresión de las emociones derivadas de dichas conductas y actitudes.	Discriminación de las diferentes emociones. Aumento del contenido emocional durante los relatos sobre las experiencias de violencia vividas.
Acompañar los diferentes procesos de pérdida y separación en los menores.	Relato sobre el sentimiento de pérdida. Aumento de las estrategias para hacer frente a ésta, ya sea real o simbólica.
Trabajar la «desculpabilización».	Aumento de la capacidad para expresar el sentimiento de culpa. Disminución del sentimiento de culpa por la situación de violencia vivida y sus consecuencias.
Favorecer el aprendizaje de estilos comunicativos basados en el diálogo y la escucha activa del otro.	Aumento de las conductas y expresiones asertivas. Relatos donde aparezcan experiencias comunicativas sin violencia ni sumisión.
Aprender a relacionarse de una manera igualitaria y no con relaciones de abuso de poder.	Observación de conductas basadas en el respeto durante las sesiones grupales. Información sobre la observación por parte de otros profesionales: escuelas, institutos o espacios de ocio donde participen los niños y las niñas.

Tras años de funcionamiento del servicio podemos decir que los resultados del trabajo grupal con estos niños y sus madres se resumen en una mejora de la relación materno-filial, una mayor calidad en las mantenidas con sus iguales y más estrategias de (auto) protección. Si se tienen en cuenta los indicadores mencionados, los resultados de la intervención con las madres pueden observarse desde distintos criterios. Una vez las madres han podido realizar una revisión de su familia de origen, logran comprender, en determinados casos, algunos de los motivos que las han llevado a establecer relaciones con hombres violentos. En otras ocasiones observan cómo las diferentes situaciones familiares les han transmitido, entre otras cosas, inseguridad, baja autoestima, ideas no igualitarias sobre las relaciones de pareja, y cómo eso las ha llevado a tener más dificultad para salir de la situación violenta. También es cierto que algunas madres han conseguido identificar recursos personales y familiares con los que cuentan y que les han ayudado a salir de la situación de violencia. A lo largo del proceso terapéutico, además, las madres han identificado situaciones de violencia mayoritariamente psicológica y sexual que antes no entendían como tales.

Asimismo, también han podido reconocer situaciones de violencia hacia sus propios hijos, que anteriormente no habían nombrado —muchas veces, por la imposibilidad de darse cuenta de la violencia que ellas mismas estaban viviendo. La invisibilización de la violencia hacia los niños está relacionada con el elevado dolor que supone para ellas y con el sentimiento de culpa con el que llegan a terapia por no haber podido protegerlos lo suficiente. Con el proceso de recuperación, entonces, las madres son capaces de comprender la situación por la que han pasado sus hijos y sus hijas y, consecuentemente, sostener sus reacciones. Ven la importancia de hablar sobre lo sucedido con ellos, adaptándolo a sus edades y necesidades. De esta manera, también aumentan la confianza en la relación y les transmiten seguridad y capacidad de protección. En estos casos el vínculo materno-filial se ve muy reparado y ofrece a los niños la posibilidad de volver a confiar en el mundo y en las personas adultas.

Otro de los resultados importantes observados en las madres es el cuestionamiento del rol de mujer utilizado hasta el momento, el poder identificar actitudes y comportamientos que no favorecían sus libertades, sus desarrollos personales ni los de sus hijos. El tratamiento se convierte, pues, en un espacio donde cuestionar y cuestionarse, y donde probar cómo actuar de una forma más igualitaria dentro de las relaciones familiares. Los resultados de las madres tienen una consecuencia directa, aunque no exclusiva, en los de los niños víctimas de violencia de género. Como ya se ha mencionado, no es posible una intervención con estos menores sin la participación activa y la recuperación de sus propias madres. De esta forma, además de las mejoras obtenidas por aquéllas y de su repercusión directa en sus hijos, también se pueden observar resultados en los niños y niñas atendidos en el servicio.

Del mismo modo que con las mujeres, para los menores el proceso terapéutico suele ser la primera vez que tienen un lugar exclusivo en el que pueden hablar de lo acontecido en casa. Participan de un espacio sin juicios donde no son los únicos que han vivido un proceso de violencia, lo que les permite poder nombrar lo sucedido y comprender algunas actuaciones de los hermanos o de las propias madres. También les posibilita colocar las responsabilidades y las culpas fuera de ellos y, así, obtener una visión realista de la situación y de las personas. Pueden relacionar estos acontecimientos con las emociones que han sentido y sienten, como también ponerles nombre y, sobre todo, matices. De esta manera, además de la comprensión aumenta la comunicación con sus madres y la empatía con las otras personas víctimas de violencia (ya sea de la propia familia o no). Otro resultado importante para los niños es el de poder elaborar algunas de las emociones más comunes y dolorosas en estas situaciones, como la pérdida y la culpa. El hecho de trabajar en grupo permite compartir y empatizar con los demás; y darse cuenta de lo que le está pasando al otro facilita, después, percatarse de lo que le pasa a uno mismo.

El éxito del contexto grupal en el proceso de identificación de las emociones va acompañado de la importancia de dar un significado contextual y social a la situación familiar vivida. Se trata de abrir el abanico de la violencia a las desigualdades y las injusticias entre hombres y mujeres, entre personas adultas y menores; y también a una conciencia personal y social que, en la mayoría de casos, hace despertar un mayor interés por la problemática[4].

Todos estos resultados se pueden observar directamente desde el servicio pero, en la mayoría de ocasiones, son posibilidades a largo plazo, que van más allá de lo que el servicio puede acompañar y que se pueden confirmar por parte de las madres o de otras instituciones como profesionales sanitarios, escuelas e institutos.

4 Algunos adolescentes han decidido «trabajar» con temas de género después del proceso terapéutico, abordándolo desde el diseño u otras artes, el asociacionismo o la voluntad de cursar estudios relacionados con el tema.

Para que estos resultados se puedan observar y mantener a lo largo del tiempo es importante un trabajo en red que acompañe y refuerce el proceso terapéutico y que cuente con profesionales especializados en la problemática y con posibilidad de reciclaje y formación continua.

5.3 GRUPO PSICOTERAPÉUTICO CON HOMBRES QUE EJERCEN VIOLENCIA DE GÉNERO

Heinrich Geldschläger, Oriol Ginés y *Álvaro Ponce*

Por qué trabajar con estos hombres

La violencia de género constituye un grave problema psicosocial que afecta principalmente a las mujeres y a sus hijos y que ha necesitado del desarrollo de acciones de abordaje integral desde diferentes marcos de acción: político, judicial, social y de salud. Tales acciones se han dirigido principalmente a dar ayuda, recursos y atención a las víctimas, por ser estos aspectos absolutamente prioritarios, urgentes y necesarios, aunque no suficientes para la erradicación de la problemática.

Parece imprescindible que la transformación de los procesos de creación de la identidad masculina en los hombres acompañe al cambio en la subjetividad de género de las mujeres hacia unas relaciones más justas e igualitarias entre los sexos. Sin este cambio en los hombres se podría generar un aumento aún mayor de la distancia subjetiva y social entre hombres y mujeres, con el posible efecto perverso de una exacerbación de la violencia de género en la convivencia social. Por ello, incluir la figura masculina dentro del cambio psicosocial —tanto de ideología como de «prácticas de vida»— constituye un paso estratégico en la tarea de conseguir herramientas significativas que promuevan tanto procesos de transformación del rol machista de género en los hombres como la creación de relaciones más igualitarias.

Así, revisar lo que significa ser hombre/masculino, en diferentes niveles (afectivo, cognitivo, relacional, identitario y subjetivo), supone reflexionar críticamente sobre la identidad hegemónica del hombre. De esta manera se re-sitúa el problema de la violencia de género como un producto «de» la cultura patriarcal y «de los» varones, que edifican su identidad principalmente sobre los cimientos de los roles y privilegios masculinos tradicionales, procedentes de una herencia cultural e histórica que se ha vuelto cada vez más problemática y cuestionable (Michael Kimmel, 2008; Michael Kaufman, 1994, 1999).

El trabajo con hombres se vuelve relevante, por otro lado, porque son muchas las mujeres que, aun siendo víctimas de violencia, no se separan de sus parejas agresoras, o vuelven con la expectativa de que ellos cambien. Por este motivo, muchas veces son ellas mismas quienes solicitan atención para sus parejas o exparejas. Trabajar con los hombres que ejercen violencia implica responsabilizarlos de su erradicación, ya que, en último término, son los propios hombres que agreden a sus parejas quienes pueden poner fin a esta problemática, eliminándola de su praxis actual o con futuras parejas (Luis Bonino, 2003; Alan Jenkins, 1990). Finalmente, existe una tarea no menos importante dentro de nuestro trabajo con hombres, que es la de romper la transmisión generacional de la violencia hacia los hijos e hijas expuestos a estos modelos relacionales. Esta situación puede ser revertida a través del trabajo de inclusión de habilidades parentales y de cuidado.

Pese a estos propósitos, la inclusión de los hombres dentro de las propuestas de intervención psicosocial y psicológica sobre la violencia de género es relativamente reciente. Los primeros programas de intervención con hombres que ejercen violencia se crearon en Estados Unidos en 1977, a raíz del movimiento de mujeres contra la violencia de género y de los primeros servicios de apoyo para mujeres que habían sufrido violencia de sus parejas. Consecuentemente, estos primeros programas insistieron en que la intervención con hombres tuviera la seguridad de las víctimas como objetivo principal (Fernando Mederos, 2002). Durante los años ochenta del siglo pasado los programas se extendieron en el mundo anglosajón, en América Latina y en Europa continental. Las experiencias pioneras en España se dieron a finales de los años ochenta, empezando a funcionar el primer programa a principios de los noventa en el País Vasco.

Actualmente existen en nuestro país tres tipos de programas para hombres que maltratan, dos de los cuales están integrados en el sistema judicial:

a) programas en los centros penitenciarios y sus secciones abiertas;

b) programas como medidas penales alternativas a la pena privativa de libertad;

c) programas para hombres que acuden voluntariamente.

Los treinta programas españoles de los dos últimos tipos que participaron en una reciente encuesta habían atendido a alrededor de dos mil hombres en el año 2006. Más de la mitad de dichos programas se habían puesto en funcionamiento después de la entrada en vigor de la Ley 1/2004 de Medidas Integrales contra la Violencia de Género, y el 70% de los mismos ofrece trabajo grupal (Heinrich Geldschläger, Oriol Ginés y Álvaro Ponce, 2009).

El modelo de trabajo grupal con hombres que ejercen violencia de género contra sus parejas, que presentamos en este apartado, se ha ido desarrollando en el Servicio Municipal de Atención a Hombres que Maltratan (SAHM) del Ajuntament de Barcelona desde 2005, siendo gratuito para los usuarios. Lo gestiona la Fundación Instituto de Reinserción Social (IRES), que lo inició a finales del año 2000. Este servicio es un programa en el que los hombres solo pueden participar de manera voluntaria y nunca en sustitución o suspensión de una pena por un delito de violencia de género. Desde finales de 2008, este servicio municipal se llama Servicio de Atención a Hombres para la promoción de relaciones no violentas (SAH).

Objetivos

Los objetivos generales del SAH y del trabajo grupal con hombres que maltratan son dos:

a) mejorar la seguridad y el bienestar de las mujeres, parejas o exparejas, de los hombres atendidos y de sus hijas e hijos;

b) reducir todos los tipos de violencia que ejercen los hombres.

Los objetivos específicos a conseguir con los hombres son los siguientes:

a) responsabilizarse plenamente de la violencia ejercida y de sus consecuencias;

b) deconstruir los discursos de negación, minimización, excusa y justificación de la violencia;

c) crear una motivación interna para el cambio hacia una relación no violenta, igualitaria, de respeto y cuidado;

d) comprender que el uso de la violencia como praxis forma parte de un proceso relacional y que tiene una finalidad específica;

e) identificar y revisar los discursos y las creencias que sustentan el uso de la violencia, especialmente aquéllos relacionados con la desigualdad entre hombres y mujeres y con el modelo hegemónico de masculinidad;

f) revisar la historia personal y afectiva, así como la relación con la violencia ejercida y sufrida en diferentes etapas de la vida;

g) mejorar la empatía con la expareja, las hijas y los hijos y fomentar su percepción como legítimos otros;

h) mejorar la capacidad de autorregulación afectiva, la identificación, comprensión, modulación y expresión adecuada de las emociones (frente al control de las emociones)

i) mejorar las habilidades relacionales: comunicación y resolución de conflictos, entre otras.

Marco conceptual

El trabajo grupal con hombres que maltratan realizado en el SAH se basa en tres perspectivas conceptuales básicas para abordar una problemática tan compleja.

La perspectiva constructivista subraya el carácter proactivo de los seres humanos en la construcción de los significados y de la realidad intersubjetiva en nuestro «ser-en-el-mundo». A diferencia de la epistemología objetivista, asume que nosotros no tenemos un acceso directo a la realidad y que, en vez de adaptarnos pasivamente a una realidad personal y social dada, la creamos y co-creamos, y también sus significados (Michael Mahoney, 1995, 2005; Robert Neimeyer y Jonathan Raskin, 2000). Respecto a la identidad, una perspectiva evolutiva constructivista sugiere que cada persona es una construcción dinámica compleja, multifacética e inherentemente relacional a un contexto social e histórico (Alan Jenkins, 1990; Robert Neimeyer y Jonathan Raskin, 2000; Kenneth Gergen, 2006).

La perspectiva de género constituye un amplio y heterogéneo punto de vista crítico respecto a las estructuras de poder que inciden en las formas relacionales y sociales entre hombres y mujeres; concretamente, sobre la masculinidad como una de las formas de ser hombre que se conforma por procesos históricos y sociales que delimitan las maneras «adecuadas» de ser y de hacer. Este concepto se relaciona con el ejercicio de la violencia de manera directa e indirecta (Walter DeKeseredy y Martin Schwartz, 2004; Michael Kaufman, 1994). Las formas de entender la masculinidad y el género encuentran un asidero teórico —y una importante coherencia y consonancia— en la perspectiva constructivista (Michael Kimmel, 2008; Michael Kaufman, 1994; Øystein Gullvåg, 2004).

Finalmente, la perspectiva procesual supone comprender la violencia como un proceso insertado en un contexto histórico social y no como un hecho o conducta aislada que aparece de manera repentina. Implica considerar su relación con el proceso identitario sobre el que se asienta. Así, la violencia se considera una praxis vital, es decir, una manera efectiva de hacer frente al conflicto, que consigue manipular la propia experiencia afectiva a través del control del otro despojándolo de su «condición ontológica» de ser persona y sustituyéndolo por una «condición óntica» de cosa (Humberto Maturana y Gerda Verden-Zöller, 2003; Giampiero Arciero, 2004; Álvaro Ponce, 2005).

A diferencia de los muchos otros modelos de intervención, de carácter educativo o cognitivo-conductual, esta perspectiva no busca redefinir en el hombre implicado su experiencia, ni establecer en él lo correcto y lo incorrecto. El objetivo es, en todo caso, introducirlo en un espacio reflexivo, crítico y comprensivo de la propia experiencia, que le permita comprender su propio marco vivencial y, al mismo tiempo, haga explícito un firme rechazo a la violencia como manera de relación y resolución de las problemáticas personales.

La forma de intervención que pretendemos debe llevarse a cabo desde una perspectiva que no reproduzca el sistema relacional de poder que se pretende cambiar, sino a través del trabajo respetuoso de la propia experiencia, a través de la responsabilización, la reapropiación de la vivencia personal y el rechazo de la violencia. Podemos sintetizar la apuesta por la intervención grupal en el marco conceptual descrito en la obtención de una serie de ventajas.

En primer lugar, esta intervención desindividualiza la problemática de la violencia de género y hace visibles sus componentes sociales y culturales. El grupo permite que el hombre identifique en los otros miembros aspectos que son difíciles de reconocer en uno mismo y, a la vez, reduce la vergüenza y facilita el abrirse a hablar de experiencias dolorosas (Robert Wallace y Anna Nosko, 2003). El hecho de que los participantes se hallen en diferentes momentos de su proceso de responsabilización y cambio facilita que ellos mismos se cuestionen mutuamente creencias, discursos y actuaciones relacionadas con el ejercicio de la violencia y permite que aprendan de los adelantos y estrategias positivas de los otros. También observamos que la misma interacción entre los hombres en el grupo posibilita trabajar procesos y patrones de comunicación, percepción y significación de la experiencia como, por ejemplo, las situaciones de conflicto. Por otra parte, la situación grupal favorece el modelado de maneras alternativas de comunicación y relación por parte de los facilitadores. Finalmente, comprobamos que el grupo puede convertirse en una red de soporte social significativa para sus miembros, sobre todo después de compartir un espacio de alta intimidad.

Fases de la atención a los hombres

El trabajo grupal con hombres consta de tres fases: una primera de acogida, una de intervención y una última de evaluación y seguimiento. Concretamente, el trabajo grupal es la modalidad preferente en la fase de intervención, que también podemos complementar o sustituir por un trabajo individual si fuera necesario. Los hombres pueden acudir al servicio derivados o informados por profesionales de otros servicios o pueden venir por iniciativa propia o de la pareja, después de haberse informado a través de Internet y en teléfonos públicos de información.

La fase de acogida empieza con la primera entrevista con uno de los psicólogos del servicio. Consiste, habitualmente, en una serie de entre cuatro y seis entrevistas individuales para establecer los objetivos del desarrollo: preparamos la intervención estableciendo un plan de trabajo individual en base a una extensa valoración de la violencia ejercida, de la situación del hombre y de otros factores relevantes, así como del riesgo y de la formación obtenida del contacto con la pareja o expareja.

En la primera entrevista recogemos la demanda y la expectativa del hombre, y le informamos sobre el funcionamiento del servicio; más concretamente, sobre algunas condiciones y normas que deberá aceptar firmando un documento de compromiso de participación. Durante las entrevistas de acogida se registra toda la información relevante para las áreas principales de exploración: la demanda inicial, el genograma, la situación judicial, los antecedentes de consulta psicológica o psiquiátrica y otros problemas relevantes de salud, la medicación y el uso de tóxicos. Se detalla la historia personal y de violencia, recogiendo datos como la duración de la última relación de pareja y la convivencia, el desarrollo o patrón de violencia y la posibilidad de haber sufrido violencia en la familia de origen (Sandra Stith *et al.*, 2000; Sandra Stith *et al.*, 2004). Se valora tanto el grado de reconocimiento y responsabilidad asumida por la violencia ejercida, la consciencia de los efectos de la violencia en las personas que la han sufrido y la empatía y comprensión hacia ellas, como la asistencia, participación e implicación en las sesiones y la motivación para el cambio [5].

Otra parte fundamental de la fase de acogida es el contacto telefónico o presencial que una especialista en la atención a mujeres en situaciones de violencia establece con las parejas —o exparejas— de los hombres atendidos. Este contacto es estrictamente voluntario para las mujeres y se realiza de la manera menos intrusiva posible, dejando claro que no comporta ninguna responsabilidad o implicación respecto al proceso del hombre. Los objetivos del contacto con las parejas son:

a) informar sobre la asistencia del hombre al servicio;

b) informar sobre el servicio y su funcionamiento;

c) informar sobre las limitaciones del servicio (que no hay garantía de cambio y que la mujer debe tomar las decisiones y medidas de seguridad necesarias, independientemente de la asistencia al hombre) para evitar falsas expectativas o intentos manipuladores por parte del hombre;

d) preguntar si ellas y sus hijas e hijos están siendo atendidos en un servicio específico e informarles sobre las opciones si están interesadas. También se les pide, a través de una entrevista estructurada y algunos cuestionarios, su descripción de la violencia que ha sufrido para poder hacer una valoración más exacta del riesgo y de las necesidades de atención del hombre y obtener, así, una base más fiable para la evaluación. Finalmente, se les ofrece la posibilidad de contactar con el servicio en cualquier momento y se les advierte que serán contactadas si se valora la posibilidad de un riesgo para ellas, si él dejara de asistir y cuando acabe la intervención.

Al final de la fase de acogida evaluamos toda la información disponible y realizamos un diagnóstico. Decidimos si el hombre pasa a la fase de intervención o no y si requiere de una derivación a otro servicio por una problemática añadida. Los principales

5 Para obtener datos más detallados sobre los tipos, la gravedad y la frecuencia de la violencia ejercida y sobre algunos factores asociados se les pasa a los usuarios algunos cuestionarios estandarizados que también sirven como medidas pre-test para la posterior evaluación del trabajo. Estos cuestionarios se describen en el apartado sobre la evaluación.

criterios de exclusión son la falta absoluta de reconocimiento o responsabilización por la violencia ejercida, la falta de motivación para el cambio, o problemas con el consumo de sustancias o de salud mental que impidan la participación en el programa. A partir del diagnóstico, establecemos un plan de trabajo individualizado que incluye, preferentemente, la participación en un grupo o una intervención individual, ésta última de frecuencia, contenidos y duración variables en función de las necesidades del participante.

La fase de seguimiento y evaluación, una vez finalizada la de intervención, tiene los siguientes objetivos principales:

a) reforzar la intervención a partir de un acompañamiento posterior al tratamiento, que favorezca la permanencia y consolidación de los aprendizajes y cambios logrados;

b) prevenir recaídas;

c) evaluar el impacto y los resultados de la intervención en las personas atendidas y en sus parejas.

Preparando el grupo

Dado que los factores relacionados con la confianza y la aceptación de responsabilidad son básicos en el trabajo grupal, la mejor opción, en un principio, es mantener un formato semicerrado, donde los miembros puedan entrar durante las cinco primeras sesiones pero que después se cierre para profundizar en los contenidos a medida que avanzan las sesiones y se crea un clima de intimidad.

La opción de crear un grupo semicerrado o abierto puede ir en función de la metodología de trabajo, pero en el caso de que sea un grupo no directivo y con hombres —como el nuestro—, el formato cerrado permite ahondar en aspectos más amplios de estilos de apego y relaciones interpersonales. Evita, además, caer en una modalidad de «cursillo» o en respuestas estereotipadas alejadas de lo afectivo (Tod Augusta-Scott y Juergen Dankwort, 2002; David Lawson *et al.*, 2001). Esto es así en el grupo de hombres porque, por sus especiales características relacionadas con los roles de masculinidad hegemónica, tienen dificultades para confiar, cooperar y mostrar aspectos afectivos en contextos de intimidad, y se verían aún más impedidos en grupos abiertos de alta rotación. Otro aspecto importante es la composición del de tipo semicerrado, ya que los miembros elegidos deben mantenerse a lo largo de todo el proceso. Aunque existen muchos criterios generales en cuanto a la elección de los miembros, la homogeneidad y la heterogeneidad son los dos polos de un criterio clásico basado en la igualdad o la diferencia de aquéllos (Irvin Yalom, 2000).

Cuando hablamos de grupos de hombres que ejercen violencia, la homogeneidad puede venir dada por la selección de personas de la misma edad, nivel educativo, origen, tipo o gravedad de la violencia, así como también por el nivel de responsabilidad. Aunque estos criterios no son absolutos, y menos en un servicio voluntario donde la capacidad de elección es limitada por el número de usuarios que se incorporan, sí pueden mezclarse según las circunstancias y características de los miembros. Por ejemplo, es bueno que se incluyan algunas personas jóvenes y otras más mayores sin que nadie se quede como único en esta categoría (todos jóvenes y uno mayor). Lo mismo ocurre con el origen y el nivel educativo. La idea es que todos puedan identificarse en algún aspecto con sus compañeros y remarcar el factor de universalidad.

Aun así, el nivel educativo es quizá un factor diferente, puesto que cuando personas de un nivel educativo o capacidad de abstracción alta comparten grupo con otras de nivel más bajo, se pueden producir obstáculos en la comprensión para éstos últimos o un freno en el progreso para los primeros. Entonces, en nuestro servicio se establece, si es posible, un criterio de homogeneidad en el nivel educativo o, con más exactitud, en el pensamiento abstracto, que separe a los hombres que inician los grupos. Desde nuestra experiencia esto ha sido positivo para la implicación de los miembros.

Los otros dos aspectos, el tipo o gravedad de violencia y la responsabilidad, merecen una atención especial. Aunque algunos autores remarcan la importancia de separar los diferentes perfiles (Holworth-Munroe y Stuart, 1994) para el servicio, por su carácter voluntario, es útil que en cada grupo aparezcan diversas formas de ejercer la violencia, ya que el hombre que ha maltratado físicamente a su pareja sirve de contraejemplo a quien por ahora se ha limitado al maltrato psicológico; y al revés, quien la ha ejercido físicamente puede percatarse de las fases y etapas de la violencia, detectando mejor cuándo se inicia este proceso en su relación.

La responsabilidad es una variable muy importante, en la medida en que dentro de cada grupo marca el proceso de intervención y cambio (Alan Jenkins, 1990; Luis Bonino, 2003; Tod Augusta-Scott y Juergen Dankwort, 2002). Lo más deseable es que durante la fase de acogida el terapeuta recabe información y trabaje los episodios de maltrato en función de la asunción, las intenciones y la instrumentalización de la violencia que el hombre realiza para conseguir sus fines en sus relaciones de pareja. Éste es el modo que el terapeuta tiene de conocer el grado de responsabilidad con el que el usuario empieza en el grupo. Lo importante, por tanto, es saber hasta qué punto es capaz de «entender el sentido de su violencia».

Antes de convocar al grupo a su primera sesión, resulta necesario descartar a ciertos hombres por su incapacidad para asumir la responsabilidad de la violencia ejercida, porque pueden aparecer como auténticos «contraterapeutas» dentro del mismo. Por otra parte, puede ser interesante que algunos hombres más concienciados respecto a este punto compartan el espacio con otros que aún tienen resistencias, siempre y cuando los primeros sean la mayoría y los últimos no presenten un grado alto de beligerancia o justificación respecto a las peticiones de los terapeutas.

Las sesiones tienen una duración de una hora y media y se realizan cada semana. Esto es así porque el grupo no es de tipo educativo y, por tanto, la dinámica de interacción y resolución de los temas debe realizarse con una alta implicación experiencial, que se perdería si se alargaran las sesiones. Es importante, además, que todos los miembros puedan participar, aunque no siempre es necesario. No hay una estructura fija; lo principal es trabajar a partir del material que traen los implicados cada semana, sobre la narración de los episodios de conflicto o violencia con sus parejas. Es imprescindible que se expliquen las normas y se contemplen las expectativas y temores de cada participante a través de dinámicas estructuradas. Más adelante se añaden ejercicios que fomentan y focalizan el trabajo grupal en aspectos básicos para el cambio. Este tipo de sesión se intercala, a veces, con otras absolutamente abiertas.

Los ejercicios, cuando se proponen, van siempre dirigidos a presentar un tema de trabajo sin prescripciones, que evite los discursos «políticamente correctos». Duran la mitad de la sesión; la otra mitad se emplea en la discusión y las conclusiones. De todos modos, siempre se da prioridad a las problemáticas que los miembros traen a la sesión.

Respecto a las normas, éstas incluyen un consentimiento de confidencialidad relativa; esto significa que si en algún momento hubiera peligro para la pareja, los hijos u otras personas (incluyendo el propio usuario), los terapeutas podrían avisar a quien sea necesario. Las demás normas son las habituales en otros grupos. También se hace hincapié en la responsabilidad y el objetivo de no ejercer la violencia. La asistencia es un tema a tratar en cada situación. El compromiso inicial debe mantenerse a pesar de algunas posibles ausencias y debe ser tratado en el grupo, sobre todo en las fases inicial y final. Se llega a excluir a los miembros que no acuden con regularidad, ya que las ausencias merman la confianza, la cohesión y la intimidad del grupo.

Fases de la intervención grupal

La intervención grupal empieza cuando un número suficiente de usuarios —entre seis y diez— ha completado la fase de acogida. Una vez seleccionados éstos en función de las variables descritas, empezamos la primera fase del grupo o «fase de responsabilización», que engloba desde la primera hasta la séptima. En esta fase se trabajan aspectos de información y reglas del grupo, cohesión y conocimiento de los miembros, y la responsabilización. Este último aspecto es central y está relacionado con la no justificación, la expresión de sentimientos y pensamientos en primera persona y el conocimiento de las propias motivaciones y finalidades de la violencia ejercida. Es en este primer momento, por tanto, cuando los aspectos de universalidad y cohesión grupal juegan un papel importante ante la resistencia de algunos miembros a la total responsabilización e implicación en el proceso de cambio. También durante esta fase algunos miembros abandonan y otros pueden ocupar su lugar (Katreena Scott, 2004). A partir de este punto, el grupo continúa de forma cerrada para conseguir el grado de intimidad necesario que el trabajo siguiente requiere.

La segunda fase o «fase de profundización» permite trabajar aspectos sobre las relaciones interpersonales en general y dentro del grupo, la comunicación y la resolución de los conflictos de manera asertiva, así como la incidencia de las restricciones de género y de la crianza en las relaciones con sus parejas. Se alcanza aquí el grado más alto de confianza y cohesión grupal. Se profundiza en aspectos íntimos y se interactúa de forma más espontánea entre los miembros del grupo. Es la fase de trabajo más intenso y se alarga hasta la sesión veinte. La siguiente es la «fase de cierre».

En las últimas sesiones se presentan y se trabajan en equipo, a modo de síntesis y conclusiones, los temas y aspectos más importantes tratados durante el proceso. También se hace hincapié en la necesidad de un seguimiento y se alerta sobre la problemática de la violencia. Se trabajan, además, los efectos del final del proceso grupal como el duelo, la necesidad de apoyo de los otros y el refuerzo de los cambios de cara al futuro para evitar recaídas. Sobre todo se refuerza la responsabilidad en la elección de la violencia como forma de relación y las consecuencias que ha producido.

Contenidos y dinámicas grupales

El procedimiento general del grupo se basa en construir, y después deconstruir, los diferentes aspectos que conforman una identidad psicosocial masculina a través de reconsideraciones narrativas, hermenéuticas e interpretativas (Giampero Arciero, 2002) y de metodologías de autoobservación como «la moviola» (Vittorio Guidano, 1994). Todas ellas permiten que no se reproduzca la violencia implícita que vehiculan las perspectivas de intervención «terapéutica», que definen desde una posición de poder lo que es correcto y lo que es incorrecto; permiten, por tanto, que no se repita el modelo relacional de desigualdad y poder que se quiere modificar.

Son muchas las situaciones en las que los mismos hombres reproducen las formas relacionales y contextuales «frente» o «desde» el conflicto. Al respecto, los terapeutas nos sentimos muchas veces de la misma manera que una víctima de violencia. Por este motivo, debemos ser capaces de reflejar y señalar tal dinámica relacional y tratar de articular y mostrar formas no violentas de resolver los conflictos, señalando incluso lo que la experiencia significa para nosotros (enfado o dolor). Debemos gestionar estas situaciones desde la intención de mantener una alianza terapéutica y de co-construir una base segura de intervención, manteniendo condiciones de transparencia y colaboración con los miembros del grupo.

Como equipo de terapeutas debemos asumir muchas veces roles diferenciados, de manera que uno de los conductores pregunta, confronta y da la palabra a los miembros del grupo para producir una dinámica lo más vivencial y auténtica posible, mientras el otro recoge, sintetiza y reformula las temáticas e ideas que se están trabajando. Estos roles no deben ser fijos; han de desarrollarse de la manera más cómoda y flexible a criterio de los profesionales. En el caso de una terapeuta mujer y un terapeuta hombre, es especialmente importante que el rol de la mujer sea igual de activo que el del hombre y se eviten posiciones de defensa o condescendencia por parte del profesional masculino para evitar, a su vez, la reificación de género que se pretende cambiar (Donald Dutton y Daniel Sonkin, 2003).

El trabajo de intervención con hombres que ejercen violencia, desde nuestra perspectiva, constituye una tarea que se mueve en la alternancia del «aquí y ahora» propio de las interacciones que se mantienen en el interior de un grupo humano y, al mismo tiempo, de los ejercicios y actividades preparadas especialmente para trabajar un tema particular. En todo momento se requiere la flexibilidad necesaria para pasar de un tipo de actividad a otra según los acontecimientos contingentes con la vida del grupo. Con respecto al manejo del tiempo, los conductores debemos gestionarlo eficazmente, dado que hay muchos hombres que utilizan grandes fracciones de las sesiones sin ningún reparo en sus compañeros y otros, por el contrario, se expresan de manera muy escueta. Por eso se deben tener en cuenta, en todo momento, las características particulares de cada miembro del grupo, y dirigir el turno de palabra de la manera más apropiada posible, fomentando la empatía y la consideración de los otros como legítimos otros (Pål Kristian Molin, 2008).

Fase de responsabilización

Los contenidos del grupo, en esta primera fase, se enumeran y resumen en el siguiente cuadro en diferentes temas y ejercicios (en cursiva) para cada contenido concreto:

Sesión	Tema	Metodología y ejercicios
1	Presentación, información y contexto de la intervención.	Se presenta el marco institucional de la intervención y los motivos y objetivos generales. También el funcionamiento general (dinámica de grupo, abierto o cerrado, no «cursillo», implicación de los participantes, horarios y duración, asistencia, etcétera). *Presentación cruzada.*
2	Motivaciones y normas.	Se firma un compromiso de participación y aceptación de las normas de funcionamiento del grupo. Se examinan los temores y expectativas sobre el proceso. Se empieza a examinar la historia de violencia y motivo de asistencia. Se valoran las consecuencias personales y en la familia. *Caja de temores y expectativas.*
3 y 4	Responsabilización versus justificación.	Se valoran los motivos y causas para utilizar la violencia, y la historia de violencia personal. Se ponen en entredicho los mitos y las justificaciones de la violencia. *Panel de ganancias y pérdidas.*

5 y 6	Centrado en mí versus centrado en la pareja.	En todas las historias se hace énfasis en la primera persona (yo) y en los significados dados a los hechos como propios, no universales. Cuestionamiento de historias simplistas (explorar los «frames» que faltan en la película de los hechos). *Técnica de la «moviola».*
7	Comunicación y confianza, el fin del objetivismo.	Se presentan las dificultades para cuestionar las propias concepciones y creencias y compartirlas con el otro. Se cuestiona también el objetivismo de los hombres respecto a «cómo es la realidad». Evidencia el miedo y la desconfianza ante los otros. «El otro como legítimo otro». *La venda en los ojos.*

Dadas las carencias de estos hombres para construir relaciones de intimidad, la profunda sensación de miedo y vergüenza con la que llegan al servicio a exponer su problemática[6] y las dificultades para expresar y simbolizar sus propias experiencias y emociones, son aconsejables ciertas intervenciones iniciales.

Es importante entregar a los participantes toda la información relativa al tratamiento, dado que a muchos, al tener sentimientos de intranquilidad o miedo a lo desconocido, les ayuda a aminorar en alguna medida tales temores. De esta forma, tareas simples como proporcionar un listado con todas las fechas de reunión grupal desde la primera, mostrar en la última sesión de acogida las aulas en donde se reunirán o presentar en una sesión conjunta al otro terapeuta, pueden ser sutilezas útiles a la hora de implicar a los hombres en el tratamiento grupal.

En la primera reunión de grupo, muchos llaman indicando que se sienten mal o que padecen alguna enfermedad, llegan un poco tarde o demasiado temprano. Son aspectos propios del temor inicial a comenzar un grupo con hombres que desconocen y a los que imaginan como «monstruos» —fenómeno propio de los *mass media* enfocado, muchas veces, en la «glamourización» y demonización de la violencia. Fomentar la universalidad del problema es una estrategia adecuada, ya que algunos hombres pueden verse estigmatizados o avergonzados

6 Podría decirse que llegan al servicio a ocultar o maquillar su problemática, principalmente por la connotación social que implica.

si la gravedad de su violencia no es comparable a la de otros o, por el contrario, no se identifican con el grupo por considerar más leve el maltrato psicológico que ejercen, y se sienten como los «menos malos» [7].

Este aspecto debe ser aclarado en el grupo mediante intervenciones de los terapeutas, del tipo: «Hemos de entender que la violencia es un proceso, no un hecho aislado. Cualquiera puede utilizar la violencia, la cuestión es para qué la ha usado cada uno. En eso todos os parecéis más de lo que creéis». Fomentar la identificación y evitar la exclusión, remarcando la responsabilidad y el sentido de la violencia, es crucial al principio.

Es importante, por tanto, hacer hincapié repetidas veces en la seguridad del espacio y el trabajo colaborador, y en la necesidad de asistencia y puntualidad. Debemos tratar el tema de las ausencias (que se simbolizan con una silla vacía en el grupo) para generar un contexto de responsabilidad y compromiso. De esta forma, los miembros pueden expresar qué sienten si otros faltan o si ellos no asisten, lo que potencia la pertenencia al grupo y dificulta el abandono prematuro; también fomenta la asertividad entre ellos y la resolución de conflictos. Las reglas explícitas e implícitas que regulan el funcionamiento del grupo tienen que acordarse desde las primeras sesiones para mantener las condiciones de cuidado, información, seguridad y un clima de respeto en el interior del mismo. Es importante remarcar la conveniencia de no relacionarse o resolver los conflictos fuera del grupo, ya que muchos hombres, aislados socialmente, pueden confundir el espacio de ayuda como un escenario de relación personal. Lo que se hable fuera del grupo debe tratarse dentro en la siguiente sesión.

Resulta necesario desde el principio, además, explorar y confrontar intensamente la resistencia a aceptar la responsabilidad sobre las propias acciones y ejercicios de violencia, ya que

7 Un hombre, ante el ejercicio de la caja de temores y expectativas decía: «Temo que mi violencia sea la más grave». Otros agregaban: «Yo nunca le he puesto la mano encima, así que me sirve de lección», y recalcaban el sentido de prevención que la violencia más grave de otros hombres puede tener. Algunos, en cambio, lo valoraron al final del grupo como un inconveniente: «A veces me sentía mal, porque me sentía diferente, al no haber agredido».

existe una tendencia a esconder o transformar el discurso de los hechos (anteriormente reconocidos y asumidos en las sesiones de acogida) minimizándolos o excluyéndolos del discurso en la fase inicial del grupo. Este fenómeno ocurría, sobre todo, a la hora de presentarse y explicar su asistencia al servicio. Veamos un ejemplo.

Un hombre, hablando sobre las sesiones de presentación, reconoce al final: «Al inicio había un exceso de formalidad, sobre todo en las primeras sesiones, como si no estuviéramos hablando de lo que teníamos que hablar». Efectivamente, muchas veces el grupo no sabe hablar de lo que «tiene» que hablar o culpa a la pareja de los problemas o muestra indignación por asistir, aunque sea de forma voluntaria.

Un participante, extrañado ante estos discursos, responde al grupo en la sesión de *Centrado en mí versus centrado en la pareja:* «Parece que todos estemos con la misma mujer». Los demás se ríen espontáneamente, excepto uno, más responsabilizado que el resto, que argumenta: «No, lo que pasa es que todos tenemos el mismo problema». En este diálogo se refleja el valor de las intervenciones de implicados que, de una manera u otra, dan un paso adelante y dejan de justificarse ante los demás.

Por ello es vital que los miembros eviten hablar más sobre lo que hace su pareja que sobre lo que les ocurre a ellos mismos (ausencia de discurso en primera persona). El grupo, poco a poco, debe abandonar las generalizaciones y universalizaciones acerca de cómo son las mujeres y los hombres, para pasar a descripciones claras de los episodios o de su situación particular.

Fase de profundización

Los contenidos del grupo, en esta fase intermedia de profundización, se enumeran y resumen en el siguiente cuadro, en diferentes temas y ejercicios (en cursiva) para cada contenido concreto:

Sesión	Tema	Metodología y ejercicios
8 y 9	Emociones: identificación y significados.	Identificación de emociones y significados atribuidos en los episodios. Rabia, ira. Relación de los significados y emociones con la historia personal y de pareja. Emergencia del miedo, la tristeza y la impotencia. El dolor. *Diccionario de los sentimientos.*
10	Comunicación y resolución de conflictos.	Importancia de comunicarse para conseguir seguridad. Necesidad de establecer un punto de vista subjetivo y de preguntar al otro sobre sus propios procesos internos.
11	El daño en el otro.	Exploración y comprensión de emociones y pensamientos en el otro, desde el yo. Empatía. Emergencia de la vergüenza y la culpa. *Perspectivas indirectas.*
12 y 13	Historia de vida.	Preguntas sobre el pasado, el presente y el futuro de sus relaciones y autoconcepto. Comentario de las relaciones entre historias de diferentes miembros. Se revisa la violencia sufrida y las restricciones de género. *Historia de vida.*
14 y 15	Masculinidad y género.	Se analiza la praxis de la violencia como proceso, histórico y social. Se analiza la historia de vida y la historia de violencia a la vez. Gráfica de vida. *Carta al compañero (pre-vacacional).*
16	Balance grupal.	Se vuelven a reformular todos los contenidos desde estas nuevas perspectivas, identificando los puntos comunes entre los usuarios. Balance de cambios y cohesión grupal. Se refuerzan los cambios y se atienden las necesidades detectadas. Se fomenta la crítica y la interacción grupal. *Lectura de la carta al compañero (post-vacacional).*
17	Historia afectiva.	Se revisa la historia de pareja, y su relación con la violencia. Se detectan las fases de luna de miel, y conflicto en la historia de la relación. *Álbum de fotos.*
18	Dilemas personales.	Identificación de conflictos y dilemas personales que imposibilitan el cambio. Reformulación, crítica y cuestionamiento de los dilemas. *Conferencia de prensa (5:5).*
19	Conflictos interpersonales.	Análisis y reformulación de los conflictos y dinámicas con la pareja. Identificación de sentimientos, pensamientos y acciones. *Viñetas interpersonales.*
20	Dilemas personales, dilemas de todos.	Exploración de los dilemas identificados. Ideas para romper los dilemas. *Listado de dilemas y cambios.*

Después de los primeros encuentros, la dinámica de los terapeutas cambia. Ya no tienen cabida las justificaciones y las generalizaciones; se debe profundizar en el discurso para vivenciar los conflictos que llevan a estos hombres a la violencia. Veamos un ejemplo en el que se observa claramente cómo la rabia que se expresa obedece a la decepción, y cómo ésta tiene relación con la violencia económica que el hombre ejercía y con la desconsideración del daño que ha producido en la pareja.

> **Hombre**: «Subí y se puso como una fiera. Nada de lo que hago sirve ¡Qué rabia me da!».
> **Terapeuta**: «¿Por qué crees que se puso así?».
> **Hombre**: «Bueno, por no darle el cambio». [Los demás se indignan ante la repercusión de tal nimiedad.]
> **Terapeuta**: «¿Cómo te explicas que por el cambio se pusiera de ese modo?».
> **Hombre**: «No confía en mí». [Contesta, tajante, el hombre mientras busca complicidad en el grupo con la mirada.]
> **Terapeuta** [insiste]: «¿Qué motivos tiene?».
> **Hombre**: «Hace un tiempo jugaba mucho, quizá por eso se puso furiosa. Pero ya no. Me gustaría que empezara a confiar en mí».
> **Terapeuta**: «¿Cómo te sientes cuando ves que ella no puede confiar en ti?».
> **Hombre**: «No sé, decepcionado».

Este intercambio, que ya se ensaya en las primeras sesiones, conduce al corazón de los conflictos emocionales, a la identificación y reconocimiento del otro como dañado. Normalmente, la vulnerabilidad, el miedo y la tristeza son evitados por los hombres ante los mandatos de masculinidad y violencia recibidos a lo largo de la crianza, que eclosionan en los momentos críticos de la relación de pareja. En el ejercicio de «Historia de vida e historia afectiva», los terapeutas intentamos recoger la relación entre estas experiencias a la luz de restricciones de género. Un hombre afirma: «Mi padre nunca me dio un beso». Otro cuenta: «Me dieron todo lo material». Alguno apunta: «Siempre estaba triste, pero no lloraba». Los terapeutas recogemos estos relatos sin que sirvan de excusa: «Parece que muchos pasasteis malos momentos. ¿Pudisteis hablar de ello? Cuando empezasteis vuestra relación de pareja, ¿qué esperabais? ¿Cómo empezó a ir mal?».

La violencia se remarca como un proceso personal y relacional insertado en un contexto social e histórico. La integración de estos aspectos es esencial en esta fase.

La concienciación de las restricciones de género se refuerza ante situaciones de impotencia y miedo, de evitación de los conflictos, dificultad de mostrarse y necesidad de aparecer siempre enteros y autosuficientes. ¿Qué dilemas tenemos para dejar la violencia? Varios participantes señalan: «Seré un calzonazos»; «dejaré de tener control»; «me pueden hacer daño»; «no me respetarán si no me impongo». Éstos son algunos de los dilemas que aparecen al final de esta etapa y con los que se identifican los hombres de modo individual y grupal. Es importante aportar algunas ideas para superarlos.

Fase de cierre

Los contenidos del grupo, en la fase final de cierre, se enumeran y resumen en el siguiente cuadro, en diferentes temas y ejercicios (en cursiva) para cada contenido concreto:

Sesión	Tema	Metodología y ejercicios
21	Persona y violencia: elección y responsabilidad.	Se posiciona la violencia fuera de la persona y se visibilizan las formas y dinámicas que tiene. Historia de la violencia responsable y compromiso. *Carta íntima a la violencia.*
22	Atención a uno mismo.	Se practican las formas de detección de cambios emocionales. Se significan y se expresan los procesos internos. *Imaginería y relajación.*
23	Máscara e identidad.	Se cuestionan las formas rígidas de identidad masculina. Se exploran las identidades enmascaradas de los hombres. La violencia como máscara. *Máscaras de la violencia.*

24	Cierre del proceso y reincidencia.	Se valora el trabajo grupal y personal, explorando las posibles situaciones futuras de reincidencia. Devolución. Se examinan los miedos y el duelo de grupo.
25	Cierre del grupo y despedida.	Se valora el trabajo grupal y personal desde el punto de vista afectivo y de vínculo. Se exponen los agradecimientos, las críticas y las necesidades. Se explican los seguimientos futuros. *Cena grupal de despedida.*

Cuando los miembros llegan a esta etapa, se debe remarcar el esfuerzo y la constancia del trabajo realizado, recordar a los que no lo han conseguido y recalcar la importancia de finalizar todo el proceso. Algunas veces hay que ayudar a los implicados a terminar el proceso del grupo, ya que despedirse e iniciar el duelo de un espacio tan íntimo para estos hombres es complicado. Algunos miembros se ausentan por primera vez y aparece el fenómeno de «ya estoy curado».

Indicaba un usuario al final del proceso grupal: «Cuando te sientes enfrentado tiendes a irte». Expresar la pérdida les resulta difícil. Por otro lado, la inclusión de actividades de autoconocimiento, de síntesis y de despedida genera cierta ansiedad en algunos hombres, pues ven que pierden un espacio y un vínculo importante en el grupo. «Me hubiese gustado que durara un año», expresaba uno de ellos. Los terapeutas deben poder recoger estos aspectos, expresados o no, y hacerlos visibles. Así, en el ejercicio de «la máscara» o de «la carta íntima», se utiliza el trabajo plástico y narrativo para reconocer el sentido de la violencia en relación a los procesos internos y a su elección como responsabilidad personal. ¿Qué se esconde detrás de la máscara de la violencia? El grupo puede contestar: «Frustración, miedo a que no te quieran, desesperación, cobardía». El terapeuta los invita entonces a responsabilizarse por última vez: «Ya os la podéis quitar, y recordad que solo vosotros elegís poneros la máscara de la violencia o no hacerlo. De vosotros depende».

Evaluación y resultados

La evaluación de los programas para hombres que maltratan es uno de los aspectos más importantes de este trabajo y probablemente el más discutido puesto que, si no se prueba que los programas son eficaces para reducir la violencia, no solo supondrían un malgasto de los escasos recursos sino que, además, podrían aumentar el riesgo de las víctimas al crear falsas expectativas. Una gran cantidad de estudios de evaluación se ha publicado en los últimos veinte años, además de existir varias revisiones narrativas (por ejemplo, Richard Tolman y Larry Bennet, 1990; Etiony Aldarondo, 2002; Edward Gondolf, 2004) y cuantitativas (Robert Davis y Bruce Taylor, 1999; Julia Babcock *et al.,* 2004; Lynette Feder y David Wilson, 2005) de la literatura relevante.

Aun con las dificultades conceptuales y metodológicas propias de la evaluación de los programas de tratamiento a hombres que ejercen violencia hacia sus parejas (Edward Gondolf, 2004) cabe aludir a algunos resultados. En el metaanálisis de Julia Babcock (Julia Babcock *et al.,* 2004) se identificaron setenta estudios de evaluación de programas para hombres, de los que cuarenta y ocho fueron descartados por tener un diseño de comparación pre-post que no incluía ningún grupo de control (con otro tipo de intervención, sin intervención o de abandonos). En todos los estudios el efecto del tratamiento, según las denuncias registradas y las valoraciones de las parejas, era significativo pero pequeño. Los hombres que habían participado en la intervención reincidían un 10% menos que los del grupo de control. Los estudios cuasi-experimentales tendieron a mostrar efectos mayores que los estudios experimentales, sobre todo según la valoración de las parejas. Respecto a modelos de intervención variados (cognitivo-conductual versus modelo Duluth, en Ellen Pence y Michael Paymar, 1993) no se encontraron diferencias significativas.

En uno de los estudios más extensos y completos hasta la fecha, Edward Gondolf (2002) evaluó cuatro programas distintos, en cuatro ciudades estadounidenses, con un total de ochocientos cuarenta hombres. Dos años y medio después de iniciar el programa, el 55% de los que lo habían abandonado en los primeros dos meses había vuelto a agredir a sus parejas, en comparación con el 36% de los hombres que atendieron el programa durante más de dos meses. Hay que destacar que el autor refiere una reducción progresiva de las agresiones con el tiempo: el 37% de quienes reincidieron lo hicieron por primera vez en los tres primeros meses, y tres cuartas partes reincidieron por primera vez en el primer año después de iniciar el programa. En cambio, dos años y medio después de iniciar aquél, el 80% no había vuelto a agredir en el año anterior, y a los cuatro años de seguimiento, este porcentaje llegó casi al 90%. Además, en el seguimiento a los cuatro años, dos de cada tres parejas dijeron que «estaban mejor» ahora; el 84% estimaba «muy poco probable ser golpeada» y el 85% se «sentía muy segura».

Teniendo en cuenta estos estudios, el SAH está llevando a cabo un proyecto de evaluación sistemática desde finales del año 2008 con el objetivo de realizar un seguimiento dos años después de acabar la intervención e incluir datos de múltiples fuentes para aumentar la validez de las conclusiones. Para evaluar cambios en los diferentes tipos de violencia ejercidos, se les entrega a los hombres, antes y después del tratamiento, cuestionarios estandarizados de violencia, sexismo, relaciones interpersonales e identificación de desórdenes de alcohol. Al finalizar la intervención, los hombres también rellenan un «Cuestionario de valoración del proceso de cambio» que incluye valoraciones cuantitativas y cualitativas sobre el proceso y los resultados de la participación en el programa.

A falta de datos de este proyecto de evaluación, y a partir de las informaciones que habitualmente registramos en el SAH, estimamos los siguientes resultados de la intervención en nuestro servicio de acceso voluntario en los últimos cuatro años: un 30% de los hombres que inician el programa lo abandona en alguna de sus fases; de los que acaban la intervención, más de un 80% no vuelve a agredir físicamente y dos de cada tres hombres dejan de ejercer violencia psicológica grave, disminuyéndola progresivamente.

Aunque en este momento no tengamos los datos elaborados, otros posibles resultados de la intervención con los implicados, correspondientes a los objetivos del servicio y que también se registran, son:

a) separaciones de la pareja, a iniciativa de cualquiera de los dos, sin actuaciones violentas ni coacciones por parte del hombre;

b) parejas o exparejas de los hombres que reciben apoyo profesional especializado a raíz del contacto que se realiza con ellas desde el servicio;

c) hijas e hijos de los hombres que reciben atención especializada para la violencia que han sufrido a raíz del contacto que se realiza con la madre o por iniciativa del mismo hombre.

Merece la pena acabar este apartado sobre la evaluación y los resultados de la intervención reproduciendo algunas de las valoraciones emitidas por los mismos hombres sobre lo que más les ha ayudado en su proceso de cambio: «Aprender a reconocer que lo que uno hizo le pasa a uno y fue uno mismo quien lo hizo»; «lo que funciona es aceptar el compromiso semanal de asistir y de hablar, verbalizar las cosas que pasan ayuda mucho»; «poder desahogarme, expresarme y llorar delante de mis compañeros me ayudó mucho a cambiar y a confiar en la gente»; «escuchar a otras personas que comenzaban a contar situaciones muy parecidas a las propias, e identificarte con lo que contaba el compañero, y al mismo tiempo sentir que no querías ser así».

A modo de conclusión podemos afirmar que el trabajo grupal es la modalidad preferente de la intervención con hombres que han ejercido o ejercen violencia de género, tanto si acuden por orden judicial como si lo hacen voluntariamente. Pero hay que destacar que dicha intervención solo es la punta más visible del iceberg del trabajo mencionado para combatir la violencia de género. En una estrategia integral a medio y largo plazo serán más importantes, si cabe, las políticas y programas dirigidos a hombres que los impliquen en la equidad de género, así como programas de prevención y sensibilización específicos que no solo procuren impedir que aquellos hombres en riesgo de ejercer violencia contra sus parejas lo acaben haciendo, sino que también promuevan que una masa crítica de hombres se posicione activa y visiblemente en contra de esta violencia (Bonino, 2008).

6. Más violencias sexistas ocultas

En este capítulo abordamos, desde la intervención social, dos tipos de violencia de las que no se escribe mucho. En los foros profesionales conocimos a colegas que se han atrevido a entrar en cuestiones más invisibles como el abuso sexual infantil o las agresiones de los hijos hacia las madres. Al acceder a ese cuarto oscuro surgen estas violencias, ramas que crecen de raíces más ocultas, encerradas en cajas de intimidad profunda donde la vergüenza y los mecanismos de defensa son la gran losa que impide percibirlas o reconocerlas desde el exterior. Parece que nadie, ni las y los profesionales, se atreva a entrar en estas grutas aunque se oigan gemidos, lloriqueos, se reconozcan ansiedades, agresividades, se diagnostiquen patologías sexuales, mentales o conductas antisociales que nos están dando indicios para destapar esa oscuridad silenciada.

Es difícil salir de la violencia; y ésta puede volver cuando los hijos crecen y emerge el dolor vivido. Hasta hace poco, las madres la habían ocultado, sin atreverse a explicar, por vergüenza, ese círculo reproductivo. La intervención grupal con madres que reciben violencia de sus hijos jóvenes amplía el concepto de la dirigida hacia las mujeres que hemos expuesto hasta ahora. Para muchas de éstas, experimentar la repetición del maltrato a través de sus propios hijos les hace revivir lo sucedido: repiten el mal sueño con un sentimiento de culpa ampliado del que no saben cómo salir. En estos casos el «deber maternal» las ata mucho más que la esperanza de una relación amorosa de pareja. La intervención grupal les permite expresarlo y deconstruirlo mientras se comparte y se aportan nuevas alternativas. Con estos grupos las madres avanzan, la relación con el hijo mejora y el cariño de la primera infancia emerge a través del diálogo y los límites.

La siguiente intervención grupal no se centra en la violencia de pareja, pero también trata un tipo de violencia machista. Desde el equipo profesional, con mucha paciencia, conseguimos la aprobación y participación en grupo de mujeres abusadas sexualmente en su infancia. Al ser una vivencia tan difícil de asimilar, el secreto hace que estas mujeres no avancen y entren en relaciones adultas de maltrato, o bien que su salud mental se resienta por el sufrimiento y aislamiento emocional y social. El abuso sexual infantil es el elemento más dañino y nocivo, a la vez que el contaminante más tóxico de todos los maltratos hacia las mujeres. Mata la parte de deseo más íntima, pisa el control de la autoestima, confunde los sentimientos más genuinos hacia los progenitores. Y consigue que sus ramas se sequen antes de brotar. Con esta intervención grupal queremos mostrar cómo un cambio de mirada en la intervención social puede atajar un problema desde sus raíces. En lugar de quedarse en la demanda de prestaciones sociales, de aislamiento, depresión o incluso de violencia de pareja, esta intervención profesional con mirada de género va más allá, consiguiendo no solo abrir la caja del secreto mejor guardado de nuestra sociedad machista, el incesto, sino poder hacerlo público en el espacio grupal. Las profesionales, mostrando empatía y confianza, logran extraer los sentimientos de culpa, contener la alta carga emocional y, nuevamente a través de la reflexión, la narrativa y el acto de compartirlo, consiguen cambios positivos en sus participantes. Las mujeres recuperarán su salud, su libertad y sus proyectos de vida. El trabajo en red de las profesionales les permitirá abrirse al mundo social y aprovechar sus oportunidades.

6.1 GRUPO DE ATENCIÓN PSICOSOCIAL PARA MADRES QUE SUFREN VIOLENCIA POR PARTE DE SUS HIJOS

Pilar Ripoll Balagué y Montserrat Pérez-Portabella

Violencia filio-parental y marental

En el marco de la violencia intrafamiliar se ha evidenciado en los últimos tiempos un incremento de la que ejercen los hijos contra sus madres. Así coinciden diversos y recientes estudios realizados en el País Vasco (Izaskun Ibabe, Joana Jaureguizar y Oscar Díaz, 2007) y en Cataluña (Francisco Romero, Anna Melero, Carme Cánovas y Montserrat Martínez, 2005 y 2007) sobre situaciones denunciadas ante la justicia. Del mismo modo que sucede con la violencia de la pareja, en muchas ocasiones esta problemática se niega y oculta y no llega a ser denunciada, por lo que su alcance es todavía más amplio en la realidad. Los estudios develan solo una pequeña parte del problema, oculto en mayor medida por la vergüenza, el miedo y el temor de los padres a ser acusados de no educar bien a los hijos, o bien al mito de la armonía familiar o del amor marental sin condiciones (Júlia Masip y Rafael Tubau, 2003).

Este tipo de violencia, llamada violencia filio-parental, es una de las manifestaciones de la violencia de género o violencia machista y presenta unas características específicas que merecen una atención diferenciada respecto de otras manifestaciones de la violencia intrafamiliar como pueden ser la de pareja o la de los padres hacia los hijos y las hijas. Hay que remarcar, de todas formas, que la mayoría de víctimas son madres [1] y que, según el estudio de Izaskun Ibabe (Izaskun Ibabe *et al.*, 2007), las personas que ejercen la violencia son, en el 85% de los casos, los hijos varones. Por tal motivo, la autora propone llamar a esta problemática violencia filio-marental en lugar de filio-parental.

Para definir el término de la violencia de los hijos contra los padres, nos encontramos con recientes estudios y definiciones que se centran en adolescentes y jóvenes. Barbara Cottrell y Peter Monk (2004) definen la violencia filio-parental como cualquier acto de los hijos que provoque miedo en los padres y que tenga como objetivo hacerles daño, poniendo el acento en los efectos del comportamiento. La definición más reciente en nuestro medio es de Roberto Pereira (2006), que se decanta por describir los comportamientos del agresor y describe la violencia filio-parental como aquellas conductas reiteradas de violencia física, verbal (in-

1 El 87% según los estudios de Francisco Romero (Francisco Romero *et al.*, 2005 y 2007) y el 95% según el de Izaskun Ibabe (Izaskun Ibabe *et al.*, 2007).

sultos repetidos, amenazas, humillaciones, etcétera) o no verbal (gestos amenazadores, ruptura de objetos apreciados, entre otros) dirigida a los padres o a los adultos que ocupan su lugar. Dicho autor excluye los casos aislados, relacionados con la psicopatología grave, el consumo de tóxicos, la deficiencia mental y el parricidio.

En estas familias se da una inversión en las relaciones jerárquicas de poder, dinámica que no hace más que fortalecerse a medida que los hijos perciben que sus conductas temerarias causan miedo en sus progenitores. Si éstos, además, adoptan el rol de víctimas en lugar del de adultos con poder, las conductas violentas tienden a mantenerse. La problemática de estos adolescentes y jóvenes violentos con sus madres es conocida como el «síndrome del emperador» y se utiliza para describir las actitudes de tiranía y despotismo que suelen aparecer (Vicente Garrido Genovés, 2005; Izaskun Ibabe *et al.*, 2007; Javier Urra, 2006; Francisco Romero *et al.*, 2007).

Cabe destacar la importancia del poder en relación al sexo en nuestro contexto cultural, bajo la idea, más o menos implícita, de que el varón está legitimado para dominar a la familia. Nuestra tradición cultural es patriarcal y machista. Venimos de un orden social, educativo, político y económico que ha exaltado en la mujer el papel de la maternidad, de la esposa y de la madre, asignando para ella el ámbito privado e interior (la casa, el cuidado y la educación de los hijos, el universo de las relaciones afectivas, el cuidado de las personas mayores o enfermas), mientras que al hombre le ha sido concedido el público y exterior. Pero la realidad ha cambiado: las mujeres han entrado en el mundo de lo público, aunque con un mismo mandato social a sus espaldas: el de ser las responsables del mundo interior y, por lo tanto, las culpables de los problemas que sus hijos puedan tener.

Existe una gran presión social que imputa a la madre todo aquello que ocurre con los hijos y, por tal razón, dificulta la concienciación sobre la problemática en su justa medida como para poder afrontarla de manera saludable (Christiane Collange, 1985). Los mensajes de la cultura son: «por los hijos hay que dar la vida si es necesario», «por los hijos lo que sea», «a fin de cuentas soy su madre, y aunque no lo olvide [sus agresiones] sé que lo voy a perdonar, puesto que es mi hijo», «es sangre de mi sangre». Esto tiñe la perspectiva de análisis y confunde a quienes sufren dicha violencia, que soportan la injusticia de no poner límites y desarrollan reglas que conducen al mantenimiento del secreto. Durante años, las teorías psicológicas no han ayudado nada; al contrario, han contribuido a «acusar a la madre» (Thelma Jean Goodrich *et al.*, 1989).

Es necesaria la perspectiva de género para poder entender la situación de estas mujeres y sus reacciones. La psicóloga feminista Victoria Sau (1986) lo expresa con claridad cuando explica que la interiorización del género a través de componentes afectivos y cognitivos se produce en la primera infancia implicando la asunción de pertenencia a un sexo y diferenciándose del otro. La autora resalta cómo el género tiene una vertiente colectiva que presupone la adaptación de los sujetos a las expectativas de la cultura en la que ha nacido y crecido, y otra vertiente individual que señala cómo y en qué medida vive cada cual en su género. Aunque son múltiples las variables que interactúan en el desarrollo de la violencia filio-parental, las variables macrosistémicas como los valores y las creencias culturales son las que más influyen en otras variables (Barbara Cottrell y Peter Monk, 2004).

Las mujeres que sufren violencia por parte de sus hijos suelen vivir esa realidad de forma oculta; el miedo, la vergüenza y la autoinculpación les impide afrontar la problemática. En algunos casos acuden a servicios sociales o a servicios de atención a la mujer, pero al final, una gran parte de ellas es detectada por los centros de atención sanitaria cuando aparecen actos de violencia física (Jeffrey Edelson y Zvi Eisikovits, 1996). Al igual que en el maltrato en la pareja, la mujer pasa primero por una fase de negación, después por una de ocultación y la mayoría de los casos no se destapan hasta que se ha llegado a un nivel muy alto de violencia. Sin embargo, y a diferencia de la violencia de la pareja, en la que existe la solución del divorcio, en la problemática filial no se puede dejar de ser madre, con la responsabilidad que eso conlleva.

La violencia filio-parental no está incluida en el marco legal de La Ley Orgánica 1/2004 del 28 de diciembre, que toma medidas de protección integral contra la violencia de género. Esta ley únicamente es aplicable cuando la violencia la ejerce la pareja o expareja, y no cuando se da por parte de personas que mantienen otro tipo de relación familiar o afectiva (hijos, hermanos, tíos, vecinos, etcétera), la cual se sustenta en la Ley Orgánica 5/2000 del 12 de enero, que regula la responsabilidad penal de los menores y entró en vigor en enero de 2001; y también en dos leyes sobre violencia doméstica del año 2003: la de medidas concretas en materia de seguridad ciudadana, violencia doméstica e integración social de los extranjeros y la Ley Reguladora de la Orden de protección de las víctimas de violencia doméstica.

Las madres y la violencia de sus hijos

El Centre d'Atenció i Informació a les Dones[2] del Programa Municipal per a les Dones de L'Hospitalet de Llobregat, frente al aumento de las mujeres que solicitaban atención por sufrir violencia por parte de sus hijos, inició en 2007 un grupo de atención psicosocial dentro del programa de atención y prevención de la violencia de género.

El grupo se programó como un grupo abierto para diez mujeres al que podían incorporarse más, en la medida en que se dispusiera de plazas. Las sesiones eran de noventa minutos de duración y se realizaban con una frecuencia quincenal. El grupo estaba dirigido por una psicóloga clínica que se hacía cargo de la dinámica grupal y de trabajar los temas programados según las necesidades del mismo. Las profesionales del centro informaban a las mujeres que pedían abordar dicha problemática y, cuando éstas aceptaban, se las citaba para la siguiente sesión acordada.

Desde su inicio, y hasta finales de 2008, han participado veinte mujeres en total y se han realizado treinta y cuatro sesiones. Las madres que han asistido hasta el momento se caracterizan por presentar perfiles muy heterogéneos[3]. Han sufrido maltrato en

2 Centro de Atención e Información a las Mujeres.

3 Son mujeres de entre treinta y cinco y ochenta y cuatro años, con una media de edad de cincuenta y dos, nacidas en España en su gran mayoría. El 75% tiene un nivel de estudios de primaria, el 20% de secundaria y el 5% nivel universitario. A nivel laboral, el 55% posee trabajo asalariado, el 20% es pensionista, el 15% está en paro y el 10% restante es ama de

sus formas más habituales, que son también las que se dan en el contexto conyugal: maltrato físico, psicológico, emocional y económico. La actitud violenta de los hijos con las madres es de mera utilización, como si se tratara de sirvientas y «cajeros automáticos» pues, aunque ellos trabajen, no aportan nada económicamente, piden dinero de modo habitual y exigen de forma déspota la ropa planchada cuando la necesitan o la comida preparada como y cuando les apetece. Es importante destacar la edad de los hijos agresores; no solo nos encontramos con menores, sino que la franja de edad comprende entre los dieciséis y los treinta y cinco años.

Estas madres han trabajado dentro y fuera de casa para mantener a la familia. La incredulidad, la vergüenza, la culpa, el miedo y la tristeza son los sentimientos que presentan con más frecuencia. Algunas han denunciado al hijo agresor ante la justicia y se ha iniciado un proceso penal con orden de alejamiento o prisión incluida.

Las mujeres que sufren violencia por parte de sus hijos suelen estar paralizadas por la situación que viven, lo que hace que se cronifique la conducta de aquéllos. Nos encontramos con personas que han ido renunciando a su espacio en la casa, en aras del despotismo, dominio y tiranía del hijo. Frente a esta dictadura, es conveniente buscar estrategias para recuperar el lugar, la dignidad y la autoridad. Con el fin de salir del círculo de relación abusiva, hay que tomar conciencia de la problemática para después poder introducir pequeños cambios de actitud y de respuesta a las conductas inadecuadas y así poner límites al abuso y la violencia.

Objetivos

Aunque la realidad de cada participante del grupo sea propia y específica en sí misma, las situaciones son similares y el hecho de

casa. La unidad familiar es en su mayoría monoparental. Son mujeres separadas (60%) o viudas (20%), muchas de ellas con antecedentes de violencia por parte de la pareja, que coincide con el padre del hijo maltratador. Han sido o son separaciones conflictivas. Destaca la ausencia del padre en la educación del hijo.

compartirlas amplía las perspectivas de análisis, dando la posibilidad de otras respuestas, por un lado, y socializando la problemática, por otro.

El principal objetivo de la intervención grupal es la toma de conciencia de la realidad que se está viviendo para promover la necesidad de cambio. Para ello, es necesario:

a) revalorar el dominio y el abuso en la relación;

b) revalorar las diferentes alternativas de respuesta;

c) analizar los valores, las creencias y los estereotipos culturales sobre lo que significa ser madres;

d) potenciar los recursos personales de cada mujer para poder reaccionar ante las conductas violentas de los hijos;

e) valorar la manera más adecuada de actuar para evitar los riesgos y el sufrimiento que la violencia comporta;

f) socializar y conceptualizar la problemática como una de las manifestaciones de violencia de género o machista;

g) acompañar a las mujeres en el proceso personal de abordaje de la problemática.

Dinámica grupal y contenidos

El grupo va dirigido a mujeres que viven con sus hijos y que sufren o han sufrido su violencia, tanto puntual como cronificada. El abordaje de estas situaciones en equipo ofrece la ventaja de no vivir la realidad en solitario como una problemática individual, únicamente compartida con un profesional, sino también con un grupo de iguales.

Se entiende que la duración no ha de hallarse estipulada; cada mujer requiere su tiempo porque el proceso es único. El grupo se inicia en septiembre y termina en junio. Se evalúa individualmente si alguna de las participantes continuará en él en el curso siguiente.

La metodología es participativa; son grupos abiertos centrados en la tarea, donde se favorece el debate y la reflexión, teniendo siempre presente el respeto a la dignidad y la aceptación de las diferencias. A todas las une la misma problemática, y la finalidad del grupo es su abordaje y el acompañamiento en el proceso personal.

El inicio se lleva a cabo con la presentación personal de cada una de las participantes y con la explicación de la situación que viven. El dolor es muy intenso: se sienten solas ante este problema y con un gran sentimiento de culpa al hacerse responsables de lo que ocurre. Les es difícil explicarse y poner nombre a los conceptos, actitudes, hechos y emociones. Aparecen en ellas vivencias de fracaso en su rol de cuidadoras. Se olvidan de que son responsables, en todo caso, solo en un 50% de que el hijo esté en el mundo, y de que el otro 50% de la responsabilidad es del padre. En las primeras sesiones el llanto y los silencios son habituales.

El debate en grupo se facilita para que ellas mismas, al verbalizar sus vivencias frente a las otras, puedan reflexionar y encontrar diferentes estrategias de respuesta o bien soluciones alternativas. El papel de las profesionales es evidenciar y cuestionar estereotipos y valores culturales relativos a la vida cotidiana que han sido interiorizados. Para ello, utilizamos preguntas abiertas y escucha reflexiva. Se trata de hacer visible que la madre del patriarcado, como dice Victoria Sau (1981), es indefinible por sí misma, pues en cada tiempo y lugar son los hombres quienes deciden cómo ha de ser, cómo ha de actuar y qué debe hacer.

En ocasiones utilizamos presentaciones o documentación que sirve de ventana para poder desmenuzar los contenidos, la presencia del significado de las imágenes, de las frases o de las palabras. Tratamos de identificar y de que las mujeres sean conscientes de las repercusiones negativas de los condicionantes culturales y sociales, que generan malestar, disfunciones y, en algunos casos, las llevan a enfermar. Hacemos visibles las tareas que realizan y que frecuentemente no valoran por la presión social y el mandato cultural.

Las profesionales potenciamos el reconocimiento de los propios recursos y de las debilidades internas. Es importante ayudarlas a valorar en su justa medida la violencia y los riesgos a los que se encuentran expuestas, ya que están acostumbradas a negarlos y minimizarlos. Utilizamos ejercicios para aumentar la autoestima y la asertividad. También trabajamos la comunicación verbal y no verbal. Buscamos estrategias de desbloqueo de la inmovilización y analizamos aquellos pensamientos que hacen referencia al deseo y no a la realidad, como, por ejemplo: «las cosas se solucionan solas», «esperaré y la situación mejorará, con paciencia», «puede que todo se arregle». Para ello, tenemos muy presente la observación y el manejo de las emociones y procuramos su buena contención, ya que todo aquello de lo que se puede hablar en el grupo no se convierte luego en acto en la misma forma o cuantía.

Sin embargo, además de contenerlas, también debemos facilitar su expresión y su valoración. Las respuestas emocionales se desencadenan rápidamente, pero la cognición trabaja al servicio de los objetivos emocionales; la razón se halla al servicio de las emociones, trata de resolver los problemas que éstas plantean (Leslie Greenberg, 1999).

La utilización de las respuestas desde las emociones y no desde la lógica hace sentir frustración, en la mayoría de los casos, porque parece que no se sabe responder. Es importante ayudar a darse cuenta de que una emoción se ha de considerar como una opción y no como una condición. De éstas, las tomadas como «inútiles» son un derroche de energía emocional. La culpabilidad que sienten las mujeres por lo que han hecho o por lo que dicen que han hecho, sumado a la preocupación por lo que se podría hacer, hace que vivan en el pasado o en el futuro, sin vivir el presente.

Evaluación y resultados

Podemos observar que, a medida que avanza el proceso de abordar la problemática, la recuperación proporciona a las mujeres autonomía y capacitación. El beneficio de la intervención grupal se da a corto y a largo plazo. Así, van disminuyendo las somatizaciones y las depresiones en las participantes, a la vez que desaparecen algunas dudas e inquietudes. Las mujeres que estaban de baja reanudan su vida laboral o se apuntan a hacer otras actividades. Se muestran más asertivas y más seguras de sí mismas. Recobran su poder para resolver los conflictos y dejan de asumir los problemas de sus hijos como responsabilidad únicamente de ellas, lo que les permite diferenciar las obligaciones y espacios de cada uno para salir de la confusión y la simbiosis. Como elemento metafórico, solemos decir que, a partir de los veinticinco años, los hijos no pueden reclamar a fábrica, pues les ha caducado la garantía.

Las participantes comentan elementos de cambio o aprendizaje realizados en el grupo: «Tengo más energía para hacer las cosas»; «antes me achicaba»; «ahora sé que yo me puedo defender»; «he aprendido cómo actuar con mis hijos».

Cabe destacar que, mientras hemos trabajado en el grupo, no se ha dado ningún tipo de incidente violento. En la encuesta de satisfacción que les pasamos a las participantes al finalizar la intervención responden, como puntuación media, un 9 sobre 10 al trabajo grupal y a su utilidad. La mayoría considera que les ha servido para entender y mejorar sus problemas y pide continuar participando en el grupo.

6.2 GRUPO DE ATENCIÓN PSICOSOCIAL A MUJERES ABUSADAS SEXUALMENTE

Matilde Sanuy Jordà[4]

Los efectos perdurables de los abusos sexuales infantiles

El abuso sexual infantil (ASI) es un tipo de maltrato frecuente que conlleva importantes y perdurables efectos psicológicos. El componente sexual de este tipo de maltrato hace que la detección y la revelación sean muy difíciles y que se vean obstaculizadas por los miedos y tabúes respecto a este tema. Save the Children (2001),

---

4 La autora agradece la colaboración como co-conductora en este grupo a Rosa Jorba Cuxart, trabajadora social del Equipo de servicios sociales del distrito de Ciutat Vella del Ajuntament de Barcelona.

citando al National Center of Child Abuse and Neglect, define el abuso sexual como los contactos e interacciones entre un niño y un adulto, cuando el adulto (agresor) utiliza al niño (la víctima) para estimularse sexualmente, o bien al mismo niño, niña o a otra persona. El abuso sexual puede ser cometido por una persona menor de dieciocho años cuando ésta es significativamente mayor que el niño o cuando el agresor se halla en posición de poder y control sobre otro menor.

La definición de los abusos sexuales encuentra sus principales criterios a través de dos conceptos, el de coerción y el de asimetría de edad (Félix López *et al.,* 1994). La coerción con fuerza física, presión o engaño debe ser considerada por sí misma criterio suficiente, con independencia de la edad del agresor. La asimetría de edad impide la verdadera libertad de decisión y hace imposible una actividad sexual común, ya que los participantes tienen experiencias, grado de madurez biológica y expectativas muy diferentes.

Es difícil conocer la verdadera incidencia de los abusos sexuales a menores por el secretismo que los acompaña. Aunque actualmente se detectan más casos, la mayoría de éstos quedan ocultos, tanto si se producen por parte de alguien de dentro de la familia como si el agresor es de fuera. En un estudio reciente sobre estudiantes universitarios españoles, la prevalencia del abuso sexual antes de los dieciocho años se sitúa en un 17,9%: un 15,5% de los varones y un 19% de las mujeres manifiesta haber pasado por esta experiencia (Noemí Pereda y María Forns, 2007).

Hay una opinión muy extendida de que los agresores son personas con graves patologías o desviaciones sexuales —lo cual es cierto en un pequeño porcentaje—, pero casi todos los abusos sexuales son cometidos por sujetos aparentemente normales. Se dan también en todas las clases sociales y zonas geográficas, aunque hay factores de riesgo que aumentan la probabilidad de padecerlos, como son aquellas situaciones que favorecen el uso de la violencia con los niños: psicopatología, pobreza y bajo nivel cultural, abuso de las drogas y alcohol, entre otros.

En esta introducción nos referimos básicamente a abusos intrafamiliares o incestos cometidos con niñas, ya que es la población con la que se ha realizado el grupo. Según Blanca Vázquez (1993), cuando hablamos de incesto nos referimos a los abusos sexuales que se producen dentro de la familia, relaciones vedadas de forma expresa por las costumbres sociales, el tabú y las leyes. La prohibición del incesto afecta tanto a la conducta en sí como al hecho de hablar sobre ello. Normalmente la familia incestuosa se adhiere fuertemente al tabú de hablar del incesto, a la vez que transgrede directamente la prohibición (Jennifer J. Freyd, 2003). Según la misma autora, dentro del incesto entra no solo la relación sexual entendida como coito, sino toda una serie de conductas que no llegan a suponer una relación sexual completa y que denominamos «comportamiento incestuoso». Sea cual sea la forma de aquélla, se acompaña de un determinado estilo de relación anómalo que compromete otros aspectos de la vida de la víctima en su entorno.

Los actos incestuosos suelen ser procesos relacionales que se desarrollan en el tiempo, protegidos por el secreto y la ley del silencio. Cuando el agresor es el padre, la niña, que suele tener entre ocho y doce años, reacciona con confusión. Esta reacción se transforma en miedo, angustia y culpa a medida que se hace mayor y alcanza a comprender la verdadera naturaleza de sus actos. Si la niña rechazase francamente al progenitor no habría unas consecuencias emocionales tan devastadoras; pero se ha observado que la víctima, además de angustia, experimenta afecto por su padre agresor, ya que muchas veces es quien cumple funciones maternales eludidas por la madre y quien sostiene a la familia (Blanca Vázquez, 1993; Stephano Cirilo,1991).

El incesto afecta a todos los miembros del sistema familiar, pero hay que distinguir si es el problema principal alrededor del que se urden el resto de las relaciones negativas y malsanas o bien si no es más que un síntoma de problemas aún mayores como pueden ser psicopatologías, toxicomanías, comportamientos antisociales o violencia de pareja, entre otros. Según Jorge Barudy (1998), cuando el abusador de la niña es uno de los miembros de su familia, éste la manipula abusando de su poder y su rol, pervirtiendo de esta manera las relaciones familiares. La niña es utilizada por el agresor para cubrir sus carencias o para «elaborar» los traumatismos sufridos en su propia familia (abandono, maltrato), o bien para solucionar o disminuir conflictos con otros adultos de la familia nuclear o extensa.

Es frecuente que las madres reaccionen ocultando los hechos. A la madre, en una familia incestuosa, se la describe como ausente, en el sentido literal de la palabra (muerte o enfermedad), o emocionalmente poco accesible tanto a los hijos como al padre. Es frecuente que desempeñe un rol tolerante del incesto con el fin de retener al marido y obtener seguridad familiar; se trata normalmente de mujeres muy dependientes (Félix López *et al.,* 1994; Blanca Vázquez, 1993). La madre suele conocer el incesto aunque lo ignore: prefiere no saber mientras la familia se mantenga unida. La relación con la hija víctima de incesto es ambivalente, de aliada a la par que competidora; madre e hija no hablan jamás del incesto y, si se descubre, la primera se muestra incrédula o punitiva con la menor (Jorge Barudy, 1998).

El abusador, mediante coerción o persuasión, convence a la víctima del peligro que existe para ella, para él y para la familia si se divulga lo que pasa entre ellos. La niña se adapta a la situación para sobrevivir. Puede, incluso, entrar en la dinámica del chantaje, con lo que obtiene favores, regalos y privilegios del abusador, aumentando su culpabilidad y vergüenza. Los casos más dramáticos son aquéllos en los cuales la menor es «aspirada» por el abusador y pierde toda capacidad de percibirse como víctima de abuso. En tales casos es frecuente que ésta experimente placer en la relación, lo que produce consecuencias catastróficas en su vida adulta. En las situaciones en que el abusador es además violento físicamente, las víctimas, a través de la rabia contra su agresor, pueden guardar distancia y mantener su subjetividad (Jorge Barudy, 1998; Reinaldo Perrone y Martine Nannini, 1997).

La niña atrapada en un entorno de abusos se enfrenta a la enorme tarea de la adaptación: debe encontrar la manera de conservar un sentido de la confianza en personas en las que no se puede confiar, de seguridad en una situación que es insegura, de poder en una situación de indefensión. Incapaz de cuidar de sí misma o de protegerse, debe compensar los fallos en el cuidado y la protección que le proporcionan los adultos con los únicos medios que tiene a su disposición: un sistema inmaduro de defensas psicológicas (Judith Herman, 2004). La menor adopta ciertas creencias y actitudes como una manera de «dar significado», de sobrevivir emocionalmente en una situación donde hablar de la experiencia o salir de ella no es posible (Blanca Vázquez, 1993).

Se han asociado varios síntomas psicológicos en el adulto con antecedente de abuso sexual: depresión, baja autoestima, ansiedad, culpa y vergüenza. Los signos conductuales incluyen perfeccionismo, elevada necesidad de control, explosiones de cólera, abuso de substancias, promiscuidad, intentos de suicidio, retraimiento social, trastornos de la ingesta y disfunciones sexuales (Katharine Simmons, Terry Sack y Geri Miller, 1998). Los efectos a largo plazo de los abusos sexuales no se dan por igual en todos los sujetos. La mayor vulnerabilidad de algunas personas está estrechamente relacionada con factores agravantes de los efectos de los abusos, como pueden ser: la repetición frecuente de la situación de abuso, el contacto genital, el empleo de la fuerza, que el agresor sea el padre o el padrastro, que la víctima tenga entre siete y doce años, no reciba apoyo de la familia y tenga que dejar el hogar (Félix López *et al.*, 1994; Beate Bisten, 1991).

El diagnóstico de Trastorno por Estrés Postraumático, según el DSM–IV–TR, queda incompleto en los casos de agresiones crónicas producidas en la infancia por algún familiar cercano, en los que quedan afectados aspectos de la identidad de la persona (Ángela Aparicio y Toñi Muñoz, 2007). El estrés postraumático crónico, a diferencia del agudo, se emplea cuando la duración de los síntomas es igual o superior a los tres meses. Entre los acontecimientos traumáticos de carácter sexual en los niños pueden incluirse, según el DSM-IV-TR, las experiencias sexuales inapropiadas para la edad aun en ausencia de violencia o daño reales. Cuando el agente estresante es de carácter interpersonal (como abusos sexuales o físicos en niños, peleas familiares) puede aparecer en la vida adulta la siguiente constelación de síntomas: afectación del equilibrio afectivo, comportamiento impulsivo y autodestructivo, síntomas disociativos, molestias somáticas, sentimientos de inutilidad, vergüenza, desesperación o desesperanza, sensación de perjuicio permanente, pérdida de creencias anteriores, hostilidad, retraimiento social, sensación de peligro constante, deterioro de las relaciones con los demás. Los patrones de evitación pueden interferir con las relaciones interpersonales y llevar a conflictos conyugales, divorcio o pérdida de empleo.

De las demandas a la intervención grupal

La experiencia grupal que presentamos aquí se realizó con mujeres que estaban siendo atendidas en un centro de atención primaria de servicios sociales del distrito de Ciutat Vella y habían sufrido abusos sexuales durante su infancia por parte de algún familiar cercano. El distrito de Ciutat Vella corresponde al casco histórico de Barcelona y es uno de los más complejos a nivel urbanístico y social, con mayor número de indicadores de pobreza y marginación de la ciudad.

Los síntomas sociales, psíquicos y físicos que genera el haber sido abusada sexualmente por el entorno socio-familiar-afectivo pueden detectarse en cualquier tipo de servicio, aunque existan algunas asociaciones específicas de ayuda a personas abusadas sexualmente en la infancia o contadas unidades de salud mental que se anuncian específicamente como tales. El abuso sexual no es un problema exclusivo de mujeres, pero la gran mayoría de los casos que nos han llegado han sido de mujeres.

Desvelar el secreto del trauma hiriente no es frecuente; pero lo es menos aún si no se dan las condiciones de facilitación, apoyo y compromiso que requiere. El abuso sexual producido en el ámbito afectivo y familiar marca cada minuto de la vida de la víctima si no es elaborado psicológica y socialmente de forma adecuada. Esta es la realidad que encontramos detrás de los fracasos de la inserción social de estas mujeres: experiencias traumáticas que, por circunstancias diversas, no pudieron evitarse.

Las participantes en la intervención grupal habían solicitado ayuda a servicios sociales por problemas diversos: económicos, dificultades de inserción laboral, etcétera. Algunas habían sido derivadas por servicios de protección a la infancia o de salud. Presentaban una situación de inestabilidad en diversos ámbitos. En general sus trayectorias de vida eran complicadas y marginales: tenían problemas relacionados con violencia familiar y pobreza o precariedad laboral, entre otras. Dada la complejidad de su situación, se plantearon intervenciones a largo plazo y con un abordaje interdisciplinar.

En la intervención se activaron recursos sociales adaptados a sus necesidades, como la renta mínima de inserción, que incluía prestación económica, formación y orientación laboral; también orientación para recursos de vivienda protegida y asesoramiento jurídico en los casos en los que fuera necesario. La intervención psicológica contemplaba sesiones individuales semanales o quincenales en las que se proporcionaba un espacio de escucha y ayuda para afrontar el proceso de cambio iniciado, así como para comprender y manejar los problemas que iban surgiendo e identificar y reforzar los propios recursos y potencialidades. El abordaje interdisciplinar incluyó coordinaciones periódicas con otros servicios intervinientes (sanitarios, formativos, laborales, protección de la infancia y escolares).

En un punto de la intervención individual, estas mujeres desvelaron a las profesionales de servicios sociales haber sido víctimas de abusos sexuales durante la infancia. Habían ocultado este hecho durante años y hablar de ello todavía les producía mucho dolor y sufrimiento. En un tiempo relativamente corto se produjeron varias revelaciones y esto sucedió poco después de que saliera a la luz, con amplia resonancia social y política, un delito de pederastia en el mismo distrito. Aunque ellas nunca lo confirmaron, el hecho de que se hablara públicamente de abusos a la infancia, del trauma que suponía y de que se penalizase al abusador como a un delincuente, nos hacía pensar que podía haberlas alentado a comentar lo que les había sucedido. En este sentido, el contexto social y comunitario se revela como un factor facilitador cuando hay un espacio profesional adecuado.

El silencio y el secreto habían acompañado a estas mujeres durante años; lo habían ocultado siempre y, si en alguna ocasión habían pedido ayuda, no encontraron respuesta ni comprensión por parte de su entorno. Hubo un antes y un después en la intervención a partir de la revelación del secreto. Una vez verbalizados los abusos, las mujeres empezaron a expresar la carga que habían llevado y la gran repercusión que habían tenido estos hechos en sus vidas; se sentían muy dañadas y se consideraban heridas para siempre. A partir de aquí, y de acuerdo con ellas, los objetivos de la intervención psicológica se enfocaron en el trauma, en los efectos que había provocado en sus vidas y en la relación con los demás.

En todos los casos el abuso había sido intrafamiliar y de larga duración. Aunque todas eran distintas y únicas, con biografías diferentes, las respuestas mayoritarias habían coincidido en el silencio, en ocultar los hechos, en el sufrimiento emocional y en la restricción en las relaciones interpersonales. El hecho de estar trabajando simultáneamente con varias mujeres con una problemática común facilitó la identificación de aspectos que compartían, en mayor o menor medida; aunque no todas relacionaban de igual manera los síntomas con el abuso sufrido.

Estas mujeres expresaban de forma muy parecida cómo les había afectado aquél y lo explicaban casi con las mismas palabras, que hacían referencia a una herida: «Estoy rota». Era una marca permanente, un estigma que podía ser reconocido por cualquier persona: «Lo tengo escrito en la frente»; «todos lo ven». También manifestaban un sentimiento de desesperanza y falta de control sobre sus vidas: «No saldré nunca». El dolor y la angustia que les producían los hechos, al recordarlos, eran terribles. De una forma u otra seguían victimizadas, tenían pocas habilidades para protegerse y, al estar poco seguras de su valor y competencia, de los límites entre ellas y los demás, podían caer fácilmente en situaciones de riesgo. Los sucesivos fracasos en varios ámbitos de sus vidas habían minado la autoconfianza y el concepto de sí mismas.

La profunda huella dejada por vivencias tan traumáticas, la fractura de los vínculos más primarios y la falta de protección de la familia habían generado en estas mujeres dificultades para establecer vínculos de confianza y temor a hacerse vulnerables. Su red social era escasa: mantenían pocas relaciones duraderas, poca o nula relación con la familia de origen y malas relaciones de pareja, con rupturas frecuentes. Con los hijos establecían un vínculo de sobreprotección pero también una cierta distancia emocional. Se encontraban, en su mayoría, en tratamiento médico o psiquiátrico por ansiedad o depresión. Alguna había mantenido períodos de abuso de substancias como forma de mitigar la ansiedad y los recuerdos dolorosos. También presentaban otros síntomas propios del trastorno de estrés postraumático como *flashbacks* e intenso malestar psicológico frente a situaciones que les recordaban los hechos.

Percibían el mundo como un lugar peligroso, expresaban inquietud, miedos y tenían la sensación permanente de que en cualquier momento podía sucederles algo. Mostraban susceptibilidad ante situaciones que les parecían amenazantes, lo que provocaba reacciones desproporcionadas de cólera —incluso de violencia— o de huida y evitación. Sentían asco hacia su imagen corporal, desprecio hacia sí mismas, vergüenza e inseguridad. Se consideraban diferentes al resto del mundo. Todas tenían problemas de sexualidad: insatisfacción en las relaciones o conductas sexuales extremas que iban de la promiscuidad al rechazo. La impotencia acudía siempre y la mayoría manifestaba un sentimiento de culpa: creían que podían haber hecho algo para evitar lo que les había ocurrido.

La intervención profesional de más de un año ayudó a generar un contexto de seguridad para ellas al incluir en el plan de trabajo un amplio espectro de la vida cotidiana: psicológico, económico, laboral, formativo y sanitario. Con el seguimiento individual por parte de la trabajadora social y la psicóloga se estableció un vínculo de confianza de las mujeres con las profesionales. En un momento del proceso se planteó que podrían beneficiarse de un abordaje grupal para reforzar el tratamiento individual, al considerar la semejanza de la sintomatología y las dificultades para establecer vínculos de confianza en sus relaciones. Las profesionales coincidimos en que hacía falta avanzar más. Una gran parte de sus dificultades radicaba en las relaciones interpersonales, en el aislamiento en que se encontraban; necesitaban un contexto de apoyo que reforzase el trabajo individual y un contexto grupal facilitaría trabajar esa dimensión social y relacional.

Por otro lado, las mujeres se sentían solas e incomprendidas en su problemática, diferentes de las demás personas. Pensamos que un grupo que les posibilitase el contacto con otras mujeres en situaciones similares, que permitiese compartir los efectos de sus vivencias traumáticas, podría ayudarlas en el proceso de recuperación y promover entre ellas ayuda, apoyo y confianza. No obstante, aunque veíamos ventajas con una intervención grupal, también teníamos muchos interrogantes: la primera duda se refería a si las mujeres aceptarían la propuesta, ya que la reserva y el secreto eran algo común a todas ellas. Aún más, temíamos hacerles daño. No sabíamos hasta qué punto podía ser excesivamente perturbador para las implicadas revivir sus experiencias. Tampoco queríamos dejarnos llevar por el victimismo y centrarnos solo en los problemas y las dificultades. Era necesario que compartieran cómo afrontar aquéllas, pero desde el reconocimiento y la potenciación de sus recursos. Sin obviar el pasado pero mirando al futuro.

Antes de iniciar el grupo se efectuó un proceso de reflexión, se consultó con otros profesionales, se buscaron experiencias similares (Harold Kaplan y Benjamin Sadock, 1996), se consultó bibliografía, se contactó con la Asociación para el asesoramiento y la prevención de abusos sexuales a menores (antes Fada, ahora llamada Viki Bernardet), que ha recibido el premio Ciutat de Barcelona por su trabajo en este tema. A medida que íbamos profundizando en él veíamos más clara la posibilidad de un grupo. Otros profesionales y el resto del equipo de servicios sociales nos dieron su apoyo en todo el proceso.

Selección y motivación a la participación

El proceso de selección se hizo entre las mujeres con las que se estaba trabajando individualmente y que se valoró que se hallaban en un momento personal en el que podrían beneficiarse de una intervención grupal. Estaban en proceso de cambio personal, de estabilización a nivel personal y familiar, de búsqueda de empleo o formación, en tratamiento médico psiquiátrico o en desintoxicación con largo período de abstinencia. Los criterios de inclusión consistían en:

a) ser mujeres de entre veinte y cuarenta años que hubieran sufrido abusos sexuales intrafamiliares;

b) estar en tratamiento de servicios sociales con la asistente social y la psicóloga;

c) tener motivación para afrontar las dificultades;

d) ser capaces de participar en un trabajo de grupo al poder hablar de la situación, escuchar y contener la expresión;

e) tener niveles de ansiedad aceptables y estabilidad física y psíquica.

Propusimos a las mujeres la posibilidad de un abordaje grupal complementario al individual y trabajamos con ellas los pros y contras de un grupo. Esta labor previa de motivación fue muy importante y, aunque demoró el inicio del grupo, fue imprescindible para que las mujeres lo vieran como un espacio de ayuda. La relación de confianza y compromiso que se creó con las profesionales ayudó a dar este paso realmente difícil para ellas. Desde el primer momento se les planteó que la participación en el grupo era totalmente voluntaria. Queríamos que la asistencia fuera una elección suya con el fin de no caer en un abuso de poder haciendo que se sintieran obligadas a participar. Llevó tiempo prepararlas para iniciar el grupo: aproximadamente unos cuatro meses. Para ellas suponía un gran esfuerzo porque temían revivir sus experiencias con los relatos de las otras mujeres y no querían recordar los hechos. También sentían vergüenza de hablar de todo aquello que tanto tiempo habían callado y ocultado; temían exponerse demasiado y ser dañadas nuevamente.

El grupo se planteó como un espacio de apoyo y confianza en el que las mujeres podrían compartir todo lo que les preocupaba en el momento actual y que identificaban que estaba relacionado con las vivencias sufridas. Insistimos en que nadie tendría que hablar de nada que no desease y que en todo momento se respetaría su ritmo. Las alentamos también a compartir las estrategias y capacidades que habían ido desarrollando para afrontar las dificultades. Era un grupo para ayudar y ser ayudadas. Como todas se hallaban en tratamiento médico o psiquiátrico, se les pidió que consultaran con sus especialistas sobre la idoneidad de participar.

Todas las mujeres seleccionadas aceptaron iniciar el grupo después del trabajo previo de motivación. Antes de empezar, las dos profesionales que íbamos a llevarlo hicimos una entrevista conjunta con cada una de ellas. Excepto con una, ambas interveníamos con todas en espacios de trabajo separados. En dicha entrevista conjunta se les explicó la metodología que utilizaríamos, enfatizando que en ningún caso se sentirían obligadas a hablar de nada que ellas no quisieran. También insistimos en la exigencia de confidencialidad. Ambos factores eran básicos para garantizar un espacio de seguridad y confianza. Recogimos, además, sus expectativas respecto al grupo: qué creían que podían aportar y qué esperaban de él. También les preguntamos acerca de los sentimientos que despertaba en ellas la participación en un grupo. Luego se concretaron cuestiones más prácticas como la disponibilidad de horario, días y lugar de reunión.

Criterios generales de funcionamiento

Aunque la experiencia se efectuó con seis participantes, este tipo de grupo podría aumentarse hasta un máximo de ocho, puesto que hay momentos de fuerte intensidad emocional y a un número mayor de participantes no se les proporcionaría la atención necesaria.

La intervención grupal duró dos cursos. El primero tuvo lugar de noviembre a junio y el segundo, de octubre a junio, y en ambos las sesiones fueron de una hora y media de duración. Durante el primer cuatrimestre se celebraron de forma semanal y posteriormente la periodicidad se estableció de modo quincenal. El tipo de grupo que enmarcó la intervención fue de ayuda psicosocial, pues se potenciaba que las participantes compartieran experiencias comunes en torno a su situación vital. Esta clase de grupo permite: dar y recibir ayuda emocional (apoyo, afecto, confianza, seguridad y consuelo) así como orientaciones y consejos; dar apoyo práctico en cuestiones tangibles de ayuda (acompañamientos entre ellas a visitas médicas o citaciones judiciales, ayuda con los hijos); mejorar la comprensión personal de lo que pasa, la posición personal y las diferentes formas de afrontar los problemas; estimular y permitir que las mujeres generen sus propias alternativas para favorecer la autonomía personal.

La elección del lugar de reunión del grupo se decidió conjuntamente con el equipo de profesionales de servicios sociales que conocían nuestro proyecto grupal y se acordó, dado el secretismo que rodeaba a las mujeres, la conveniencia de preservar su anonimato. Si el grupo se reunía en el centro, necesariamente tenían que utilizar espacios comunes como la recepción, la sala de espera o la de reuniones; cualquier otro profesional podría saber que se trataba de mujeres «del grupo de abusos». Para respetar su necesidad de confidencialidad «y no porque tuvieran que avergonzarse de la situación vivida» elegimos un centro cívico cercano en el que nadie sabía nada de las características del grupo, lo que proporcionaba a las participantes el nivel de anonimato que necesitaban. La sala en que nos reuníamos, de tamaño mediano, ventanas altas y paredes de color ocre, propiciaba un ambiente acogedor con pocos elementos de distracción.

La tarea de las profesionales responsables del grupo consistió en facilitarlo y conducirlo de manera flexible, mantener un clima cálido y de respeto en las relaciones interpersonales, garantizar la escucha y participación de todas las mujeres, promover la confianza, el apoyo y la comunicación para incrementar la cohesión del grupo. Se buscó también reforzar los sentimientos de eficacia personal, impulsar los puntos fuertes y capacidades de manejo, facilitar la expresión de emociones y sentimientos, manifestar empatía y comprensión por las emociones y experiencias que relataban, así como aportar reflexiones que posibilitasen marcos de referencia nuevos para entender lo sucedido.

Objetivos

Los objetivos generales del grupo de apoyo psicosocial a mujeres abusadas sexualmente son:

a) romper el aislamiento;

b) compartir el secreto;

c) conectar con otras mujeres que han vivido experiencias parecidas de maltrato y abusos;

d) promover vínculos de relación satisfactorios;

e) promover la ayuda social y emocional;

f) reforzar los recursos personales;

g) reforzar el sentimiento de competencia y control;

h) compartir la tarea de recuperación.

Los objetivos específicos son:

a) participar en las reuniones de grupo;

b) disminuir la ansiedad y la culpa;

c) aumentar la capacidad de escucha y expresión de dificultades, así como la mejora de la autoestima, desarrollando una autopercepción más positiva de sí mismas;

d) potenciar las narraciones;

e) reaumentar los contactos interpersonales entre las mujeres fuera del grupo y la relación de confianza y ayuda entre las participantes;

f) aumentar la capacidad de afrontamiento de las dificultades;

g) ampliar las experiencias laborales y formativas.

Encuadre del grupo y estructura de las sesiones

El grupo se inició con una introducción por parte de las conductoras en la que agradecimos la confianza de las mujeres y resaltamos el coraje y esfuerzo que sabíamos que, para ellas, suponía participar en el mismo. Explicamos que todas las implicadas habían sufrido abusos sexuales durante la infancia y que, de una forma u otra, todas seguían afectadas. Expusimos los beneficios de compartir esos efectos y de buscar estrategias para afrontar conjuntamente sus dificultades. Destacamos que se encontraban en un proceso de cambio personal y que la ayuda del grupo podía ser muy valiosa para alcanzar sus proyectos vitales. Insistimos en que se respetaría la intimidad de todas las participantes, en que en ningún momento sé forzaría a nadie a hablar de nada que no desease y en que se abordarían los efectos actuales del abuso en la infancia. Cada una de ellas se presentó al resto de participantes con los datos básicos que se habían pactado: nombre y apellidos, edad, estado civil, hijos y situación laboral.

Fue importante enmarcar el trabajo grupal que teníamos por delante para iniciar una labor en la cual estarían todas involucradas y en la que, implícitamente, habría un compromiso. Explicamos que se trataba de un grupo de ayuda en el que las reglas y los objetivos que quisieran conseguir serían establecidos por todas, de modo que la responsabilidad de buscar alternativas hacia las situaciones que se fuesen planteando sería compartida. Les pedimos que, en la medida de sus posibilidades, ayudasen a las otras mujeres en sus dificultades. Propusimos, además, unas normas de funcionamiento basadas en la confidencialidad, el respeto, la escucha y el no juzgar, para que se pudieran expresar con seguridad y confianza.

Serían ellas mismas quienes decidirían los aspectos que deseasen trabajar en el grupo, como ya habíamos acordado con todas individualmente. Cada una anotó en un papel cuáles eran los problemas relacionados con el abuso que más le preocupaban y en los que esperaba que el grupo le pudiera ayudar. Se apuntó también en una pizarra. La mayoría de las mujeres coincidió en que los problemas, en sus propias palabras, eran los siguientes: la ansiedad y el miedo permanentes; la sensación de que en cualquier momento les iba a pasar algo malo a ellas o a sus hijos; la inseguridad, el sentimiento de inferioridad, la vergüenza; la creencia de que cualquier persona podía reconocer lo que había pasado como si tuvieran «un letrero en la frente» o «una marca»; la desconfianza hacia la gente, especialmente hacía los hombres; los sentimientos de culpa, rabia y odio; la imposibilidad de mantener relaciones sexuales satisfactorias.

Al inicio de la sesión había mucha tensión y pánico a hablar públicamente del secreto; el acompañamiento por parte de las profesionales fue importante. Todas coincidían en que el episodio de abusos había marcado sus vidas y que tenían que resolver muchos problemas. Espontáneamente, tres de las mujeres explicaron algo de su caso. Al acabar la primera sesión les preguntamos cómo se habían sentido y si les parecía que el grupo podía serles de utilidad. Las mujeres comentaron que, aunque había sido muy duro para ellas, se encontraban más relajadas y también sorprendidas por la semejanza de las dificultades expresadas.

El eje de los contenidos del trabajo grupal se basó en las problemáticas relacionadas con el abuso que ellas habían planteado en la primera sesión. Mejorar esas problemáticas fue el objetivo individual del trabajo grupal.

Al principio de cada reunión se hacía un turno de palabra para que todas las mujeres pudieran expresar cómo se habían sentido después de la última sesión, si había quedado algún tema pendiente o algún compromiso con el grupo. Después les preguntábamos si existía alguna cuestión que quisieran plantear o explicar. No seguíamos un guión de temas prefijados sino que funcionábamos a partir de las vivencias y aportaciones que las implicadas desarrollaban en las sesiones. Las profesionales facilitábamos que el proceso de grupo permitiera una escucha y participación activa de todas las mujeres.

Acompañando la evolución del grupo, en algunas sesiones se introdujeron de manera puntual algunos ejercicios o fichas de trabajo para mejorar la percepción de competencia y la autoestima, y también para mejorar la resolución de problemas (Sindo Froufe, 1998; Matthew Mackay y Patrick Fanning, 1991). A su vez trabajamos en algunas reuniones con lecturas, noticias de periódicos y fichas de trabajo de Graciela Ferreira (1999) que hacían referencia al abuso sexual y sus consecuencias. Utilizamos, asimismo, fragmentos de películas que trataban el tema del abuso sexual en la infancia: *La sombra de la duda,* de Aline Iesserman (Francia, 1992); *Los límites del silencio,* de Tom McLoughlin (EE. UU., 2001); *La celebración,* de Thomas Vinterberg (Dinamarca, 1998). Al acabar las sesiones, realizábamos una síntesis de lo que se había tratado y finalizábamos siempre con ejercicios de respiración, relajación o visualizaciones, que permitían cerrar la jornada rebajando el grado de tensión emocional. También eran aplicables para controlar la ansiedad y afrontar las situaciones de estrés de la vida diaria.

Las dinámicas de dos años de grupo

En las primeras sesiones los ejercicios de respiración y relajación se utilizaron al inicio y al final de las mismas para rebajar el nivel de tensión. Las conductoras, al comienzo, facilitábamos el conocimiento, el intercambio y la comunicación entre las participantes. Las mujeres compartieron su situación vital, los cambios que habían iniciado, sus objetivos personales, sus preocupaciones y problemas. Las situaciones se planteaban de una forma superficial. Sus prioridades se basaban en las relaciones con sus parejas y con sus hijos y en la necesidad de tener estabilidad laboral.

Inicialmente, se dieron distintos niveles de participación. Las actitudes eran dispares, desde la pasividad, enojo o temor, hasta el interés. Las conductoras modelábamos la participación, siempre pendientes de la actitud de las participantes, reforzando o aplacando según el momento.

El tema principal de las primeras sesiones fue la relación con la pareja. Se repitió en muchas ocasiones a lo largo de todo el proceso grupal. Todas las mujeres, excepto una, habían tenido varias parejas y coincidían en que la primera de ellas había presentado características parecidas al abusador. Las relaciones posteriores habían sido menos conflictivas, pero complicadas e inestables igualmente. Manifestaban confusión de sentimientos hacia sus compañeros: necesitaban un hombre al lado pero no sabían explicar muy bien por qué. Precisaban más amistad y compañía que amor. Se sentían utilizadas sexualmente pero al mismo tiempo creían que no eran dignas de ellos; tenían la percepción de que sus parejas eran más pacientes que ellas, que se consideraban excesivamente exigentes. La baja autoestima y la creencia de su poca valía las conducía a esperar muy poco y a posponer sus necesidades ante la pareja.

La relación con los hijos fue también un tema prioritario. Excepto una de las mujeres, la mayoría tenía hijos o hijas de menos de diez años y muchas dudas sobre su capacidad como madres. Temían no ser capaces de protegerlos y que les pasase algo.

A medida que avanzaba la relación grupal, la comunicación y el intercambio entre las participantes se hacían más fluidos.

A través de las experiencias que aportaban aparecían patrones de conducta parecidos, aspectos comunes y dificultades compartidas que se relacionaban con el abuso sufrido. No todas las mujeres iban al mismo ritmo en el trabajo grupal, pero cada vez adoptaban un papel más activo y se mostraban más capaces de expresar al grupo sentimientos y emociones. Las dificultades para gestionar éstas últimas fueron planteándose en el grupo. Por una parte, expresaban sus problemas para dar salida a algunos sentimientos de tristeza y cariño como llorar y mostrar afecto y, por la otra, reacciones desproporcionadas a raíz de determinados sucesos o comentarios insignificantes ante los que se sentían especialmente vulnerables y que les provocaban respuestas desmesuradas de rabia y cólera. Por ejemplo, Fina nos contaba que tenía problemas con la gente a causa de sus impredecibles cambios de humor, después de los cuales se sentía muy confusa. Yolanda explicó que había agredido en varias ocasiones a su pareja y que había perdido varios empleos por enfrentamientos con sus compañeros y jefes.

En el grupo se abordaron situaciones y vivencias en las que se habían producido estas reacciones. Les pedíamos a las mujeres que dieran sus puntos de vista sobre cómo lo percibían, qué pensaban y qué emociones les provocaba todo aquello. Buscábamos otras alternativas de respuesta, otras formas de percibir las situaciones. Buscábamos comprender qué tipo de contextos provocaban esas reacciones para que pudieran anticiparse a ellas y plantear mecanismos de afrontamiento más asertivos. Las conductoras decíamos: «Es bueno expresar emociones, pero hay que canalizarlas para que no nos dañen a nosotros ni a los demás».

En varias sesiones se trató el sentimiento de vergüenza. Las mujeres se sentían sucias, distintas a los demás, rechazadas y al margen. Poder hablar abiertamente al grupo y hacer públicos los mensajes vergonzosos con los que se identificaban las ayudaba a reconducir las cuestiones relacionadas con su autoconcepto negativo. Les señalamos que el silencio y el secreto habían contribuido al aislamiento y habían fortalecido la opinión negativa que tenían sobre sí mismas. El silencio, no obstante, había tenido sentido en su infancia, pues resultaba una manera de evitar males mayores.

Se mostraban de acuerdo, decían «haber llevado una máscara», se habían defendido con una pantalla de cara al exterior para que nadie pudiera entrar en su realidad; para que nadie pudiera percatarse de la inseguridad, el dolor y el miedo interior.

En los primeros meses el intercambio de información sobre lo que les pasaba y saber que no eran únicas en sus síntomas, las ayudó a normalizar sus conductas. Se fomentaron las intervenciones de todas las mujeres para reflexionar y buscar formas de resolver situaciones. El propio grupo, con la ayuda de las profesionales, ofrecía instrumentos, nuevas alternativas, utilizando las propias experiencias y las distintas maneras de afrontar y percibir los problemas. La mayoría había tenido o tenía dificultades para dormir. Hablamos de las pesadillas recurrentes que las atormentaban desde pequeñas. Todas eran parecidas: un camino largo que, angustiosamente, nunca acababa o la caída en un pozo. Lo relacionaban con la sensación de peligro, de miedo y de persecución.

El miedo las había acompañado siempre. Coincidían en que habían pasado mucho en la infancia y siempre tenían la impresión de que podía suceder algo muy grave. Expusieron al grupo sus temores: a estar solas, a la oscuridad, a cerrar los ojos, a enloquecer, a los grupos de hombres. Compartían el modo de afrontarlos: dormir con alguna luz encendida, tener siempre puesta la radio o la televisión, poder contar con alguna persona en un momento de crisis. Casi todas dormían con sus hijas o hijos pequeños.

Señalamos que muchas de estas reacciones eran mecanismos que habían puesto en marcha años atrás para sobrevivir: la ansiedad, la rabia, el miedo, la desconfianza hacia los demás, el aislamiento. Tales reacciones habían tenido un sentido en su vida aunque en ese momento les provocaran muchas dificultades. La progresiva empatía y la aceptación mutua ayudaron a las mujeres a sentirse más seguras en el entorno grupal y empezaron a explicar su historia traumática. Durante las sesiones hubo momentos de mucha intensidad emocional en el grupo, tanto por parte de la mujer que comentaba su caso como de las que la escuchaban.

El papel regulador de las conductoras y el soporte del grupo fue básico. En estas reuniones se legitimó la expresión de las emociones a nivel grupal, se ayudó a ponerles palabras y se agradeció a cada una de las mujeres que había expuesto su historia la confianza hacia las demás. Las conductoras pedíamos la ayuda de todas para consolar a las más afectadas. La actitud era de comprensión, de ayuda y de consuelo; se dejaba un espacio de tiempo para reconfortar y relajar al grupo. Veamos el fragmento de una sesión:

> **Fina**: «Mi padre, a partir de los nueve años, me cambiaba por bebida con sus amigos; nadie me creía, yo era muy rebelde, me veía a mí misma como un demonio, perversa y malvada; me llamaban loca, me ingresaron en un psiquiátrico, recuerdo haber tenido alucinaciones. Allí pude empezar a hablar de lo que me pasaba».
> **Yolanda**: «Mi padre era alcohólico, nos maltrataba a todos; cuando mi madre se quedaba embarazada la enviaba al pueblo y mantenía relaciones conmigo; cuando mi madre volvía me pegaba porque decía que yo le había provocado».
> **Teresa**: «Todo empezó como un juego, yo era pequeña y no entendía lo que pasaba, confundía el sexo con la intimidad y el afecto; con el tiempo me di cuenta de que eso no era normal y empecé a sentir vergüenza, empecé a aislarme en el colegio».

A partir de la verbalización personal de la propia experiencia traumática, las mujeres empezaron a conectar presente y pasado, empezaron a hablar de sus sentimientos actuales hacia el abusador, de la relación que mantenían con él y con otros miembros de la familia. En esa etapa compartieron también cómo fue la salida del ámbito familiar y las primeras experiencias de pareja. La mayoría se había ido de casa siendo muy joven y sus primeras relaciones de pareja habían terminado en situaciones de violencia; incluso dos mujeres habían ejercido la prostitución. Por ejemplo, Isabel explicó que a los dieciocho años huyó de casa con un hombre alcohólico mayor que ella. Decía haber permanecido diez años fuera del mundo de la gente «normal», sin estabilidad laboral, viviendo en la calle algunas temporadas. Después de esta experiencia siempre había estado con hombres viejos; no sabía por qué pero necesitaba un hombre al lado. Nunca había querido tener hijos.

En esta fase del grupo se desarrolló un fuerte sentimiento de pertenencia: las mujeres se mostraban orgullosas de pertenecer al grupo; ese sentimiento les daba fuerza, tenían a alguien a quien recurrir. Otro de los temas que se trataron fue la ansiedad permanente. Las participantes expresaron que los primeros síntomas de ansiedad empezaron al salir del ámbito familiar. Los recuerdos las torturaban. Se habló de los síntomas físicos de la ansiedad, de lo que los provocaba, de lo que habían hecho y lo que hacían para mitigar tales síntomas. Algunas habían utilizado drogas o tranquilizantes para borrar esos recuerdos; otras, conductas compulsivas. Explicaron sus crisis más importantes y el seguimiento médico de ese momento (dos de las mujeres habían sufrido un intento de suicidio años atrás). Los ejercicios de relajación y visualizaciones que se practicaban en el grupo les hacía bien. La falta de confianza en la gente en general, pero especialmente en los hombres, era algo común a todas ellas. Yolanda relató que había tenido muy mala suerte con las amistades. Las demás coincidieron en que tenían pocas amigas; algunas opinaban que la gente las había decepcionado y otras pensaban que eran ellas quienes se habían aislado.

Les señalamos que era normal desconfiar después de lo que habían pasado, pero que no podían vivir sin relaciones; debían revisar las que habían vivido con los demás. Contaron a las otras mujeres experiencias de vínculos con distintas personas, con quién habían tenido confianza y con quién no, en el presente y en el pasado. Se las instó a buscar recuerdos positivos sobre alguna persona en la que hubiesen podido confiar para encontrar lo que les hubiera aportado.

Algunas creían que era su actitud de víctimas y su dificultad poniendo límites la que provocaba que determinados sujetos se aprovechasen de ellas y las hacía caer en situaciones repetitivas. Todas aportaban alguna experiencia al respecto; reconocían que, a pesar de sus conflictos, podían cambiar algo en su forma de actuar que permitiese modificar lo que estaba pasando en relación a los otros. Hablar les quitaba la angustia y las ayudaba a encontrar nuevas formas de mirar los problemas y afrontarlos.

Todas valoraban la necesidad de formarse para tener un empleo estable, pero surgían dificultades. Por ejemplo, Isabel había tenido problemas de ansiedad desde que comenzó un curso de técnicas comerciales; Julia estaba preparando unas oposiciones y no podía concentrarse; Olga y Fina siempre habían sido malas estudiantes y debían hacer un gran esfuerzo; Yolanda decía hallarse colapsada con sus hijos. No obstante, se estimulaban unas a otras para seguir adelante, se animaban y se daban apoyo.

Respecto a la maternidad, excepto Isabel, que nunca había querido hijos «para que no pasaran por lo que yo he pasado», para el resto de las mujeres había sido muy gratificante; era uno de los motivos para seguir viviendo y uno de los únicos vínculos seguros de afecto que poseían. Reconocían no ser demasiado normativas y sí muy protectoras. Los hijos e hijas tenían también muchos miedos, como sus madres, y éstas se preguntaban si se los habrían transmitido. Isabel opinaba que no se podía tener un hijo para satisfacer sus necesidades emocionales. Para ella resultaba fundamental tener una estabilidad en este aspecto y en el económico antes de ser madre. También creía que, si lo fuese, se convertiría en una demasiado protectora.

Hablaron de la necesidad de poner límites a sus hijos e hijas. Explicaron cómo fueron sus madres a la hora de ponérselos a ellas. Yolanda recordaba las normas de la época del internado: su madre solo le pegaba cuando molestaba. Fina hacía lo propio con las estrictas reglas de su madrastra. Las demás no se acordaban de ello; pero sí del miedo cuando el padre estaba borracho. A casi todas las mujeres, desde el ámbito escolar, las habían orientado a buscar atención y tratamiento para sus hijos e hijas en el centro de psicología infantil y juvenil del barrio, por temas de hiperactividad, enuresis y encopresis.

Al finalizar el primer año se habló en una de las sesiones sobre las relaciones sexuales. Era un tema que siempre se apuntaba pero del que les costó decir algo. Una crisis de pareja de una de las mujeres lo propició. Ninguna de ellas tenía relaciones sexuales satisfactorias con la suya. Los *flashbacks* y el recuerdo del abusador eran recurrentes. Para ellas el sexo no representaba un complemento de la pareja: amor y sexualidad no iban juntos.

Isabel explicó que durante años había estado buscando algo a través de muchos contactos sexuales sin saber exactamente lo que era. La fantasía de dominante y dominado se hallaba siempre presente en sus relaciones. Julia había sido muy promiscua en el instituto. Sabía que la criticaban pero ella sentía que se aprovechaba de los chicos. Hasta hace poco, cuando se encontraba muy ansiosa buscaba contactos sexuales a través de Internet. Su marido lo sabía pero lo toleraba. Fina había conseguido alguna relación sexual satisfactoria únicamente con la última pareja.

En relación al sexo todas se mostraban de acuerdo en reconocer que era importante hablar con la pareja de sus dificultades, de sus deseos, y a pesar de que la mayoría no lo había hecho, se propusieron intentarlo. Julia decía que en el sexo todo era relativo: «Cada uno se lo monta como puede». Consideraba que hablar con la pareja de lo que le gustaba y lo que no , era necesario, e igualmente hacer cosas nuevas, intentarlo, usar la imaginación. Fina decía que esto último le parecía imposible, ya que le invadían los recuerdos del abusador.

La valoración del primer año del grupo fue positiva. Todas coincidían en que querían continuar el grupo el curso siguiente; el grado de satisfacción era alto. La asistencia durante este tiempo se mantuvo con regularidad, excepto la de Teresa, que había empezado a trabajar y faltó a muchas sesiones.

A la pregunta sobre qué les había aportado el grupo, consideraban que les había dado fuerza, autoestima, estabilidad y apoyo, deseos de mejorar, más tranquilidad, mejor relación con la pareja y los hijos y también que rebajaba su ansiedad. Se les preguntó qué habían modificado gracias al grupo; creían haber mejorado en el manejo de emociones, podían expresar más afecto con la pareja y los hijos, poseían más control de los cambios de humor, menos ansiedad y menos dolores de cabeza. Se sentían más valoradas. Haber identificado los problemas las ayudaba a superarlos.

Para el segundo año del grupo las mujeres habían empezado a realizar transformaciones vitales importantes, ya fuera de vivienda, de trabajo, o bien una separación. Siguieron abordando los mismos temas que el primer año, pero el nivel de confianza entre ellas aumentaba cada vez más: se veían capaces de tolerar los temas que surgían y se apoyaban mutuamente. Expresaron que querían hablar más de lo que había sucedido, de su historia familiar, de su relación con el abusador y con los otros miembros de la familia. Necesitaban entender, darle un sentido a los hechos acaecidos; casi todas habían pensado durante años que habían sido ellas quienes habían provocado la situación, que habían tenido la culpa.

Se dedicaron varias sesiones a las narraciones personales, de manera que las mujeres pudieran hablar públicamente de lo que necesitaban sobre su historia vital: sucesos, personajes, emociones. Durante éstas, las conductoras seguimos respetando su ritmo. La mayoría de las participantes no entró en detalles sobre la agresión. El hecho de compartir sus vivencias con las demás las ayudó cada vez más a comprender sus comportamientos y reacciones en esa época y a rebajar los sentimientos de angustia y de culpa. Al conectar presente y pasado se daban cuenta de las facultades psicológicas que habían sido dañadas o deformadas por una experiencia tan traumática (confianza, competencia, intimidad).

Respecto a los sentimientos actuales hacia el abusador, excepto Yolanda, que solo podía sentir odio y deseos de venganza, las demás reconocieron que tenían sentimientos contradictorios de asco, odio, pena, impotencia o afecto. Dos de las mujeres del grupo habían vivido una relación muy ambivalente con el abusador, ya que por muerte y enfermedad de la madre no tenían a nadie más, y expresaban sentimientos muy intensos y contradictorios hacia él, y mucha culpa hacia sí mismas. Teresa, por ejemplo, dijo: «Mi madre era una mujer débil y enferma, cualquier disgusto podría haberla matado; mi padre me decía que solo me tenía a mí, me hacía muchos regalos y me trataba muy bien». Fina, por su parte, relató cómo lloró por la muerte de su padre, pero a la vez el gran descanso que significó para ella porque «era el único que me había querido, aunque también me había hecho mucho daño».

Les propusimos que escribieran una carta dirigida al abusador en la que pudieran explicarle lo que todavía les dolía. Se trataba de una tarea a nivel individual, para trabajar en privado y a su ritmo y no para leer públicamente, aunque manteniendo el compromiso de hacerla colectivamente. Al compartir las distintas narraciones, las conductoras señalamos cómo en todos los casos el agresor ejercía un control sobre la víctima, ya fuera por chantaje afectivo, intimidación o utilización de la violencia.

El rasgo que presentaban en común todas las familias de las mujeres del grupo era que no habían sabido protegerlas. En general, todas manifestaban mucho resentimiento hacia la madre por no ver o no creer; o hacia los otros familiares por no haberlas salvaguardado. Las mujeres explicaron sus experiencias. Fina dijo: «No podía escapar, me llevaba con él a los bares, me vendía a cambio de bebida; mi madrastra insistía para que me fuera con él porque así la dejaba tranquila». Y Julia declaró: «Cuando venía a mi habitación yo intentaba hacer ruido para que mi madre nos oyera, pero ella nunca nos oyó». Mientras que Yolanda manifestó: «Mi madre nunca me quiso ni me protegió».

En una sesión utilizamos fragmentos de la película *La sombra de la duda,* que ayudó a reflexionar sobre las reacciones que presentaban ante un abuso tanto los miembros de una familia como una niña en una situación tan extrema. Sirvió para reflexionar especialmente sobre las pocas opciones de los menores en estas circunstancias. En otras sesiones introdujimos materiales que aportaban conocimientos sobre el tema o lecturas cortas de noticias que sacábamos de los medios de comunicación. Todo el material complementario permitía a las mujeres percatarse de que no eran únicas y de que el abuso sexual era un tipo de maltrato que afectaba a muchas personas, pero que, en la mayoría de los casos, se ocultaba. Así podían llegar a entender lo que les estaba pasando, los puntos débiles de su recuperación y a constatar que, a pesar de todo, muchas se habían recuperado. Estos materiales les recordaban que no habían sido responsables del abuso ni de los efectos que, a largo plazo, habían influido en su conducta.

A partir del mes de marzo del segundo año, el grupo se centró en el presente. Insistimos en que, después de todo lo que habían superado durante aquel tiempo, serían capaces de seguir avanzando. No podían cambiar el pasado, pero sí la manera de mirarlo. Por ejemplo, Julia dijo: «Nunca podremos olvidar lo que ha ocurrido pero hay que superarlo». Isabel, por su parte, comentó que lo que sucedió en la infancia había influido mucho en su vida pero que ya no guardaba rencor, ni sentía odio o crispación. Creía que su padre era un enfermo y que la enfermedad le venía de su propia madre. Durante muchos años había vivido sin rumbo, buscando algo que no sabía identificar, pero en ese momento solo quería mirar hacia delante.

En general, se vislumbraba en las mujeres un cambio perceptible respecto a su capacidad para dirigir su propia vida. Eran conscientes de que el trabajo de recuperación no había acabado, de que muchas tenían temas pendientes para seguir profundizando en ellos, pero, sobre todo, de que era necesario continuar hacia delante buscando estrategias para conseguir sus objetivos.

Evaluación y resultados

La evaluación tiene dos aspectos: la percepción de las participantes sobre la satisfacción y utilidad del grupo y los indicadores de cambio personal sobre las dificultades iniciales con las que acudieron al servicio. La primera se realizó en las dos últimas sesiones, en las que les pedimos a las mujeres que valorasen en qué las había ayudado el grupo.

Así, manifestaron que el grupo les había aportado orientación, apoyo, protección y bienestar. Hablar sobre el abuso y sus consecuencias supuso romper el secreto y el sentimiento de aislamiento. Había una sensación general de liberación por haber podido compartir socialmente vivencias y sentimientos que habían guardado durante mucho tiempo. El grupo había proporcionado un espacio de tolerancia y comprensión en el que no se sentían juzgadas ni cuestionadas; les había permitido bajar las defensas para abrirse a otra forma de relación basada en la comprensión y la confianza, favoreciendo el establecimiento de vínculos positivos. Restablecer estos vínculos posibilitó que abordaran los sentimientos de vergüenza y que desarrollaran un concepto más positivo de sí mismas. Todas consideraban que el grupo había contribuido mucho a la reducción de su ansiedad, angustia, tensión y confusión. El hecho de saber que no se encontraban solas y que otras mujeres habían pasado por situaciones similares dotaba de reconocimiento y validaba la experiencia traumática que habían sufrido ellas, vinculando sus puntos débiles con el abuso padecido.

Relatar, compartir narraciones y reflexionar sobre éstas conjuntamente permitió entender mejor sus procesos personales. Constatar, con la ayuda del grupo, que la responsabilidad había sido del agresor y que ellas habían sido víctimas inocentes de un abuso de poder o de una manipulación afectiva, rebajó el sentimiento de culpa. Se extendió un sentimiento general de compromiso: se producían intercambios mutuos y recíprocos que las movía a compartir una responsabilidad por el bienestar de las demás. La incorporación a un proceso de ayuda mutua, transfirió a todas las mujeres la responsabilidad del cambio en vez de hacerlo a las profesionales, lo que provocó una mayor percepción de competencia y control. Se creó un clima cordial donde se enfatizaban los aspectos positivos y las posibilidades de transformación. Las mujeres aseguraban sentirse más competentes al descubrir sus propios recursos y capacidades, lo cual las ayudaba a convertirse en sujetos activos de su propia historia y a romper con la impotencia y el victimismo.

Hubo cambios manifiestos a nivel personal y social. Las participantes habían acudido al centro por dificultades de inserción laboral, precariedad económica, precariedad de vivienda, problemática de pareja, dificultades de relación con los hijos o de relación en general. Después del proceso completo todas, excepto una, encontraron un empleo que mantuvieron transcurrido un año. Pasaron de manifestar problemas de pareja y dificultades de relación con los hijos a tener una situación más estable. Una de ellas se separó, las demás decían haber mejorado la comunicación y rebajado el nivel de tensión. Cuatro mujeres cambiaron de domicilio y de barrio como consecuencia de una mayor estabilidad económica y personal.

El grupo no representó el final del proceso terapéutico. Algunas participantes continuaron su proceso de crecimiento personal: una siguió en un grupo de agorafobia; tres continuaron llevando a sus hijos al centro de salud mental infantil y juvenil y otra conectó con la asociación de mujeres agredidas sexualmente.

A las profesionales nos ayudó a comprender y trabajar de manera más competente con las mujeres cuando el abuso sexual se hace presente.

Conclusiones

La lucha por una vida libre de violencia para las mujeres es una carrera de fondo en la que los grupos son escenarios imprescindibles y privilegiados para el cambio social e individual. Las intervenciones con grupos instrumentales, ya sea desde niveles de sensibilización, prevención, detección, atención o rehabilitación, resultan cruciales; sobre todo si consideramos sus buenos resultados, su eficacia y su rentabilidad en todos los ámbitos de intervención y que alcanzan a todos los protagonistas de la violencia sexista de pareja: mujeres, madres, hijos, hijas y también a quienes la ejercen.

Las sociedades son cada vez más conscientes del problema de la violencia sexista hacia las mujeres y aplican medidas para atajarla. En el panorama americano y europeo las leyes desarrolladas en el territorio español han aparecido con algunos años de retraso pero a la vez han sido reconocidas por avanzadas. Nosotras también las celebramos porque han ido más allá de la sanción legal de la violencia, destacando sus obligaciones para la atención a sus supervivientes, la prevención educativa y la rehabilitación de los violentos. No obstante, las políticas deben ser consecuentes con tales objetivos y aún falta muchísimo por hacer.

La realidad es tozuda. La demanda de atención a la violencia sexista ha aumentado recientemente y continuará. Las mujeres se informan y acuden más —y antes— a solicitar la ayuda profesional; es evidente que la sola denuncia no es suficiente para su liberación y recuperación. La atención a los hijos e hijas de esta violencia es acuciante, por su seguridad y para prevenir nuevas víctimas y victimarios. En el ámbito masculino se debate la eficacia de las medidas de tratamiento para los hombres que ejercen violencia. Las peticiones de prevención y detección han aumentado por la clara conciencia de que solamente desde la prevención y la educación se ganará la batalla a largo plazo. Las diferentes violencias sexistas son cada vez más nombradas y castigadas públicamente: abuso sexual, acoso sexual laboral, tráfico y explotación sexual, entre otras. Dar alcance a la amplitud real de este problema exige voluntad y lucha política pero también instrumentos y estrategias para abordarlo. Y ahí es donde entra la intervención profesional con grupos.

Para los y las profesionales, la violencia de género es un tema candente porque nos toca de cerca. En eso no somos diferentes al resto de la población. Dejando de lado épicas de ficción, la reacción natural ante la violencia es el miedo. Y esta violencia tan paradójica, que afecta a las relaciones íntimas afectivas acompañada de impunidad y castigos patriarcales, genera rechazos, parálisis o huidas bien disfrazadas; en nuestro caso, técnicamente. Es imprescindible tomar conciencia de estas reacciones para detectar la violencia oculta y aprovechar las formaciones que recibimos o debemos recibir.

La mirada de género es consustancial a la violencia contra las mujeres. La perspectiva de género no es una opción ideológica: es una herramienta imprescindible para conseguir buenos resultados y socavar los cimientos de la violencia sexista. Obviar la crítica a la influencia del sistema patriarcal en nuestras vidas, relaciones, identidades, ideas y afectos es malgastar esfuerzos, porque su resultado es el mantenimiento de una sociedad que legitima no solo la desigualdad sino el uso de la violencia más y menos grave para mantenerla. Las mujeres estamos implicadas en la lucha por la erradicación de aquélla mientras los hombres, en su mayoría, miran hacia otro lado o dejan hacer pero apenas se implican en el cuestionamiento de la violencia y en la constante lucha por vivir en libertad e igualdad.

La intervención grupal es siempre un reto: a veces complicado pero siempre creativo y gratificante. La dinámica es única en cada momento, cada sesión, cada edición, aunque contiene constantes que permite reproducir y formarse. Las intervenciones en y con grupos instrumentales constituyen sólidas estrategias de abordaje de la violencia sexista. A lo largo de estas páginas hemos explicado la creación de diversos escenarios grupales entendidos de diferentes maneras y formatos según contextos, objetivos, profesionales y equipos. Los retos que tenemos por delante consisten en sistematizar su evaluación para dar cuenta de esta técnica y aumentar sensiblemente su investigación, tanto de resultados como de procesos, con el objetivo de afinar en precisión y rigurosidad en un futuro.

Queda mucho por hacer. Deseamos, una vez más, que este libro constituya una semilla fértil que contribuya, desde la responsabilidad profesional, a la libertad de las mujeres y a la liberación de los hombres de las ataduras de la violencia.

Bibliografía del capítulo 1

Albarracín, M., Alemany, R., Gabarró H., Garriga, R., Hernández, M., Jorba, R., Lligades, M., Masip, J., Paíno, M., Pérez, A., Roca, N. y Saiz, M. (2007). *Protocol·lització de la intervenció grupal amb dones que pateixen o han patit violència de gènere.* Barcelona: Ajuntament de Barcelona.

Amnistía Internacional (2001). *Cuerpos rotos, mentes destrozadas. Tortura y malos tratos a mujeres.* Madrid: Amnistía Internacional España.

Amnistía Internacional (2004). *Con la violencia hacia las mujeres no se juega.* Madrid: Amnistía Internacional España.

— (1975). *Report on torture.* Londres: Gerald Duckworth and Co.

Arroyo Fernández, A. (2002). Mujer maltratada y trastorno de estrés postraumático. En *Revista de Psiquiatría de la Facultad de Medicina de la Universidad de Barcelona*, 29 (2), pp. 77-82.

Artacoz, L. y Micás, M.R. (2007). La atención directa desde la perspectiva de género. Associació Acció contra la violència doméstica. Ponencia presentada en el Simposium Internacional «Violència vers les Dones: Recuperació i Creences». Universitat de Barcelona y Universitat Autònoma de Barcelona.

Barea, C. (2004). *Manual para mujeres maltratadas que quieren dejar de serlo.* Barcelona: Océano Ámbar.

Beck, A.T. y Steer, R.A. (1990). *Manual for the Beck Anxiety Inventory.* San Antonio: The Psychological Corporation.

—, — y Brown, G.K. (1996). *Manual for the Beck Depression Inventory.* San Antonio: The Psychological Corporation.

Bednar R.L. y Kaul T.J. (1994). Experiential group research: can the cannon FIRE. En Garfield, S. y Bergin, A. (Ed.) *Handbook of psychotherapy and behavior change.* Nueva York: Wiley.

Bonino, L (2005). *La violencia masculina en la pareja.* Madrid: Museo Nacional de Arte Reina Sofía. [Publicado en cárcel de amor: http://www.carceldeamor.net/]

Bosch, E. y Ferrer, V.A. (2002). *La voz de las invisibles. Las víctimas de un mal amor que mata.* Madrid: Cátedra.

Bowers, C.A., Weaver, J.L. y Morgan B.B. (1996). Moderating the performance effects of stressors. En Driskell, J.E. y Salas, E. (Ed.) *Stress and human performance.* Mahwah: Erlbaum.

Brownsmiller, S. (1981). *Contra nuestra voluntad: hombres, mujeres y violación.* Barcelona: Planeta.

Calle, S. y Pérez-Portabella, M. (1999). Una perspectiva psicosocial y de género en el trabajo grupal con mujeres. En *Salud mental y mujeres.* Barcelona: Colegio Oficial de Psicólogos y Centre d'Higiene Mental de Cornellà.

Cantera, L. (1999). *Te pego porque te quiero. La violencia en la pareja.* Barcelona: UAB.

— (2004). *Más allá del género. Nuevos enfoques de nuevas dimensiones y direcciones de la violencia en la pareja.* Tesis Doctoral. Barcelona: Universitat Autónoma de Barcelona.

— (2005). Violencia en la pareja: espejo del atropello, deconstrucción del amor. En L. Cantera (Eds.) *La violència a casa.* Barcelona: Fundació Caixa Sabadell.

— (2007). Violencia de género. Nuevos desafíos para la investigación y la intervención. Ponencia presentada en el Simposium Internacional «Violència vers les dones: recuperació i creences». Universitat de Barcelona. Universitat Autònoma de Barcelona.

Carcedo, A. y Molina, G. (2003). *Mujeres contra la violencia. Una rebelión radical.* San José C.R.: Cefemina.

Carmona, L., Chavarrías, A., Foissin, L., García, M., Masià, B. y Villar, C. (2000). *Vincula't. Materials per treballar amb dones maltractades.* Barcelona: Diputació de Barcelona, Oficina Tècnica del Pla d´Igualtat.

— (2001). Intervención con la mujer traumatizada víctima de la violencia de género. Ponencia presentada en el seminario organizado por el Centro Exil de España y Bélgica. Barcelona.

De Miguel, A. (2006). La violencia contra las mujeres: tres momentos en la construcción de un marco feminista de interpretación. En *Isegoría*, 38, pp. 129-137.

Enquesta de Violència Masclista de Catalunya (2010). Barcelona: Consellería d'Interior. Generalitat de Catalunya.

Escudero, A. (2008) «La lógica del síndrome de alienación parental de Gardner (SAP): «terapia de la amenaza». En *Revista de la Asociación Española de Neuropsiquiatría,* vol. XXVIII, 102, pp. 283-305

Ferreira, G. (1992). *Hombres violentos. Mujeres maltratadas.* Buenos Aires: Sudamericana.

— (1998). *Manual de capacitación y recursos para la prevención de la violencia familiar.* Buenos Aires: Asociación Argentina de Violencia Familiar.

Forsyth, D.R. (2001). Therapeutic groups. En Hogg, M.A. y Tindale, A.S. (Eds.) *Group processes. Balckwell Handbook of Social Psychology, vol. 2.* Londres: Blackwell.

Fuentes-Ávila, M. (1993). *Psicología social del grupo. Investigación y desarrollo de teorías.* México: Benemérita Universidad de Puebla. Universidad de la Habana.

Garreta, M. (2005). Dificultats en l'experiència d'acompanyar en el dia a dia. En Cantera, L. (Eds.), *La violència a casa.* Sabadell: Fundació Caixa Sabadell.

Gazda, M.G. (2001). Group dynamics: prevaling group forces. En Gazda, G.M., Ginter, E.J. y Horne, A.M. *Group counseling and group psychotherapy.* Massachusets: Allyn and Bacon.

Gil Ambrona, A. (2008). *Historia de la violencia contra las mujeres.* Madrid: Cátedra.

Gismero, Elena (2000). *EHS: Escala de Habilidades Sociales.* Madrid: TEA Publicaciones de Psicología Aplicada.

González, M.P. (1991). *La educación de la creatividad.* Tesis Doctoral. Barcelona: Universitat de Barcelona.

— (1995). *Orientaciones teóricas fundamentales en psicología de los grupos.* Barcelona: EUB.

— (1996). *Psicología de los grupos. Teoría y aplicación.* Madrid: Síntesis.

Harway, M. (2001). Intimate Partner Abuse and Relationship Violence. Washington D.C.: APA. [www.apa.org/pi/women/programs/violence/partner-violence.pdf]

Hudson, W.W. y MacIntosh, S.R. (1981). The assesment of spouse abuse: Two quantifiable dimensions. En *Journal of Marriage and the Family,* 43, 4 , pp. 873-888.

Kaul, T.J. y Bednar, R.L. (1986). Experiential group research: results, questions and suggestions. En Garfield, S. y Bergin, A. (Eds.). *Handbook of psychotherapy and behavioral change: an empirical analysis*. Nueva York: Wiley.

Kivlighan, D.M. y Holmes, S.E. (2004). The importance of therapeutic factors: a typologie of therapeutic factors studies. En DeLucia-Waack, J.L., Gerrity, D.A., Kalodner C.R. y Riva M.T. (2004). *Handbook of group counseling and psychotherapy*. Thousands Oaks: Sage.

— y Mullison, D. (1988). Participants' perception of therapeutic factors in group conseling: the role of interpersonal style and stage of group development. En *Small Group Behavior*, 19, pp. 452-468.

Kurtz, L.F. (1997). *Self-help and support groups. A handbook for practitioners*. Londres: Sage.

Landenburger, P.D. (1989). A process of entrapment in a recovery from an abusive relationship. En *Issues in Mental Health Nursing*, 10, pp. 209-227.

Landerburger, K. (1993). Exploration of Women's Identity: Clinical approaches with abused women. En *Whonn's Clinical Issues in Perinatal and Women's Health Nursing*, 4 (3), pp. 378-584.

Lewin, K. (1951). *Field Theory in Social Science: selected theoretical papers (Edited by Dorwin Cartwright)*. Oxford: Harpers.

Lieberman, M.A., y Videka-Sherman, L. (1986). The impact of self-help group on the mental health of widows and widowers. En *Journal of Orthopsychiatry*, 56, 3, pp. 435-449.

López-Yarto, L. (1997). *Dinámica de grupos*. Bilbao: Descleé de Brouwer.

Lorente, M. (2001). *Mi marido me pega lo normal*. Barcelona: Ares y Mares.

— (2004). *El rompecabezas. Anatomía del maltratador*. Barcelona: Ares y Mares.

Lozoya, A. (2000). *Violencia masculina contra las mujeres. Hombres por la igualdad*. Jerez: Ayuntamiento de Jerez.

Macroencuesta sobre violencia de género (2006). Madrid: Instituto de la Mujer. Ministerio de Igualdad.

Marziali, E., Munroe-Blum, H. y McCleary, L. (1997). The contribution of group cohesion and group alliance to the outcome of group psychotherapy. En *International Journal of Group Psychotherapy*, 47, pp. 475-497.

Meza de Luna, M.E. (2010). *Estereotipos de violencia en el conflicto de pareja. Construcciones y prácticas en una comunidad mejicana*. Tesis doctoral dirigida por Leonor M. Cantera Espinosa. Barcelona: Universitat Autònoma de Barcelona.

McRoberts, C., Burlingame, G.M. y Hoag, M.J. (1998). Comparative efficacy of individual and group psychotherapy: a meta-analytic perspective. En *Group Dynamics: Theory, Research and Practice*, 2, pp. 101-117.

Meyer, T.J. y Mark, M.M. (1995). Effects of psychosocial interventions with adult cancer patients: A meta-analysis of randomized experiments. En *Health Psychology*, 14, pp. 101-108.

Millet, K. (1995). *Política sexual*. Madrid: Cátedra.

Molas, D. (2007). *Violencia deliberada. Las raíces de la violencia patriarcal*. Barcelona: Icaria.

Musitu, G., Gracia, E. y Herrero, J. (2002). Cuestionario de apoyo social percibido. Musitu, G., Gracia, E. y Herrero, J. *Evaluación de recursos y estresores psicosociales en la comunidad*. Madrid. Síntesis.

ONU (2006). *Estudio a fondo sobre todas las formas de violencia contra la mujer*. Asamblea General. Nueva York: Organización de Naciones Unidas.

Pérez, P. (Ed.) (2009). *Origen histórico de la violencia contra las mujeres*. Madrid: Dilema.

Petrovsky, A.V. (1986). *Teoría psicológica del colectivo*. La Habana: Editorial de las ciencias sociales.

— (1985). Some new aspects of the developement of the Stratometric concept of groups and collectives. En *Soviet Psychology*, 23 (4), pp. 51-67.

Posluszny, D.M., Hyman, K.B. y Baum, A. (1998). Group interventions in cancer: the benefits of social support and education on patient adjustment. En Tindale, R., Heath, L., Edwards, J., Posavac, E., Bryant, F. Suárez-Balcazar, Y.,

Henderson-King, E. y Myers, J. (Eds.), *Theory and research on small groups*. Nueva York: Plenum.

Ramos, E. (2007). Intervención y tratamiento en víctimas de violencia y sus creencias con perspectiva de género. Ponencia presentada en el Simposium Internacional «Violència vers les dones: recuperació i creences». Universitat de Barcelona y Universitat Autònoma de Barcelona.

Riera, C., Pascual, J. y Vidauzárraga, E. (2005). *Grupos de manipulación psicológica en Cataluña. Situación y conceptos.* Barcelona: Atención e Investigación de Socioadicciones (AIS) y Desenvolupament Comunitari (DC).

Rinfret-Raynor, M. y Cantin, S (1997). Feminsit Therapy for battered women. En Kantor, G. y Jasinski, J. *Out of darkness. Contemporary perspectives on familly violence.* Thousand Oaks: Sage.

Roca Cortés, N. (1996). *Context grupal i actituds creatives en el procés d'innovació.* Tesis Doctoral. Barcelona: Universitat de Barcelona. [http://www.tesisenxarxa.net/]

— (1998). Perfiles de grupalidad en unidades laborales de organizaciones burocráticas de servicios. En *Revista de Psicología Social*, (13) 2, pp. 269-277.

— (2001a). Grupos mediadores de la innovación profesional: estudio comparativo de procesos. En *Revista de Psicología Social*, 16 (2).

— (2001b). Cambios en la actividad grupal de las fases de una innovación profesional. En *Revista Psicologia: Trabalho e Organizaçoes*, 1 (1).

— (2003a). *Apuntes para una historia de las aplicaciones de la psicología de los grupos: investigación e intervención.* Comunicación presentada en el VIII Congreso Nacional de Psicología Social. Málaga.

— (2003b). Revisión y retos de la investigación grupal en el ámbito psicosocial. Comunicación presentada en el VIII Congreso Nacional de Psicología Social. Málaga.

— (2004). Método de intervención y evaluación de la dinámica de grupo. En Pérez Calvo, R.M. y Sáez Cárdenas, S. *El grupo en la promoción y educación para la salud.* Lleida: Editorial Milenio.

—, Espín, J., Rosich, M., Cantera, L. y Strey, M.N. (2005). Cambio de creencias e intervención en mujeres que sufren maltrato. En *Revista Eliminar obstáculos para alcanzar la igualdad*, 1, pp. 143-156. Revista electrónica. Castelló de la Plana: Fundación Isonomía. Universitat Jaume I.

—, Paíno, M., Albarracín, M., Córdoba, L. y Espín J. (2007). *Treball grupal i violència sexista. Observatori Social.* Barcelona: Ajuntament de Barcelona.

Rodríguez-Carballeira, A. (1992). *El lavado de cerebro. Psicología de la persuasión coercitiva.* Barcelona: Editorial Boixareu Universitaria.

—, Porrúa, C., Almendros, C., Escartín, J. y Martín-Peña, J. (2007). Elaboración de un nuevo instrumento para evaluar el abuso psicológico en la violencia de pareja. Ponencia presentada en el Simposium Internacional «Violència vers les Dones: Recuperació i Creences». Universitat de Barcelona y Universitat Autònoma de Barcelona.

Romiti, P. (2007). *Un silencio ensordecedor: la violencia ocultada contra mujeres y niños.* Madrid: Montesinos.

Rosemberg, M. (1965). *Society and adolescent self-image.* Los Angeles: Princeton University Press.

Rotter, J. (1996). Generalized expectations for internal versus external control of reinforcement. En *Psychological Monographs*, 80, pp. 1-28.

Rycroft, P. (1999). *An evaluation of short-term group therapy for battered women.* Tesis Doctoral. Manitoba: University of Manitoba.

Sánchez Cánovas, J. (1998). *EBP: Escala de Bienestar psicológico.* Madrid: TEA Publicaciones de Psicología Aplicada.

Schlee, K.A., Heyman, R.E. y O'Leary, D. (1998). Group treatment for spouse abuse: are women with PTSD appropiate participants. En *Journal of Family Violence*, 13, pp. 1-20.

Scott Tindale, R. y Anderson, E.M. (1998). Small Group Research and Social Psychology: an introduction. En Scott Tindale, R. *et al. Theory and research on Small goups. Social Psychological Applications to Social Issues, vol 4.* Nueva York: Plenum Press.

Smith, P.H., Smith, J.B., Earp, J.A. (1999). Beyond the Measurement Trap. En Psychology of Women Quartely, 23, pp. 177-193.

Straus, M., Hamby, S., Boney-McCoy, S. y Sugarman, D. (1996). The Revised Conflict Tactics Scales (CTS2). En *Journal of Family Issues*, 17 (3), pp. 283-316.

Torres, I. (2005). *Miradas desde la perspectiva de género: estudios de las mujeres*. Madrid: Narcea.

Tillitsky, C.J. (1990). A meta-analysis of estimated effects sizes for group versus individual versus control treatments. En *International Journal Group Psychotherapy*, 40, p. 215.

Tutty, L.M., Bidgood, B.A. y Rothery, M.A. (1993). Support groups for battered women: research on their efficacy. En *Journal of Family Violence*, 8 , pp. 325-343.

— (1996). Evaluating the effect group process and client variables in support groups for battered women. En *Research on social work practice*, 6 (3), pp. 308-324.

Umansky L.I. (1975). Etapas en el desarrollo del grupo hacia el colectivo. En Umansky, L.I. (Ed.). *El colectivo y la personalidad*. Moscú.

UNFPA (2005). *La promesa de la igualdad. Equidad de género, salud reproductiva y los objetivos de desarrollo del milenio*. Colección Estado de la población mundial.

Vaccaro, S. y Barea-Payueta, C. (2009). *El pretendido síndrome de alienación parental: un instrumento que perpetúa el maltrato y la violencia*. Bilbao: Desclee De Brouwer.

Villavicencio, P. y Sebastián, J. (2001). *Violencia doméstica: su impacto en la salud física y mental de las mujeres*. Madrid: Instituto de la Mujer.

Walker, L. (1984). *The battered woman syndrome*. Nueva York: Springer.

— (1994). *Abused women and survivor therapy: a practical guide for the psychotherapist*. Washington D.C.: American Psychological Association.

—, Brantley, K.L. y Rigsbee, J.A. (2004). A Critical Analysis of Parental Alienation Syndrome and Its Admissibility in the Family Court. En *Journal Of Child Custody*, 1 (2), pp. 47-74.

Weiss, D.S. y Marmar, C.R. The Impact of Event Scale. En Wilson, J. y Keane, T. (Eds.). *Assessing psychological trauma and PTSD.* Nueva York: Guildford.

Wukmir, V.J. (1960). *Psicología de la orientación vital.* Barcelona: Luis Miracle.

Yalom, I.D. (2000). *Psicoterapia existencial y terapia de grupo.* Barcelona: Paidós

Bibliografía del capítulo 2

Agència de Salut Pública de Barcelona (2004). *Factors de risc en estudiants de secundària de Barcelona*. Barcelona: ASP.

Anzieu, D. (1998). *El grupo y el inconsciente. Lo imaginario grupal.* Madrid: Biblioteca Nueva.

Arisó, O., Masip, J. Ordóñez, M. y Ortega, M. (2005). Cenicienta tiene un mal sueño. Un proceso en el ámbito de la prevención comunitaria de la violencia de género. En *Guix*, 314, pp. 58-64.

Basow, S.A., Cahill, K.F., Phelan, J.E. *et al.* (2007). Perception of relational and physical aggression among college students: Effects of gender of perpetrator, target and perceiver. En *Psychology of Women Quarterly*, 31, pp. 85-95.

Bayo-Borrás Falcón, R., (2002). Mujer y calidad de vida: evaluación de la efectividad de grupos terapéuticos. En *Revista de la Asociación Española de Neuropsiquiatría*, vol. XXII, 83.

Black, K.A. (2000). Gender differences in adolescents: Behavior during conflict resolution task with best friends. En *Adolescence*, 35, pp. 499-512.

Bion, W.R. (1979). *Experiencias en grupos.* Buenos Aires: Paidós.

Bauman, Z. (2001). *La sociedad individualizada.* Cátedra, Madrid.

Bourdieu, P. (1999). *La dominación masculina*. Barcelona: Anagrama.

— (1977). Sur le pouvoir symbolique. *Annales*, vol. 32, 3.

— y Passeron, J.C. (2002). *La reproducción. Elementos para una teoría del sistema de enseñanza*. Madrid: Editorial Popular.

Broderick, P. (1998). Early adolescent gender differences in the use of rumiative and distracting coping strategies. En *Journal of Early Adolescence*, 18 (2), pp. 173-191.

Burin, M. (1987). *Estudios sobre la subjetividad femenina. Mujeres y Salud Mental.* Buenos Aires: Grupo Editor Latinoamericano.

— y Dio Bleichmar, E. (1996). *Género, Psicoanálisis, Subjetividad.* Barcelona: Paidós.

—, Moncarz, E. y Velázquez, S. (1991). *El malestar de las mujeres. La tranquilidad recetada*. Barcelona: Paidós.

Butler, J. (2001). *El género en disputa. El feminismo y la subversión de la identidad*. México: Paidós.

Butler, S. y Wintram, C. (1992). *Feminist groupwork*. Londres: Sage.

Cabruja, T. (2005). Psicología, racionalidad moderna y prácticas de producción de la diferencia normal-patológico. En *Psicología: Perspectivas deconstruccionistas*, pp. 115-166. Barcelona: Editorial UOCP.

Calle, S., Pérez-Portabella, M. y Tormo, A. (1999). La dimensió comunitària d'un programa d'acció social adreçat a dones. En *2ª jornada dels Serveis Socials d'Atenció Primària. Subjecte i Xarxes Socials. Estratègies d'acció comunitària*. Barcelona: Col·legi Oficial de Psicòlegs de Catalunya.

— y — (1999). Una perspectiva psicosocial y de género en el trabajo grupal con mujeres. En *Mujer y salud mental. Reflexiones y experiencias*. Revista. 1999.

—, — y Salido, C. (2003). Tratamiento y Prevención de la Violencia de Género desde un programa municipal dirigido a mujeres. *Revista de Psicoterapia*, vol. XIV, 54/55. Barcelona.

CIMTM. Comisión para la investigación de malos tratos a mujeres (2005). *La violencia de género en las mujeres jóvenes*. Madrid: Autor.

Coontz, S. (2005). *Historia del matrimonio. Cómo el amor conquistó el matrimonio*. Barcelona: Gedisa.

Coria, C. (1991). *El sexo oculto del dinero*. Barcelona: Paidós.

— (2001). *El amor no es como nos lo contaron... ni como lo inventamos*. Barcelona: Paidós.

Cowie, H. (2000). Bystanding or standing by: Gender issues in coping with bullying in schools. *Aggressive behavior*, 26, pp. 85-97.

De Miguel, A. (2007). *Neofeminismo: los años sesenta y setenta,* en la *web Mujeres en red:* [wwww.mujeresenred.org].

Dio Bleichmar, E. (1991). *La depresión en la mujer*. Madrid: Temas de hoy.

— (1997). *La sexualidad femenina, de la niña a la mujer*. Barcelona: Paidós.

Díaz-Aguado, M.J. y Martínez Arias, R. (2001). *La construcción de la igualdad y la prevención de la violencia contra la mujer desde la educación secundaria*. Madrid: Instituto de la Mujer, Ministerio de Trabajo y Asuntos Sociales.

—, — y Martín Seoane, G. (2004). *Prevención de la violencia y lucha contra la exclusión desde la adolescencia. Volumen I. La violencia entre iguales en la escuela y en el ocio. Estudios comparativos e instrumentos de evaluación*. Madrid: Instituto de la Juventud. [Disponible también en: mtas.es/injuve/novedades/prevenciónviolencia.htm]

Fernández, A.M. (1993). *La mujer de la ilusión: pactos y contratos entre hombres y mujeres*. Buenos Aires: Paidós.

Fernández Villanueva, C. (2004). Violencia contra las mujeres: una visión estructural. En *Intervención Psicosocial*, vol. 13, 2, pp. 155-164.

Garaigordobil, M., Maganto, C., Pérez, J.I., Sansinenea, E. (2009). Gender Differences in Socioemotional Factors During Adolescence and Effects of a Violence Prevention Program. En *Journal of Adolescent Health*, 44, pp. 468-477.

García Salomón, M. (2006). *Els paranys de l'amor. Materials per treballar la prevenció de relacions abusives amb adolescents i joves*. Barcelona: Octaedro.

Giberti, E. y Fernández, Ana M. (1989). *La mujer y la violencia invisible*. Buenos Aires: Sudamericana.

Giddens, A. (1995). *La transformación de la intimidad. Sexualidad, amor y erotismo en las sociedades contemporáneas*. Madrid: Cátedra.

Gil, E. *et al.*, (2003). Globalización y subjetividad: una mirada de género. Comunicación presentada en el Congreso de Psicología Social. Granada.

— y Lloret, I. (2007). *La violencia de género*. Barcelona: Editorial UOC.

González Duro, E. (1999). *Mujeres separadas*. Madrid: Talasa.

González de Chávez, M.A., (1999). *Hombres y Mujeres. Subjetividad. Salud y género*. Madrid: Instituto Canario de la Mujer, Universidad de las Palmas de Gran Canaria.

Grau, N. (2001). *Programas comunitarios de prevención de violencia de género*. Barcelona: Diputació de Barcelona.

Hamby, S. (1998). Partner violence: preventions and intervention. En Jasinski, J. y Williams, L. *Partner violence. A comprehensive review of 20 years of research.* Thousand Oaks: Sage Publications.

Hernando, A. (2000). *La construcción de la subjetividad femenina.* Madrid: Instituto de Investigaciones Feministas.

Kahn, S. (1991). *De nuevo soltera. Cómo superar el síndrome de divorciada.* Barcelona: Grijalbo.

Kirkwood, C. (1999). *Cómo separarse de su pareja abusadora.* Barcelona: Granica.

Lameiras, M., Rodríguez, Y. y Sotelo. M.J. (2001). Sexism and racism in a Spanish sample of Secondary school students. En *Social Indicators Research,* 54, pp. 309-328.

Lauretis, T. (1999). *Diferencias.* Madrid: Las Horas.

Lavoie, F., Robitaille, L., y Hébert, M. (2000). Teen dating relationships and aggression: An exploratory study. En *Violence Against Women*, 6, pp. 6-36.

Llinàs, C. (2008). *Feminismes de la Transició a Catalunya. Textos i materials.* Barcelona: Horsari.

Lloret, I. (2004). Enfoque narrativo y violencia: intervención con mujeres que sufren maltrato. En *Intervención Psicosocial*, vol. 13, 2, pp. 165-175.

— (2005). *Análisis de un grupo de mujeres. Trabajo de investigación.* Barcelona: UAB.

Masip J. y Martínez C. (2002). *Apuntes para construir apuntes.* Barcelona: Grupos red y comunidad COPC.

Nash, M. (2007). *Dones en transició.* Barcelona: Ajuntament de Barcelona, Regidoria de Dona.

Navarro, S. (2004). *Redes sociales y construcción comunitaria.* Madrid: CCS.

Olafsen, R. y Viemero, V. (2000). Bully/victim problems in coping with stress in school among 10 to 12 year old pupils in Aland, Finland. En *Aggressive Behavior*, 26, pp. 57-65.

Olmeda Valle, A. y Frutos Frutos, I. (2001). *Teoría y Análisis de Género. Guía Metodológica para Trabajar con Grupos.* Madrid: Asociación Mujeres jóvenes.

OMS (2006). *Prevención de la violencia: Guía para aplicar las recomendaciones del informe mundial sobre la violencia y la salud.* Ginebra: Autor.

Olweus, D. (1993). *Conductas de acoso y amenaza entre escolares.* Madrid: Morata.

Pateman, Carol (1995). *El contrato sexual.* Barcelona: Anthropos.

Pérez-Portabella, M. (2002a). Les demandes d'atenció psicosocial de les dones de l'Hospitalet des d'una perspectiva de gènere (1977-1997). En *Les dones i la historia al Baix Llobregat, volumen II.* Barcelona: Centre d'Estudis Comarcals del Baix Llobregat, Publicacions de l'Abadia de Montserrat. Colección Llorenç Sans.

— (2002b). L'Atenció psicològica en situacions de violència familiar. Reflexions des de l'experiència. En *Grups, Xarxa i Comunitat. La praxi del psicòleg de la Intervenció Social.* Barcelona: Col·legi Oficial de Psicòlegs de Catalunya.

Pichón-Rivière, E. (1984). *El proceso grupal. Del psicoanálisis a la psicología social (1).* Buenos Aires: Nueva Visión.

Pujal, M. (2005). Análisis psicosocial de la subjetividad generizada: la tensión entre sujeción y agencia. La Coruña: Congreso de Psicología Social.

Rojas Marcos, L. (1994). *La pareja rota. Familia, crisis y superación.* Madrid, Espasa Calpe.

Rolnik, S. (2006). Amor, territorios de deseo y una nueva suavidad. En Guattari, F. y Rolnik, S. *Micropolítica. Cartografías del deseo.* Madrid: Traficantes de sueños.

Sánchez Vidal, A. (1991). *Psicología Comunitaria.* Barcelona: PPU.

— (1993). *Programas de prevención e intervención comunitaria.* Barcelona: PPU

Segarra, R. (1999). La violència domèstica: un crim social contra les dones. En *Materials del Baix Llobregat*, 4.

— (2002). Estereotips de gènere i repercusions per a la salut. En *Quaderns de salut mental*, 2. Barcelona: Fundació Congrés Català de Salut Mental.

Stevens, J. (2000). *El darse cuenta. Sentir, imaginar, vivenciar.* México: Cuatro Vientos.

Subirats, M. y Brullet, C. (1988). *Rosa y azul. La transmisión de los géneros en la escuela mixta*. Madrid: Instituto de la mujer.

Tamaia (2000). *Vincula't. Materials per treballar amb dones maltractades*. Barcelona: Diputació de Barcelona, Oficina Tècnica del Pla d'Igualtat.

— (2004). *Veure venir la violència. Materials de prevenció*. Barcelona: Departament de Benestar i Família, Generalitat de Catalunya.

Taylor, C.A., Liang, B., Tracy, A.J. (2002). Gender differences in middle school adjustment, physical fighting, and social skills: Evaluation of a social competency program. En *Journal of Primary Prevention*, 23, pp. 259-72.

Thompson, J.B. (1998). *Ideología y cultura moderna. Teoría crítica social en la era de la comunicación de masas*. México: UAM.

Tschorne, P. (1998). *Dinámica de grupo en trabajo social, atención primaria y salud comunitaria*. Salamanca: Amarú.

Valls, C. (2006). *Mujeres Invisibles*. Barcelona: Random House Mondadori.

— (2008). *Salud comunitaria con perspectiva de género*. Barcelona: INFO RED-CAPS.

Veinot, T. (1999). *Violence prevention programming: A summary of recent evaluation research*. Toronto: Education Wife Assault.

Velasco, S. *et al.* (2007). Evaluación de una intervención biopsicosocial para el malestar de las mujeres en atención primaria. Experiencias en Murcia. En *Medicinas y Género. Una traslación necesaria. Revista Feminismo/s*, 10. Alicante: Centro de estudios de la mujer, Universidad de Alicante.

Villasante, T. (1993). *La investigación social participativa*. Madrid: El viejo Topo.

—, Montañés, M. y Martí, J. (1998). *Cuatro redes para vivir mejor*. Buenos Aires: Lumen.

Villuendas. M.D. y Gordo, A.J. (2003). *Relaciones de género en psicología y educación*. Madrid: Consejería de Educación, Comunidad de Madrid.

Vordach, A.M. (2002). The relationship between emotional competence and social competence among early adolescents. En *Dissertational Abstract Intl Section B Science Engineering*, 63, p. 1578.

VV.AA., (2002). Avaluació de l'efectivitat psicoterapèutica en grups de dones. En Materials del COPC, 14, pp. 15-21. Barcelona: Col·legi Oficial de Psicòlegs de Catalunya.

— (2002). Avaluació de l'efectivitat del treball grupal psicoterapèutic. En *Full Informatiu del Col·legi Oficial de Psicòlegs de Catalunya*, 147, 4-5. Barcelona: Col·legi Oficial de Psicòlegs de Catalunya.

Williams, S.T., Conger, K.J., Blozis, S.A. (2007). The development of interpersonal aggression during adolescence: The importance of parents, siblings, and family economics. En *Child Development*, 78, pp. 1526-1542.

Whitney, I. y Smith, P. (1993). A survey of the nature and extend of bullying in junior/middle and secondary schools. En *Educational Research*, 35, pp. 3-25.

White, M. (2002). *El enfoque narrativo en la experiencia de los terapeutas*. Barcelona: Gedisa.

Woolf, V. (2003). *Un cuarto propio*. Madrid: Horas y horas (edición original, 1929).

Zambrano, M. (1989). *Delirio y destino*. Madrid: Mondadori.

Bibliografía del capítulo 3

Albarracín, M., Alemany, R., Gabarró, H., Garriga, R., Hernández, M., Jorba, R., Lligades, M., Masip, J., Paíno, M., Pérez, A., Roca, N. y Saiz, M. (2007). *Protocol·lització de la intervenció grupal amb dones que pateixen o han patit violència de gènere*. Barcelona: Ajuntament de Barcelona.

—, Córdoba, L. y Espín, J., Paíno, M. y Roca, N. (2007). *Treball grupal i violència sexista*. Barcelona: Observatori Social: Conèixer Barcelona. Ajuntament de Barcelona.

Anzieu, D. (2004). *El grupo y el inconsciente*. Madrid: Biblioteca Nueva.

Barea, C. (2004). *Manual para mujeres maltratadas que quieren dejar de serlo*. Barcelona: Océano Ámbar.

Bion, W.R. (1980). *Experiencias en grupo*. Barcelona: Paidós.

Cafaro, L., DeArmas, E., Niset, C. y Simois, M. (2001). *Violencia doméstica. Para desaprender lo aprendido*. Montevideo: Casa de la Mujer de la Unión.

Cantera, L. (2005). *La violència a casa*. Barcelona: Caixa Sabadell.

Carmona, L., Chavarrias, A., Foissin, L., García, M., Macia, B., Villar, C. (2000). *Vincula't. Materials per treballar amb dones maltractades*. Barcelona: Oficina Técnica del Pla d'Igualtat. Diputació de Barcelona.

Castanyer, O. (1996) *La asertividad. Expresión de una sana autoestima*. Bilbao: Desclée de Brouwer .

Chacón, D. (2002). *Algún amor que no mate*. Barcelona: Planeta.

Cembranos, F. y Madina, J.A. (2003). *Grupos inteligentes*. Madrid: Popular.

Corsi, J. (2002). *Violencia masculina en la pareja*. Buenos Aires: Paidós.

— (2003). *Maltrato y abuso en el ámbito doméstico. Fundamentos teóricos para el estudio de la violencia en las relaciones familiares*. Buenos Aires: Paidós.

Echeburua, E. y Corral, P. (2006). *Manual de violencia familiar*. Madrid: Siglo XXI.

Ferreira, G.B. (1992). *Hombres violentos, mujeres maltratadas.* Buenos Aires: Sudamericana.

Heim, D. y Puig Durrall, E. (2007). *Manual para la recolocación laboral de trabajadoras sexuales.* Barcelona: SURT.

Linares, J.L. (2002). *Del abuso y otros desmanes.* Barcelona: Paidós.

Lorente, M. (2001). *Mi marido me pega lo normal.* Barcelona: Crítica.

— (1999). *Agresión a la mujer.* Granada: Comares.

Masip, J. y Martínez, Ch. (2002). *Violencia doméstica. Cuadernos para profesionales.* Barcelona: Ajuntament de Barcelona.

— y — (2002). *Cenicienta tiene un mal sueño.* Barcelona: Ajuntament de Barcelona.

—, Pont, C., y Salaberry, A. (2010). Grupo de mujeres en situación de maltrato. Evolución metodológica. En *Revista de Intervención Psicosocial*, vol.19, 1. Madrid.

Mata, N. (2007). *La manipulación. La perversidad del pequeño poder.* Barcelona: Plataforma actual.

Matud, P., Padilla, V., Gutiérrez, B. (2005). *Mujeres maltratadas por su pareja: guía de tratamiento psicológico.* Madrid: Minerva.

Migallón, P. y Gálvez, B. (2001). *Los grupos de mujeres. Metodología y contenido para el trabajo grupal de la autoestima.* Madrid: Instituto de la mujer.

Norwood, R. (2000). *Las mujeres que aman demasiado.* Barcelona: Punto de Lectura.

McKay, M. y Fanning, P. (1991). *Autoestima. Evaluación y mejora.* Barcelona: Martínez Roca.

O'Hanlon, B. (2001). *Desarrollar posibilidades.* Barcelona: Paidós.

Patton Thoele, S. (2003). *El coraje de ser tú misma.* Madrid: Edaf.

Perrone, R. y Nannini, M. (1998). *Violencia y abusos sexuales en la familia.* Buenos Aires: Paidós.

Pichon-Rivière, E. (1985). *El proceso grupal.* Buenos Aires: Nueva visión.

Rodríguez, M. (2008). *Pediatría y medicina china.* Barcelona: Liebre de marzo.

Rohlfs, I. *et al.* (2000). Género desigualdades y salud pública. En *Gaceta Sanitaria*, 14 (supl 3), pp. 60-71.

Rohlfs, R. *et al.* (2008). *Intervençao grupal nos casos de violencia de género. Direitos humanos e emancipaçao.* Belo Horizonte: Instituto Albam.

White, M. (2002) *El enfoque narrativo en la experiencia de los terapeutas*. Barcelona: Gedisa.

Bibliografía del capítulo 4

Albarracín, M., Córdoba, L., Espín, J., Paíno, M. y Roca-Cortés, N. (2007). *Treball Grupal i Violència Sexista: Investigació-acció d'un grup de suport psicosocial a dones*. Barcelona: Ajuntament de Barcelona.

Arroyo, A. (2002). Mujer maltratada y trastorno de estrés postraumático. En *Revista de Psiquiatría de la Facultad de Medicina de la Universidad de Barcelona*, 29 (2), pp. 77-82.

Bloch, S. y Crouch, E. (1985). *Therapuetic factors in group psychotherapy*. Oxford: Oxford University Press.

Forsyth, D.R. (2001). Therapeutic groups. En Hogg, M.A. y. Tindale, S. (Eds.) *Group processes. Blackwell Handbook of Social Psychology*. Londres: Blackwell.

González, M.P. y Cornejo, J.C. (1993). Los grupos: núcleos mediadores en la formación y cambio de las actitudes. En *Psicothema*, 5, pp. 213-223.

Gracia-Fuster, E. (1997). *El apoyo social en la intervención comunitaria*. Barcelona: Paidós.

Instituto de la Mujer (2002). *La violencia contra las mujeres. Resultados de la macroencuesta*. Madrid: Ministerio de Trabajo y Asuntos Sociales.

Kivlighan, D.M. y Holmes, S.E. (2004). The importance of therapeutic factors: a typologie of therapeutic factors studies. En DeLucia-Waack, J.L., Gerrity, D.A., Kalodner, C.R. y Riva, M.T. *Handbook of group counseling and psychotherapy*. Thousands Oaks: Sage Publications.

Kurtz, L.F. (1997). *Self-help and support groups. A handbook for practitioners*. Londres: Sage.

Roca Cortés, N. (1996). *Context grupal i actituds creatives en el procés d'innovació*. Tesis doctoral. Barcelona: Universitat de Barcelona.

— (2001). Grupos mediadores de la innovación profesional: estudio comparativo de procesos. En *Revista de Psicología Social*, 16 (2).

Wukmir, V.J. (1960). *Psicología de la orientación vital*. Barcelona: Luis Miracle Editor.

— (1967). *Emoción y sufrimiento.* Barcelona: Biblioteca Universitaria Labor.

Yalom, I.D. (2000). *Psicoterapia existencial y terapia de grupo.* Barcelona: Paidós.

Bibliografía del capítulo 5

Agustín, S., Alemany, R., Álvarez, M., Córdoba, L., Maure, L., Pallejà, S., Plaza, M., Saiz, M., (2008). *Pautas Orientativas de exploración y de intervención con los hijos y las hijas de las mujeres atendidas por situaciones de violencia de género.* Barcelona: Dirección de la Mujer y Derechos Civiles. Ajuntament de Barcelona.

Aldarondo, E. (2002). Evaluating the efficacy of interventions with men who batter. En Aldarondo, E. y Mederos, F. (Eds.). *Men who batter: Intervention and prevention strategies in a diverse society.* Nueva York: Civic Research Institute.

Arciero, G. (2004). *Estudios y diálogos sobre la identidad personal. Reflexiones sobre la experiencia humana.* Palmas de Gran Canaria: Edición Colegio Oficial de Psicólogos de las Palmas de Gran Canaria.

Augusta-Scott, T. y Dankwort, J. (2002). Partner abuse intervention. Lessons from education and narrative therapy approaches. En *Journal of Interpersonal Violence,* 17, pp. 783-805.

Babcock, J.C., Green, C.E. y Robie, C. (2004). Does batterers' treatment work? A meta-analytic review of domestic violence treatment". En *Clinical Psychology Review,* 23, pp. 1023-1053.

Barudy, J. (1998). *El dolor invisible de la infancia. Una lectura ecosistémica del maltrato infantil.* Barcelona: Paidós.

— y Dantagnan, M. (2005). *Los buenos tratos a la infancia. Parentalidad, apego y resiliencia.* Barcelona: Gedisa.

Baker, L. y Cunningham, A. (2004a). *What about me! Seeking to understand a child's view of violence in the family.* Londres: Centre for Children y Families in the Justice System.

— y — (2004b). *Helping Children Thrive: Supporting Woman Abuse Survivors as Mothers.* Londres: Centre for Children y Families in the Justice System.

Bonino, L. (2003). *Obstáculos a la comprensión y a las intervenciones sobre violencia (masculina) contra las mujeres en la pareja.* Sociedad Española de Psicología de la Violencia [www.sepv.org/ensayos/bonino.pdf].

— (2008). *Hombres y violencia de género: más allá de los maltratadores y de los factores de riesgo*. Madrid: Ministerio de Trabajo e Inmigración.

Bowlby, J. (1986). *Vínculos afectivos: Formación, desarrollo y pérdida*. Madrid: Morata.

— (1998). *El apego*. Barcelona: Paidós.

Burín, M. y Meler, I. (2000). *Varones: género y subjetividad masculina*. Buenos Aires: Paidós.

Corsi J. *et al.* (1994). *Violencia familiar. Una mirada interdisciplinar sobre un grave problema social*. Buenos Aires: Paidós.

Cyrulnik, B. (2002). *Los patitos feos. La resiliencia: una infancia infeliz no determina la vida*. Barcelona: Gedisa.

Davis, R., y Taylor, B. (1999). Does batterer treatment reduce violence? A synthesis of the literature. En *Women and Criminal Justice*, 10, pp. 69-93.

DeKeseredy, W.S. y Schwartz, M.D. (2004). Masculinities and interpersonal violence. En Kimmel, M, Hearn, J.R. y Connell, R.W. (Eds.). *Handbook of studies on men and masculinities*. Nueva York: Sage.

Dobash, R.E., Dobash, R.P., Cavanagh, K., y Lewis, R. (2000). *Changing violent men*. Thousand Oaks: Sage.

Dutton, D. y Sonkin, D.J. (Eds.) (2003). *Intimate Violence: Contemporary Treatment Innovations*. Nueva York: Haworth Press.

Echeburúa, E. *et al.* (1995). *Trastornos de estrés postraumático en víctimas de agresiones*. La Coruña: Fundació Paideia.

— y Guerricaecheverria, C. (2000). *Abuso sexual en la infancia: víctimas y agresores. Un enfoque clínico*. Barcelona: Editorial Ariel.

Feder, L. y Wilson, D.B. (2005). A meta-analytic review of court-ordered batterer intervention programs: can courts affect abusers' behaviour?. En *Journal of Experimental Criminology*, 1, pp. 239-262.

Ferreira, G. y Corsi, J. (1998) *Manual de capacitación y recursos para la prevención de la violencia familiar*. Buenos Aires: Asociación Argentina de prevención de la violencia familiar.

Freeman, J., Epston, D. y Lobovits, D. (2001). *Terapia narrativa para niños. Aproximación a los conflictos familiares a través del juego*. Barcelona: Paidós.

Geldschläger, H., Ginés, O. y Ponce, A. (2009). *Informe de evaluación sobre programas de rehabilitación para hombres que maltratan, desarrollados en el ámbito europeo.*

Gergen, K. (2006). *Construir la realidad: El futuro de la psicoterapia*. Barcelona: Paidós.

Gondolf, E. (2002). *Batterer intervention systems: Issues, outcomes, and recommendations.* Thousand Oaks: Sage.

— (2004). Evaluating batterer counseling programs: A difficult task showing some effects and implications. En *Aggression and Violent Behavior*, 9, pp. 605-631.

Guidano, V. (1994). *El sí mismo en proceso: hacia una terapia cognitiva posracionalista*. Barcelona: Paidós.

Gullvåg Holter, Ø. (2004). Social theories for researching men and masculinities. En Kimmel, M., Hearn, J.R. Y Connell, R.W. (Eds.), *Handbook of studies on men and masculinities.* Nueva York: Sage.

Holworth-Munroe, A., y Stuart, G. (1994). Typologies of male batterers: Three subtypes and differences among them. En *Psychological Bulletin,* 116, pp. 476-496.

Jenkins, A. (1990). *Invitations to responsibility: The therapeutic engagement of men who are violent and abusive.* Adelaide, Australia: Dulwich Centre Publications.

Kaufman, M. (1994). The seven p's of men's violence. En la web del autor: [http://www.michaelkaufman.com].

— (1999). Men, feminism, and men's contradictory experiences of power. Versión revisada de un artículo aparecido en Brod, H. y Kaufman, M. (Eds.), *Theorizing Masculinities.* Thousand Oaks: Sage.

Kimmel, M. (2008). Los estudios de la masculinidad: una introducción. En Carabí, A. y Armengol, J.M. (Eds.), *La masculinidad a debate.* Barcelona: Icaria.

Lawson, D., Dawson, T., Kieffer, K., Perez, L., Burke, J. (2001). An integrated feminist/cognitive-behavioral and psychodynamic group treatment model for men who abuse their partners. En *Psychology of Men and Masculinity*, 2, pp. 86-99.

Mahoney, M. (Ed.) (1995). *Cognitive and constructive psychotherapies: Theory, research and practice.* Nueva York: Springer.

— (2005). *Psicoterapia constructiva: Una guía práctica.* Barcelona: Paidós.

Marina, J.A. (1996) *El laberinto sentimental.* Barcelona: Anagrama.

— (2004). *Aprender a vivir.* Barcelona: Ariel.

Maturana, H. y Verden-Zöller, G. (2003). *Amor y juego: Fundamentos olvidados de lo humano. Desde el patriarcado a la democracia.* Santiago de Chile: J.C. Sáez Editor.

Mederos, F. (2002). Changing our visions of intervention. The evolution of programs for physically abusive men. En Aldarondo, E. y Mederos, E. (Eds.) *Men who batter: Intervention and prevention strategies in a diverse society.* Nueva York: Civic Research Institute.

Molin, P.K. (2008). Conferencia dentro del proyecto MUVI. Casa Sagnier, 8 y 9 de octubre de 2008. Barcelona.

Neimeyer, R. y Mahoney, M. (Eds.) (1998). *Constructivismo en psicoterapia.* Barcelona: Paidós.

— y Raskin, J. (Eds.) (2000). *Constructions of disorder: Meaning-making frameworks for psychotherapy.* Washington D.C.: American Psychological Association.

Oaklander, V. (2005). *Ventanas a nuestros niños. Terapia gestáltica para niños y adolescentes.* Santiago de Chile: Cuatro Vientos.

Patró, R. y Limiñana, R.M. (2005), Víctimas de violencia familiar: consecuencias psicológicas en hijos de mujeres maltratadas. En *Anales de la Psicología*, vol. 2, 1, pp. 11-17.

Pence, E., y Paymar, M. (1993). *Education groups for men who batter: The Duluth model.* Nueva York: Springer.

Ponce, A. (2005). Construcción de la otredad en procesos afectivos de violencia de género. En III Congreso Ecuatoriano de Psicoterapia y Violencia. Quito.

Roca, N., Paíno, M, Albarracín, M., Córdoba, L. y Joana, E. (2007). *Treball grupal i violència sexista.* Barcelona: Ajuntament de Barcelona.

Shapiro, L.E. (1997) *La inteligencia emocional de los niños. Una guía para padres y maestros.* Buenos Aires: Javier Vergara Editor.

Stith, S.M., Rosen, K.H., Middleton, K.A., Busch, A.L., Lundeberg, K. y Carlton, R.P. (2000). The intergenerational transmission of spouse abuse: A meta-analysis. En *Journal of Marriage and the Family*, 62, pp. 640-654.

—, Smith, D.B., Penn, C.E., Ward, D.B. y Tritt, D. (2004). Intimate partner physical abuse perpetration and victimization risk factors: A meta-analytic review. En *Aggression and Violent Behavior*, 10, pp. 65-98.

Tolman, R. y Bennett, L. (1990). A review of quantitative research on men who batter. En *Journal of Interpersonal Violence*, 5, pp. 87-118.

Wallace, R. y Nosko, A. (2003). Shame in Male Spouse Abusers and Its Treatment in Group Therapy. En Dutton, D. y Sonkin, D.J. (Eds.) *Intimate Violence: Contemporary Treatment Innovations*. Nueva York: Haworth Press.

Yalom, I.D. (2000). *Psicoterapia existencial y terapia de grupo*. Barcelona: Paidós.

Zubizarreta, I. (2004) *Consecuencias psicológicas del maltrato doméstico en mujeres y en sus hijos e hijas*. Programa de Asistencia Psicológica para la Violencia Familiar y Sexual del Gobierno Vasco.

Bibliografía del capítulo 6

Aparicio, A., y Muñoz, T. (2007). *Después del silencio. Cómo sobrevivir a una agresión sexual*. Barcelona: Paidós.

Barudy, J. (1988). *El dolor invisible de la infancia*. Barcelona: Paidós.

Bezemer, W., Foeken, I., Gianotten, W., Imbens-Fransen, A., van Lichtenburcht y Stern, E. (1994). *Después del incesto. Apoyo para la elaboración de las experiencias del incesto*. Madrid: Horas y Horas.

Bisten, B. (1991). *Abusos sexuales en los niños*. Barcelona: Herder Editorial.

CAID (2007). Memoria 2007 del Programa Municipal Dona. www.caid/l-h.cat

— (2008). Memoria 2008 del Programa Municipal Dona [www.caid/l-h.cat].

Cantera, L. (2005). *La violència a casa*. Barcelona: Fundació Caixa Sabadell.

Cirilo, S. (1991). *Niños maltratados*. Barcelona: Paidós Ibérica.

Collange, C. (1985). *Yo tu madre*. Barcelona: Seix Barral.

Cottrell, B. y Monk, P. (2004). Adolescent-to-Parent Abuse: A Qualitative Overview of Common Themes. En *Journal of Family Issues*, vol. 25, 8, pp. 1072-1095.

Edleson, J., Eisikovits, Z. (1996). *La mujer golpeada y la familia*. Buenos Aires: Granica.

Ferreira, G. (1999). *Manual de capacitación y recursos para la prevención de la violencia familiar*. Buenos Aires: Asociación Argentina de prevención de la violencia familiar.

Freyd, J.J. (2003). *Abusos sexuales en la infancia. La lógica del olvido*. Madrid: Morata.

Froufe, S. (1998). *Técnicas de grupo en animación comunitaria*. Salamanca: Amaru.

Garrido Genovés, V. (2005). *Los hijos tiranos: el síndrome del emperador*. Barcelona: Ariel.

Goodrich, J.T., Rampage, C., Ellman, B., Halstead, K. (1989). *Terapia familiar feminista*. Buenos Aires: Paidós.

Greenberg, L. y Paivio, S. (1999). *Trabajar con las emociones en psicoterapia*. Barcelona: Paidós.

Herman, J. (2004). *Trauma y recuperación, como superar las consecuencias de la violencia*. Madrid: Espasa Calpe.

Ibabe, I., Jaureguizar, J. y Díaz, O. (2007). *Perfil de los hijos adolescentes que agreden a sus padres*. Vitoria-Gasteiz: Departamento de Justicia, Gobierno Vasco y Universidad del País Vasco, Facultad de Psicología.

—, — y — (2007). *Violencia filio-parental*. Vitoria-Gasteiz: Servicio Central de publicaciones del Gobierno Vasco.

Kaplan, H.Y. y Sadock. B.J. (1996). *Terapia de grupo*. Madrid: Panamericana.

López, F. (1996). *Los abusos sexuales a menores. Lo que recuerdan los adultos*. Madrid: Ministerio de Trabajo y Asuntos Sociales.

Mackay, M., Fanning, P. (1991). *Autoestima. Evaluación y mejora*. Barcelona: Martínez Roca.

Masip, J., Tubau, R. (2005). Grupo de madres y padres: frente a la desolación. En *Revista de Psicopatología de la infancia y adolescencia*, 6, pp. 65-72.

Pereda, N., Forns, M. (2007). Prevalencia y características del abuso sexual infantil en estudiantes universitarios españoles. En *Child Abuse and Neglect*, 31, pp. 417-426.

Pereira, R. (2006). Violencia filio-parental: un fenómeno emergente. En *Revista Mosaico*, 36, pp. 10-17.

Perrone, R., Nannini. M. (1997). *Violencia y abusos sexuales en la familia*. Barcelona: Paidós.

Romero F., Melero, A., Cánovas, C. y Martínez, M. (2005). *Violencia de los jóvenes en la familia. Una aproximación a los menores denunciados por sus padres*. Barcelona: Centro de Estudios Jurídicos y Formación Especializada. Generalitat de Catalunya. Departamento de Justicia. Colección Justicia y Sociedad, 28.

—, —, — y — (2007) *Violència filio-parental*. Barcelona: Generalitat de Catalunya, Departament de Justícia, Centre d'Estudis Jurídics i Formació Especialitzada. Col·lecció De bat a bat.

Save The Children (2001). *Abuso sexual infantil. Manual de formación para profesionales*. Madrid: Save the Children España.

Sau, V. (1986). *Ser mujer el fin de una imagen tradicional*. Barcelona: Icaria.

— (1981). *Diccionario ideológico feminista*. Volumen I. Barcelona: Icaria.

Simmons, K., Sack, T., Miller, G. (1998). Abuso sexual y sus implicaciones en la dependencia química de mujeres en tratamiento. En *Revista de Toxicomanías*, 14, pp. 12-18.

Urra Portillo, J. (2006). *El pequeño dictador. Cuando los padres son las víctimas. Del niño consentido al adolescente agresivo*. Madrid: La esfera de los libros.

Vázquez, B. (1993). *Agresión sexual evaluación y tratamiento*. Madrid: Siglo XXI.

Autoras y autores

Neus Roca Cortés

Investigadora y profesora de la Universitat de Barcelona. Psicóloga. Miembro del Institut Interuniversitari de Estudis de Dones i Gènere de Catalunya. Miembro del grupo consolidado de investigación Psicosao. Desarrolla sus tareas docentes y de investigación en grupos, género y cambio. En estos últimos años estudia la recuperación de las mujeres en situación de violencia y su relación con las creencias. Lleva una larga trayectoria investigando procesos grupales en sus vertientes teórica y aplicada. Forma y supervisa sobre trabajo grupal a profesionales en activo, habiendo desarrollado previamente la intervención en el área social, educativa y en psicoterapia. Miembro fundadora de la Plataforma contra les Violencies de Gènere.

Júlia Masip Serra

Psicóloga social y comunitaria, Máster en Terapia familiar en la Escuela de Sant Pau, Universitat Autónoma de Barcelona. Trabaja en servicios sociales del Ajuntament de Barcelona desde hace más de veinte años, atesorando larga experiencia en intervención grupal y comunitaria además del apoyo a profesionales del equipo y en terapia familiar. Formadora en este campo y en violencia de género. Colaboradora en la asignatura de Bienestar social y Psicología comunitaria, tutora en el *prácticum* de la licenciatura de Psicología y, actualmente, en el Máster oficial de intervención psicosocial de la Universitat de Barcelona.

Laura Córdoba del Águila

Licenciada en Ciencias de la Educación, especialidad de Pedagogía terapéutica. Educadora social. Desarrolla su profesión como tal en los servicios sociales primarios del Ajuntament de Barcelona, donde desde 1998 realiza atención grupal a niños y niñas que han vivido o viven en situaciones de violencia sexista y/o familiar. Ha participado en investigaciones junto con la Universitat de Barcelona.

Mari Cruz Lera Soetens

Trabajadora social y Máster interdisciplinar sobre violencia de género (UAB). Ha trabajado en servicios sociales de atención primaria y en recursos específicos para mujeres que sufren violencia. También ha colaborado en asociaciones de mujeres dinamizando grupos y realizando talleres. Actualmente desarrolla sus tareas como coordinadora del Servei per a l'abordatge de la violència masclista de SURT, fundació de dones, fundación privada, desde el que da apoyo, tanto a nivel individual como grupal, a mujeres que están en proceso de búsqueda de trabajo y sufren o han sufrido violencia.

Heinrich Geldsläger

Psicólogo y psicoterapeuta. Ha desarrollado su trayectoria en el campo de la recuperación de la violencia masculina, en el que investiga y forma a profesionales a nivel nacional y europeo. Ha sido coordinador del Servicio de Apoyo a las Familias contra la violencia machista del Ajuntament de Barcelona, que incluye el Servicio de Atención a Hombres para la promoción de relaciones no violentas (SAH) y el Servicio de Atención a Niños y Niñas que han sufrido violencia machista (SAN). Actualmente trabaja en la Asociación Conexus.

Oriol Ginés Canales

Psicólogo y Doctorando en el programa «Cognición y emoción y conflictos interpersonales» en la Universitat de Barcelona. Ha sido terapeuta grupal en el Servicio de Atención a Hombres que Maltratan (SAH) y en el Servicio de Atención a Niños y Niñas que han sufrido malos tratos (SAN), del Ajuntament de Barcelona. Investiga sobre la relación entre sexismo y violencia de género desde una perspectiva constructivista. Formador en el abordaje de la violencia, así como de sensibilización y detección para profesionales. Ha desarrollado el programa de sensibilización y prevención «Canviem-ho», dirigido al cambio de los hombres y de la masculinidad tradicional. Actualmente forma parte de la Asociación Conexus. Atención, formación e investigación psicosociales.

Sònia Giménez Ortíz

Educadora social de la casa de acogida para mujeres maltratadas del Consorcio de servicios sociales de Barcelona.

Mariana Hernández Maidagan

Educadora social. Su trayectoria profesional se ha desarrollado en la intervención comunitaria y en los ámbitos de justicia y mujeres en Argentina. Desde hace varios años trabaja con mujeres en situación de violencia y acogidas en centros residenciales, en servicios públicos y en la Fundación IPSS. Actualmente dirige una casa de acogida.

Víctor Jorquera

Psicólogo social. Profesor de Psicología social y Psicología política en la Universitat de Barcelona. Ha desarrollado tareas docentes y de coordinación pedagógica en programas de prevención de la violencia de género y de las desigualdades hombre-mujer del Ajuntament de Barcelona y del Institut Català de les Dones. Asesor y formador del Circuit Barcelona contra la Violència vers les Dones del Ajuntament de Barcelona y del Consorci Sanitari de Barcelona. Investiga sobre masculinidad y violencia de género, sobre la dimensión psicosocial de la dominación política y sobre la articulación de las relaciones de poder basadas en la construcción psicopolítica de las identidades normativas (sexo, raza, clase).

Imma Lloret i Ayter

Psicóloga. Máster en Terapia cognitivo-social (UB) y en Psicología social (UAB). Desarrolla tareas de intervención y formación en violencia, género y salud principalmente desde la Fundación IRES y la asociación CAPS de Barcelona. Es colaboradora docente en la Universitat Oberta de Catalunya.

Montserrat Paíno Lafuente

Psicóloga y Máster en Terapia familiar por la Escuela de Terapia Familiar del Hospital de Sant Pau, Universitat Autònoma de Barcelona. Trabaja en servicios sociales del Ajuntament de Barcelona desde hace más de veinte años. Desempeña tareas como la atención a familias, asesoramiento a equipos e intervenciones grupales y comunitarias. Desde hace más de una década conduce grupos de soporte psicosocial en violencia. Ha realizado una investigación sobre atención grupal a mujeres en contextos violentos conjuntamente con la Facultad de Psicología de la Universitat de Barcelona.

Montserrat Pérez-Portabella Puig

Psicóloga. Desde 1991 desarrolla sus tareas profesionales en el Programa Municipal per a la Dona del Ajuntament de l'Hospitalet, realizando atención psicológica individual y grupal, con mujeres que presentan alguna problemática derivada de la discriminación sexista, e intervenciones comunitarias de prevención. También lleva a cabo la tutoría de las prácticas de alumnas del *prácticum* de Psicología de la Universitat de Barcelona.

Montse Plaza Aleu

Psicóloga social. Su trayectoria se desarrolla en atención a mujeres, niños y niñas víctimas de violencia, desde la prevención, la intervención comunitaria, la recuperación terapéutica y la formación a profesionales. Trabajó como psicóloga en el Servicio de Atención a Niños y Niñas que han sufrido malos tratos (SAN), del Ajuntament de Barcelona, durante más de seis años. Actualmente desarrolla trabajos de atención, formación e investigación para la Asociación Conexus.

Álvaro Ponce Antezana

Psicólogo y psicoterapeuta constructivo, ha trabajado en el Servicio de Atención a Hombres para la promoción de relaciones no violentas (SAH), desde su creación como Servicio Municipal del Ajuntament de Barcelona (2005), como psicoterapeuta individual y grupal. Actualmente trabaja en la Asociación Conexus. Atención, formación e investigación psicosocial. Sus áreas de interés se han orientado principalmente hacia las temáticas de identidad, género, violencia, afectividad y cambio humano. Ha dado cursos y conferencias sobre violencia de género y masculinidades en España y el extranjero. Es candidato a doctor en Psicología social por la Universitat Autònoma de Barcelona (UAB).

Pilar Ripoll Balagué

Psicóloga clínica, diplomada en Criminología, directora de una empresa que gestiona servicios sociosanitarios en el ámbito público. Su recorrido profesional se ha centrado en el tratamiento y prevención de diversas adicciones y de la violencia de género. Lleva una larga trayectoria en el soporte a procesos de desarrollo de las mujeres basado en la promoción de la igualdad y en el derecho a la diversidad de genero. Tiene experiencia como formadora de profesionales y, desde una perspectiva comunitaria, asesora y participa en diversas actividades de alcance municipal.

Fina Roche Ramón

Educadora social. Arterapeuta gestáltica. Desarrolla su labor profesional en el Servicio de Atención a Niños y Niñas que han vivido violencia machista en el ámbito familiar (SAN), del Ajuntament de Barcelona.

Matilde Sanuy Jordà

Doctora en Psicología por la UAB, psicóloga clínica y psicoterapeuta acreditada por la Federación Europea de Asociaciones de Psicólogos. Con una trayectoria de doce años como psicóloga de servicios sociales de atención primaria en el distrito de Ciutat Vella del Ajuntament de Barcelona. Realiza atención psicológica individual y grupal y asesoramiento a profesionales.